为称作学校的地方
培养教师

[美]约翰·I.古德莱◎著

John I. Goodlad

苏智欣◎译

Teachers
for
Our
Nation's
Schools

华东师范大学出版社
·上海·

图书在版编目（CIP）数据

为称作学校的地方培养教师 /（美）约翰·I. 古德莱得著；苏智欣译. —上海：华东师范大学出版社，2022

ISBN 978 - 7 - 5760 - 2438 - 8

Ⅰ.①为…　Ⅱ.①约…②苏…　Ⅲ.①师资培养—研究—美国　Ⅳ.①G571.25

中国版本图书馆 CIP 数据核字(2022)第 038111 号

上海市版权局著作权合同登记图字：09 - 2015 - 353 号

为称作学校的地方培养教师

著　　者　（美）约翰·I. 古德莱得
译　　者　苏智欣
责任编辑　孙　娟
责任校对　王丽平　时东明
装帧设计　卢晓红

出版发行　华东师范大学出版社
社　　址　上海市中山北路 3663 号　邮编 200062
网　　址　www. ecnupress. com. cn
电　　话　021 - 60821666　行政传真 021 - 62572105
客服电话　021 - 62865537　门市(邮购)电话 021 - 62869887
地　　址　上海市中山北路 3663 号华东师范大学校内先锋路口
网　　店　http://hdsdcbs. tmall. com

印　刷　者　昆山市亭林印刷有限责任公司
开　　本　787 毫米×1092 毫米　1/16
印　　张　21.75
字　　数　373 千字
版　　次　2023 年 1 月第 1 版
印　　次　2023 年 1 月第 1 次
书　　号　ISBN 978 - 7 - 5760 - 2438 - 8
定　　价　68.00 元

出 版 人　王　焰

献给所有的教师和师范教育工作者

特别鸣谢那些帮助我们开展调研工作的人

序

　　古德莱得博士是我很敬重的一位美国教育学者。他在学校教育和教师教育方面研究颇深，我们很熟悉的《一个称作学校的地方》这本教育名著正是出自他手，其主要内容是他主导下的对 20 世纪 70 年代末、80 年代初的美国学校教育进行大规模调研后形成的研究报告。当时，它与另一份报告《国家危在旦夕》一起激发了美国政府和公众对于教育系统的深刻讨论与反思，影响深远。近 40 年过去了，这本书中剖析的一些根本性的学校教育问题依然发人深省，并且跨越了国别和具体的学校环境，古德莱得博士的学识与贡献可见一斑。

　　我曾于 2012 年 4 月访问美国之际专程至西雅图拜访古德莱得博士，一晃已近十年。那时他已 92 岁高龄，住在风光旖旎的"绿湖"之上一座温馨的船屋里。我向他表达了敬意，也聊了一些共同感兴趣的话题。虽然年事已高，古德莱得博士对教育的深刻见解仍然振聋发聩，给我和同事留下了深刻的印象。临别之际，他还专门赠送了几本专著，其中有一本就是《为称作学校的地方培养教师》，它是《一个称作学校的地方》的姐妹篇。其时我在师范大学任教，也从事学校的管理工作，对教师教育问题一直关注，初读之下便深感他对教师教育既有切身的体察，又能高瞻远瞩，确实是教师教育研究的大家。

　　最近苏智欣教授精心翻译了这本书，她是古德莱得博士的博士生，现在美国加州州立大学北岭分校从事教育变革、教师教育国际比较等方面的研究。我很高兴苏教授给了我先读译稿的机会，让我可以再一次学习古德莱得博士对教育尤其是教师教育的见解。

　　再读《为称作学校的地方培养教师》，我感到古德莱得博士对于教育及其功能有着清醒的认识。早在 1987 年，他曾应我母校瞿葆奎教授之邀在《华东师范大学学报（教科版）》发表了一篇《学校与大学在教育改革中的伙伴关系》的文章，其中谈到"世界上很少有其他国家的公民像美国人这样非同寻常地相信教育的威力,把教育与上学等同起来,并把上学与国家本身的前途紧密地联系起来",但他也认为,"如果让学校去做它们做不到的事情,那么教育改革一定会失败。当我们无法实现夸大其词的改革方案的时候,我们往往会滥用我们的学校。而被滥用的学校,就像被滥用的人,是无法表现出色的"(第13页)。我想作为中国学者,我们感受到的中国民众对教育的重视程度比美国有过之而无不及,古德莱得博士提出的要重视教育的作用但不能夸大教育的功能这一观点,对我们也是非常重要的提醒。"从长远来看,中小学校若能提供优质教育,就能对国家作出重大贡献。而中小学校的高质量教育依赖于一大批受过良好教育和培训的教师与管理人员",但"在历年的教育改革运动中,学校改革和教师教育改革很少挂钩。事实上,后者得到的关注要少得多;正因如此,人们将教师教育项目归于'还没有研究过的问题'"(第3页)。古德莱得博士由此开始探索这片"还没有研究过"的领域,对美国教师教育开展了大规模的调查,最终使《为称作学校的地方培养教师》得以展现在我们的面前。

古德莱得博士对教师有很大的期待,他的教师观和中国传统观念所认同的"师者,所以传道受业解惑也"有相近之处。他指出,如果认为教师只是传授课堂教学技能技巧,只需要站稳讲台,那就过于狭隘了,这样的教师不可能有效地完成自己的教育使命。相反,"教师属于我们社区里最有教养的公民",可以"教他们的学生学到最好的程度","还必须具备并不那么容易获取的教学知识和技能",甚至"成为他们所在学校的负责管家"(第40页)。如何培养出这样的教师?古德莱得和他的团队提出了19条合理而必要的条件,包括大学对教师教育项目的承诺、州政府对教师教育项目的规范管理、教师教育内部的团队、课程以及自主权等。其中一些条件不仅在当时的教师教育实践中未受重视,在今天也依然需要努力。比如,他们提出的第二个条件是"教师教育项目必须与大学校园中其他的教学领域享有同等的合法地位,得到同样的领导支持和服务,从事教师教育工作的教授们也应该获得这个专业所特有的奖励",然而在现实的学校资源配置和教师奖励方案中,与 MBA 项目、学术研究项目相比,教育类项目和教育专业的教授往往很难得到来自学校同等的支持和服务。仅此一例,就可见在"对教师的期待"与"给予教师教育项目的支持"之间还有着很长的路要走。

尽管书中一开始就提出了对教师教育项目的合理期望,但在古德莱得博士看来,培养教师的工作一直以来都是一个"穷亲戚"。师范学校作为模范学校,大家曾经都对其抱有很高的期望,但是当师范学校脱离基础教育,独立地承担培养学校教师的任务时,它很快就迷失了方向。有一段时间,研究型大学里的师范院校被视为教师教育的拯救者,但是它们很快就开始从事比教师培训更有声望的学术研究。对此古德莱得博士一针见血地指出,"领头的那些教育学院并不是培养教师的模范标兵,而是研究教育的榜样,可是他们所研究的课题与教学法或教师教育很少有关联"(第 65 页)。本以为依附于高等教育可以给教师教育带来更高的地位,但这种情况并没有发生,"就像之前的师范学校向地方性大学的转折一样。在这个转折过程中,他们希望尽快地加入灯标式学院的行列,因此他们发出的信号所示意的是,甩掉至少一部分教师教育的负担就能加快这个转变"(第 65 页)。在教师教育实践的演变过程中,从师范学校到师范院校,从师范院校过渡到综合型大学的教育学院,再上升到教育研究生院,这个过程究竟是对教师教育的强化还是弱化,是对教师教育的层次提升还是边缘转化,美国在给我国的教师教育变革提供了鲜活案例的同时也有着深刻的警示。但古德莱得博士并不只是一位问题发现者,或者说是一位教师教育的悲观主义者,他之所以愿意如此深刻地揭示教师教育中存在的问题,其目的在于可以更科学地分析这些问题,并为这些问题的妥当解决提出建设性意见,而事实上他也的确是这样做的。

不管教师教育的演变有着怎样的历史,教师教育高等教育化的过程基本已完成,这就意味着只有从高等教育发展的视角,才能够更清楚地看到教师教育身处其中的环境和背景。"我们在设计这项探索研究和收集数据的时候,有机会进一步深入地了解了这些高等院校的体制背景并且认识到,离开了这个背景以及中小学校的背景,我们就不可能很好地诠释教师教育"(第 95 页)。原本为中小学校培养教学技能性人才的师范教育,一旦融入到高等教育体系中,首先碰到的问题就是"自身的职业训练基因"与"高校学术研究传统"间的冲突,古德莱得博士在考察那些承担教师教育项目的高等院校所宣称的使命声明时发现,使命中很少描述它们的教育学院或相关单位,即便是那些历史最为悠久、享有盛誉的美国师范学校也是如此。显然这是因为大学的学术研究项目比教师教育项目更能得到外在的经费支持,也更能够彰显学校的学术地位。教师教育融入高等教育体系的本来目的是借助高等教育体系提升自身的学术品质,可为什么真正融进去之后,并没有实现自身学术品质的提升,反而被高等教育的学术研究体制削弱或者被边缘化,这是古德莱得发现的一个重要问题。

在最早的师范学校里,培养师范生的教师要同时兼顾培养未来教师和当下中小学生的双重任务。但当教师教育融入高等教育体系后情况就发生了极大的变化,一是有过在中小学校教学经历的教师比例在减小,更糟糕的是,教育学院在招聘新的教师教育者时,更青睐有着良好学术经历和有着较为丰富的学术成果的青年教师,这种偏爱会加速中小学教学经验丰富教师所占比例的缩小。二是教育学院中从事教师教育项目的教师比例也在缩小,尽管"我们不可能将这类数据与我们样本中的教授所参加的主要学术活动联系起来。但是,我们必须记住的是,尽管这些教授中有83%的人是附属于教育学院/学校/系(SCDE)的,但是很多人(特别是在旗帜性的公立大学里)根本都不参与或者只是边缘性地参与他们院校的教师教育项目工作"。三是那些真正从事教师教育项目的教师中,"许多教授认为那些日益增多的强调研究的华丽言辞正在威胁着他们为之奋斗的教师教育事业。有些人很痛苦地表达了他们被背叛的感觉"(第144页)。

一方面支持教师教育项目的外部环境并不令人满意,而另一方面教师教育项目自身的建设也存在一些问题。在古德莱得博士的调研中发现,开设教育类核心课程的院校变少了,为教师教育提供通识课程的专业院系对这件事也并不上心;"在大多数校园中,教育专业的教授和文理学科专业的教授都在开展一场争夺学科教学法课程控制权的拔河比赛"(第169页);尽管学生们都认为实践教学对他们将来当教师是最有影响的课程,但在布置实践教学时学生只能去最能够安排他们的学校,而不是总能去到提供最佳教学经验的学校。更糟糕的是,实践教学对学生的影响,并不是让他们用所学去变革现存的学校教育,而是不断地向当下的学校教育实践妥协;至于如何培养师范生的团队精神,如何让他们思考教育本质问题,在教师教育项目中似乎并不是重点。总而言之,教师教育项目面临的核心问题,主要在于教师教育课程的学术品质有待提升,教师教育课程过于分化,教师教育教学决策权过于分散,对教师教育项目目标的阐述不明确以及把师范生当学校管理者和社会公民的意识还不够强烈。因此,明确阐述教师教育项目的目标,为师范生提供充分的通识和文理教育,提高教师教育项目的连贯性,充分发挥教师教育者的榜样作用,进一步确保项目的影响力和相关性,并且通过不断评估和持续优化项目,才可能真正培养出优秀的教师和学校管理者来。

如古德莱得博士自己所说,"我自始至终坚持认为:高等院校必须将教师教育从它的贫穷孤儿的低下地位上提升起来"(第227页)。当然,他本人也深知教师教育是一个综合性极强的项目,既涉及承担教师教育项目高等院校的财政负担问题,也涉及这些高等院校承担教师教育使命的意愿问题;既涉及教师教育者在学术与教学间进行选择的问题,也涉及教师教育项目本身如何提高学术品质和实践效能的问题;既涉及现有的教师教育项目承担者如何保有现有岗位和既得利益的问题,自然也涉及教师教育变革者如何既科学又策略地推动教师教育变革的问题。要真正地解决教师教育问题，古德莱得博士还为我们提供了一个引人入胜但也引人深思的虚拟故事，"虽然这是一个虚拟的故事，但却是基于人们在真实生活中努力发动院校和项目变革的经验，因此那些曾经认真地去做同样事情的人会认出故事中的一些情节。而那些处于领导地位的人，如果之前没有参加过这样的变革，应该期待在随后的变革中遇到很多故事里描述的问题和困难，尽管这些问题或许会以不同的面貌出现"（第250页）。对于从事教师教育管理和承担教师教育项目的人来讲，这个故事应该能够引起我们的共鸣和反思，也会让我们感到教师教育的奋斗路上有很多同行者。

在我们国家，党和政府一直高度重视教师工作，当前形势下，将"建设高素质专业化教师队伍"明确写入"十四五"规划和《中国教育现代化2035》，并提出了"建立高水平现代教师教育体系，加强师德师风建设，完善教师管理和发展政策体系，提升教师教书育人能力素质"等具体要求。高质量教师队伍是建设社会主义现代化教育强国的重要保障，有高质量的教师队伍，才会有高质量的教育。面向"十四五"规划和2035年远景目标，要实现新时代教师教育新征程的宏伟蓝图，还需要研究者、实践者和政策制定者的携手合作和共同努力。《为称作学校的地方培养教师》这样一本以美国大规模的教师教育调研为前提，又以古德莱得博士深厚的教育学术功底为基础的著作，不论是对教师教育的实践工作者，还是对关心教师教育的学术研究者来说，都是难得一见的好书。由于美国教师教育项目和我国教师教育工作无论是在发展历程，还是在工作模式与环境上，都有着或多或少的不同，虽然在具体的工作建议上不一定完全符合我国的实际情况，但在学术思想上和教师教育理念上还是值得我们探讨与深思的。这是我先睹为快后的一些浅显的学习体会。

本世纪初，当时在联合国教科文组织亚太教育局工作的周南照教授介绍我与苏教授相识，就此开始了我们间的学术交往，我也曾于2014年春天去美国加州州立大学北岭分校拜访她。此次承蒙苏教授要求，我为本书写上一些自己的学习体会，略尽绵薄之力，是以为序，供大家指正！

任友群

2021年5月于北京

目　录

前　言

　　我们国家教师的质量比其他任何事情都重要，但是人们却往往忽视了它。大多数家长在考虑幼儿的保姆时会精挑细选，但是进入教师职业的大门始终是敞开着的。即使前门关上了，也可以从后门进去。那些想当教师的人不需要经过品质上的考查，也不需要提交任何承诺。

　　这种现象的存在，是因为当今社会上的价值观混乱。一方面，我们高谈教育和学校的重要性。而另一方面，我们对教师、教学和教师教育不屑一顾。我们不曾努力去吸引最优秀和最聪明的人进入教师职业，对那些选择当教师的最佳人才也奖励甚微。大家都承认必须要有人去教育他们的孩子，但是他们批评起教师职业来却又是冷嘲热讽，毫不留情。在我们的公立教育历史上，我们仅仅满足了教师的需求量，但却忽视了教师的质量。尽管如此，在大多数情况下，我们还是保留了一支比较敬业和能干的教师队伍。

　　这本书的一个中心主题是，在好老师和好学校之间有一种自然的关联，但是这种关联却没有受到应有的重视。美国教育史上接连不断的学校改革运动都没有重视过教师的招募和培训。那些积极参加学校更新运动的青年男女教师们也没有得到足够的支持。出色的教师本身未必能办好出色的学校，但是如果教师没有接受过良好的培训，那么期待他们办好学校就是天方夜谭了。

　　教师教育也许受到了忽视，但是并没有躲过人们关注的视线。相反地，教师教育像一匹被套牢和驱赶的马，在缺乏营养的情况下疲于奔命。最让人不能容忍的是，那些审视教师教育的人对其只是一知半解，而不了解其真实的面貌。因此我们并不知道应该怎样做才能吸引、教育和挽留那些能干的志士来从事教师的工作。自从 19 世纪90 年代开始，几乎所有的教师教育改革报告都在重复着同样的简单化方案。如果这些方案背后的诊断是正确的，我们今天应该已经拥有比较健全的教师教育了。但事实正好相反。教师教育在反复吞咽了同样的药物之后，看上去更像是被误诊和被忽视的受害者，而不是受到细心关照的宠儿。

背　景

这些和更多的令人不安的观察与结论都是从我领导的一项美国教师教育的全面调研中总结出来的。我和我的同事们用了五年的时间来设计和实施这一调研。我们从美国六大类型有培训教育工作者项目的高等教育院校中认真地挑选了有代表性的样本。这本报告书展示的数据包括：这些样本院校赠送给我们的文献；一大批师范教育工作者和几千名师范生在毕业前夕填写的问卷；我们组织的两个有经验的教育研究小分队在每一所样本院校进行实地考察时所收集的资料和写下的笔记；还有几位教育史学家整理出来的样本院校的个案史。我们还用大量的时间对样本院校的校院级领导、教授和学生代表，以及附近学区的工作人员进行了细致的访谈，使我们对在调研早期就呈现出来并且随着项目的进展变得更加清晰的一些规律和现象有了深刻的认识。

《为称作学校的地方培养教师》一书所报道的全美教师教育调研项目起源于我们之前开展的一项美国中小学校教育的大型调研，其结果发表在我撰写的《一个称作学校的地方》的研究报告里，以及我同事所著的四本书与一系列技术报告和研究论文里。这项研究不仅揭示了许多令人不满意的教育实践，而且还发现它们持久不衰，年复一年地存在着。未来的教师的教育信仰和实践在很大程度上受制于他们自己当年做学生时所经历的教学模式。成为教师之后，他们也主要是沿用自己所看到过的教学模式。他们所参加的教师教育并没有教他们去挑战并从根本上改变他们之前从自己老师的教学实践中所观察到的常规教学模式。这是为什么呢？

自 1985 年开始，我和我的同事们就在探索这些问题。当时美国上下正沉浸在又一场学校改革的大运动中。和往常一样，没有人真正了解学校与学校之间的生态关系，也没有人知道究竟有哪些因素在影响着教师的表现。如果人们了解和知道这些关系和因素，那些改革家们就不会老调重弹，又在建议请今天的教师去指导明天的教师了。一篇又一篇的报告指责学校和教师没有成效。但是我们的传统思路又告诉我们，最好将那些新手放在现有的学校里，请现有的教师指导，这样就能保证有一支精干的教师队伍。我们一定能够想出比这更好的补救措施。

培训教师的产业充满了多重的复杂因素。尽管教师职业的地位低下，却与我们学校的质量息息相关,因而也与我们的经济体系的健康紧密相关。教师教育是我们享有最高声誉的教育系统——高等教育——的一部分,但是它本身的地位和声誉一直处于低下的状态,这已经是历史上反复出现的问题。虽然人们总是将教师教育和教育学院相提并论,但是大多数的教师教育却不是在教育学院里进行的。教师教育比其他任何学术和职业项目所受到的州政府规定的限制都要多。尽管如此,教师教育还是熬过来了。教师教育会生存下去,但是必须经过改革。

内 容 介 绍

《为称作学校的地方培养教师》一书旨在解析这些多重的复杂因素。第一章描述了美国近代史上对重建学校的政策和策略有巨大影响的一些变迁。很明显,这些变迁对教师提出了很高的要求,期待他们设计出全能的学校,补偿家庭、宗教机构和社区的衰退带来的损失。要培养出这类教师,目前的课堂教学实践和教学内容是远远不够的。第一章还阐述了我和我的同事们在调研美国教师教育及其在大学里的地位和受制于政府规定情况时所采用的研究方法。总之,第一章为我们进一步描述美国教师教育的现状搭好了舞台。第四章到第七章详细地展示了教师教育的状况。

第二章提出了我们对学校和教师在一个民主社会里应发挥的作用的基本信念。我和我的同事们认为,这些信念应该是指导教师教育工作的北斗星。我的观点是,学校教学工作是一个很特殊的职业,因为通用的教学原则必须具有一定的道德目标和敏感性,否则就是空洞的。如果仅仅根据教学工作的科学知识基础来确定教师职业的地位和威望,那就一定不会有好结果。第二章总结出十九条理想的教师教育所必备的条件。有这些条件的存在,我们才能吸引忠心耿耿的青年男女进入教师职业,为他们应对教学工作的挑战提供最佳的培训,并且将他们留在教师职业里终身任教。我们坚信这些必备条件的重要性。在整个调研过程中,我们也以这些条件作为衡量现有教师教育的标杆。

第三章回顾了一段令人伤感的历史——在过去的 150 年里,自美国首批专门选拔和培训教师的学校创建以来,教师教育一直没有得到应有的重视。这种糟糕的情况一直延续到今天。目前最重要的问题是,当现实的情况令人焦躁不安和自我怀疑而不是令人充满自信和愿意采取果断行动的时候,那些积极向上的学者们能否奋勇当先地站出来,承担起培养未来的教师去迎接学校所面临的挑战的任务。

这个问题也会在第四章里多次出现。在这一章里,我分析了大学的环境和教育学院在大学的处境,发现教师教育的健康情况很不理想。在第四章里,我还检查了制约师范教育的法规背景,知道这些法规几乎无一例外地保证师范教育的继续存在,但又总是将它限制在狭隘的规定范围之内。在这一章结束时,我们可以清楚地看到,现有的办学规则和实践牢牢地控制着新教师的行为,因此也在很大程度上影响着他们在今后的教师生涯中的教学表现。不幸的是,师范生在实习教学时所学到的实践经验很可能就是行政部门所指令的并在学校中流行的模式,也代表了许多有经验的教师或教师教育工作者的观点。

第五章和第六章主要总结了我们抽查的院校中的教育学院里的教授和师范生的看法。尽管不同的院校有不同的环境和氛围,从小型的文理学院到地方性大学,或是旗帜型大学,但是教授们的看法相差无异,只是在程度上有所不同。与此相同的是,第七章所描述的教师教育项目在各个不同的院校里的情况都是雷同的,没有实质性的差异。例如,我们考察过的所有的师范教育项目的一大特征就是培训的各个环节都是相互脱离的。它们之间甚至连宽松的连接都没有;它们根本就没有被联系在一起。

这些堆积如山的问题并不是由几个不良人士或不负责任的领导造成的,尽管教师教育跟其他的人类事业一样,也被几个败类祸害过。正如我刚才提到的那样,教师教育只是我们国家里受到忽视的事业之一。如果要重新激活它,我们必须做出巨大的承诺,付出非常的努力,发挥创造力,并获得广泛的支持。

第八章和第九章致力于重新设计和更新教师教育。在第八章里,我用在第二章里提到的教师教育的必要条件为框架,总结了从我们的调研单位收集的各类数据,描述了教师教育的现状和问题。我根据每一个必要条件提出了改革的方案,并且阐明了负责落实这一改革措施的关键人物。这些改革方案将有助于推进民主社会的教育、学校、教师,以及教师教育的使命,而民主社会的生存主要依赖于受过良好教育的公民。

在第九章里,为了将所有的改革方案汇总在一个完整的结构里,也为了描述一下任何严肃的新设计和更新所必须经历的政治、社会和技术上的演变过程,我编写了一个寓言故事,设想在一个公立的地方性大学里,各类人物从事长期的教师教育重建工作的情景。故事里的教育学院院长哈莉特·布莱恩(Harriet Bryan)是改革的带头人和催化剂,但是如果没有大学校长和众多其他团队人物的支持,她是不可能取得改革的成效的。当然在此过程中如果能有一些偶然和意外的收获就更好了。那些在现实工作中已经在从事长期改革的人们可以从我的故事里找到他们的足迹。

第九章想告诉读者的一个重要信息是,从根本上改造教师教育的内容和环境是一场持久战。第一年和第二年只会有微小的变化,之后的两到三年里会有一些突飞猛进的转变。在我的故事里,从布莱恩院长开始迈出激活北方州立大学的教师教育的第一大步,到新项目的第一期学生毕业的时间是整整八年。

这个时间段对这种变革来说是通常的,而不是例外的。但是,很多政策制定者和行政官员都期待在改革开始之后的两到三年之内就能看效果。不足为奇的是,在教育改革的道路上铺满了未能实现的好主意。然而不幸的是,那些勇于将改革的思想付诸实践的人总是受到抨击和责难。一旦受到打击而变得衰弱无力的改革家很难重新回到积极行动的状态中去。

北方州立大学更新的故事只是个寓言,因为第一,它是个编出来的故事;第二,故事里事事如意,一帆风顺。有志人士完成了他们所追求的使命,并有足够的时间也获得了充分的支持来达到他们的目标。有一些具有重大教育意义的事件发生了。如果美国的教育改革家们想切断冲击着我们教育体系的洪流,他们必须立即行动起来,争取在今后的岁月里推动和执行更多有意义的变革。

本书的九个章节所报道的调研项目也涉及如何培养教师为那些有特殊需要的青少年服务的问题。这方面的调研结果在附录 A 列举的第 10 个技术报告中有更详细的描述。同样地,我们也关注到中小学校校长的培训问题。一开始我准备在《为称作学校的地方培养教师》一书中专门就这两个方面的培训加写两个章节。但是后来我决定不加写了,因为我看到,如果加写就会不适当地加长此书的篇幅,影响它的对称美,并且转移它对教师教育的聚焦点。此外,这两个题目都值得全面地展开去写,那就会大大地超出本书的原定篇幅了。

因此,我和我的同事们计划在今后适当的时候进一步地、全面地发展这两个主题。我尚且不知我们的教师教育改革项目会发展到什么程度。毫无疑问,除了教育更新中心目前现有的工作人员之外,我们还需要与其他的学者一起合作来推进这一项目。但是,我们可以提出的一个重要假设是,如果我们为教师教育所赋予的使命是正确的,那么这一使命也完全可以用来指导特殊教育专家和校长的培训工作。

西雅图,华盛顿州约翰·I. 古德莱得
1990 年 8 月

致谢词

在 1985 年,我和我的同事们不仅开始了《为称作学校的地方培养教师》一书中所描述的调研,而且也开创了另外两个密切相关的项目。这就牵涉到很多人的参与。我在附录 B 和 D 中按归属单位详细地列举了这些人。除了四到五个全职工作人员之外,其他所有参加项目的人都是教育更新中心的短期雇员或者兼职雇员。此外还有项目的顾问或专题论文的特邀作者。

我很高兴有机会感谢所有为中心工作的人员、我们的全国顾问委员会的成员、撰写主题论文和技术报告的学者们,还有那些为我们做临时顾问的朋友。我和我在中心工作的同事们特别感谢所有参与项目的人,因为他们都非常认同我们的目标,并且给予了慷慨的帮助。

我们很荣幸地得到几个基金会的支持。约翰和凯瑟琳・T. 麦克阿瑟基金会提供的资助使我们完成了《教师职业的道德层面》一书[古德莱得、索德(Soder)和斯若特尼克(Sirotnik)1990 年主编]。斯班塞基金会资助我们去探索教师培训院校的历史演变,完成了《培养教师的地方》一书(古德莱得、索德和斯若特尼克 1990 年主编)。

我们还要感谢资助我们中心其他工作的基金会:丹福斯基金会赞助我们创办了学校与大学合作伙伴网(特别是改进校长的培训项目);福特基金会资助我们维持全国顾问委员会和促进学校发展更平等的教育实践;威廉和芙罗拉・休伊特基金会支持我们发展和评估学校与大学的伙伴关系;杰依斯・麦茨-吉尔莫基金会的赞助保证我们的中心继续运转;西南贝尔基金会的资助则帮助我们规划在五年的调研结束之后开始的第一个教师教育改革五年计划。

本书所报道的调研项目的筹划以及之后的数据收集和分析工作大多是在埃克森教育基金会的一系列赞助下进行的。我诚挚地感谢史考特・米勒(Scott Miller)和他的同事们及其基金会的鼓励。没有他们的支持,我是不可能从事这些年的勤奋工作和进行疲劳旅行的。我也要感谢加州大学原总校长克拉克·科尔(Clark Kerr)。他催促我不仅要尽快开始这项调研,还亲自邀请埃克森教育基金会赞助这个项目。

如果没有找到一个合适的出版社,我们这种调研项目的最后报道工作就很容易功亏一篑。我们感到非常荣幸的是,我们从一开始就与吉欧斯-巴斯出版社的教育编辑莱斯利·爱乌拉(Lesley Iura)和她的同事们建立并保持了最令人满意的工作关系。上面提到的三本书都受益于这些编辑们的建设性意见和超级水平的编辑。作者们特别考量的事宜都得到了编辑们的尊重,因为他们都具有高度的敏感性。

几年前,我在写另一本研究论著的致谢词时,我提到我很荣幸有很多杰出的、多年的合作者。这种幸运继续追随着我。肯尼斯·A. 斯若特尼克和罗杰·索德与我一起在华盛顿大学教育学院创建了教育更新中心。我们在一起做出所有的重大决定。在收集本项调研数据的九个月里,我们每隔一个星期就会一起旅行去一个新的样本院校做采访。这种密切的交往加深了我们之间的友谊和同事的情谊。我们一起主编《教师职业的道德层面》和《培养教师的地方》两本书。尽管我是《为称作学校的地方培养教师》一书的唯一作者,但是书中所陈述的观念、调研的结果和结论,以及改革的建议都是我们共同商议的结果。感谢他们的修改意见,这本书的最终版本和最初的草稿很不一样,也要好很多。肯尼斯和罗杰不善于接受过多的赞扬,但是对他们,我还是要表达衷心的感谢,不仅要感谢他们对整个项目的成功作出了卓越的贡献,还要感谢他们很敏感地接受我这个"老战士"(warrior)(如果你愿意,也可以把这个词拼成"worrier"——爱担忧的人)作为他们的同伴。

在我的书中,我提到了两个实地调研工作小组。工作组的访问安排是这样的:第一组先去每一个样本院校采访校级和院级的领导人并与师生代表座谈。第二组在第一组离开一周到两周之后也到同样的院校去做课堂观摩并开展深入细致的师生访谈。我和肯尼斯还有罗杰是第一组的成员。第二组的成员包括简恩·德莱西(Jan Delacy)(她是华盛顿州贝尔福学区有经验的教育管理人员,从学区借调到我们中心参加调研工作)、菲莉斯·埃德蒙森(Phyllis Edmundson,她是博伊斯州立大学资深的教师教育专业教授,正好在做学术休假并自愿到我们中心参加调研工作)和苏智欣(她参加了实地调研中半个阶段的采访工作,她是我指导的第一个中国研究生,也是教育更新中心的工作人员)。我深深地感谢她们的勤奋工作、智慧和贡献。

这本书的每一页都经过很多人的审阅和多次的修改。而翻动书页最勤快的是我的秘书葆拉·麦克曼伦(Paula McMannon)的双手。用她自己的话来说,这本书就像她亲身孕育的一个特殊婴儿。她一遍又一遍地为我的书稿打字,纠正所有的拼写和语法错误,甚至找出了一些别人没有看到的错误,并且在我认为已经检查得足够充分了之后再去检查一遍。如果说我将每一页都检查了十遍,那么她将每一页至少检查了二十遍。对她的这种少有的敬业精神和卓越表现,我表示衷心的感谢和极大的赞赏。

此外,我也要对教育学院的乔迪思·杨(Jordis Young)表示谢意。她对本书的初稿提出了很好的编辑意见。之前我已经提到苏智欣博士对此项目的其他贡献,在这里我还要感谢她查询与核对了本书的每一个参考资料(放在本书每一章的后面)。继凯瑟琳·奥尔森(Kathleen Olson)之后,琼·万斯(Joan Waiss)女士帮我们维持与样本院校的联系。我的另一位教授同事,帕米拉·基亭博士(Pamela Keating),帮我们与全国顾问委员会的成员保持密切的联系,在我们项目发展的几个重要阶段里寻求他们的好主张。我感谢这些同事对项目作出的贡献。

因为调研信息需要保密的关系,我们不能公开致谢那些在样本院校里见过的领导和师生,是他们使我们的项目获得成功。我在致谢词的最前面已经对他们表示了感谢。特别要感谢的是那些在样本院校里帮我们安排采访的联络员。他们关照和安排了所有的细节,从制定访问的计划,寄送相关的资料,预约访谈的对象,到发放和回收调研问卷,解决应急的问题,等等。这一项目的调研能顺利地进行,全靠他们的辛苦和帮忙。

对我的夫人说谢谢和抱歉虽然也同样是合适的,但听上去却是空洞的。多年来,我开展的所有项目和撰写的各种报告都包含着她做出的牺牲,都要归功于她的承诺和支持。可惜我们的文化对这种承诺和牺牲的赞扬太少了。对爱芙琳(她出生时取的名字)、蓝(她弟弟给她起的家人用的昵称)、琳(朋友们称呼她的名字),还有欧文(我们的孩子葆拉和斯蒂芬喜欢这样叫她,并没有任何明显的理由)——她为我们一家四口做出了无私的奉献并经受了足够的考验——我献上我的爱。

约翰·古德莱得

▶ **第一章**

国家在觉醒

> **每个人都想有机会接受教育。每个人都希望国家的税收能支付教育的费用。但是没有人站出来为我们的公立学校说一句好话。然而就在昨天,公立学校还被奉为我们国家自由的源泉、未来的保证、繁荣昌盛的基础、安全的堡垒和指引我们前进的明亮灯塔。**
>
> ——罗伯特·M. 哈金斯(Robert M. Hutchins)[1]

这个国家正在慢慢地觉醒,并且认识到它的学校体制在遭受着灭顶之灾。从1980 年代就开始兴起的重建学校的呼声到 90 年代仍兴犹未减,这就证明人们还在觉醒着。但是这种觉醒还是孩童般的幼稚,因为人们还没有明白他们究竟是处在怎样的境况里。

全民义务教育——这场伟大的美国教育实验——"是美国人所拥抱过的最激进的理想。"[2] 在 20 世纪初,这个理想就是办初级学校,为全体儿童提供阅读、写字和计数的基础教育。但是,"全体"在当时主要指的是从欧洲来的移民和他们已经在美国的亲戚们,而不包括土著的美国印第安人和那些非自愿的移民。一百年之后,这个理想上升到新的高度,要为所有人提供中学教育,包括对数学、科学、技术、历史、文学,还有公民教育的深入学习,以便帮助青少年做好准备,进入一个越来越互相依赖的世界。这时讲的"所有人"指的是谁呢? 当美国五十个州的州长们宣布要在 2000 年达到所有人都能高中毕业的目标时,他们并不想排除任何人。[3] 尽管现实并不如人愿,但是在目标上,美国的领导人的确是想实现全民教育。

然而,美国人正在慢慢认清的事实是,首先,这个国家的少数民族为学校带来了非同寻常的多元化学生群体。学校在力图实现刚才阐述的理想。教导青少年从来就不是一件容易的事。曾几何时,在我们国家短暂的历史上和并不是那么遥远的过去,在学校教导青少年比现在要容易得多。主要是因为那时学校和周围的社区共享同样的价值观和期盼,并且只有少数学生在小学毕业之后还继续他们的学业。

第二,学校已经习惯了比较简单的任务,但如今只是将这些任务完成得更好是不能满足当今世界的挑战的。教育工作者必须重新思考什么是教育,为什么要办学校;他们必须检验和重建教育的结构与实践,因为它们从来就没有适应过一些学生的需求,而且近期的研究发现它们对很多学生都不适合。在1980年代的时髦术语中,人们将这种必需的更新称作**重新建造**。

第三,将学校作为在短期内解决社会和经济问题的一个主要的工具,即使还不是最主要的工具,是不现实也是不可能的。学校只能办教育。期待学校办好教育是适宜的但应该仅此而已。可是当人们在通过政治手段去解决经济和社会重建过程中的关键问题时遇到阻力和失败,他们就会要求学校承担起不适宜的和过分的任务;而学校必定会令人失望;并且学校会成为政府在国内外各领域里无能和无效表现的替罪羊。

但是,这个国家还没有意识到的第四大境况是,自由主义者发动的事业也没有解决这样的问题——在美国和世界各地,成千上万的人们仍然挣扎在与日俱增的贫穷和饥饿之中,并且缺乏基本的教育。[4] 这些穷人和那些吃饱喝足并接受了良好教育的富人之间的差距越来越大,因此也加深了他们之间的社会分歧。

这本书是关于教师教育或师范教育的。很清楚,本书对上述四大社会境况的影响力是有限的。在这些境况中所隐藏的问题是多重性和复杂的,不可能只有一个简单的解决方法甚至一套解决问题的方案。我们需要的是一整套新的计划,并且每一个组成部分都要精心策划,这样才能行之有效。在这套计划中,必须关注培训教师的机构,因为它目前很没有效应,而且已经太久无人过问了。

我们不知道建立起一个模范的师范教育能够在多大程度上缓解国家的困境,特别是教育对社会的影响力只是间接性的,而且学校也只是整个教育体系中的一个组成部分。但是,我们可以相信的是,从长远来看,中小学校若能提供优质教育,就能对国家作出重大贡献。而中小学校的高质量教育依赖于有一大批受过良好教育和培训的教师和管理人员。

在历年的教育改革运动中，学校改革和教师教育改革很少挂钩。事实上，后者得到的关注要少得多；正因如此，人们将教师教育归于"还没有研究过的问题"[5]。哈佛大学前任校长詹姆斯·B. 柯南特(James B. Conant)在1959年主持了一项中学教育的批判性调研。几年之后，他全面地观察了大专院校里的教师培训项目。[6] 但是在1960年代里占据上风的学校改革家们并没有认真地考虑柯南特和其他师范教育改革家们所提出的建议。

这本书和它所报道的全国调研项目的主要论点是，我们必须在一个清楚的和精心设计的办学理念的指导下开展对教师的教育。我们对办学的最佳条件和影响办学的因素，还有对教师的期待也必须享有共识。并且，我们要认识到，学校的更新、教师的发展，以及教师教育的改革必须同步进行。

学校是在一个不断变化的环境中运行的，特别是它所服务的对象就在不停地变化。近些年来，那些习惯于服从命令的学校受到这种环境变化的冲击很大，很难适应需要自我规划的更新方式。当然还是有很多自上而下的命令和指示，但是它们往往自相矛盾并且脱离了多数教师的日常工作实践，因此教师们感到一头雾水，无所适从。有一半的教师在进入学校不到五年便离开了教师的工作。

我们所面临的问题是如何培养教师一边从事办学的日常工作，**一边重新设计他们的学校**。现存的教师教育没有培养他们具备这种应对能力。单个教师也不可能做到这一点。如果他们只是单纯地被聘用当教师，也不可能同时担当起重建学校的改革任务。不幸的是，他们目前听从和执行的政策和指令都趋于浮浅，没有包含对学校的期待和学校所面临的挑战的深度认识。因此我们必须尽快地帮助人们解除这种无知的天真。

解除无知的天真

那些长期得不到上学和求知的平等机会的人们最清楚我们的学校为何不能实现国家的教育目标和理想。柯南特曾试图解释不平等是怎样扎根于美国人的传统偏见之中的。他描述了这个国家在一出生时就带有的弊病——对黑人的奴役。在20世纪60年代早期，他发现郊区富人居住地的学校获得了较多的资源，而那些城市中心的穷人居住区学校需要的多可是得到的少。[7]

在1960年代和1970年代，学校改革家们在最高法庭审理的布朗告教育委员会一案胜诉的鼓舞之下，刻意提出和实施了一些减少不平等现象、消除种族隔离的积极措施。黑人群体采取法律行动去上白人的学校。学校也为消除种族隔离专门开设了校车。但是随着时间的流逝，最高法院的判决和相应的法律措施也随之淡化了。例如一个叫玛丽·艾伦·克罗福德（Mary Ellen Crawford）的黑人女孩于1963年8月1日在洛杉矶高级法庭提出的诉讼。二十年之后，她当年起诉的那个全是白人学生的学校仍然处于种族隔离的状况，但是这时学校里注册的学生只有墨西哥裔美国人家庭的男孩和女孩了！等她的案子办完，她已经当奶奶了。此外，许多被校车拉到白人学校的黑人孩子发现他们还是被分在隔离的课堂里。因此，一些黑人教育领袖评价说，根本不值得将这些黑人孩子用校车送到白人学校去。

关于教育平等机会的问题和研讨继而扩大到更复杂的知识平等机会与帮助学生成长的设施和资源问题上。这时黑人学者罗纳德·艾德蒙斯（Ronald Edmonds）通过他首创性的研究和强有力的论证，提出了当今仍然存在的教育挑战问题：[8]少数民族学生必须像白人孩子一样能在学校里念书并取得成功。但是，所有种族和民族的学生都能在他们现有的学校里平等地念书还不够。他们必须在更好的学校里也同样平等和成功地接受教育。艾德蒙斯对学校的信心重新唤醒了教育工作者对学校的理想和期盼。他们中的很多人在看了詹姆斯·S. 科尔曼（James S. Coleman）和克里斯多夫·简金思（Christopher Jencks）的研究报告之后，以为他们的结论已经断定学校无法克服学生从家庭带到课堂中去的背景上的不平等所造成的种种限制。[9]在此之后萌生的"有效学校运动"鼓舞了许多校长，使他们相信他们和教师还是可以在改进学校质量方面发挥重大作用的。

在我们国家义务教育几十年向上发展的历史上，黑人的经历是很不顺利的。城市居住的现状使所有消除种族隔离的措施都丧失了应有的效力。即使他们到兼收黑人和白人学生的学校上学，他们也被分在小学专为受歧视的少数民族学生开办的班里，或中学里资源和师资最差的班，所接受的教育也是最差的，与那些贫穷的白人学生所受到的劣质教育很相似。[10]之后80年代的改革浪潮一波接一波，但是报告里所描述的接收少数民族学生的学校都不如工业世界其他国家学校的质量好。[11]

然而，大多数成功的黑人领袖和那些希望所有孩子都能上好学校并获取成功的白人领袖还没有发现的是另一个更使人担忧的情况。从非洲移民来的颇具洞察力的人类学学者，约翰·奥格布（John Ogbu），花了几年时间在一些社区观察"美国当地人"。他清楚地看到，我们那么希望学校要为"所有"学生提供优质的教育，但这种期望是缺乏远见的,并且模糊了这样一个事实:一大批黑人孩子,特别是青少年——很多人也很有才华和学术潜力——并不想去那些"白种人"创立的学校上学,因为那是为白人孩子设立的,并且是帮助他们成功的学校。这些黑人孩子选择在体育方面,而不是在学术上取得好成绩;如果学校的功课太容易,他们还会故意掩盖这个事实,宁愿当班上的小丑。[12] 那些极少数获取了博士学位的黑人家长也往往对他们的孩子不愿意进一步深造去获取更高学位而感到失望和困惑。

美国黑人群体的困惑和痛心并且充满了曲折的求学经历给他们带来了极大的迷茫和失望。在很大程度上,那些被统称为"墨裔"或"拉丁裔"的多元化群体也有相同的经历。他们与黑人群体一样,也要为争取平等的学习知识的机会和适当的教学支持资源而奋斗。他们同样面临着白人群体对少数族裔看不起的侮辱和麻木不仁的期待——期待他们(和其他所有少数民族)放弃自己丰富多彩的语言和文化传统,并悄无声息地融入学校和社区的主流文化中。

在像加州这样的州里,当西班牙裔和葡萄牙裔的拉美移民与日俱增时,60 年代和 70 年代的学校的反应是为他们提供"补偿性教育"。这些移民的本土语言和文化被普遍地认为是一种缺憾,他们的孩子的上学目标就是接受补偿性教育,尽快地用新的第一语言和文化来代替他们的家乡语言和文化。只有几个有高瞻远瞩的学校认识到双语教育的重要意义并为学生提供双语教学,帮他们成长为能用母语和英语两种语言流畅表达自己的人才。[13] 大多数墨西哥裔的孩子们都发现自己在学校和家庭的不同语言环境和不同期盼的矛盾中挣扎着。研究结果已经表明,如果学校和家庭合作办教育,孩子就能极大地受益。但是在这个历史时期,墨西哥移民和其他移民群体的孩子们并没有在这方面受益。学校期待着他们适应现有的学校文化,而不是邀请他们参加重新设计学校的活动,重建学校以适应变化之中的社区和学生群体。

在这个补偿性教育的阶段里(在很大程度上现在也是这样),人们对墨西哥裔学生的一个普遍误解是,他们都是流动性农业民工的后裔。被人忽视的事实是,他们中的很多人——特别是那些居住在德州、新墨西哥州、亚利桑那州和加州的人,其实是已经住在那里很久的、比欧洲移民更早便住在那里的居民的后裔。然而,他们不但得不到美国公民身份,还被当作外国人看待,有的老师和同学竟然还会说:"你英语说得很好嘛。"[14] 这种冷漠无知的言论影响了学生的学习成绩,也严重损坏了这个飞速发展的国家本来的完整面貌。

在 1960 年代和 1970 年代,我很担忧地看到一些立志改变现状的人——而且这些人大多数是墨西哥裔——在寻求解决问题的方法。"一切都会好起来的,"他们说,"等到我们自己人当上领导的时候。"但是,当他们的表兄当上洛杉矶地区学校校长时,情况并没有发生什么变化,于是他们就失望了。现在我听到的是,那些掌管学校政策的人还是不理解墨西哥裔学生的特殊需要。

人们提出的另一项改革建议是,请那些最理解和关心少数族裔孩子的人来重新设计课程。例如,洛杉矶教育董事会的墨西哥裔委员会在 70 年代中期推出了一个专门为墨西哥裔学生设计的阅读课程。不幸的是,这个课程只不过是一种以行为主义目标为宗旨的阅读教学方法。我不情愿地谢绝支持这项举措(我提出了更复杂和更全面的改革计划,但当时该委员会对我的提议并不感兴趣)。这个课程实施了两年之后,参加项目的学生的阅读成绩每年仅增长了 3%,因此这个项目就被中止了。

在此之后的几年里,我一直思索着怎样才能有效地改造加州的学校,为墨西哥裔学生创造有利的学习环境。对我思路影响最深的是罗纳德·艾德蒙斯的教育理论,他相信少数族裔的学生**在最好的学校里**应该可以像他们的白人同学一样表现得很出色。使人看得越来越清楚的是,那些力图把墨西哥裔学生融入美国的主流学校的改革措施是否成功,最终还是要用这些学校评估结果的标准来衡量。那么有成功的例子吗? 答案是不一定有。但是,改革的报告清楚地显示,我们迫切需要全面地重建学校,为少数族裔学生创造出友善的氛围和有支持机制的学习环境。为什么我们不能团结一致共同商讨怎样为所有的青少年重建学校呢? 如果我们能够设计出为所有学生服务的学校,也就能满足那些组成美国的多种少数民族的教育需求。到目前为止,所有那些为少数族裔和其他利益群体设计的学校改革方案既没有使他们受益,也没有给我们国家带来什么益处。

另一方面,如果我们想描绘一幅能够适合所有人的公立学校的蓝图,就必定要面临一个我们企图避免的教育核心问题:"必须采取何种干预措施,才能使这个或那个有特殊需求的个人或团体获取满意和充分的结果?"[15] 例如,如果我们的眼睛只是狭隘地盯着考试成绩,那么我们就会相信亚裔学生在学校适应得很好,也受到了很好的关照。人们常常将亚裔学生称作"模范学生",因为他们在学校里保持了优秀的学习成绩和顺从的行为表现。[16]

但是,研究结果越来越多地表明,许多亚裔学生为此付出了代价;优秀的学习成绩下面也许掩盖着不健康的焦虑感。参加一项调研的日裔和华裔大学生,与美国主流学生相比,显示出更多的身体不适,与家人的不和。另一个研究第三代日裔高中生的项目也得出了同样的结论。[17] 教师们难以体察那些考试成绩好的学生（无论是什么族裔）的焦虑感，也常常忽视和不去发掘他们潜在的创造性。这个问题在亚裔学生身上尤为突出，因为他们的家长对他们的期望很高。[18]

美国人被哄着相信学校的大多数弊病可以归咎到少数民族学生家庭的文化缺陷上去。因此美国人必须经过失去天真的思想转变，认识到这种信念是如何蒙住了他们的双眼，使他们看不清严峻的事实，那就是之前为满足当时学生群体的期望而建立的学校已经落后于形势，并且由于改变甚少，远远不能够适应现在的学生群体的需要。旧学校的缺点——特别是在对少数族裔学生方面的不足——超越了种族和民族的界限，当然种族的偏见和民族中心主义使它们更加恶化了。

正因为少数民族群体受到学校弊病的负面影响最大，并且他们在似乎要开放的机会大门边上还不断地遭受挫折，他们便更加了解和渴望得到在前进的途中可能获得的成果。他们在争取权益的过程中，也加深了在已经获得和期望获得的利益之间的鸿沟。在这里我想引用奥斯卡·维尔德（Oscar Wilde）的话剧《韦德米尔夫人的扇子》第三幕中的一句话（尽管有的批评家认为这不是维尔德的原话）："在这个世界上只有两种悲剧，一个是得不到你想要的，而另一个是得到了你想要的。而后者最可悲，因为那才是真正的悲剧！"

在美国，为多数的白人和少数族裔人群共享的一贴安定剂是他们对美国教育的一个共同信念："学校是为所有人提供平等和机会的最高理想机构；学校使美国社会脱离那些造成人类社会其他地方不幸的不平等和邪恶现象；一句话，学校保证了一个公开社会的运行；学校是我们对卡尔·马克思的回答——也是对其他一切疑惑的回答。"[19] 之前我已经讲过，教育不能代替经济和社会改革。这些问题必须如实地面对和回答。希望学校办好教育是很高的期望；但这是合理的期待。希望我们国家的教师教好书也是合理的期待。

因此，国家的觉醒在某种意义上来说就是要认识到我们的学校目前没有办好教育。它们从来就没有办好过教育，部分原因是它们漏掉了太多的人群。但是我们记住这段历史的意义就是要提醒我们不要重复这种错误。艾德蒙·高登（Edmund Gordon）正确地指出了我们所面临的挑战："对平等的关注已经为国家提出了这样的问题，那就是每个群体，无论是从哪一个阶层来的，都有权利追求教育和社会方面的发展，以达到最终的社会、政治和经济参与和存活的目的。"[20]

经验教训与改革动向

1983 年全国优质教育委员会发表的报告《国家危在旦夕》，用教育的危机提醒我们拿起"武器"。报告中沿用了不少军事术语，一开始就警告我们，当一个外国势力在教育上超过我们的时候，就像对我们宣战一样。

但是，这些警告并没有引起重视，也没能激发出军队和资源来击退我们的"敌人"。在"一个战争的寓言"一文中，西奥多·赛泽（Theodore Sizer）描述了《国家危在旦夕》这一报告发表之后的一系列言行不一致的现象，如果不是情势严重的话，甚至可以当作歇斯底里的笑话来看。他对这个寓言的评论一针见血："要期待美国教师的军队发动战争来减轻外界对这个国家的威胁，但又不给他们新的和适用的武器，也不开展广泛的研发来深究怎样才能最有效地使用这支军队，这是明显的愚昧。但这个国家正是这么做的。"[21]

里根总统似乎对他的教育委员会的发现非常满意。尽管这个国家处于危机，但是打仗的却是那些在美国从太平洋到大西洋的每个学校里拿着斧头和锄头奋斗着的教师们，是那些学区董事会的委员们和那些在乡镇学校里的教育管理人员。他声称教育是个下放到地方的事情。

然而，这些地方上的董事会委员们、教师们和教育管理人员们几乎无动于衷。[22] 那些培养学校工作者的人们也是如此。即便州一级的教改报告成百上千地涌现出来，这些人对学校改革的召唤还是继续持有不为所动的态度。这是为什么呢？

没有一个清楚的答案。尽管问题的猛兽已经被鼓吹得庞大无比，但是人们已经听惯了很多"狼来了"的呼唤。不管怎样，抨击学校往往是个赶时髦的事情。教师们也习惯了在不同的时候听到批评或表扬。可是这一次的抨击言辞格外犀利，因此有的教育工作者也发怒了。在学校的战壕里也还有一些从 60 年代起就从事教学创新的人，他们还在倔强地抵抗着，不为舆论所动。

但是在学校里和教师培养机构里，特别是在那些经历过巨大社会变迁的学校里，许多教育工作者已经清楚地认识到教育变革的困难程度。这些变迁包括传统家庭的破裂、人员的流动、有几十种母语非英语的学生群体、年轻人普遍性的吸毒和酗酒现象、学校里前所未有的暴力行为、渴望信奉非教育性价值观的学生人数日益增长，等等。只要能应付这些事情就算是成功的教师了。从某种角度来看，那些建议延长学习日和学年、给学生布置更多的作业、提高升级和毕业标准的改革方案与学生在学校和教室里的生活是脱节的。[23] 更有甚者，《国家危在旦夕》和之后的很多报告都提出，教师应该得到更多的尊敬和更高的工资。于是人们一阵风似的评选最佳教师和优秀学校（评比的标准很模糊），但是并没有给教师们加工资，理由是要等量性评估的结果。

我相信，很多学校教育工作者在几乎没有支持的情况下试图将他们个人的事业和改革学校的大业联系起来，但在此过程中却慢慢地变得麻木了。白宫的在任官员激励他们去从事改革；但总统任命的第二位教育部长却又严厉地斥责他们。而对一百多名在联邦行政部门任职官员的违法乱纪行为的指控，也严重地削弱了美国梦中的教师在教育领域的道德规范和理想作用。美国大企业生产教师和其他人可以负担得起的汽车、家用品和视听设施的能力在继续地下滑，人们也常常会责怪这是教育标准下滑的一种体现，但在实际上，企业的下滑与学生在学校的学习似乎并没有密切的关系。总而言之，那些在底特律、芝加哥和纽约做决策的人大多是在早期的学校上的学，那时的学校还被称作"繁荣和权力的源泉"，所以他们当时一定也比现在的人学得更好。

尽管如此，在80年代的下半期，美国有两场松弛地联系在一起的改革运动。第一场是有政治动因的。起因和动力都在州里并有些跨州的交流；直到这个年代的末期，州级和联邦级的改革运动才开始凝聚在一起。一些州长们、大公司的总裁们、职业协会的领袖们和有地位的教育家们逐渐走到一起形成了一个松散的联盟，开始探讨还不成熟的和并不配套的教育改革思路。[24] 而这些思路与那些支持专业教育工作者的体制和基础结构并无太多的直接关联。因此虽然学区的督学们忠实地将联盟的信息带回到学区，但是在那里这些信息便失去了紧迫感并慢慢地消失了。

第二场改革的努力是散漫的、零星的，并局限于地方和基层单位。它们并不是对州级和全国性改革方案的响应，而是对一些非传统性的、有挑战性的教学思想的回应，有些是在以前不同的改革阶段曾经尝试过的措施。那些老的改革措施包括个性化教学、持续性进步，还有不分年级的学校，而新的主张有合作性学习、建立以学校为基础的管理体系以及增强教师的权力。这些改革举措的共同底线是一样的，都是要抵制当前要求不断提高考试分数的压力。

到了80年代末期，人们很痛心地看到，这两项改革运动——一个是受政治因素驱动的而另一个是从基层发起的——并没有联系在一起。并不让人感到吃惊的是，大多数教师和校长都很欣赏以个体学校作为变革中心的改革理念。这个主张产生于60年代末并在70年代发展起来，但是随着人们对学校的改革普遍地失去了兴趣，它也就黯然失色了。教育学者们通过对 60 年代自上而下的学校改革和学校文化抵制外来的教改风潮的分析,终于明白了这些改革运动失败的原因。[25] 他们也重温了之前一些改革家提出的在学校文化中创建一套持续更新的机制和程序的建议,尽管教育改革的历程是不分历史阶段的。[26] 在 80 年代的下半个时期,改革的动向已表明,一些学校工作者在没有人站在他们头上指手画脚的情况下,很有兴趣参与更多的教育改革。

因此到 80 年代末期时,很多人开始谈论改革的"第二波浪潮",并且这次的重点是教育的生力军:必须重建学校——不管人们怎样去理解这种改革,目标是给教师更多的权力并且用企业管理的方法有效地管理学校。然而这次改革所发出的关于自由和控制的信号是模糊不清的,并且往往自相矛盾。

尽管如此,这次改革运动的主旨是在学校本身发动变革,并赋予教师更多的权力和自治力。这样人们才开始将两场改革运动结合起来。慈善机构也格外看好这个改革主张。大公司的基金会都特别喜欢赞助几个学校的创新联盟,并密切注视它们的努力和进展。这是非常好的公关机会,因为它会有可见的效果。州长们和州议员们也很欣赏和支持这种改革。好几个州政府都设立了竞争性的发展基金,鼓励创建"21 世纪学校"或"2000 年及之后的学校"。

全美州级教育委员会的主要作用是吸引州长们对教育改革的注意力,并扩展改革家西奥多·赛泽的教改计划,在几个州推广和执行他的核心学校联盟项目。赛泽设计了一个"霍罗斯实验计划",邀请几所中学参加,力图实施他在《霍罗斯的妥协》(修改版)一书中提出的九项原则。这本书的初版是在 1984 年发行的。[27] 目前他创建的核心学校联盟已经有许多初中和高中加盟,遍布美国几大地区。

几乎就在同时,全美教育协会(NEA)在罗伯特·麦克卢尔(Robert McClure)的领导下发起了掌握学习法项目,美国教师协会(AFT)也开始抨击城市学校的问题。参加前者的个体学校已经结为联盟并开始与其他项目的学校联合起来。这个联盟已经存在了几年,但直到最近才通过电脑系统联络起来,因此还处于发展阶段。AFT 的玛莎·乐文(Marsha Levine)努力地收集之前改革的文献和案例,力图将重建学校的各种因素都包含在内。威廉姆·斯巴蒂(William Spady)的早期研究注重可获得学习成果的细节,之后扩展到对全校项目的各个环节的全面关注以及改善这些环节之后所产生的效果。[28] 有些学区本来就有将权力和职责下放给学校的较长的历史传统,看到这些新的改革动向,它们便进一步加强了这方面的工作。学校作为变革中心的教育思想和实践已经越来越深入人心。[29]

人们也日益清晰地看到，进入学校工作的教师本身的质量会直接影响到那里的教育质量——奇怪的是，改革的历史记载中几乎看不到这两者的关联。亨利·佳吉（Harry Judge），一位有远见卓识的外国批评家，参观了十几所美国的教育研究生院，发现它们在大学里的地位十分低下，并且这些研究生院不做教师培训的工作。他不禁感叹地发问道，那它们是干什么的？他没有得到答案。[30] 尽管他尖锐的发问在这些院校和类似的院校内部掀起了一些波澜，但是并没有能够在这些研究型大学的校园之外引起人们的注意。师范教育工作者和教育学教授们对此发问普遍地不动声色，即使在《国家危在旦夕》的报告刚发表之后的灾难氛围中，他们也表现得无动于衷。

我们可以相信的是，《国家危在旦夕》的报告和佳吉的发人深省的分析促使美国一些最佳大学的教务长和教育学院院长们走到一起，召开了一个历史性的会议。他们成立了一个霍尔姆斯小组（以哈佛大学教育研究生院前任院长霍尔姆斯的名字命名），旨在寻求在他们那样的大学里改革教师教育的路子。

霍尔姆斯小组起草的第二稿改革方案提出了一个更广阔的目标：关注中小学校的健康。之后在 1986 年发表的改革报告里阐述了改革教师教育和改进教师职业的双重目标，但还是没有将这两者与学校的改革紧密挂钩，要求它们同步进行。[31] 这也许是一个很现实的选择，特别是考虑到大学的有限资源和现有的教授晋升体制。霍尔姆斯小组建议大学的师范教育应该与"教师职业发展学校"合作，这样大学的教授和学校的教师可以在一起合作开展研究，改进教学实践，并且培训教师。我写的这本书在印刷出版时，建立这种学校已经成为霍尔姆斯小组的核心工作，尽管对此还有很多的辩论和争议。

几乎就在同一个时期，美国卡内基教育和经济论坛也发表了报告，提出在重建学校的同时要提高教师队伍的质量。[32] 这个报告和霍尔姆斯小组的报告一样，也建议教师应具备更高的专业学科知识水平。前者还要求申请进入教师执照项目的人必须先在文理学院获取本科学士学位；但霍尔姆斯小组在这个问题上有分歧意见。尽管两个报告都鼓动将师范教育提升到研究生院的水平，但是美国大学协会在三年之后清楚地阐明立场，表明本科阶段的师范教育将继续存在，并将延续到 90 年代。[33]

80 年代末期的另一个发展也为学校变革和教师教育的携手合作打下了基础，并帮助它们应付现状和开展更新的活动。虽然目前已经有大量的关于教和学的研究资料，但是它们和教师们每天要面对的任务和要做的决策尚未能联系在一起。师范教育工作者对于什么样的知识（从已有的大量的研究数据中提取的）最能增强教师的素质和力量也没有一致性的意见。但是现在,美国教师教育学院协会和美国师范教育工作者协会已经整理和编辑出关于教师工作的一个基础知识库,并被学者们誉为具有极高的价值。[34] 尽管如此,学者们还是需要根据教学行为的类别不断地修订这个知识库,而修订工作本身必须基于对教学实践的持续探索。

因此在 90 年代开始的时候,我们看到的一些迹象表明,一些在 80 年代伴随着时不时敲响的警钟而大张旗鼓开始的教育改革运动有可能变成实现平等和优质或卓越教育目标的长期行动计划。虽然布什总统在 1990 年发表的国情咨文中提到的教育方案里没有任何细节,但是至少其中有一部分内容涉及到为什么要办学校:"每一个孩子在开始上学的时候都应该做好了参加学习的准备。高中毕业率要达到 90%。美国学生在数理方面要领先世界。每个学校都要消除毒品的存在。每个美国成年人都应具有基本的文化素养和工作技能。这些就是到 2000 年时的应该达到的目标。"[35]

也许每年一月的时候,我们只能期待从总统的计划和预算讲话中听到这样的崇高目标。实现布什总统提出的这些和其他目标的任务就落在州政府和地方政府的肩上。但是由于公众对面临的教育工作的艰巨性表示出的日益增长的关切,美国国会也有所反应。就在 20 世纪最后一个十年开始的时候,参议员肯尼迪(Kennedy)和佩尔(Pell)提出了两项议案(参议院议案 1675 和议案 1676),旨在动用联邦政府的资金来聘用更多的教师,特别是少数族裔教师,并且发展一些促进最佳课堂教学实践的模范教师教育项目。

但是,尽管有这些积极的举措,到 90 年代初期的时候,那些在 80 年代开始的教育改革运动也像在 60 年代苏联地球卫星上天之时发起的教改运动一样,扑腾了一阵子便消亡了。这个国家的资源还没有被动员起来关注教育,美国人民也没有做好为教育做出一些必要牺牲的准备。他们是否至少对这个国家的教育痼疾更了解了呢?我们必须希望是这样。我们面临的挑战十分严峻,绝不能掉以轻心,以为我们还有其他的机会。

改 革 的 方 案

如果我们希望教育改革成功,就必须协调三个相互关联的方案。第一,整个学校体系的改革。第二,这个体系中每一所学校的改革。很清楚,只有每一所学校的改革都成功,整个体系的改革才能是成功的。第三,教师教育的改革,这是基于第一和第二方面改革的需要。

广大教育工作者们对于第一方面的改革方案的目标、范围和发动计划是没有多少发言权的。但是,他们知道,如果第一方面的改革方案不能为基层个体学校的更新提供必要的条件和氛围,那么就没有太大的希望去实现第二方面的改革。他们也知道,如果全国教育改革的计划落入歧途,他们会受到责怪,尽管他们并没有参与制定这方面的计划。

学校体系的问题。 如果让学校去做它们做不到的事情,那么教育改革一定会失败。当我们无法实现夸大其词的改革方案的时候,我们往往会滥用我们的学校。而被滥用的学校,就像被滥用的人,是无法表现出色的。因此我要重温之前提出过的警告。

我的第一个警告是,虽然我们有理由相信一个良好的学校体系从长远来看可以促进经济的蓬勃发展,但是,良好的学校体系仅仅是其中的一个因素,而且不一定是最重要的因素。此外,如果政策制定人认真考虑全面改进学校的开支和效益,他们就会将我们的高教体系改为更有选择性的机构,并且把节省下来的经费用于将中小学体系也改为更有选择性的机构。当然他们知道美国的既定政体,特别是那些有影响的人物,是不会同意这样做的。不管怎样,任何将教育体制往上延伸发展的改革都会最先施惠于那些已经有特权的阶层。[36]

我的第二个警告是,学校仅仅是整个教育体系中的一部分。它们只能是家庭、宗教机构和其他相关机构的补充单位。如果其他机构破碎了,单靠学校来做补偿的话,学校也会破碎的。正像教育历史学家罗伦斯·克莱蒙(Lawrence Cremin)所指出的那样,这就是我们目前面临的问题。"我的观察是,家庭、托儿所、同伴组织、电视广播,以及工作单位所能提供的教育都发生了重大的变化,极大地影响着美国人所接受的全方位的教育。结果出现了一系列不协调的教学活动,很难确定也无法检测其效果……我进一步认为,这种现象的本质要求我们对相关的机构和教育过程有更广泛的、经过验证的知识。遗憾的是,那些负责制定教育政策和执行教育计划的人尚不具备这样的知识。没有这样的知识,空谈优质的美国教育就是愚蠢的。"[37]

因此,如果我们在谈论教育体系的时候,我们所指的仅仅是学校体系,那么我们可以来探讨一下**学校**的改革方案,但是我们必须要明白的是,整个教育体系是非常多面性的,包括很多学校之外的因素(我们的经济体系也同样是多面性的,或者教育和经济体系之间的关系也是多面性的)。好学校往往是一个健康社会的象征,而不是起因。尽管如此,即使我们只关注我们国家的学校体系,也已经有很多需要操心的事情,还有很多需要改进的地方。

国际教育成绩评估协会在工业化国家所做的研究表明,美国高中学生的成绩总是排在最低的四分之一层次里。当学者们在比较成绩最好的 5%—10% 的学生时,发现美国的最优学生也在上面,与其他国家最优秀的学生成绩相似。但是,如果我们所制定的目标是希望 75% 即将毕业的学生和到 2000 年时 90% 毕业的学生都达到布什总统所提出的标准,那么我们的学生在成绩上的落后状态就很令人担忧了。

我们的学生在科学和数学方面的表现尤其使人焦虑。尽管参加国际测试的美国 8 年级学生在计算数学方面的成绩刚刚超过国际平均线,但是他们在解决问题方面远远落在后面。而 12 年级学生的数学成绩掉到了最底层。这些学生在科学知识和理解的测试中的成绩同样很差。

课程方面的因素往往被忽视了。美国经常有被报道出来的成绩不佳的学生;但是几乎可以确定的是,这是因为学校在课程设置上有很多不佳之处。只有 15% 的高中生注册学习高等数学;仅有 3% 的高中生学习了完整的微积分课程。美国高中生的数学课程是世界上高度工业化国家中最低水平的。[38] 总的来说,我们中小学校体系的数学课程使我们的高中生在毕业的时候比其他工业化国家的学生落后大约一年。当然有一个尚未有答案的问题是,其中的一些国家如果也将高中毕业率定在 90% 的话,他们可能就得采用要求低一些的课程。在解释不同学生、学校和国家之间存在的差异的时候,唯一最有说服力的因素就是学生的学习机会。[39]

即使不考虑国际比较的情况,1980 年代末期的一系列调研也使得教育工作者和民众开始担心在青少年当中存在的、极为普遍的无知状况:不能认出地图上的主要地标,不知道美国最大城市在地图上的分布,不能解释季节变化的原因,不知道美国最著名公民的名字和贡献,认不清美国政府的主要分支,也无法分辨参议院和众议院的区别,等等。此外,还有一些关于学校教师在参加州政府举办的最基础文化知识的考试中的低劣成绩的恐怖报道。毫不令人吃惊的是,这时有一本书列举了每一个美国人都必须知道的知识清单,就立即引起了广泛的关注。[40]

从 1970 年代就开始实施的全美教育进步测试在 1980 年代末期的结果显示,学生们在语文和数学方面的成绩有些许的提高,这是令人鼓舞的,但是学生们在解决问题方面并没有进步。13 岁到 17 岁学生组在参加测试的四年期间里,在基础写作和阅读理解方面的表现继续令人失望。同样使人感到失望的是,到了 80 年代末期,白人和黑人以及拉丁裔学生之间的差距还是很大,尽管很慢地缩小了一些。

1980 年代最让人泄气的数据清楚地描述了我们普遍性的失败——大学没有能够从这些少数族裔群体中招录到足够的人才，为明天的职业、企业、政治和公民事务培养所需要的领导人。获得学术能力测验（SAT）高分的少数族裔学生寥寥无几，这使人们感到希望黯淡，不能指望明天会有更多的黑人和拉丁裔教授、医生、律师与企业管理人员，尽管大学和企业还在继续努力招人，好像还有合格的候选人"等在外面"的什么地方似的。

美国一些主要的大学宣称，它们要招录在学术能力测验或其他相应的学术测验中获取高分的学生。我们来设想一下，这些大学决定它们只有兴趣录取 SAT 考试成绩在最高的五分之一层次的学生。根据 1988 年的 SAT 数据，这就意味着最低的总分要达到 1 150（包括语文 550 分和数学 600 分或更高的分数）。在这一年，全国共有 147 000 名白人学生达到了这个分数线。相比之下，只有 3 826 名黑人学生的语文分数超过了 550，只有 3 129 名黑人学生的数学分数达到了 600 分的标准线。拉丁裔学生达标的人数分别是语文 3 823 人，数学 4 263 人。土著印第安人达标的人数是语文 771 人，数学 967 人。（见表 1-1）

表 1-1 1988 年学术能力测验分数分布图　　　　　　　　（单位：人）

	大于或等于 550 分/语文	大于或等于 600 分/数学
土著印第安人	771	967
墨西哥裔人	1 496	1 668
波多黎各人	510	582
其他拉丁裔人	1 817	2 013
黑人	3 826	3 129
亚裔人	10 475	20 118
白人	138 266	157 301
其他人	2 117	2 295
总计（包括所有回答了关于自身种族/民族属性的人）	159 278	188 073
没有表明种族/民族属性的人	10 202	11 615
全部总计（全国数据）	169 480	199 688

当我们查看更高水平的考试成绩的时候，就发现对比更加明显了。例如，在 1988 年，7 414 名白人学生和 1 877 名亚裔学生的 SAT 数学分数达到和超过了 750 分，但是只有 64 名黑人学生，120 名拉丁裔学生和 30 名土著印第安人学生达到了这个分数线。

因此我们就看到了问题的所在。其根源大多深植于我们文化中存有的社会和经济不平等的现实中。其他的原因就必须追溯到学校去了。如果我们继续相信解决问题的方法是更积极努力地去招聘那些正在成功地完成学业的少数族裔人才进入企业管理和大学教授的职位，那么我们就不会去关注这些已经存在着的不平等问题。

一般来说，我们可以通过检验学校目前的运作情况去寻求对以上问题的解释。被大学录取的少数族裔学生（亚裔学生除外）中的大部分人很快就发现，他们被放在试读学生的名单上。这些学生的 SAT 成绩并没有达到大学录取的分数线，但还是被录取了，因为有人争执说这些测试歧视了少数民族。然而这些学生的高中成绩单往往显示出令人满意的成绩。为什么在学术能力测验和高中成绩之间会有这样的差距呢？如果我们仔细观察一些高中的情况，就会发现那些来自经济地位低下家庭的学生——不成比例地来自少数族裔——被学校分到最低层次的班级去了。在这样的班级里，学生们往往没有机会学习可以帮助他们做好准备去上大学的高水平课程，而在那些高层次的班级里，学生们会有很多的机会学习这样的课程。这就是 55% 的黑人大学生和 51% 的拉丁裔大学生在他们进入大学 12 年之后还不能获得高等院校学位的原因之一。只有 33% 的白人学生处于这种境地。

但是，我们必须追溯到更多的值得质疑的教育设想和更低层次的教育实践中去，检验一下在小学时期就年复一年、年级复年级的办学过程中早已存在的固有问题。并且，在学校之外也有一些更加重要的决定性因素。如果不去观察校外的因素或者不去深究学校内部的问题，就无法解释上面描述的学习状况（也是在最近几年反复报道过的问题），也就等于无视学校和我们国家所面临的重大挑战。我们看到的教育危机就是我们全体人的危机。

如果我们用最近的但也可以说是已经过时的定义来看"家"（family）这个词——一对结婚的夫妇（一个男人和一个女人），以及他们的孩子，生活在一起——那么在美国不符合这种定义的家庭就已经超过了符合这种定义的家庭。超过一千五百万的孩子生活在单亲家庭——其中 90% 以上是只有单亲妈妈的家庭。几乎两百万儿童没有跟任何一方的父母住在一起。在单亲妈妈家庭中，50% 的白人孩子的母亲是离婚的，而 54% 的黑人孩子的母亲是未婚的（因此也没有离婚抚养费的收入），33% 的拉丁裔孩子的母亲是未婚的。这些以单亲妈妈为一家之主的家庭每年的平均收入刚超过 11 000 美元；而那些有双亲和孩子的家庭的平均年收入是 36 000 美元。[41]

今天 40% 的穷人是孩子。在去年出生的孩子当中，超过 35% 是少数族裔；与前年相比，这些孩子中有更多的穷人。只要再过几年，这些孩子就会带着营养不良和其他一些幼儿生长发育期间落下的毛病进入学校，而他们根本没有做好上学的基本准备。大多数这样的孩子只能在条件最差的学校注册（因为必须按居住区上学），在那里他们很少有机会接触到最优秀的教师，学生群里面的转学现象也很频繁——有的学生会在一年期间转学两到三次。在很多情况下，这些孩子中的大部分人第一次上学的时候，在上第一节课的时候，就会被看作是笨孩子，自己也会因此感觉愚笨。他们在学前班里考试失败时，就已经开启了一个自我实现的失败预言。那位一生为穷人孩子的教育而从事改革的瑞士教育家裴斯泰洛齐（Pestalozzi）（1746—1827）还曾将学校比喻为孩子们的花园。

我想起了著名哲学家 A. N. 怀特海德（Afred North Whitehead）的名言："当我们想到一个国家的孩子漫长和宽阔的成长过程的重要性，看到众多的孩子们过着如此贫困破碎的生活和丧失希望的样子，认识到这个国家因为一贯轻视教育改革而造成的失败，我们就难以控制心中燃烧的愤怒。"[42] 如果怀特海德今日依然在世，他一定会把指责扩大到教育之外的大环境去——那里的境况给教师们造成了更多的障碍，严重地损害了学校的效益。

个体学校的问题。如果有人说学校已经不适应上面描述的大环境，与周围社区也不再分享同样的价值观并且失去了稳定家庭和其他社会机构的支持，那么这种说法就是低估了学校所面临的困境。关于学校本身的效力，我提出两个论点。第一，它们无法充分地补偿已经失去的东西。第二，如果让学校先加上这个，再采用那个紧急的补救措施，不仅行之无效，而且会把整个学校推向厄运。事实上，整个学校必须不断地更新才能为所有的学生提供最佳的教育。我在 1970 年代末和 1980 年代初领导开展了一项美国中小学校全方位的调研项目。我在调研报告的结尾写道："我们对教育事业的憧憬仍然多于实践。"[43]

第二次世界大战之后，社会上对学校不满的呼声日益高涨，这并不是因为学校突然在做不同的事情或者变得更糟了，而是因为学校体制的不断官僚化养成了一些固有的、已经不合时宜的和功能失调的做法。几乎在《国家危在旦夕》的报告发表的同时，许多研究报告提出了解决问题的方法和调整的措施，但可惜并没有引起人们的注意。[44] 这些报告的内容并没有过时，因为提出的问题仍然令人痛心地存在着。如果说我们对下面将要陈诉的状况已经完全知晓，那么就似乎要谴责我们为何没有采取任何行动。我在这里仅仅选择描述一些急需关注的情况。

大多数学校的运作都是遵循着一种怪异的设想，即学生们在常规告诉他们要做好上学准备的时候就一起做好准备了——从他们进入学校的时候开始一直到他们离开学校体制的时候都是这样。在一些教师参加的职前和职后培训项目与工作坊中,有时会讨论一下学生们做好了怎样的上学准备的问题,但是这跟"真实世界"毫无关系。与此同时,传统的常识告诉我们,如果一个孩子在上一年级的时候没有做好学习的准备,那么只能在这个孩子自己的身上寻找失败的原因,就像后来如果他或她在四年级留过级之后不能学好五年级的功课一样,也要在他或她自己的身上找原因。

关于学生留级的政策有时被大加提倡,有时又失去支持,而那些本来可以指点迷津的关于儿童之间存在着个体差异的大批研究文献却在大学图书馆的架子上接灰,无人过问。想起来的时候,人们便去查看一下资料,思考一下怎样在教育过程中关注和解决学生们在学习上的个体差异问题,怎样在不分年级的学校里帮助学生制定个性化的学习方案并指导学生按照这个方案去学习和进步——这样的学校在 1930 年代就产生了,在 1960 年代被人们重新认识,现在又再次破尘出现了,并且在小范围里试验着。[45]

但是这个和其他的一些创新试验,尽管有充实的研究结果的支持,还是缺乏新鲜感。它们被轻易地放弃了,理由是它们既不新颖也没有经过扎实的试验。一个英国的军官可能会说,在这种理由面前企图创新改革,就是去经历一场血战。

目前我们的小学在低年级的时候就把学生分在低能组、中能组和高能组里,特别是在语文和算术的教学中。这种按能力分组法在 50 年之前就有了。虽然已经有大量的研究证据表明,这样的分组法不仅加剧了学生个体之间的差异,而且对那些分在最低组的学生尤其不利,同时阻碍了教师及时诊断问题和帮助这些学生。可惜的是,研究的结果并没有丝毫改变这样的做法。[46] 这些分在低能组的学生带着在低年级上学时积累的问题进入高年级,其间再经历一到两次的失败,到了中学的时候便还是在低能班注册的主流学生。这种针对学生个体差异的分组和分班方法使得教师们没有机会采用课程和教学的干预措施来帮助所有的学生进步。[47]

人们可能会想,要帮助那些学习不好的学生,最明显的教育措施就是试用一种不同的教学方法。但是研究的结果表明,学校教学中的大多数时间都是老师在讲,学生参与互动的时间很少。[48] 那些发挥学生主动性的活动就更少了。学生大多是被动式地学习,因此到了小学高年级和中学阶段时,他们就以为被动式学习是最符合学校本质的学习方式了。他们甚至不喜欢有人来干预这种被动学习的状态。而这种氛围也非常符合按能力分班之后有弹性的课程安排,每个能力班都有自己特定的教学主题和课本。[49] 具有讽刺意味的是,社区对有这样特质的学校最没有批评意见。因此,我们不禁要问自己,我们是否还愿意在校内和校外找机会培养学生的批判性和创造性(而不是被动服从)思维。

一个学校的健康目前在很大程度上取决于学生在标准考试中的相对分数。这个方法可能就像用体温计来探测一个人的健康情况一样有用;从体温计上只能看出一个人是否在发烧,而不能看出有没有心脏病和癌症。由于学校被要求超量地使用这种考试方法,他们没有时间去收集学生们在学习人类社会重要的知识体系以及求知方法的时候的表现情况的相关资料。并且,关于学生们应该掌握多少这方面的知识——达到怎样的知识深度和广度,他们并没有一套完整的指导理念。没有这样的理念,就无法衡量学生到目前为止在课程学习上的"进展"。开设这门课或那门课似乎都一样好。此外,学校之外的因素(例如,州的立法机构)也在影响着课堂里的教学。学校必须满足各方面的要求。最终的结果是,我们的高中变成了一个大超市——所教的课程非常缺乏内在的关联。[50]

这就已经有足够的证据了!对学校的起诉是公平的:所有以上陈述的事实都是令人熟悉的并且已经存在了太长时间了;[51] 而改造学校的进展就像冰川移动一样缓慢。看到学校的教育弊病就责怪教师是一件容易的事情,他们也的确需要为一些问题负责。但是很多指责是强加在他们身上的,并且妨碍了教师用他们的智慧在学校和课堂里正常工作。[52]

要求教师们将他们的知识用于重新设计学校并且运用一些在大多时间被人忽视的相关知识是合乎情理的。有少数教师努力地排除阻力,开创崭新的教学实践和办学方式——他们往往受到各种责怪和打击,就因为他们走出常规,敢于不同。目前我们的办学情况还不具备条件也没有足够的时间和资源来重新设计很多这样的学校。聘用教师每年教课 180 天就意味着要保证他们在这 180 天里都在从事教学工作,而不是在做其他的事情,也肯定不应该是重建学校的工作。

此外,要保证教师每年 180 天都在做良好的教学工作,毫无疑问需要给他们提供比现有的教师教育更好的教育和培训。目前存在的培养教育工作者的项目没有加入合适的内容,不能为教师和校长提供更新学校所必备的知识和技能。要想更好地、与现存的方式不一样地培养教育工作者,我们必须丢掉那些流行的改革口号,认真地研究和理解到底错在哪里。

教师教育的问题。在过去的一个世纪里,各种师范教育改革报告所提出的建议大多过于肤浅并具有重复性：招聘最好最聪明的人，让他们学习四年文理课程，帮他们避开"米老鼠式"（意思是太容易）的教学方法课，请学校教师做他们的实习导师。[53]第一项建议当然很有道理，但实践证明这并不很现实；其他一些高收入的职业和工业也在激烈地竞争招聘优秀的人。教师工作收入低和升职慢的现实状况阻碍了优秀的人才选择进入教师职业，而那些放弃了其他工作机会进入教师职业的优秀人士很明显地不是为了钱而当教师。有些不为低收入而动摇，坚持进入教师职业的人在全面体会到学校工作的限制性和破旧的工作环境之后，也会改变他们做教师的初衷。

没有人会忽略未来教师所应该具备的教学科目知识的重要性。但是很少有人研究过，从一个大学的通识教育和一个主修专业毕业的学生是否已经具备了所需的学科知识。大多数的现有高等院校，就像大多数综合高中一样，可以被称为是购物中心。不能保证大学一年级和二年级学生在准备进入师范教育时所做的决定是合适的；在大学里只有医学预科项目，而没有教育预科项目来指导学生。此外，在很多大学里，教学工作已经不再是最重要的办学宗旨。因此在大学就读的未来教师们很可能观察到一些并不值得模仿的教学方法，就像他们在高中的情况一样。

有一些教学方法课，就像大学里面大多数领域的某些课一样，纯粹是浪费时间。解决这个问题的办法是改进这些课的教学，而不是鼓励学生避开这些课。如果学生不上教学方法课，就不能学到根据最新研究结果推荐的最佳教学方法，而这些研究知识和方法正是已经在校的教师所普遍缺乏的。

关于师范生的在校实习导师问题，有人认为这是帮助师范生获取教学知识和成为教学专家的独有途径，这是令人费解的。但这却是美国总统、一些州长和一些国会议员在提出"另类教师执照项目"的时候所持有的观点。上面提到的关于教师如何教学的报告的结论跟长期以来的其他报告的结果是十分相同的，并且没有人提出过质疑。的确，自从《国家危在旦夕》的报告发表之后，考试和其他种种强加在学校和教师身上的限制性规定已经进一步巩固了以教师讲课、学生作业和课本为主的教学模式，却不知这种模式正是造成病人生病的饮食方法。[54]难道我们希望指导未来的教师走上同样的道路吗？

到了 1980 年代末期，我们国家已经有一些群体的人慢慢地觉醒了。他们认识到，不能继续在形式上重复地使用那些没有经过检验的"常识性"知识来解答教师教育过程中的复杂问题。其中有一个重要的觉悟是，教师和校长的教育和培训必须与学校的实践和实质性改革的条件密切相结合。"实质性改革"意味着不能蜻蜓点水似的只触及我们现有问题的边缘,而是要开展深入的学校变革;明天的学校必须与今日的学校大不相同。如果我们继续为现在盛行的学校状况培养教师,这种变革就不会发生。

开始理解存在的问题

教育杂志上充斥着关于师范教育的文章:课程改革的论述、师范生对他们参加的培训项目的看法的问卷调研、实习教学的效果,等等。的确,有些杂志的唯一目的就是发表关于这些课题的论文。还有更多发表的文献与师范教育并不直接相关——大多数是关于教学的研究,但研究人员以为这样就形成了有关教学的一个知识基点,因而也适用于师范教育。这些研究文献揭示了师范教育的一些弊病,也指出了一些需要改革的地方。

然而,大多数这样的研究,尽管有些用处,却是用个人作为分析的主体。如果我们想要从关于个人的资料中猜测出院校里面存在的问题,我们就需要在智力上有一个很大的飞跃。在 1980 年代末几乎同时出版的几本以研究为基础的报告书为我们提供了一些精辟的见解,让我们看到了师范教育所处的院校环境和师范教育项目实施的情况。[55] 它们提出了很多重大的问题,大多是过去 150 年遗留下来的烦心问题,使我们很难开展真正的教师教育(的确还有学校)改革。

教师教育研究的起因

在 1980 年代中期,我和一位同事在做一个了解和改进南加州学校——其实也包括横跨全美国的一些其他社区的学校——的长期调研项目的收尾工作时,有机会来到了华盛顿大学。那时改革学校的辩论还在全面展开。但是,当时我们主要关注的是十多年前成立的"合作学校联盟"里的 18 所学校所经历的成功和失败的经验。我们试图帮助这些学校跨过同行对话的阶段,进入实质性的改革。我们认为很需要在每一个学校都建立起不断更新的机制和过程,然而很明显的是,学校的教师和校长并没有做好参与这种更新活动的准备。之后我们开展了一项全国大范围的学校研究,并于 1980年代初在我的报告书《一个称作学校的地方》中报道了研究的结果。我们在这项研究中证实了这一点:教师和校长带到学校去的理念和行为都不能帮助他们应对学校所面临的挑战,也不能改变现有的办学实践。他们参与的很多实践活动都远离教育研究学者所推荐的做法。具有讽刺意味的是,这些活动也不符合许多精明能干并有实践经验的教师自己所相信的最佳办学理念。

在这些思路的指引下,我们邀请一位新同事(他当时已经在研究最有效和最无效学校的特点)一起在华盛顿大学成立了"教育更新中心",并在 1985 年启动了三个项目。第一,我们开始进一步了解培养学校教育工作者的师范院校的条件和现状。第二,我们深入地探究其他几种职业的职前教育,寻找值得教师教育借鉴的经验。[56] 第三,在南加州教育研究的基础之上,我们提出了这样的设想:只有跟大学的教师教育和研究活动密切相联,学校才最有可能实现必要的更新。[57] 我们的确认为这种联系很有必要也应该是很自然的。

如果我们没有坚信这个设想并把它作为一种原则去坚持,我们就不会去发展后来的项目。"除非人们怀有这种坚定的信念,否则他们就不会费尽心力地去从普遍存在的现象中推测出特有的结论。"[58] 为此我们刻意开展了一项社会实验,鼓励学区和大学结为伙伴,在学校和培养学校工作者的大学教育学院里同步地实施更新计划。为此我们创建了一个全国教育更新联盟,将学校与大学联合起来结成伙伴,目前已经在多个州建立了 14 对这样的伙伴。从一开始,我们就采用建设性的评估为这个教育联盟的成员提供相关信息,包括更新活动的进展、存在的问题和开始出现的一些新的议题。[59] 在我撰写这本书的时候,这个联盟正在全面地评估整体发展的情况,并且也在了解和确认在国内其他地区类似的改革举措。

本书包含的内容主要是关于这几个项目中的第一项——对教师教育的全面调研,并且从第二个项目中汲取经验——参考其他一些职业的教育。在最后的章节中,我会涉及第三个项目,因为我在重建教师教育的蓝图里,将学校和大学结为伙伴的措施当作一个至关重要的组成部分。

为了发动第一个项目,我们开始设计如何去探索对教育工作者之教育——我们对教师的期待是什么? 培养教师的工作应该有什么样的理想和境况? 一个健康的培训项目应该具有哪些必要的环境和条件? 谁应该负责教师教育? 美国教师教育的历史能给我们提供什么样的洞察观点? 如果我们不能对以上的问题做出深思熟虑的、知情的回答,那我们就没有必要去开展通常的研究项目,选择一批样本院校,设计问卷和面谈提纲,查看描述性资料,还有其他此类研究项目会包含和走过的一系列步骤。本书的第二章主要回答了这些和其他相关的问题,基于我们在收集数据之前进行的两年时间的文献调研和探索思考。

在这里我首先要介绍一些背景情况。当时我们阅读了大量的历史和研究文献,我们了解到的越多，就越清楚地认识到，在 1980 年代的第二个阶段，美国教育改革的矛头已经指向了教师教育，而这个一直被忽视的领域正面临着一个关键时刻，就像一些其他职业在几十年之前的某个历史关头所面临的那样。在这个关键的时刻，教师行业可以几乎一成不变地遵循自己行业的实践者的经验继续发展，但也可以打开思路，倾听在这个领域从事研究和发展理论的学者们的建议。

在 20 世纪初的时候，医生职业和医学教育也处在这样的关键时刻。我们自然去查看了当时对医学教育的研究，观察医学教育是怎样从开业医生所拥有的学徒模式转变到最早在英国和美国约翰·霍普金斯大学出现的医学院培养模式。

当卡内基基金会在 20 世纪初成立时，高等院校还没有统一的办学方向和标准。基金会董事们发现他们有资源可以赞助加拿大和美国的大学教师。他们有兴趣了解在大学和中学之间的关系，以及职业性教育学院和大学其他院系之间的关系——这些关系对教师教育至关重要。在医学教育方面，只有很少一部分医学院是大学的一个紧密组成部分，因此医学院基本上不受大学标准的影响。董事会成员认为，这种在医学院和大学之间的松散关系是一种失调的现象，因为医学院和大学都是在基础科学的发展中成长起来的，而医学必须依赖基础科学来研发新的诊断和治疗疾病的方法。董事们也清楚地知道，很多医生并没有在中学和大学系统地学习过必要的基础知识（有些人只有中学教育的学历），也没有在跟行医的医生当学徒的时候接触到新的诊断和治疗疾病的方法。"在这种情况之下，面临着推广最佳医学院发展起来的标准的挑战，人们必须重新审视和清楚地勾画医学职业教育和整个大学教育之间的关系。第一步就是要调研医学教育和医学院的现状。"[60]

有很多学者都提出过需要调研教师教育——既要描述现状又要提出改进意见——就像当年在卡内基基金会的资助下，亚伯拉罕·弗莱克斯纳（Flexner）所开展的医学教育研究和在 1910 年发表的调研报告那样。可惜我们既没有计划也没有资源去做这样规模的调研。我们对弗莱克斯纳研究产生的兴趣是两方面的。首先，在 1910 年的医学教育与 1985 年的教师教育的背景和实施方面有一些很清晰的平行之处。其次，弗莱克斯纳使用的院校调研方法对我们制定研究方案有很好的参考价值。过去的教师教育改革没有很大起色的原因是调研时仅仅注重个人的情况：招聘更好的候选人，帮他们提高教学的水平和能力，改善他们教学的行为，给他们几根胡萝卜或用棍棒督促他们。但是一匹马是不能拉好一架没有套好的车子的。

弗莱克斯纳并没有多提医生需要具备什么样的特点，只有下面的描述：他们将是我们社区里受过良好教育的公民,关心病人,接受过关于治病救人的知识和技能的教育培训并从中受益。他的方法对我们特别有启发,因此我们努力地从弗莱克斯纳的项目中汲取经验并用于我们的研究。我们将不止一次地参考他的医学教育研究报告。

一个改革模式的经验

在 20 世纪最初的年代里,医学教育的质量是伪劣的。之前做过高中教师的亚伯拉罕·弗莱克斯纳在他开展的具有历史意义的美国和加拿大医学院调研项目中,描绘了一幅令人震惊的图画。[61] 选择并被录取进入医学院的候选人几乎是文盲。医学教育大多采用的是说教的方式。有的学生从来没有机会见到一具尸体。有时一个班上的 20 个学生有幸分享使用一具尸体,他们的体验一定是像盲人摸象一样,根据自己摸到的一小部分去试图理解整头大象的情况。他们主要是通过跟医生当学徒来学习医术,而那些医生的知识和技能也是这样训练出来的。在培训中他们很少有机会参加全程诊断和治疗一个病人。正因为这种低劣的培训,在那时没有人愿意称呼医生为专职工作人员。

弗莱克斯纳可以忽视他当时看到的大多数医学院的糟糕情况,心安理得地认同医学院的通常做法。他也可以提出一些简单、便宜和合乎常理的建议:那些想成为医生的人应该去寻找正在行医的医生做他们的导师,并投入这些医生的门下当学徒。如果他这样做了,那么当时流行的由医生自主开办的、营利性质的并且很不合格的医学院就可能会延续很多年。但是弗莱克斯纳坚信,为了公众和医学教育的利益,医学院应该附属于一流的大学,这样理论和实践才可以结合在一起。约翰·霍普金斯大学医学院和几个其他大学的优质医学教育项目给他提供了成功的模式。

大学的教授在他们掌控的实习医院里可以很好地将医学教育中的学术性学习和实习的成分结合起来。教授们每天的工作包括教学和在实验室里面做研究。弗莱克斯纳当时就预见了一个延续到今天的医学教育问题——设计出一个完善的临床培训计划,但是往往缺乏经过良好培训的临床教师。[62] 一些批评家指出,有的医生做得很好,但他们并没有接受过弗莱克斯纳推荐的苛刻的大学医学教育。弗莱克斯纳对自己的建议毫不动摇,他也坚信医学院的教师和学生必须参与临床和实验室的工作——病房和实验室被他称为医学教育的必备"工具"。

根据弗莱克斯纳提出的详细计划,未来的医生首先应该是社区里面有教养的人,先读两年通识教育课程,再读两年与医学相关的课程——例如解剖学、病理学、药学,以及不断增多的实践性工作，之后再进行两年专科性学习并参与以医院为基地的实习。

弗莱克斯纳的医学院调研报告有三个杰出的和让人信服的特点。第一，尽管他的写作隐含着对人类福祉的最高理想的追求，但他在报告中并没有奢谈高调和抽象的目标。而这样的目标在当时的教育报告和论文中是司空见惯的。第二，他并没有给那些较差的医学院的学生提出他们应该达到的具体教育目标，而是为所有医学院提出了具体的办学条件。第三，弗莱克斯纳通过展示他在155所"包括所有种类的医学院校"里收集的数据，不仅描述了那些不应该被继续忍受的状况，也有效地驳回了预见中的反对改革的争论意见。因此他在那些持有异议的人士想要发声之前，便卓有成效地消除了大多数"是的，但是"之类的反对意见。

当然，他的报告在当时和之后都受到了批评，也得到了称赞。大约有一半的医学院自知无法达到弗莱克斯纳提出的昂贵的改革要求而关门大吉。剩下的医学院开始改革但进展缓慢，后来在1920年代得到了一些私营机构逐渐增多的赞助便加快了改革的步伐。如果没有基金会的经费支持，医学院可能快速地做出改变吗？这是人们经常会争辩的问题。但我们有理由可以相信，在慈善资助的带动下，政府也给大学预算增添了纳税人的费用，有力地支持了医学院的改革。不管怎样，医学教育成功地走过了最关键的路口。

1910年的医学教育和80年之后的教师教育有着清晰的相似之处。美国现有的3 000多所高等院校之间几乎没有共同的目标和标准。在这些院校中，大约有1 300所承担着培训教师的任务，它们的教育院系在培训教师方面也存在着巨大的不同之处，包括它们如何接受或融入所属高等院校的使命、目标和标准。在过去的25年里，研究学者们已经发展和积累了一套对教学有深刻影响的知识体系。此外，目前已经有一些新的和经过测试的方法，可以用来诊断和补救学习方面的弊病。但是这方面的知识很分散，大学的各种不同专业领域都有一些，而不是集中在那些学者们通常有兴趣阅读的杂志里。很多教师和培养教师的教授们甚至都不知道这种知识的存在。最后值得我们注意的是，目前教育学院和教师实习学校之间的关系与在1910年时医学院和实习医院之间的联系相比，一样松散或者更加松散。

这些观察证实了这样的论点：当今的教师教育跟20世纪初的医学教育一样，正处在一个紧要的关头。事实上，一个专门职业的每一个常规组成部分对这个职业在社会上的影响都是至关重要的，因此只研究和改进一个部分是无济于事的。我们必须全力以赴,以整合的视野认清整体的局势和前景,认真研讨每一个组成部分存在的漏洞和问题。

对教育工作者之教育的研究(A Study of the Education of Educators,SEE)

我在"前言"中提到,我和我的同事们开始绘制一幅壁画,尽可能全面地描述美国教师教育的现状和情况,以及在这些条件下实施的教师教育。我们的调研样本是一小批很具有代表性的拥有教师教育的高等院校。在我们预定外出调研的机票之前,先要做很多准备工作。除了全面地描述现存的教师教育,我们最终还要用一些理想的标准来衡量我们所描述的状况是否达标,也就是需要真实地确认有哪些缺陷及其严重的程度。我们决定在外出调研之前就确立好这些标准,即模范的教师教育所应该必备的条件,以便读者们根据这些理想的标准自己去评判我们所描述的现状是否达标。

从一开始,我们就有这样的共识:评定教师教育项目质量的标准应该建立在对以下问题的认识上——为什么要办教育、学习和教书的性质是什么,在一个民主社会中学校的作用又是什么;因此我们先把注意力集中在这些疑难问题上。我们阅读了很多文献也写出了很多体会。在此基础之上,我们进行了多次对话。本书的第二章简练地总结了这一阶段的探讨工作,并且特意为读者展现了指导我们开展整个调研项目的标准。

文献探讨工作结束之后,我们就开始考虑如何选择和确定一个有代表性的教师培训院校的样本,以便达到我们的调研目的。我们并没有像传统的行为科学研究那样,去检验一组根据某种理论而提出的具体假设。替而代之的是,我们勾画了一个由重大的(即便不是必要的)要素组成的教师教育概念图,并在这个概念图的指引下努力地去勘察师范院校的真实情况。我们以院校作为这项调研的背景,也考虑到了各种类型的院校丰富多彩的不同之处。我们去寻找证据来探测现有的实践在何种程度上符合指导我们调研的工作假设。

这种设计帮助我们发现和吸收新的概念并且重新调整我们的工作假设,使我们能够深入地探讨那些我们认为对教育工作者之教育有效的特征。我们采用了多种调研的手段,包括教授和学生问卷;学生、教授、管理人员和实习指导教师访谈;大学开设的师范教育课和实习教师在学校教课的课堂观察;以及广泛审阅在外出调研之前和调研过程之中收集的文献资料。[63]

我们在1987—1988学年全面突击性地调研了29所高等院校的教师教育的运行

情况。在每一所院校我们都用了大约 10 到 14 名研究人员全天工作日的时间——一共用了 300 个工作日的时间来做调研。在这些工作日里,我们派出的两个研究小组(第一组三个人,第二组两个人,加上一名博士生——她参加了大约一半的出访活动)一共开展了长达 1 800 多小时的个人和团组访谈以及课堂观摩的调研活动。此外,9名历史学家,每人到访了 2 到 5 所院校并研读了相关文献,为我们提供了这些院校的简史。[64] 在这些丰富的背景信息的基础之上,我们再加入问卷的数据和收集上来的师范教育项目的文献资料。我们这种调研的方法与案例研究的自然主义方法更相似,而不是传统的实验性和相关性研究。

为了选择最有代表性的各类不同师范院校样本,我们先列出了一张包括不同类型高等院校的图表。在参考了卡内基促进教学进步基金会的高等院校分类法之后[65],我们选定了六种类型的院校。接着,我们在美国人口统计所包括的九个地理区域里,选出了八个区域,每个区域都有主要的培养教师的高等院校。因为德克萨斯州的立法机构在 1987 年开始要求德州的所有高等院校都保证提供 18 个学分的职业教育(包括实习教学),所以我们听从了良好的建议选择了俄克拉荷马州的院校来代表这个区域。最终我们选定的州包括加利福尼亚州、科罗拉多州、乔治亚州、伊利诺伊州、衣阿华州、马萨诸塞州、俄克拉荷马州和宾夕法尼亚州。这些州里的居民占美国五十个州和哥伦比亚特区总人口的 30%。

确定了调研的区域和院校类型之后,我们就开始选择具体的院校。我们试图选择相等数量的公立和私立院校,但有两个例外:第一,我们稍微多选了几所地方性公立院校,因为它们的数量相对比较多,也因为它们是美国历史上最早的教师教育机构。第二,我们少选了一些四年制的小型私立文理学院,因为它们培养教师的数量较少。而这两种院校加在一起培养的教师数量就很多了。我们依靠研究团队集体的职业经验选择的院校虽然只是美国教师教育机构的一小部分,但也代表了它们的多样性。我们在不违反整体抽样设计原则的基础上,特意挑选了两所几乎全部是黑人学生的地方性州立院校(学生的构成情况是基于历史的原因或是因为周围社区里的人口变迁),一所以培养教育工作者为主要使命的教育机构,还有四所私立的、附属于公开的宗教派别——罗马天主教、联合卫理公会、路德会和南浸信会——的院校。

选择调研院校的工作,就像我们其他的工作一样,是在很有限的时间里完成的。正因为如此,当一所我们选中的学院因之前已经安排好的资格认证和自我鉴定方面的工作负担而不能参加我们项目的时候,我们却没有时间补选一所类似的能参加我们调研的院校了。在我们最后选中的 29 所院校中,有 20 所通过了全国教师教育认证理事会的认证,有 22 所是美国教师教育学院协会成员,有 7 所是霍尔姆斯教育改革小组成员。最小的学院只有 900 多名注册学生,而最大的有 35 000 名注册学生。

在最初联络的电话和信件往来里,我们答应所有参加项目的院校(当然也包括里面的个人)对其真名保密。之后这样的问题几乎没有人再提起。的确,等我们到达调研院校的校园的时候,该校的教授当中至少有一些人知道我们为何而来,要往何处而去。所有院校的接待人都以最热情的方式欢迎我们,往往把我们的到访当成是一个招待的机会或其他形式的聚会。尽管参加项目的院校并不太关切院校真名保密的问题,但是我们在下面的分类解析和之后的描述中还是使用了虚拟的假名。我会经常用描述性的语言来特指某个院校,比如,位于西南地区的一个小型的文理学院。但是,当使用这样的语言显得累赘的时候,我就用虚拟的假名。因此这只是一个修辞的工具。虽然读者在阅读本报告时,有时会看到某些院校出现的情况已经形成了一些规律,但是我劝读者不要做各种的联想。这样做会妨碍读者理解我们整个项目的结果和意义。

如果读者在阅读的过程中,特别是那些与参与了本项目的院校有关联的读者,识别出某一所书中提到的院校的真名,我们希望这些读者能建设性地使用报告的内容。我们的目的是促进对教育工作者之教育的改革,而不是谴责某一所院校或里面的管理人员,教授和学生。

公立院校的样本包含三个种类。第一,主要的研究型大学,通常称作"旗帜性大学",往往冠名为"(州名)大学"。这些大学有很多研究生项目,职业学院,以及由外来经费支持的研究项目。几乎所有这样的大学在本州的公立院校里都有最高的本科和研究生录取标准。我们选择了四所这样的大学:肯默大学、诺斯伍德大学、希尔伍德大学和福尔肯大学,分布在相隔甚远的地理位置。其中有三所还远离了本州的主要城市中心。

第二,主要的综合性大学,这些大学与州里的旗帜性大学密切平行,通常由外来费用支持的研究项目会少一些,一般被称为"(州名)州立大学"。在我们的样本中有五所这样的大学。尽管它们的名称不都是州立大学,我们给它们取的虚拟名还是遵循了通用的州立大学名称:宝石州立大学、森林州立大学、山下州立大学、电报州立大学和传说州立大学。这里有一些院校的前身就是师范学校(美国最早的教师培训机构),它们经历了漫长的演变过程。其中有一所之前还是私立学校。所有五所州立大学都表达了强烈的研究志向,很想发展成研究型的大学。有两所州立大学以所在的大城市冠名;另有两所州立大学距离大城市只有不到一小时的车程。

第三,地方性综合院校通常以大学在本州所处的地理位置而命名(例如,"东"或"中"),因此大学的名称通常叫作"(区域加上州名)大学或学院"。这些院校以本科教育为主,也办一些研究生项目,有几个职业学院(比如教育、企业和护理),也有一小部分外来经费赞助的研究项目。这些院校的入学标准比其他两类州立大学总要低一些。它们的前身往往是师范学校,然后演变成州立师范学院,再变成州立综合性学院,之后才发展成地方性的州立大学。这一类学院或每一个单独的学院都在培养大批的教师。我们选择了七所这样的院校:中拉瑟福德州立大学、北霍利森州立大学、东奥利弗州立大学、南英弗尼斯州立大学、西南比斯特威克州立大学、西北普拉瑞州立大学和西威利斯州立大学。这组大学里面有五所是在近期才发展到这个地位的,有两所位于城市,一所在郊区,三所在农村,还有一所位于农业地区,但是离大城市只有大约一小时的车程。

私立院校的样本也包含三个种类。第一,主要的综合性院校,是美国高等教育版图上高度引人注目的一个组成部分。它们提供本科和研究生教育,经办职业学院(有时也包括医学院),经常与公立综合性大学竞争外来经费资助的研究项目。它们的录取标准通常比较高。在这类院校中,目前还称作"学院"的已经很少了,但还是有几所——也许是为了保持它们原有的身份和传统。我们在全国范围内选择了五所这样的院校:瑞弗尔、夸德拉、美恩斯特瑞姆、艾菲和美瑞特。这里面有两所院校刚够上"主要的"资格,特点是具有小型的教育专业和少量的师范生,在这方面颇似比较大一些的文理学院。事实上,这两所院校都很重视文理专业的本科生教育。有两所大学的教育学院有资格进入霍尔姆斯教育改革小组。其中一所大学的教育学院曾经是大学里注册学生最多的学院。所有五所院校都位于城市。

第二,地方性综合院校,通常侧重本科生教育,但也有提供本科和研究生教育的职业学院。它们一般为本地区和周围社区培养教师,以及企业、护理、福利工作和技术人员。大多数这类院校的录取标准都比上述的第一种院校低一些。我们在样本中包括了四所这样的院校:波卢德摩尔、杰拉德、皮尔格瑞姆和埃尔顿。师范教育在其中三所院校的发展历程中发挥了重要的作用,而在另外一所比较新的院校里也被其周围的社区视为主要的任务。有一所院校是地道的城市大学,但其他三所院校都坐落在郊区。

第三,私立文理学院,主要以本科教育为主。许多本科项目的课程就包括教师执照所要求的学习科目。很多文理学院的前身其实就是培养教师和牧师的,有的还加上了培养护士、企业家和其他行业人士的项目。通常它们开始办学时都附属于某种宗教并维持了这种关系。它们的入学标准各不相同,相差甚远。有些这样的学院已经具有国家级的声望并且建立了很高的学术水平,因而录取标准也很挑剔。我们选择了四所这样的院校:多尔赛、埃尔乌斯、雷克夫优和斯特尔林。虽然每所院校在传统的使命中都含有教师教育,但是四所院校都认为文理科学和通识、博雅教育是当前办学的主要目的。其中三所院校处于农村和小镇的氛围,一所院校位于郊区但是离城市中心也很近。

对数据的处理。到了1988年夏季的末期,我们已经在调研样本中的29所院校里从以下的来源收集了一大批非同寻常的数据:(1)对行政管理人员、教授和学生的访谈;(2)对教师教育院系里设置的师范教育课堂的观察,以及对在学校实习的师范生的观察;(3)审阅相关的文献;(4)对每个院校适度的历史分析;(5)师范生和教授问卷;(6)关于人员统计和其他有关院校情况的院校问卷。当时我们面临的任务就是要整理这些数据以便描述这些院校里对教育工作者之教育的条件和情况。我们力图为每一所院校绘制出一幅特有的肖像,并探索在我们的样本院校之间存在哪些一致和不一致的趋势。

正如我在前面所提到的,我们在收集数据之前先通过理论性的探索勾画了一个概念图,之后所有的工作都是在这个概念图的指引下开展的。对调研工作更有帮助的是我们的研究人员在出访所有样本院校的整个学年里的互动和因此而产生的强大的累积见解。我们的调研小组在每一个样本学院访问一周之后,都要用几天时间坐下来一起讨论并合成每个人从不同角度收集到的调研资料,然后再去出访另一所院校,回来之后再坐下来一起讨论并合成所收集的资料。这样的工作持续了一学年,两个研究小组分别访问了所有的样本院校。每一次单独的观察或访谈结束的时候,每个调研人员都会立即根据当时的笔记和引用的话语写出书面的小结。在访问一所院校的全部调研工作结束时,每一个成员也会马上写好一份全面性的总结文件。最后,当两个调研小组都访问过一所院校时,他们就在一起写出一份合成性的报告。

上述这些还没有完全地描述我们工作的情况。我们在登上飞机前往每一所院校做调研的时候,都要在下机之前读完一本根据现有资料编辑出来的关于这个院校的"信息手册"。因此我们在进入每一个调研单位时,已经对当地的礼节、走廊里的对话、书店的活动、可能会对我们提出的问题、非正式的教授和学生之间的互动等细节事项有了初步的认识,可以敏感地应对出现的情况。我们在正式和非正式的接触和活动中收集的数据和印象是问卷和文献调研所无法提供的(当然这些工具和资料也给我们带来了有用的信息)。此外,如果我们只是依赖经过培训的观察和访谈研究员去帮我们收集数据,而不是亲自到 29 所样本院校去走访调研的话,我们所获取的调研资料是会有缺憾的。

在我们完成上述的数据收集和院校走访之后,我们的两个研究小组聚集在一起畅谈数日,根据我们实地调研的整体经历来探索和发现教师教育中存在的主旨问题。如果说我在本书第二章中所阐述的指引我们数据收集过程的 19 条教师教育应该具有的假设条件是"经",那么这些被发现的主旨问题就是"纬"。在这样的一块"经纬"画布上,我们绘制的 29 所样本院校的肖像便形成了一幅多彩的图画。我在本书的第四章到第七章中将尽力描述这幅图画的细节。

然而,为了整理好收集的资料并呈现在本书后面的章节中,我们还做了一年之久的额外工作。应该记住的是,我们在 1988 年秋季时已经看到了样本中每一个院校的"生活片段"。我们的任务是尽可能地将这些片段拼凑在一起,使我们可以相当全面地了解教师教育行业的个体和整体情况。我们发现,我们根据院校走访经历归纳出来的最一致的主题可以帮助我们很好地合成大量相关的但又是分别收集起来的数据。这些主题也就变成了附录 A 中所列举的调研技术报告和几位参与这个项目的研究助理的博士论文的主题。这本书报告的是我们所获取的整个调研项目的丰硕成果。

我们的国家准备好了吗?

深入改革我们国家对学校教育工作者之教育的条件已经成熟了。学校比以往任何时候都更加迫切地需要明确使命并知道如何去完成这一使命的优秀教师。高等院校的校长和他们的董事会成员们开始认识到,他们不能再无视学校的弊病了,就像他们不能再无视空气污染和水土流失的问题一样。在远离学术机构和教师工作的地方,公民和政府官员们也已经认识到,急需为教师提供他们所需要的知识和技能,并且给予他们应得的职业认可和奖励。

但是,这些呼唤改革的人士对教师教育的现状并没有做过相当详细的了解——他们所缺乏的是一幅关于教师教育现状的文化肖像,就像 1910 年卡内基基金会的董事们认为医学教育改革必须具备的那样。[66] 我们的调研报告在下面的章节里绘制了一幅教师教育的现状图,这是一个历史的见证,既是昨天的产物,也是明天的前奏。第二章提出了改革家们必须努力达到的期望,并且阐述了成功的改革所必须具备的条件。

如果教师教育想开展必要的更新,那么重新设计学校的努力也不能减慢速度。重新设计学校和更新教师教育必须携手共进,才能打造出一流的学校体系。我们的国家已经觉醒了吗? 准备好了吗? 威廉姆·钱思(William Chance)在透彻地审阅了学校改革报告并完成了一项大型的学校观察和访谈项目之后,谨慎地乐观道:"经过了近95 年的办学经验,这个国家终于开始认真地对待普及教育的原则了。"[67] 但是,如果我们不全面地重新设计教师教育,那么我们的后代就不可能获得普及的教育。

注释

1. R. M. Hutchins, "The Great Anti-School Campaign," in *The Great Ideas Today* (Chicago: Encyclopaedia Britannica, 1972), p. 155.

2. L. A. Cremin, *Popular Education and Its Discontents* (New York: Harper & Row, 1990), p. *viii*.

3. This was the commitment of the Council of Chief State School Officers in 1989. See Council of Chief State School Officers, *Assuming School Success for Students at Risk: A Council Policy Statement* (Washington, D. C.: Council of Chief State School Officers, 1987).

4. Torsten Husén wrote the following: "Let me suggest that the most serious problem faced by schools on both sides of the Atlantic is the rise of a new educational underclass." See T. Husén, "Are Standards in U. S. Schools Really Lagging Behind Those in Other Countries?" *Phi Delta Kappan*, 1983, 40, 461. Bowles and Gintis bluntly located the educational problem in an economic context of inequality, not the other way around, as so many business, political, and educational leaders in the United States are prone to do: "Hence we believe — indeed, it follows logically from our analysis — that an equal and liberating educational system can only emerge from a broad-based movement dedicated to the transformation of economic life." See S. Bowles and H. Gintis, *Schooling in Capitalist America* (New York: Basic Books, 1976), p. 266.

5. S. B. Sarason, K. S. Davidson, and B. Blatt, *The Preparation of Teachers: An Unstudied Problem in Education*, rev. ed. (Cambridge, Mass.: Brookline Books, 1986).

6. See J. B. Conant, *The American High School Today* (New York: McGraw-Hill, 1959); and J. B. Conant, *The Comprehensive High School* (New York: McGraw-Hill, 1967). The first was followed four years later by J. B. Conant, *The Education of American Teachers* (New York: McGraw-Hill, 1963).

7. J. B. Conant, *Slums and Suburbs* (New York: McGraw-Hill, 1961).

8. R. R. Edmonds, "Programs of School Improvement: An Overview," paper presented at the NIE Invitational Conference on "Research on Teaching: Implications for Practice," Warrenton,

Va. , Feb. 1982.

9. See J. S. Coleman, *Equality of Educational Opportunity* (Washington, D. C. : Government Printing Office, 1966); and C. Jencks and others, *Inequality* (New York: Harper & Row, 1972).

10. See J. Oakes, *Keeping Track: How Schools Structure Inequality* (New Haven, Conn. : Yale University Press, 1985).

11. The first to catch widespread attention was that of the National Commission on Excellence in Education, *A Nation at Risk* (Washington, D. C. : Government Printing Office, 1983), which warned of a rising tide of mediocrity in our schools. Three years later, a report of the National Governors' Association linked the quality of schools in the United States to the nation's declining economic productivity; see *Time for Results* (Washington, D. C. : National Governors' Association Publication Office, 1986). At the beginning of the 1990s, considerable political debate surrounded a report challenging the assumption that the United States spends more dollars on its K – 12 schools than other industrialized countries and should expect more return; see L. Mishel and M. E. Rasell, *Shortchanging Education: How U. S. Spending on Grades K – 12 Lags Behind Other Industrial Nations* (Washington, D. C. : Economic Policy Institute, 1990). Hundreds of other reports appeared between 1983 and 1990; most of these focused on individual states, but some examined the relatively poor showing of U. S. students when compared to counterparts in other industrialized countries.

12. See J. Ogbu, "Overcoming Racial Barriers to Equal Access," in J. I. Goodlad and P. Keating (eds.) *Access to Knowledge: An Agenda for Our Nation's Schools* (New York: College Entrance Examination Board, 1990).

13. Lambert's work demonstrated that this end can be achieved without loss in either language through "total immersion" instructional programs. See W. E. Lambert and G. R. Tucker, *Bilingual Education of Children: The Saint Lambert Experiment* (Rowley, Mass. : Newbury House, 1972).

14. See V. O. Pang, "Ethnic Prejudice: Still Alive and Hurtful," *Harvard Educational Review*, 1988, 58, 378; and G. Jackson and C. Cosca, "The Inequality of Educational Opportunity in the Southwest: An Observational Study of Ethnically Mixed Classrooms," *American Educational Research Journal*, 1974, *11*, 219 – 229.

15. E. W. Gordon, "Toward an Understanding of Educational Equity," in *Equal Opportunity Review*, 1976, ERIC Clearinghouse on Urban Education, p. 2.

16. H. H. L. Kitano, *The Japanese Americans: Evolution of a Subculture* (Englewood Cliffs, N.J. : Prentice-Hall, 1969).

17. S. Sue and D. W. Sue, "MMPI Comparisons Between Asian-American and Non-Asian Students Utilizing a Student Psychiatric Clinic," *Journal of Counseling Psychology*, 1974, *21*, 423 – 427; and L. Onoda, "Personality Characteristics and Attitudes Toward Achievement Among Mainland High Achieving and Underachieving Japanese-American *Sanseis*," *Journal of Educational Psychology*, 1976, *68*, 151 – 156.

18. For further discussion, see V. O. Pang, "Test Anxiety and Math Achievement: The Relationship to Parental Values in Asian American and White American Middle School Children," paper presented at the annual meeting of the American Educational Research Association, San Francisco, Mar. 1989; and S. B. Sarason and others, *Anxiety in Elementary School Children* (New York: Wiley, 1960).

19. P. Schrag, "End of the Impossible Dream," *Saturday Review*, Sept. 1970, p. 68.

20. Gordon, "Toward an Understanding of Educational Equity," p. 2.

21. T. R. Sizer, "Taking School Reform Seriously," in *Preparing Schools for the 1990s: An Essay Collection* (New York: Metropolitan Life Insurance Company, 1989), p. 79.

22. Calvin Frazier, former Commissioner of Education for Colorado, and I were on the speakers' platform at a conference of school-board members and administrators about six months after release of *A Nation at Risk*. He asked for a show of hands to signify how many had taken the initiative to call or had themselves been called to meetings designed to discuss the recommendations of the report. Only a few hands were raised.

23. This is essentially what was said by many teachers surveyed in the late 1980s. See Carnegie Foundation for the Advancement of Teaching, *Report Card on School Reform* (Princeton, N.J.: Carnegie Foundation for the Advancement of Teaching, 1988); and Metropolitan Life Survey, *The American Teacher 1989* (New York: Harris and Associates, 1989). Earlier, Philip Jackson had provided a detailed account of what it takes as a teacher to make hundreds of decisions each day in constantly demanding classroom circumstances; there is no energy left over for planning and conducting fundamental changes in these circumstances. See P. W. Jackson, *Life in Classrooms* (New York: Holt, Rinehart & Winston, 1968).

24. For an analysis of the immediately preceding context, see M. W. Kirst, *Who Controls Our Schools* (Stanford, Calif.: Stanford Alumni Association, 1984); for the views of a corporate executive, see D. T. Kearns and D. P. Doyle, *Winning the Brain Race* (San Francisco: ICS Press, 1988).

25. See E. House, *The Politics of Educational Innovation* (Berkeley, Calif.: McCutchan, 1974); and S. B. Sarason, *The Culture of the School and the Problem of Change* (Newton, Mass.: Allyn & Bacon, 1971 [rev. 1982]).

26. See particularly two reports of a change strategy focused on individual schools and their networking in the League of Cooperating Schools in Southern California: M. M. Bentzen and Associates, *Changing Schools: The Magic Feather Principle* (New York: McGraw-Hill, 1974); and J. I. Goodlad, *The Dynamics of Educational Change* (New York: McGraw-Hill, 1975). For a detailed account of the conditions necessary for renewal to become a natural way of life in a school, see B. R. Joyce, R. H. Hersh, and M. McKibben, *The Structure of School Improvement* (New York: Longman, 1983). A school seeking to break with convention and renew itself often finds itself to be a fragile culture in a hostile environment. See L. M. Smith, *Anatomy of Educational Innovation* (New York: Wiley, 1971); and L. M. Smith, J. P. Prunty, D. C. Dwyer, and P. F. Kleine, *The Fate of an Innovative School* (New York: Falmer

Press, 1987).

27. T. R. Sizer, *Horace's Compromise: The Dilemma of the American High School* (Boston: Houghton Mifflin, 1984 [rev. 1985]).

28. For more information on all three initiatives, see C. Livingston and S. Castle (eds.), *Teachers and Research in Action* (Washington, D. C. : NEA Professional Library, 1989); M. Levine (ed.), *Professional Practice Schools: Building a Model*, Monograph no. 1 (Washington, D. C. : American Federation of Teachers Center for Restructuring, 1988); and W. G. Spady, "Organizing for Results: The Basis of Authentic Restructuring and Reform," *Educational Leadership*, 1988, *46* (2), 4-8.

29. K. A. Sirotnik, "The School as the Center of Change," in T. J. Sergiovanni and J. H. Moore (eds.), *Schooling for Tomorrow: Directing Reform to Issues That Count* (Newton, Mass. : Allyn & Bacon, 1989).

30. H. Judge, *American Graduate Schools of Education* (New York: Ford Foundation, 1982).

31. Holmes Group, *Tomorrow's Teachers: A Report of the Holmes Group* (East Lansing, Mich. : Holmes Group, 1986). A later report made a clear connection in recognizing the need not just to link teacher education and schools but to ensure good professional-development schools through joint school and university effort. See *The Holmes Group*, *Work in Progress: The Holmes Group One Year On* (East Lansing, Mich. : Holmes Group [501 Erickson Hall] 1989).

32. Carnegie Forum on Education and the Economy, *A Nation Prepared: Teachers for the 21st Century* (Washington, D. C. : Carnegie Forum on Education and the Economy, 1986).

33. J. S. Johnston, Jr. , J. R. Spalding, R. Paden, and A. Ziffren, *Those Who Can* (Washington, D. C. : Association of American Colleges, 1989).

34. M. C. Reynolds (ed.), *Knowledge Base for the Beginning Teacher* (Elmsford, N. Y. : Pergamon Press, 1989); W. R. Houston (ed.), *Handbook of Research on Teacher Education* (New York: Macmillan, 1990).

35. These were the goals the president brought from the so-called Education Summit (of governors) held in early fall 1989.

36. See T. F. Green, *Predicting the Behavior of the Educational System* (Syracuse, N. Y. : Syracuse University Press, 1980).

37. Gremin, *Popular Education and Its Discontents*, pp. 59 and *ix*.

38. International Association for the Evaluation of Educational Achievement, *The Underachieving Curriculum* (Champaign, Ill. : Stipes, 1987).

39. Husén, "Are Standards in U. S. Schools Really Lagging Behind Those in Other Countries?" p. 456.

40. E. D. Hirsch, Jr. , *Cultural Literacy* (Boston: Houghton Mifflin, 1987).

41. These data are drawn from H. L. Hodgkinson, *The Same Client: The Demographics of Education and Service Delivery Systems* (Washington, D. C. : Institute for Educational Leadership, 1989). Hodgkinson is doing this nation a tremendous service in continuing to keep these compelling statistics updated and before us, and in continuing to remind us of the

relationship between what they portend and our ambitions for universal K - 12 education.

42. A. N. Whitehead, *The Aims of Education and Other Essays* (New York: Macmillan, 1929), p. 22.

43. J. I. Goodlad, *A Place Called School* (New York: McGraw-Hill, 1984), p. 361.

44. Three published in 1983 and 1984 were in substantial agreement and received widespread rhetorical attention: E. L. Boyer, *High School* (New York: Harper & Row, 1983); J. I. Goodlad, *A Place Called School* (New York: McGraw-Hill, 1984); and T. R. Sizer, *Horace's Compromise* (Boston: Houghton Mifflin, 1984). The books by Boyer and Sizer addressed the secondary level; Goodlad examined both elementary and secondary schools; the statements regarding elementary schools are based on the research conducted by him and his colleagues.

45. See, especially, the introduction in the 1987 edition of J. I. Goodlad and R. H. Anderson, *The Nongraded Elementary School* (New York: Harcourt Brace Jovanovich, 1959 [rev. 1963]; and New York: Teachers College Press [repr. 1987]).

46. For an overview, see L. A. Shepard and M. L. Smith (eds.), *Flunking Grades: Research and Policies on Retention* (New York: Falmer Press, 1989).

47. The work of B. S. Bloom and J. B. Carroll is seminal here. In the 1960s, Bloom's book on the importance of early intervention spawned an array of studies alerting educators to the need to keep students engaged in subject matter for all while remedying the deficiencies of the slowest before they become overwhelming. See B. S. Bloom, *Stability and Change in Human Characteristics* (New York: Wiley, 1964); and B. S. Bloom, *All Our Children Learning* (New York: McGraw-Hill, 1981). Bloom, drew upon a model of the components of school learning developed by Carroll; see J. B. Carroll, "A Model of School Learning," *Teachers College Record*, 1963, *64*, 723 - 731. Carroll revisited the model more than a quarter-century later and concluded that most of its aspects have been confirmed by research; see J. B. Carroll, "The Carroll Model: A 25 - Year Retrospective and Prospective View," *Educational Researcher*, 1989, *18*, 26 - 31.

48. K. A. Sirotnik, "What You See Is What You Get: Consistency, Persistency, and Mediocrity in Classrooms," *Harvard Educational Review*, 1983, *53*, 16 - 31.

49. For a detailed account of life in classrooms throughout the continuum of schooling, see M. F. Klein, *Curriculum Reform in the Elementary School* (New York: Teachers College Press, 1989); K. A. Tye, *The Junior High* (Lanham, Md.: University Press of America, 1985); and B. B. Tye, *Multiple Realities: A Study of 13 American High Schools* (Lanham, Md.: University Press of America, 1985).

50. A. G. Powell, E. Farrar, and D. K. Cohen, *The Shopping Mall High School* (Boston: Houghton Mifflin, 1984). For a way out, see M. J. Adler, *The Paideia Proposal* (New York: Macmillan, 1982).

51. See L. Cuban, *How Teachers Taught: Constancy and Change in American Classrooms*, *1890 - 1980* (New York: Longman, 1984).

52. L. M. McNeil, *Contradictions of Control: School Structure and School Knowledge* (New York:

Routledge, Chapman, & Hall, 1986).

53. Z. Su, "Teacher Education Reform in the United States (1890 – 1986)," Occasional Paper no. 3 (Seattle: Center for Educational Renewal, College of Education, University of Washington, 1986).

54. L. Stedman and C. F. Kaestle, "The Test Score Decline Is Over: Now What?" *Phi Delta Kappan*, 1985, *67*, 204 – 210.

55. G. J. Clifford and J. W. Guthrie, *Ed School* (Chicago: University of Chicago Press, 1988); J. I. Goodlad, R. Soder, and K. A. Sirotnik (eds.), *Places Where Teachers Are Taught* (San Francisco: Jossey-Bass, 1990); K. R. Howey and N. L. Zimpher, *Profiles of Preservice Teacher Education* (Albany: State University of New York Press, 1989); and D. Warren (ed.), *American Teachers: Histories of a Profession at Work* (New York: Macmillan, 1989).

56. Some of the lessons learned are reported in R. Soder, "Professionalizing the Profession," Occasional Paper no. 4 (Seattle: Center for Edu-cational Renewal, College of Education, University of Washington, 1986).

57. J. I. Goodlad, "Linking Schools and Universities: Symbiotic Partnerships," Occasional Paper no. 1 (Seattle: Center for Educational Renewal, College of Education, University of Washington, 1986 [rev. 1987]).

58. J. B. Conant, *Two Modes of Thought* (New York: Trident Press, 1964), p. 30.

59. See K. A. Sirotnik and J. I. Goodlad (eds.), *School-University Partnerships in Action* (New York: Teachers College Press, 1988); C. M. Frazier, "An Analysis of a Social Experiment: School-University Partnerships in 1988," Occasional Paper no. 6 (Seattle: Center for Educational Renewal, College of Education, University of Washington, 1988); J. I. Goodlad, "The National Network for Educational Renewal: Past, Present, Future," Occasional Paper no. 7 (Seattle: Center for Educational Renewal, College of Education, University of Washington, 1988); and C. Wilson, R. Clark, and P. Heckman, "Breaking New Ground: Reflections on the School-University Partnerships in the National Network for Educational Renewal," Occasional Paper no. 8 (Seattle: Center for Educational Renewal, College of Education, University of Washington, 1989).

60. H. S. Pritchett, "Introduction," in A. Flexner, *Medical Education in the United States and Canada* (New York: Carnegie Foundation for the Advancement of Teaching, 1910).

61. A. Flexner, *Medical Education in the United States and Canada* (New York: Carnegie Foundation for the Advancement of Teaching, 1910).

62. K. M. Ludmerer, *Learning to Heal: The Development of American Medical Education* (New York: Basic Books, 1985).

63. For a comprehensive review of the research methods, see K. A. Sirotnik, "Studying the Education of Educators: Methodology," Technical Report no. 2 (Seattle: Center for Educational Renewal, College of Education, University of Washington, 1989).

64. The twenty-nine case histories form the basis of a book providing a historical perspective on teacher-preparing colleges and universities. See J. I. Goodlad, R. Soder, and K. A. Sirotnik

(eds.), *Places Where Teachers Are Taught* (San Francisco: Jossey-Bass, 1990).

65. *A Classification of Institutions of Higher Education* (Princeton, N.J.: Carnegie Foundation for the Advancement of Teaching, 1987).

66. Lightfoot introduced the concept of portraiture to schooling in seeking to describe and analyze a sample of secondary schools; see S. L. Lightfoot, *The Good High School* (New York: Basic Books, 1983).

67. W. Chance, *The Best of Educations: Reforming America's Public Schools in the 1980's* (Chicago: John D. and Catherine T. MacArthur Foundation, 1986), p. 178.

第二章

合理的期望

没有期望的人是有福的，

因为他永远都不会失望。

———亚历山大·波普（Alexander Pope）[1]

我们对学校和教师抱有很高的期望，也经常会感到失望。但我的回答是，不要降低我们的教育期望，而是要清楚地阐明这些期望并明确地指出达到这些期望所需要具备的条件。这就是本章的意图。

合 理 的 期 望

我们国家对教师可以提出什么样的合理期望呢？首先，我们可以合理地期望他们是我们能够轻松地托付自己孩子的人。也就是说，我们可以期待那些选择（或者被选择）做教师的人至少要达到我们在挑选保姆时所应用的道德标准：他们具有模范的举止和品格。

我们也可以合理地期望，教师属于我们社区里最有教养的公民——他们在日常谈吐和公民决策过程中表现出渊博的知识和理解能力。换句话说，教师应该广泛参与人类对话并成为良好判断力和清晰交流的典范。如果教师在社区里不代表有知识和有道德的中坚力量，那我们还能指望谁呢？

此外，我们还可以期待教师有这样一种奋进的目标：教他们的学生学到最好的程度。因为即使最虔诚的教育目标也会被关于学习潜力的谬论所侵蚀，所以我们这个拥有众多少数族裔的国家的教师必须坚信所有的学生都能学好，并且在工作中牢牢地坚持这个信念。

但是光有目标和信念还不够。教师还必须具备并不那么容易获取的教学知识和技能。一旦掌握了根深蒂固的教学原则，教师每天在无法预测的教学环境里就可以做出成千上百个明智的决定。教师还必须谦虚地修订自己学到的教学知识；在每一个学生身上试用不同的方法就是谦卑地承认一个人之前在教学方面所做的努力总是不够的。

同样地，我们也可以合理地期望教师成为他们所在学校的负责管家。他们，也只有他们，才能确保学校的项目和结构不会萎缩——而是随着不断的反思、对话和持续性的行动评估向前发展。教师和学校的关系就像园丁和花园的关系一样——不仅要关照里面的植物也要保养里面的土壤。

以上只是我们对教师的合理期望中的一部分。可是对一些读者来说，即使这几个期望也可能看上去不甚合理。为什么？难道是因为我们在经过了多年对学校的期盼，指望学校去解决那些原本就不太属于它们范畴的问题而不成功的时候便陷入失望，所以我们现在就不抱什么期望了吗？也许吧。但是我们在这里阐述的教育期望都是合理的，也是可行的。我们的国家不应该退而求其次。

那么我们的教师可以对这个国家抱有什么合理的期望呢？首先，他们应该获得应有的尊重，在这方面已经有无数的论述。他们应该公平地分享国民生产总值的一部分；而这部分不能只是象征性的。尊重与文化视野也有密切的关联。如果我们相信，宪法的思想和权利是我们每一个人在出生时便被赋予的，那么学校和教师的作用就被缩小了。然而，如果我们相信，我们也必须这样相信，一个人在出生时所继承的权益取决于社区里精心培养出来的理想和思想，那么学校和教师的作用便是至高无上的。很清楚，我们的历史所见证的疏忽和努力尚未帮助我们达到这样的理想，结果是教师也没有获得应有的尊重。

某些条件和环境的问题阻碍了我们去实现教师的合理期望。当那些受过最佳教育的公民选择进入教师职业的时候，他们可能会合理地期望得到——但是还没有得到——与他们的技能相应的工资待遇；对他们的职业地位的认可以及相应的决策权力；即使当全面合格的教师缺乏时，州政府和学区也保证不会去雇用那些没有职业执照的人做教师;以及国家、地区和州级认证机构与高等院校校长的携手合作,以便取消或者改善那些薄弱的教师教育项目。

上述以及类似更多的都是教师们对国家的合理期望,与此同时,教师也要达到国家对他们的合理期望。甚至还可以反复听到更高调的期望。然而,即使想要简单地缩小目前的现状和最低期望之间的差距,对美国来说也已经是一个巨大的挑战了。

那么这个国家和它的教师们对教师教育项目抱有什么样的合理期望呢?考虑到教师的重要性和国家对他们的期望,我们应该可以合理地期望高等院校以最认真的态度来对待培养未来教师的任务——否则就干脆不要承担这个责任了。例如,从大学校长对校友和朋友们讲话时所表露出的承诺中,从对申请人的精心挑选过程中,从平等分配资源的做法上,从院校赋予教师培训项目负责人的权力中,从课程设置的细节和安排上,从发展模范实习基地的实践中,还有对实习学校协调员和实习导师的适当认可与表彰活动中,等等,都可以看出这所院校的领导是否对教师教育持有认真的态度。

这些期望都不是理想主义的痴心妄想,与培养医生、律师和牙医的期望是一样的。准备献身于中小学教育的人有权利期待参与高质量的职业教育项目;美利坚合众国也不应该承受任何低劣项目所带来的恶果。

然而,教师教育的严重问题却年复一年地存在着,就像一笔烂账一样。例如,一个令人吃惊的现状是,很多拥有师范教育院系的大学校长在衡量大学的"进步"时,夸耀的是他们如何远离了教师教育,如何从师范学校发展到师范学院,再发展成州立学院和州立大学。[2] 许多在最有声望的研究型大学工作的教育学院教授已经不再做培养教师的工作,而只是在研究教师——如果这些教授还算是在参与教师教育工作的话。

教学工作的层面

探讨过教师和他们所服务的对象可能会持有的合理期望之后,我们转而来关注一下公立学校教学的任务。公立学校的教师职业到底有什么含义?经过大量的讨论之后,我们把注意力集中在教学工作的四个主要层面:促进批判性的文化学习,提供获取知识的途径,建立有效的师生联系,做好学校的当家人。

我在这里也许要介绍一些背景情况,以便说明下面要探讨的各个层面。我和我的同事们在开始讨论这些问题时,美国的学校里正流行着一种强大的舆论,倾向于把所有的教学行为归纳成几个技术性的步骤。特别是那些管理者,似乎被这种简单的技术理论迷住了,认为任何人都可以很快地学会教学的工作。[3] 他们赶紧拨出一些职工发展经费来举办短期的培训班,试图帮助教师快速地学会使用这些通用的教学模式。

毫无疑问,很多新上任的、还没有做好教学准备的老师特别能从这些培训经历中受益。[4] 那些喜欢向前看的学校领导和教师们会很聪明地将学到的技能融汇到更广泛的教学改进项目中去,而不是被动地去赶一下时髦。但是,有一些批评家表示了他们的担忧:对教学技能的过分关注可能会妨碍教师的职业发展。[5]

与此同时,我们的反思使我们对教师工作得出了一种新的认识,超越了简单的教课定义。我们开始认定这个国家的公立中小学教师工作是一种特殊的职业。首先,公立学校教师工作的特殊性在私立学校是不存在。比如说,私立学校不用接受所有的学生,也不用面对接受所有学生之后所必须对他们承担的义务。私立学校的教师也不用获取州政府的教师执照。

然而,在公立学校做教师不仅是一个特殊的教学工作,在所有的工作和职业中也算是一个特例。在公立学校做教师的职业之所以很独特,是因为初看似乎很平常的老师和学生之间的日常接触关系里蕴藏着非同一般的各种情况交叉的融合点。例如,教师与其"顾客"之间的关系大不相同于医生、牙医和律师与他们的顾客之间的关系,因此我们在谈论学生时,很少用顾客这个词。教师和学生之间的关系在学生成长到某个年龄的时候是必须被维持的或被要求保持的。而医生、牙医和律师就不需要维持或保持他们与顾客之间的关系。

我们越来越清楚地看到,学校教师的工作,无论是公立还是私立学校,都具有重要的道德义务。但是,公立学校的教师在这方面的义务更多一些,因为义务教育要求公立学校无选择性地接受所有的学生。[6] 一开始我们将这些道德义务视为支撑教师职业的座椅下面的一条腿。从整体上看,在教师教育课程设置中的某个部分可以融入一套与此相关的主题内容。但是我们很快就改变了看法,认为学校教学工作的道德义务应该是这个座椅之下每一条腿的特征——的确,应该是整个座椅的特征。

如果在公立学校教书是一种特殊的教学工作,那么培养这样的教书人就是一种特殊的教师教育。因此,我们不用转向其他类型的教师教育或者其他的职业去借鉴什么现成的培养模式,而是要开始关注在公立学校教书的特殊情况。如果公立教育已经颇有建树并且拥有所需的能量在持续地更新,那我们就不用去寻觅了;我们大可将教师教育按照公立学校目前的需要打造出来。但是现实并非如人所愿。所以,我们不能被学校的现状所迷惑,而是要思考学校应该怎么办。由此可见,教师教育的形成和改革在很大程度上取决于人们对于在民主社会应该如何办学校所持有的教育观念和他们对教育本质的规范认识。[7]

促进批判性的文化学习。在我们的国家里，学校是唯一被委托培养下一代参与政治民主的机构。因此，教师教育必须具体地为此目的培养人才。我们的学生需要理解的不仅是宪法的深刻含义，[8] 也包括下述这些典型的美国思想："我们认为，显而易见的真理是，所有人生来都是平等的，造世主赋予他们某些不可分割的权利，包括生命、自由和对幸福的追求。人类社会建立政府就是为了保障这些权利，因而政府的执法权力是被它所管辖的人民所给予的，如果任何形式的政府做出破坏这些目的的事情，人民就有权力改变或消除它，并且重建新的政府。"学校通过教师必须将我们的政治民主所主张的思想和产生这些思想的理想介绍给年轻的一代。如果认为只要对着国旗致敬和宣誓就够了，那就是太过天真了。

但是，民主绝不仅是一个政府体制的问题。我们的孩子们出生在一个不完美的文化环境里。因此"孩子们在进入这个世界的时候，并不具备同情、关切、公正、友爱和宽容的品质"[9]。我们创建学校主要是为了我们文化的健康，特别是为了保存我们的宗教和政治信仰。经过多年的努力，我们扩展了办学的目标，使其包含了培养有效公民、家长、职工和个人的全过程；这些已经成为我们整个国家和各个学区的教育目标。[10] 现在的学校是培养有教养的人的主要机构，教人们学会理解真理、美和正义的原则，并在这些原则的基础上对他们自己和社会的善与恶做出判断。学校与家庭和其他机构一起努力确保每个人都成为有人道主义精神的人。这是学校的道德职责。

提供获取知识的途径。在我们社会里，学校承担了教青少年有系统地接触人类对话中所有的学科知识的任务，并且是独一无二的机构。这些学科知识包括：世界作为一个物质和生物体系；评估和信仰体系；传播交流体系；构成国际地球村的社会、政治和经济体系；以及关于人类物种本身的科学。[11] 学校开展的教育必须超越许多现有的教学实践所推动的那种简单性的信息概括活动。

教师应该教学生如何在接触这些知识的时候构建自己的经验，这是学校被委托执行的任务当中的一个主要部分。"这是道德上的基本要求；是一个公正社会里所有人的需要；每一个人学习人类积累的知识的基本目的就是构建自己的经验。"[12] 而人们需要学习的知识就包含在学校课程的各门学科领域里。

这种教学职责的第一个道德层面要求教师获取人类经过持久的研究而总结出来的核心知识体系并具有参与人类知识性对话的能力，也就是要掌握唐娜·克尔

(Donna Kerr)所描述的"参与评估的工具"[13]。（那些制定教师执照标准和颁发执照的人也肩负着道德责任，他们必须保证不允许教师在任何虚假的借口之下行教。）第二个道德层面体现在教师对他们的课堂和学校的管家职责里。他们必须勤奋不懈地努力消除任何妨碍学生获取所需知识的途径的态度、信仰或教学实践。[14] 从第一章里，我们了解到在理想和现实之间还存在着很大的差距。培养教育工作者的项目应该为缩小这个差距担负起一些责任。

建立有效的师生联系。教育工作者的道德职责在教师与学生的相互交往中最能呈现其重要的意义。这种关系错综复杂，因此任何人都不太可能从长大成人和发展常识的自然过程中简单地获取必要的技能、理解和敏感度来成功地经营这种关系。有极少数的人可以做到，但是远远不能满足学校所需要的教师数量。这就是为什么精心培养学校教师的工作那么重要。

仅仅为教师开设几门教育课程并且安排他们做很短时间的教学实习是不够的。想依赖几条通用的原则来建立良好的师生关系也已经被证明是非常愚蠢的。在一系列教学场所里工作的人都可以采用教学常识来开展教学——例如美容学校教师、柴油发动机维护培训师、宠物狗训练师、军士长，还有公立学校教师。但是，这种教学常识对承担培养这个国家青少年任务的教师来说，只是他们必须具备的知识和能力中的很小一部分。我在这里列举的各种教学情景的重要意义和复杂性大不相同，如果有人宣称有一种可以应用于所有情景的教学方法，那就是把教学工作琐碎化了。当那些熟知这样的教学方法的人答应将这种知识在几个小时或者几天之内（或者根据市场的需要定一个时间段）传授给他人的时候，琐碎化的目的就可以达到了。

如果我们仅仅或者主要根据这样的教学方法来建立公立学校教师的职业和职业地位，那就是在延续过去的愚蠢做法，也就是将对我们孩子的教育与修理机器、保养头发和训练宠物视为有同等意义和复杂性的工作。正因为我们一直被这种愚昧所困惑着，因此教育科学的不断进步都未能显著地提高公立学校教师的职业地位或相应的收入，这也是不足为奇的事情了。的确，在很大程度上，教师协会、师范教育工作者和其他人都在促使教师们永久地相信，只要他们在教学上走几步捷径就可以成功，这就形成了一种被压迫者的教学方法。

教学的认识论必须包含一种大大超越教学技巧的教学方法。它必须将教学的通用原则和分科目教学的方法结合起来，对普遍的人文素质和潜力保持高度的敏感性，并完全明白应该如何在调动学生积极性的同时好好地栽培他们。必要的研究已经开始了,但是还远远不够。[15] 然而,就像我们将要看到的,教师教育项目危险地落后于已有的研究,并且没有充分地与正在进行的调研挂上钩。因此,难怪教师们会很容易地转向那些灵丹妙药的处方去了。

做好学校的当家人。我们在这个项目的早期阶段进行的一些最清醒的讨论让我们联想起之前我们在美国学校中开展的一项为时几年的大型调研项目。我们中间有两位研究学者参与了这个项目(我在第一章中简要地提到了这个项目)。我们去采访过的许多学校都属于被悲惨地忽视了的地方,不仅是在学校的基本建设方面,而且是在整个生态上都被忽视了。在《一个称作学校的地方》的报告书里,我常常提到两所在各方面都特别差劲的学校:校园建筑里里外外的条件、学生的行为、教师的精神状态、校长和教师还有教师和学生的关系,等等,都很差。我还记得去走访一所学校的教师休息室时所看到的情景:苍凉和杂乱的房间里塞满了一些用坏了的家具,不修边幅的教师们,没有精神的交谈。但是,陪我去参观的学区总督似乎看不到愁云。他很自豪地介绍这里的美容项目,还有教师们没有加入工会的事实;的确,这里的教师们都是年度合同工,只有一年的工作保障。

这些学校并不是那种处于极度困境的城内学校。两所学校都位于大城市边缘的郊区;家长的经济水平在我们调研的样本里算是中上等阶层的。这些学校的衰退是因为人为的忽视——从里到外的忽视。

我们样本中最好的学校是那些被一些教师称为能"照顾好事业"的学校。我们通过研究以及与教师和校长们一起工作的经验发现,这是一种在工作中和只有在困难中才能学会的能力。但是,学会容易做更难。被设计得像监狱一样的地方不可能轻易地转变成"学习的地方,欢乐的地方"[16]。

在 1980 年代末期,两股教育改革力量开始融合在一起推动这样的理念:学校是变革的中心,校长和教师应该被授权去更新学校(见第一章)。如果要这样去实践的话,教师教育项目需要做更多的改革,不能仅仅培养教师在自己的教室里教书,好像学校的其他部分都不存在似的。也需要从外部给学校更多的支持。如果说我们所有的教育机构是我们文明社会的骨头架子,那么它们就应该得到很好的滋养和精心的关照。如果学校是这个骨架中的一部分,就像我们经常宣称的那样,它们就不应该被忽视,否则它们就会衰退。教师是学校的主要当家人。教师培训项目必须提醒他们这一职责并且开始培养他们承担这个责任。

总而言之,我们对学校教师工作的概念包括四个部分,每一个部分都包含着道德的义务。第一和第二部分是专门分配给学校的任务：培养青少年进入民主社会并且教他们学会运用各种学科知识的思维方式，以便有效地和令人满意地参与人类事务。第一部分的任务要求教师本身对政治民主的政府结构和过程以及成长为有人文精神的公民所必备的条件有深刻的理解。第二部分的任务要求教师将所教的学科知识学习两遍——第一遍是为了自己学懂，第二遍是为了教这门知识而学。这两种学习最好同时进行或者并列式地进行。

另外两个部分的存在是为了保障上述的前两个部分的顺利实行：教师应该全面掌握教学的方法和他们在职业生涯中持续开展学校更新活动时所需要具备的价值观、知识和技能。我们知道，这两个部分的要求都不在高等院校的通识教育范围之内。因此，需要建立一个特殊的职业教育项目，就像其他职业所需要的一样。这些是学校教学工作的关键成分，可惜简单化的改革建议书中往往避而不谈这样的内容。

我们社会的道德缺陷主要是严重地误解了办学的目的，并且低估了学校日常的当家人所应该具备的素质。而学校体系的道德弊病是，将学校构建成特有的组织形式，拒绝给一些学生提供他们所需要的知识途径。这样一来，所有的学生都被削弱了；那些出身于穷人和少数族裔家庭的学生比其他群体的学生受到的损失更大。因此，教师们最要紧的道德义务就是要提高警惕保证他们的学校很好地、公正地完成所肩负的任务，并且珍惜教师和学生之间的特殊关系。

有效的教师教育项目所必备的条件

提出了有关教学工作的概念之后，我们的调研团队所面临的任务是在合理的期望指引之下确定教师教育项目所必须具备的条件。很明显，我们无法从实证研究的结果中推断出这样的条件。比如说，我们只能从什么是正确的和公正的合理论证中，而不是从已经被证明是有效的项目中，推断出道德的义务。

所以，我们需要扩展我们的探索话语，看看有哪些关于教师教育项目的假设条件是已经被人支持、设计和实施过的，并且达到了上面所构想的对教师的合理期望，也涉及到教师工作的四个层面。这些假定的条件必须与这些期望和层面紧密地相联，这样任何仔细地遵循我们论点的人就都会说，"那是理所当然的"。

批评家们也许会说，"但是我不同意你们的基本论点"。尽管我们希望得到认同，但是我们很清楚不同意见的存在是不可避免的。我们的回答必然是："不同意是你的权利与特权。我们只要求你用同样仔细的方法认真地构建出一个可以替代的论点，并且从中推断出教师教育所应该具备的条件。"我们这种社会允许不同的论点蓬勃地发展。但是，因为教师教育对我们社会的重要性，其所需具备的条件必须被认真地推断出来。那些没有经过仔细思考和认真分析的改革浪潮已经给我们的教育体制带来了极大的困难。

我们在确定这些条件时，力图保持一种理性的探讨，以便总结出既合理又必要的条件。我们写了一份工作论文，说明在公立学校教书是一个特殊的例子。在本章的前面部分，我已经论述了这一点。在这篇工作论文的结束语中，我们列举了一系列培养这种教师所必须具备的条件：高等院校对教师教育的承诺和支持，一支专门负责整体的教师教育的教授团队，教师教育项目的自主权和有保障的资源，保证会达到我们确定的做教师的基本要求的师范生，包含教学工作所有四个层面的课程（还有与这些层面有关的道德义务），可以容纳所有师范生的实习教学机构，州政府去除干预教师教育课程设置的规定，等等。

我们假设了 19 个这样的必要条件，从院校的承诺开始并以州政府规章的范围为结束。在我们的调研计划里，我们并不准备检验这些假设，而是将它们作为一组核心的预设——假设条件——在此基础上衡量现有的条件并以此为目标来重新设计教师教育。这一组条件如下所示。

假设条件之一。 我们国家的教师教育必须被提供这种教育的机构视为对社会的重要职责。这些机构的最高领导人必须充分地支持和促进教师教育的发展，并且大力提高教师教育的地位。

如果我们的高等院校和它们的院校长们对教师教育的态度不冷不热，那么我们的孩子、他们的家长和我们的国家就不会有良好的学校教育。如果一个大学校长在宣传资料里面不提及大学的前身是师范学校的历史，或者在大学关于职业学院的报告中不谈到教育学院的话，就说明这位校长并不以教师教育为荣。校长，学术副校长，或教务长不用发表任何政策修改文件，就能以忽视的言行削弱至关重要的教师教育，这是令人发指的事情。同样令人不能容忍的是，当教育学院在校外举办劣质的——但是能赚钱的——学校管理人员培训项目的时候，大学领导人通常也不去理会。应该发出的忠告和采取的有力行动是：要么就适当地办好教师教育，要么就干脆不要再办了。我们的大学校园不应该容忍一个不值得大力支持也没有稳定的身份的教育项目。

假设条件之二。教师教育项目必须与大学校园中其他的教学领域享有同等的合法地位,得到同样的领导支持和服务,从事教师教育工作的教授们也应该获得这个专业所特有的奖励。

如果高等院校的设置里面包括了教师教育,但是从事这方面工作的人却得不到应有的奖励,那么这个大学的承诺就是虚伪的;如果从事教师教育的教授们认为他们的工作不能算是学术活动,也是不可原谅的。同样地,如果大学领导对教授们提出了更高的研究要求但是却不给他们创造必要的支持条件,这也是不能宽恕的。目前急需澄清的模糊点是教师教育与大学里面其他的组成部分之间以及与中小学体系之间模棱两可的关系。一旦作用和关系搞清楚了,奖励的标准就可以也应该明确地建立起来。

假设条件之三。教师教育项目必须有明确的自主权和安全的工作区域,清晰的组织身份,稳定的预算和人事安排,并与其他主要的职业学院一样享有同等的权利。

换句话说,教师教育的工作范围和资源必须与大学里其他学科的院系和培养医生、律师和牙医的学院一样,教师教育项目应该获得同等有力的支持和保障。我们所关切的是培养出合格的教师,他们将与家长一起保证我们的年轻一代成为有人道主义精神的人和有责任感的公民。大学难道还有比这更重要的任务吗?那些准备当教师的人在进入教师教育项目的时候,必须得到这样的保证:这些项目的诚信与质量不会被校内和校外的干扰势力所侵蚀。

假设条件之四。大学必须有这样一批可以清晰地辨认出来的、负责学科学习和教学法学习的教授,他们的首要任务就是教师教育;这些教授负责选拔和培养师范生并关注他们的进步,全面规划和维持教师教育课程的范畴和顺序,持续地评估和改进项目,并且帮助毕业生顺利进入教师职业。

即便大学设立了教育系、学校或学院,也不能保证为教师教育提供这样的条件和分配这样的资源。很清楚,这批人中间的一部分应该是负责安排教学见习和实习经历的教育学院教授,也有一部分人是文理院系的教授。虽然这些教授们的分工不同,可他们在规划和执行教师教育项目的时候应该享有同等的地位。但是,如果没有长期稳定的安排,只是每年为师范教育拼凑起来一组课程并指定一些教授,那就无法提供一个充实的项目,也是个不可原谅的做法。一个完整和有诚信的教师教育项目必须享有稳定的资源保障并有专人负责和参与。

这四个首要的假设条件概括了我们对那些承担着为学校培养教育工作者的高等院校的合理期望。如果承担了这项任务但却以经费有限为借口不为其提供需要的资源,那就是在欺骗儿童和青少年、教师和公民大众。在这种情况下,负责任和有道德的担当只能是承认没有能力充分地培养教师并关闭相关的教师教育项目。从另一方面来看,如果高等院校能够提供教师教育所需的条件,它们就等于给参与教师教育的学生和教授奠定了适当的道德基调。

假设条件之五。上面提到的负责师范生的学科专业学习的教授和负责教学法学习的教授必须对教育的目标和学校在我们社会中所起的作用有全面的理解和认识,并且全心全意地致力于选拔和培养未来的教师,帮他们成长为能够承担全方位的教育职责的工作者。

很清楚,那些对学校的作用抱有狭隘的看法并认为教书是一系列机械的步骤的教授会给师范生树立错误的榜样。那些不耐烦也不情愿地将自己从研究项目中和研究生讨论课上抽出身来去教必修的师范教育课的教授们,也很可能没有深刻地思考过应该怎样做教师。而那些建议他们的学生不要去做老师的数学教授本身就在反对这一假设条件的基本含义。在实习学校里做导师的合作教师们如果告诉他们的实习师范生教书是一个悲惨的职业,他们自己就应该先辞职。值得未来的教师们听到的应该是更加激励他们的教诲。

假设条件之六。负责教师教育的学科专业教授和教学法教授必须根据事先确定好的、项目可以容纳的学生名额选拔和录取那些对教师需要承担的道德、伦理和传承文化的职责已经有初步认识和基本承诺的师范生。

满足这个假设条件就是要在招生文件中写明这些录取的要求。招生的过程包括申请人提交需要的资历证明和一次录取的面试。其他职业的教育项目也是这样做的,为什么教师教育不这样做呢?被录取的学生会希望知道他们达到了高标准,是被认真选拔出来的。教导我们孩子的工作不是与生俱来的权利,而是一个需要经过努力而获取的机会。

在录取师范生时不考量申请人的基本素养可不是一个小过失。我在下面一条假设条件里会更多地阐述这一点。州政府和各类教育机构都在日益关注这个问题,要求师范生在被录取之前通过基础知识的考试。在后面的论述里,我会谈到如何提供资源来帮助师范生参加必要的补救项目。为高度忠实于教育工作的人弥补他们在学术背景方面的一些缺陷比帮助那些没有这种忠心的人要容易一些。

上面的假设条件指出,一个良好的教师教育项目必须要有大学领导的全力支持,有一批能干的教授明确负责,还有一批知道自己是被认真选拔出来的师范生。在下面的假设条件里,我将阐述教师教育项目本身应该具备的条件。

假设条件之七。教师教育项目,无论是培养小学还是中学老师的项目,都必须承担这样的责任:保证参与项目的所有师范生不断进步,获取一个有教养的人所应该具备的素养和批判性思维能力。

这里提到了至少三种要求。第一,在录取师范生时必须通过考试证实他们达到了最低的素养标准。但是,更重要是将这次考试的结果植入一个持续性的咨询过程。那些希望认真地改进不足之处的学生应该有机会去这样做。很多大学都出资上百万美元的经费来帮助和辅导校队的运动员学生,使他们达到参赛的要求,有一些运动员学生几乎都不会基本的读写。我们不希望今后要在学校教书的人给他们的学生树立起差劲的学习榜样,但是我们必须给那些力图达到可接受标准的师范生提供改进的机会——当然这就需要超越师范生必修的课程,才能达到这样的目标。第二,必须坚持让所有的师范生,包括传统型的本科师范生和非传统型的本科后或研究生级别的师范生,都完成在参与师范教育之前就应该学完的通识教育,并有机会通过考试(而不是上课)达到大多数学科知识领域的要求。第三,师范生在教师教育项目学习的过程中,必须显示出他们具有一个有教养的人不断上进的智力特质。评估这种特质是很困难的,但是负责教师教育的教授们必须承担这个责任,在培养的过程中不断咨询学生,并且根据需要做出一些艰难的决定。一些很有聪明才智的老师在课堂里可以教学,但是他们从来没有经历过智力上的挑战。也许这就是为什么对学校的一个常见的批评意见是,它们不强调培养学生的大脑。

假设条件之八。教师教育项目必须为师范生提供广泛的机会去超越只会学习组合好的知识的学生角色,成为既能探索又能传授知识的人。

在这里,我认为应该将通识教育——特别是那些在中小学也要教的学科知识——和教学法教育结合起来。我指的不是通用的教育理论,比如关于个人和群体学习的心理学和社会学,而是各个学科专业领域里的教学方法。例如,我作为一个教师怎样才能帮助学生从在一个特定的时间和地点发生的事件中学会历史分析的原则并运用这些原则去探究在其他时间和地点发生的事情?我怎样才能把学生的生活和这些历史的主题联系起来?在师范教育的高级阶段课程中,应该有一个由教学法教授和学科领域教授合作开办的研讨课,与未来的教师们一起探讨这些问题。在师范生学习通识课程和专门学科领域课程的时候,如果不去帮助他们实现这种超越,就失去了一个最宝贵的机会。

假设条件之九。教师教育项目必须有一个这样的社会化过程：师范生超越他们以自己个人为主的学生重心，转而更加认同以他人为主的教师文化。

社会化是一个学习接受某种文化价值的漫长过程。在教师教育项目里，所有正式和非正式的社会化过程都会很充分地显示出指导着这个项目的价值观——它所推崇的教师形象和对教师的期待。这些价值观在公开的和隐形的课程设置中都存在着。没有人知道需要多长时间、采用何种方法才能使师范生吸收这些教师职业的道德和伦理规范；我们也没有试着去发现答案。但是，我们可以肯定的是，只帮学生准备好参加教学方面的某些考试是不够的，而且这种考试也不能告诉我们这样的社会化转变是否发生了。

假设条件之十。教师教育项目在各方面的学习条件必须与未来教师将在自己的学校和教室里建立起来的学习条件具有同样的特点。

教育领域的专家们声称，他们有能力并有权力管辖培训项目的各个组成部分：课程计划、教学方法、学生咨询、评估、考试、群体氛围环境，等等。因此，我们完全有理由期待教师教育项目在所有这些组成部分里展示出模范的实践。模范的榜样是一个强大的教学武器。如果教师教育项目做不出教育的好榜样，那是不可宽恕的。

假设条件之十一。教师教育项目必须这样设置：未来的教师有机会探索教学和学校的本质问题，并且认识到在今后的教师生涯中，他们将继续自然地开展这种探索。

我们可以合理地期待，教师教育项目的描述文献所强调的是一种探索式而不是翻越重重障碍式的教学方法，关注的是对智力的通常特征而不是狭隘的、特定的能力的培养，而且学会如何与儿童和青少年联络并调动他们对学习的热情远比"教完"某个课业内容和通过考试更为重要。

假设条件之十二。教师教育项目必须安排未来的教师探讨这样的问题和困境：一方面个体家长和特殊群体要求在学校得到他们的权利和利益，而另一方面学校的功能应该超越狭隘的地方观念。在这二者之间存在着永无休止的紧张关系。

如果不给师范生提供这样的机会来探讨这些问题，就是将他们暴露在各方的压力之下并使他们陷入毫无希望的无知之中。这些压力错综复杂，互相矛盾，将导致教师无法在真正意义上从事教育工作。我在前面已经提到，应该要求所有师范生参加通识教育的学习。这种教育是必须的但也还是不够的。必须通过专门的教师职业教育才能充分地探讨学校教育的目标和组织以及学校教师的作用问题。可以在教育哲学课上开始这样的讨论,但是这些根本性的教育问题必须成为贯穿于整个学科教育和教学法教育的基本主题。

假设条件之十三。教师教育项目必须帮助师范生理解并且承担教师的道德义务,保证所有的儿童和青少年都能获得平等的学习机会,接受到可能最好的中小学教育。

作为国家的公民,我们还没有深刻地认识到所有的人现在都有权利接受中学教育。我们也没有醒悟到,如果有一大批年轻人不完成中学教育,就会给国家带来毁灭性的后果。有些人甚至相信很多儿童和青少年不具备学习的能力。令人恐怖的是,一大批教师也相信这一点;的确,他们还以此为借口来原谅自己工作中的失败。因此教师教育项目必须帮助未来的教师树立起这样的信心:他们可以也将尽自己最大的可能去教好所有的学生,他们也将分享所有学生的成功和失败。如果教师培训项目只安排师范生去那些学生家庭背景好、教育资源很丰富并能保证学生成功的学校见习和实习,那就不利于未来教师的发展,对社会也是一种欺骗。

假设条件之十四。教师教育项目必须教导师范生不仅要理解学校的现状,也要认清其他的办学方案及其指导理念,学会如何在学校组织、学生班组、课程设置等方面发起需要的变革。

我们将看到,教师教育的现状与学校的现状紧密相关。如果我们为学校的现状培养教师,那么就不用改革目前的教师教育。但是如果我们认为目前的学校需要重建和更新,那么教师培训项目就必须关注改革的理念并体现变革的精神。而且大学与周围学校和学区的关系必须有利于合作性的改革,大学培养出来的新教师也应该具有发动变革的决心和能力。

假设条件之十五。教师教育项目必须保证每个师范生都有机会在模范学校里参加各种各样高质量的观摩和动手实践活动,并做见习和实习。项目录取的师范生人数不应该超过模范学校可以接纳的见习和实习教师的名额。

这些教师教育资源的范围和稳定性是至关重要的。此外,教学观摩活动,无论学校的好坏,必须伴随着批判性的讨论;实践和理论要结合。安排师范生去见习和实习的学校必须是大学和学校合作挑选出来的、代表着最佳教学实践的场所。很明显,实习教学也必须在大学和学校的合作督导下进行。这些"教学实习学校"跟医学教育中的医学实习医院一样,是职业教育的关键所在。大学领导人有责任和学区一起合作,在经济条件好的和差的地方都选择一些教学实习学校,以保证未来的教师在两种学校都有实习教学的经验。实习学校可以容纳多少实习教师,大学就能录取多少师范生。

如果大学有四十名师范生准备参加教学实习,那么实习学校必须有足够的位置能安排这四十个人。实习教师在实习学校里成为中小学教师们的初级同事。参加培训教师的实习学校所能接纳的实习教师人数是一个重要的细节,就像整体的预算和人事安排一样重要,有必要做好计划和安排。

假设条件之十六。教师教育项目必须安排未来的教师参与思考这样的问题和窘境:在学校工作的既定现实和研究理论所支持的改革愿景之间存在着不可避免的冲突和矛盾。

师范生在学校和课堂观摩、实习的时候,就会遇到这样的问题和窘境。负责实习活动的教授必须将这些问题和窘境提到研讨的最前沿上来,并邀请教学实践者和研究学者在一起开展对话。不能告诉那些处于这些冲突之中的实习教师们不要"在牧师的家里帮他重摆家具",因为他们只是课堂里的"客人"。如果教授告诉他们的学生,为了维持与实习学校的和平关系可以去做一些他们和他们的学生都认为是不对的事情,那就是不道德的。这种不可原谅的行为发生的时候,往往是因为学科专业教授和教学法教授没有联合在一起将教师教育项目办成一个有真知灼见的合作事业。

假设条件之十七。教师教育项目必须与毕业生建立联系,以开展评估和改进项目,并帮助毕业生在关键性的早期职业发展阶段顺利地转入教师工作。

通常所知,几乎所有的实践工作者对他们的职业培训项目起初都是持有高度批评的态度的,无论哪种职业都是这样。"你们根本没有帮我们做好准备进入真正的工作世界",他们会这样批评他们的教授。也许听到这样的抱怨会不太舒服,但是如果有一些批评连续地出现,我们就可以从中看出一些规律并可以用来审核和改进教师教育项目。例如,新入职的教师们会发现,至少在他们入职后的第一年里,如果有机会和其他的新教师一起参加一个由不在学校工作的人,比如说大学教育学院的教授,主持和指导的新教师研讨会,那对他们就是极有价值的活动。因为教师教育和教师就职都是地方性的活动,所以大多数新教师会发现,在这些研讨会上,他们又跟自己在参加教师职前培训时就认识的导师在一起了。对那些毕业之后搬到其他地方去工作的新教师,大学教育学院之间可以开展交换互助,帮新教师安排在当地参加同样性质的研讨会。然而在现实中,教育学院几乎没有必需的经费去开展对毕业生的追踪和关注,不管他们是在当地还是去其他地方工作,也没有经费与其他地区的教育学院开展交换和互助活动,帮助新教师顺利入职。很多教师在毕业之后的头几年里因缺乏这种支持而离开了教师职业,因此如果投资发展支持新教师的项目,回报将是巨大的。

假设条件之十八。教师教育项目若想保持活力与更新，必须不受颁发执照机构的课程规定所束缚，并且只能遵循专业认证机构所提出的开明和职业化的要求。

州政府制定颁发执照的标准是为了保护公众的利益。但长期以来的做法是，州政府喜欢制定的不是师范生的毕业标准，而是教师教育的课程规定。这样一来，高等院校在发展教师教育项目时的创造力和创新精神就被窒息了。现在州政府要求所有的师范生在获取教师执照之前必须通过基础素养和教学知识的考试，但他们必须停止给教师教育项目提出课程的规定。这一措施将会极大地鼓励教授们发起教师教育项目的更新活动。

假设条件之十九。教师教育项目必须受到保护，不被州政府变幻莫测的教师供求政策所干扰。这些政策允许开办走后门的"紧急"项目或者颁发临时性的教师执照。

以道德理念为动力的学者们在不懈地奋斗，争取建立起一流的教师教育项目，但是他们的努力往往都被这个或那个呼吁解决教师短缺问题或者满足某些特殊集团利益的借口击退了。许多不止一次做过更新努力的教师教育工作者现在都发誓再也不去发动和开展这样的改革了。他们变得愤世嫉俗，有时甚至怨气冲天，等待着下一个扼杀改革的指令下达并且无奈地去适应这种变化。邀请那些还没有获取教师执照或者还没有下决心成为教师的人进入学校和课堂工作的合适方法有很多，但是如果给这些人颁发任何形式的教师执照，对他们、对教师职业都是一种伤害。颁发临时性教师执照的做法对我们在这里提出的所有假设条件都是一种讽刺。

上面提出的19条假设条件还没有包括能保证我们学校拥有能干和有担当的教师的全部条件。我刻意关注的是高等院校在选拔与培养学校校长和教师时所必须承担的，也是在它们的职权范围之内可以控制和完成的道德义务。这些条件包括与附近学校合作建立模范的教师教育实习学校，这在之前是不存在的，但也是一个模范的教师教育项目绝对需要的。在假设条件十八和十九中，我提到必须与州政府建立一种之前时不时被认可过甚至被尊重过，但又常常被否定了的关系。这种情况发生了多次，以致于许多教师教育工作者认为，他们所做的任何发展高质量项目的努力最后都会因州政府的忽视或者颁发其他指令而失败。

在这19条假设条件之中，有17条是高等院校在其意志范围之内大体上可以做到的事情。我们可以清楚地认定那些与这些条件相关的大学工作人员。在第八章中，我将阐述每一类工作人员可以承担哪些具体的责任。

但是这些院校可以负责承担的只是社会同意它们去实现的使命。如果我们只是期待学校教师做好保姆的角色，那么我们就应该让家长自己去安排，这样他们就可以用自己喜欢的标准去挑选。如果我们只是期待学校教师用机械的方法去教阅读、写作和算术，那么我们就可以请软件和计算机公司去教课，因为它们的机械速度才是最快捷的，同时请家长自行选择和安排对孩子的看护。

但是我们还期待学校教师做其他的事情吗？我只是稍稍提起我们对学校和教师所应有的合理期望并且开始阐述培养这样的教师所需要的必要条件，我们所面临的挑战就已经是巨大的了。但是如果我很严肃地摆出所有这些条件——也就是说，如果这些期望和条件对一些人来说是过高的要求——那么许多关乎于我们教育系统的至关重要性的慷慨激昂的讲话、高谈阔论的文件和改革报告中的危险警告就应该被当作是夸大其词的吹嘘而弃之一旁。我坚信，我们国家的奠基人，如果他们还健在的话，将会勇敢地承认和接受这个挑战。我认为我们目前的领导人和公民中间的一大部分人也已经准备好接受这个挑战了。

那么很清楚的是，我在前面故意用不同的方法阐述的教师教育的使命不仅应该成为教师教育工作者和大学管理人员的使命，而且应该引起更多人的关注。在高等教育和与学校的合作之外还有更多的事情可做：家长和其他外行的公民可以在教育青少年的过程中与学校教师密切合作，在社区里建立起教师和教书工作的自豪感，将这种自豪感植入招募能干的未来教师的工作中，为经济条件差的师范生提供奖学金和助学金，为教师提供足够的、可以有尊严地建立舒适家园的工资和福利，说服教师公会接受有区别性的、按照教师参与培训的情况和所担负的职责而制定的薪级表，此外，我们选举出来的官员也应该根据他们和我们的承诺言论对教师教育表示支持。

还有一些其他的必要条件涉及到我们学校的经营情况以及学校和高等教育机构之间的关系——不只是为了教师教育而是为了双方共同的健康发展。大学已经为学校体系的管理和官僚化作出了重要的贡献（虽然不都是建设性的贡献）。可以肯定的是，大学还可以为学校课程本身的发展和教学实践作出更多的贡献，并且在此过程中学到很多东西。

为重新设计教师教育制定议程

我们在这个项目开始的时候，就准备为重新设计教师教育提出一个有几个组成部分的议程。这个议程是在两个基础上制定的。一是我们认真开展的对教师教育现状的调研结果，二是我们经过仔细的争论之后总结出来的一系列可以替代现状的假设条件。但是，我们并不准备将这个议程具体化，也不打算制作出一幅蓝图。我们知道，我们在这本报告书中将要描绘的教师教育现状在各个院校中会有不同的体现，尽管有些现象可能在所有的或者大多数的院校中都存在着。同样地，我们提出的假设条件也可以用不同的方法去实现。每个校园中的教师教育在理想和现状之间存在的差距都不一样。因此，有可能制定出很多不同的改革议程。

在前面的论述中，我努力地满足了好议程的一项标准：提出了一个比现存条件要优越的假设条件愿景。在第一章里，我还为满足第二个标准打好了基础：绘制了一幅现有的条件图。正因为在现有的条件和看上去更可取的假设条件之间存在着差距，我们才会有动力去改革。我相信并会为此而争辩的是，这个差距是巨大的也是严峻的，要缩小这个差距也是很困难的。

我要争论的第一点是，我在这里提出的假设条件是我们对教师职业的道德承诺的合理前提。对国家和学校负责任的教师教育项目应该在这样的条件之下进行。第二个争论的要点是，我在下面的章节中将要描述的教师教育样本确实代表了一大部分美国教师教育的现状。因为我们所报告的结果是持续出现的，所以我们得出的结论是，要想达到我在本章开始时所描述的那些合理期望，我们需要缩小的差距是巨大的。

第四章到第七章展示了四组数据以及相应的结论，包括院校的背景资料和对颁发规章条例机构的大环境分析，有关教授的统计数据和他们对广泛的各种教育主题的看法，以及学生的特点和观点。这些数据和我们对教师教育样本院校的亲身观察与体会融合在一起便形成了第八章的总结性描述——以假设的条件为衡量的基础揭示了在现存的条件和我们在前面阐述的假设条件之间存在的差距。此外，第八章提出了一些如何缩小这些差距的改革建议并明确了可以发起这些改革行动的最相关人员以及他们的职责。第九章描绘了一幅模范的教师教育蓝图。

在展示数据的时候，我力图做到不要感情用事——有时需要极力控制自己的情绪才能做到这一点。在我们的实地调研记录里面有数不清的证据表明，那些有权力实施改革的人经常以漠不关心和忽略的态度行事，也有一些人以漫不经心的态度很随意地继续采用已经过时的、根本就不应该被应用的教育方法。我在这里举几个例子。

- 有一所我们即将去访问的大学给我们寄来了一大包关于这个大学历史和成就

的文件。里面没有一份文件提到这个大学在不久之前还是一所师范学校的事实。

- 在与一位大学校长通电话交谈时,我听到他在夸赞大学新兴的学术项目,便问起教师教育项目的情况。"啊,对了,教师教育嘛……"我几乎能看见他茫然失措的目光和表情。

- 一位文学院院长气愤和嘲讽地谴责教育学院的教授,但是又坚定地表示不愿意拿出文学院的资源去帮助教师教育项目。他认为教育学院的教授们没有资格教文学科目的教学方法课,但是他并不打算"借出"文学院的教授去帮忙。

- 当我问起一位年轻的教育学院教授他如何与中小学校联系和合作时,他用一种几乎不相信的眼光看着我说,"学校的问题和我没有关系"。

- 当我们问一位学区总督对一种被很多研究证实有效的阅读教学方法的看法时,他谴责说这种方法是不实用的。他自豪地说,他的学区要求来自附近大学的所有实习教师都学会使用传统的、"我们一直在用的"教学方法。

- 在一个州里,第一年上任的新教师必须学会使用州政府下达的备课程序,才能获取教师执照。教师教育学院的教授们便一直在重复性地教师范生应用这种程序。

- 有几个制定师范生录取政策和其他标准的大学级别委员会成员承认说,他们只是偶尔地、很随意地执行这些政策和标准。

- 在一所历史上以黑人学生为主的学院工作的教授努力为想当教师的学生弥补他们在学习上的缺陷,但是州政府并没有给他们提供达到这个目标的资源。与此同时,关于迫切需要少数族裔教师的报告已经堆积如山。

我手上有太多的贬低性轶事,足够批评家们用来再次猛批学校和教师教育,就像他们从 20 世纪开始时就喜欢做的那样。但是即使我在这里举出的几个例子也足以说明,教师教育令人遗憾的历史和现状并不仅仅是教育学院本身的过错——当然这些过错已经足够严重。给这些学院和教授们再加一等罪过是没有任何建设性意义的。

在《一个称作学校的地方》的研究报告书中,我拒绝使用看似方便的"反派"理论。多年来,在对教师教育的批评浪潮中,我们看到的问题嫌疑犯大大超过了阿加莎·克里斯蒂(Agatha Christie)神秘小说中侦探出来的一小撮人。如果我再多讲几件轶事,更好地描述全方位的问题和议题,那么我们就会很清楚地看到,在教师教育和学校教育的问题上,我们都要受到责备。

当我们从历史的深度和广度去思考我们是如何选拔、教育和奖励我们的学校教师时,我们对上述这些轶事的愤怒感就会被一种压倒性的悲伤感所代替。如果想开展必要的更新,我们必须正视由于多年的忽视和盲目行动而产生的沉重的遗留问题。我在下面的章节里将开始探讨一部分这样的遗留问题。

注释

1. Alexander Pope, letter to William Fortescue, 23 Sept. 1725, in G. Sherburn (ed.), *The Correspondence of Alexander Pope*, Vol. 2 (Oxford: Clarendon Press, 1956), p. 323.

2. It is encouraging to note the effort of thirty-seven college and university presidents (and others who joined later) to turn this shameful situation around. Their concerns and commitments, pulled together by President Donald Kennedy of Stanford following their gathering at the Spring Hill Conference Center near Minneapolis, were addressed not only to themselves but also to fellow presidents nationwide. See "The Letter: 37 Presidents Write . . . ," American Association for Higher Education *Bulletin*, 1987, *40* (3), 10 – 13. Likewise, the later creation of the Renaissance Group, led by several university presidents, for purposes of furthering their institutions' commitment to teacher education, is encouraging.

3. R.E. Slavin, "PET and the Pendulum: Faddism in Education and How to Stop It," *Phi Delta Kappan*, 1989, *70*, 752 – 758.

4. Philip Jackson has pointed out that pedagogy is a relatively new requirement for elementary and secondary teachers; see P.W. Jackson, *The Practice of Teaching* (New York: Teachers College Press, 1986), p. 5.

5. R. A. Gibboney, "A Critique of Madeline Hunter's Teaching Model from Dewey's Perspectives," *Educational Leadership*, 1987, *44* (5), 46 – 50.

6. For a far-reaching discussion of the relationships between privatization and educational choice — of school, program, course, or teacher — see M. Lieberman, *Privatization and Educational Choice* (New York: St. Martin's Press, 1989).

7. The more we pursued this line of reasoning, the more we found ourselves in moral and ethical domains. The moral dimensions of teaching and teacher education emerged as of such great importance in our total inquiry that we decided to pursue them in their own right. With the financial support of the MacArthur Foundation, we were able to commission several papers and to put them together with our own in a separate volume: J. I. Goodlad, R. Soder, and K. A. Sirotnik (eds.), *The Moral Dimensions of Teaching* (San Francisco: Jossey-Bass, 1990). What follows here is abstracted primarily from chap. 1 of that volume.

8. M.J. Adler, *We Hold These Truths* (New York: Macmillan, 1987).

9. G. D Fenstermacher, "Some Moral Considerations of Teaching as a Profession," in *The Moral Dimensions of Teaching*, p. 132.

10. See E. L. Boyer, *High School* (New York: Harper & Row, 1983), chap. 3; and J. I. Goodlad, *A Place Called School* (New York: McGraw-Hill, 1984), chap. 2.

11. See K. E. Boulding, *The World as a Total System* (Beverly Hills, Calif.; Sage, 1985). For a translation of these systems into the subject matters of school curricula, see J. I. Goodlad, "The Learner at the World's Center," *Social Education*, 1986, *50* (6), 424 – 436.

12. D. H. Kerr, "Authority and Responsibility in Public Schooling," in J. I. Goodlad (ed.), *Ecology of School Renewal*, Eighty-Sixth Yearbook of the National Society for the Study of Education, part 1 (Chicago; University of Chicago Press, 1986), p. 24.

13. Kerr, "Authority and Responsibility in Public Schooling," p. 23.

14. J. I. Goodlad, "Equality of Educational Opportunity: A Values Perspective," in *Equality of Opportunity Reconsidered: Values in Education for Tomorrow*, proceedings of the Third European Colloquy for Directors of National Research Institutions in Education, Hamburg, Germany, Sept. 1978 (Lisse, the Netherlands; Swets & Zeitlinger, 1979).

15. See, for example, D. C. Berliner and B. V. Rosenshine (eds.), *Talks to Teachers* (New York; Random House, 1987); V. Richardson-Koehler (ed.), *Educators' Handbook: A Research Perspective* (New York; Longman, 1987); L. Shulman, "Those Who Understand: Knowledge Growth in Teaching," *Educational Researcher*, 1986, *15* (2), 4 – 14; and M. C. Wittrock (ed.), *Handbook of Research on Teaching* (New York; Macmillan, 1986).

16. T. R. Sizer, *Places for Learning, Places for Joy* (Cambridge, Mass.; Harvard University Press, 1973).

第三章

遗留的问题

所有这些情况——缺少权力和稳定性，没有合理的工作条件和充足的报酬——加在一起就形成了一个严重的问题：否认教师是真正的职业工作者。

——优尔根·赫布斯特（Jurgen Herbst）[1]

芭芭拉·史翠珊（Barbra Streisand）在哽咽欲泣地演唱流行歌曲《二手玫瑰》时，她表达的那种自怜的情感让我联想到，此曲正适合作为一部关于美国教师教育历史的纪录片的主题曲。虽然美国人在 150 年前就认识到需要开展一些教师培训，但是在教师教育和师范教育工作者的地位问题上一直存在着矛盾，因此在这个纪录片的主题曲之外还应该穿插一曲《扬基都德胜利之歌》。

这些历史性的矛盾的存在主要是因为我们国家对教师抱有一种模棱两可的含糊态度。一方面，我们会大张旗鼓地夸赞年度最佳教师，宇航局刻意挑选的、最先载上太空的非宇航人员中也会包括教师。另一方面，只有那些上过大学的家长们才会坚持认为教师是他们的孩子可以选择的一种合适职业。而更多其他的人将教师工作视为一种对他人的高尚呼唤，但不让自己的孩子去考虑。

教育专业的学生们还不能理解和描述这种奇怪和难以捉摸的现象，不明白为何在公众赞扬教师职业的同时又会出现这些具体的反对例子。这并不是一种爱恨交加的关系，也不是一种主人和奴仆的关系。在舆论上，我们的社会珍视教师，但是没有人努力去保证那些被教师职业吸引过去的人能看到让他们想留在这个职业工作的条件。

我们国家对教师教育也抱有同样模棱两可的态度。曾几何时，人们对师范学校抱有很高的期望，[2]尽管这些学校在很早的时候就丧失了明确的方向。后来，在研究型大学里面的师范院系被视为教师教育的拯救者，但是它们很快就找到了比教师培训更有声望的事情去做。本以为依附于高等教育可以给教师教育带来更高的地位，但这种情况并没有发生。教师教育过去是，后来也依然是一个"穷亲戚"。

　　教师教育的"穷亲戚"地位不完全是因为公众对学校教书工作模棱两可的看法，虽然这肯定是并将继续是一个强大的因素。我们也要探索一些其他的原因。

一段"还没有"的历史

　　很多年以来，教育工作者们就一直在他们的专业组织里面喋喋不休地谈论教师工作是否正在形成一种专门职业的事情。"这个该死的东西还没有形成吗？"一位同事恼怒地问道。回答是"还没有"。

　　教师或者教书工作确实还不具备可以形成一种专门职业的条件：一整套合理连贯的必要知识和技能；对师范生的录取有相当大的"职业"控制权并且在确定相关知识、技能和规范方面有相当大的自主权；对参加项目的师范生群体抱有同样的期望并提供相同的课程；可以清晰地分辨在合格与不合格的师范生之间、在合法的培训项目与伪劣和赚钱的项目之间，以及在赶时髦的运动与基于理论和调研的创新活动之间的差异。[3]正因为这些条件在大体上尚不具备，所以教师教育和学校教书工作就只能受制于市场的需求、外部的欺凌和内部的分化。直到今天，教书工作仍然是一个还没有形成的职业。

　　师范学校。在19世纪的第四和第五个十年里，呼吁将教师教育正规化的改革家们主要想为所有孩童都可以上的公立小学培养足够的教师。当时并没有认真思考过这些教师应该具备何种知识和技能。结果教师教育从一开始就缺乏连贯性的知识体系。[4]作为最早时期的教师教育中心，师范学校宣告了教师工作的日益增长情况并确定了一条合理地进入教师工作岗位的路线。[5]它们也为那些之前并没有准备当教师的人提供了一条便宜的就职途径。一般来说，当时的师范学校并没有吸引到一群有凝聚力并且较为志同道合的学生。

　　很重要的一点是，师范学校当时被称为"学校"。起初它们的地位跟那些公立小学（而不是中学，更不是大学）一样处于最低的档次。它们的主要使命是根据宗教的正统教义培养儿童的性格和道德品质,而不是培养孩子们的求知欲和独立性。当时的教学法知识不外乎是一些对管理和控制儿童有帮助的提示,主持日常的课堂活动的方法,等等。人们心目中的小学老师——自然是女性——不需要接受通识教育,只需要做到善良、勤劳并听从上级的指示。[6] 这些特征与高等教育和大学教授之间相距甚远。正因为学校教书工作在当时没有一个精心策划的知识界限,所以具有各种教育背景的人都可以去当教师,只要她们看上去善良就行。直到今天,在小学教师应该接受何种学术性培养的问题上,学者们也没有达成一致的意见;而且我担心的是,今天对教师在道德品质方面的要求也更少了,更没有统一的认识。

在 19 世纪的后期,师范学校的课程是为了迎合当时的现实需要而设置的。教学的方法被常规化了(现在也通常如此),归纳为有序的、一目了然的步骤——包括裴斯泰洛齐(Pestalozzi)的"直观教学"、奥斯威戈方法或者赫尔巴特主义的教学法,[7] 但是在大多数情况下教师并没有去学习这些方法的概念基础。即便是杜威提倡的进步主义教育的主要探索方法也被淡化成一系列简单的步骤。这种寻求某种方法并将其简化之后很经济实惠地传授给教师的做法一直延续到今天,也在很大程度上导致了人们对教学方法课的普遍鄙视。

当时位于新英格兰地区的师范学校一般是附属于公立学校的培训部,而在中西部和西部地区的师范学校却是中等学校的改编或分支部门。[8] 对于很多社区来说,它们提供了上中学的方便途径,设置的课程也跟书院和公立高中差不多。到 1900 年时,有一些学校已经很像是学院了。[9]

我们可以看到,教师教育在起始阶段既没有学术基础也没有一个清晰的组织身份。它的问世是与公立学校密切相关的,当时在学校做教师并不需要参加有很明确定义的培训。师范学校提供的中学课程以及高等教育的课程不仅培训了未来的教师,也满足了那些并不准备当教师的年轻人的教育需求。的确,为了后者的最佳利益,师范学校不断地扩大其功能和课程,它们提供的是最便宜也是最大众化的通识教育和职业教育。这些学校不仅没有明确定义的学术范围,也不去清楚地区分师范生和非师范生。师范学校或许是在不知不觉中,也是出于善意地播下了种子,为后来大学发展所迫切需要的学生注册人数的增长和多元化打下了基础。在 20 世纪高等教育蓬勃发展的过程中,教师教育的身份提高了,自主权也增加了,但是仍然不能摆脱"穷亲戚"的综合征。

地方性公立大学:一个转折的时期。这时高等教育的发展出现了一个新的"成人仪式"——师范学校上升为师范学院,再演变为州立学院,最后变成地方性州立大学。到 1940 年,第一个和仅有的一个师范学校的世纪结束了;这个称呼也变得陈旧了。师范学院的寿命更短,在 1950 年代和 1960 年代的时候很快就转变成州立学院和州立大学了。到 1970 年代初的时候,这个转折就已经全部完成了。在这些庞大的、具有多重目标的州立院校中,曾经是主体单位的师范教育被安置在教育院校里面。

在这个转折过程中,教师教育的身份受到了严重的损伤。我和我的同事去走访的调研院校中有几个是这样的机构,它们刚经历了这种快速的转折。没有一个院校的教师教育(或者说教育学院)被视为大学皇冠上的宝石。在我们去访问一所大学之前,收到了一堆关于这个大学的介绍资料、课程设置和招生文献等。我们知道这所大学之前是很受人尊敬的、美国最早成立的师范学校之一,但是寄来的文件中对这些令人敬畏的过去却只字未提。另一所大学将最早建校时所拥有的只有一间教室的旧校舍"运"到了新校园,但是人们并没有将它看作是一种珍视师范学校在过去所作的有价值贡献的怀旧象征,而是将它作为一个被幸运地保存下来的记载着贫穷往事的纪念碑。很明显,这些大学宁愿做卓越高校中"还没有"达到杰出水平的后起之秀,也不愿意做一个一流的、能显示出前身是师范学校的教育机构。

人们所期望的是,教师教育附属于高等教育体制的时间一长,总有一天会听见《扬基都德胜利之歌》。唉,可惜听到的还是《二手玫瑰》。教师教育在教育院校的保护圈里也没有获得安全感。例如,我和我的同事们发现,在一些综合性大学的校园中,教师教育很零散地分布在各个不同的地方。法学院、医学院、建筑学院或者牙医学院都不存在这种现象。即使在那些之前就是师范学校的教育学院内部,教师教育也没有一个清晰的身份界限。我们访谈的教育学院院长们通常喜欢列举一些非师范性的项目作为今后发展的首要目标——也就在这个时刻,公众对教育改革的呼声不仅包括师范教育也包括了学校。

1887 年成立的纽约教师培训学院肩负着一个新纪元开始时的远大理想。后来这个学院在 1892 年时"嫁"进了哥伦比亚大学,改名为教师学院。这个学院很明确地将培养教育领导人和师范教育工作者的任务带入了大学的范畴——而且还是在一个著名的大学里,并且开设在研究生水平上。《扬基都德胜利之歌》终于奏响了!但是这个教师学院所在的大街——纽约城里的第 120 号大街,常常被描述为世界上最宽阔的大街,因为它隔开了在一边的教师学院和在另一边的哥伦比亚大学的其他院校。此外,因为这个教师学院的任务是培养教师的教师和那些准备做管理者的人,而这些人已经离开了或者计划离开课堂教学的工作,所以培养学校教师的工作在这里就被看作是不合时宜的了。师范教育工作仍然在那些通过了几番转折的地方性院校中继续地进行着。

灯标式的教育学院和研究的兴起。在 1900 年和 1940 年之间,在一些从来就不曾是师范学校或教师学院的主要研究型大学里出现了一批杰拉尔丁·克里福德(Geraldine Clifford)和詹姆斯·古思睿(James Guthrie)称为"灯标式"的教育学院。[10][11] 它们并不是从一种院校演变为另一种院校,而是以学术研究为核心向外和向上扩展。这些教育学院(比如加州大学伯克利分校和密西根大学的教育学院)是作为几大职业学院中的一个专门机构建立起来的,它们逐渐地在大学的外部获取了尊敬和盛誉,但是大学内部对它们的认可却很少。它们并没有被当作是需要照顾的穷表弟,而是被鄙视为(至今还是这样)不受欢迎的妹妹——尽管她们并没有玷污大家族的姓名,也会被人瞧不起和不承认。

不清楚的是,有多少早期的不满情绪是基于一种偏见——认为这些学校所从事的培养公立小学教师的工作缺乏一个学术性的核心。但可以肯定的是,这曾经是(也继续是)一个因素。此外,那些做过教学工作但并不了解培训方法益处的文理学科的学者们认为,教学方法科学的出现对他们是一种侮辱——是对他们自身获取的专业技能的一种贬低。高等院校的教授们,如果不是天生就具有必要的技能,都是通过在学科领域里的严谨探究来获取这些技能的。他们的研究不包括也不用包括教学方法。如果有人对此提出异议,那就是对他们的冒犯。

通常来说,在文理学科领域工作的教授们抱有这种看法:在教育学院工作的同事们根据低层次的中小学校的教学经验制造了一种关于教学方法的神秘感,但是位于高层次教育机构的他们不需要理会这些。从表面上看来,根据这个论点,教育学院的教授们也不需要去理会教学法,不然大学生们就会成群结队地来选修他们精通教学的课了。唉,难怪人们对教师和未来教师的一个广为流传的抱怨是,教师的教师本身就不是教学艺术的专家,而且往往不能以身作则,说到却做不到。

在研究型大学里,教育学院教授们在教学方面的专长或者说对教学法的兴趣仅比学术性学科领域的教授们多一点点。的确,在这些教育学院里,大多数人在做的事情都与教学或者培养低层次学校教师的任务无关。教育学院的教授们所注重的是研究各种教育现象,就像他们在学术学科院系的同事们研究生物、地质、建筑和化学方面的课题一样。有些教育学院的教授们还在其他学术系兼职,特别是心理学系、社会学系、哲学系和人类学系。他们没有兴趣培养未来的教师在学校里教各类学习科目的能力或者从事这方面的研究。总的来看，他们的学术兴趣涉及大学里相当多种类的学术学科领域。培养教师的工作一般来说地位低下，往往由那些兼职、临时和没有终身职的教员们承担。教师教育还是变成一个被忽视的表弟了，只不过他在大学里至少有一个立足之地，不是那么容易就被遗忘了。

克里福德和古思睿对十所主要研究型大学里的教育学院进行了深刻的历史和现状分析，力图诠释这个具有讽刺意味的现象。[12] 一位名叫佳吉（Judge）的英国学者在更早些时候也对这些学院开展了调研，他发现了同样的自相矛盾的困境。[13] 佳吉在采访一位教育学院院长时（实际上是对几个院长访谈后的类似内容的总结），问起这个学院的教师教育项目，他得到的回答是，这个学院的教授们不培养教师，只研究教师。

这些教育学院，加上其他几个类似的教育学院，培养的博士生占全国教育博士生的一大半。毕业的博士生们不仅是他们在这些学院的教授的接班人，也为那些地方性大学和私立学院的教育学院补充师资，而这个国家的大多数教师都是在这些学院里培养出来的。然而，在灯标式的教育学院里，很少有人将教师教育作为当务之急。在这些学院工作的教授们一般也不会劝诫他们的研究生去从事教师教育工作。

在卡尔特（Cartter）1977 年列出的全国最高水平教育学院的名单上，大多数学院都不设有或者说只有几个学院设有教师教育项目。[14] 如果人们将这些学院与随意挑选的任何一所地方性大学（之前的师范学校）相比的话，就会发现那些处于最高地位的十二所学院培养的教师人数极少。所有力图获取全国声誉的教育学院都经过了一个从很重视到不重视教师教育的转折仪式，就像之前的师范学校向地方性大学的转折一样。在这个转折过程中，它们希望尽快地加入灯标式学院的行列，因此它们发出的信号所示意的是，甩掉至少一部分教师教育的负担就能加快这个转变。

我们在上面的论述中列举了一些有极端讽刺意味的例子。领头的那些教育学院并不是培养教师的模范标兵，而是研究教育的榜样，可是它们所研究的课题与教学法或教师教育很少有关联。

然而，在我们对这种现象表达出更多的惊奇和愤怒情绪之前，我们应该看看医学院的一个发展方向。弗莱克斯纳在他 1910 年发表的关于医学教育的调研报告中，表示很关切是否能够安排足够的医学院教授去指导医学教育的动手实践活动。[15] 他的担心是有很有道理的。八十年之后，医学院的教授们为了获取大学对研究的奖励，花费了更多的时间并用申请到的研究经费买下他们教课的时间去做研究，以致于他们很少有空从事教学和其他培养医生的工作。因此，不能脱离了高等教育学术道德和精神发展的普遍趋势来单独观察领头的教育学院里出现的这种情况，它们的表现是有迹可循的。[16]

我们的国家可以允许在众多的综合性大学中有十几所这样的主要研究型教育院校的存在，即使它们不培养教师。而且因为它们的主要任务是研究教育现象，所以尽管它们不培养教师，在实际上也是教育学院。关键的问题是（在后面我还会再次探讨这个问题），这种以研究为主的院校是否应该主导教师教育的未来。如果不是它们，那该由谁来主导呢？

在我们的顶尖大学里，能获取经费开展研究的人就是"皇后"和"皇帝"。这些院校生产知识的作用极大地超过了将这些知识直接传授给学生的作用。这个现象在大学的内部和外部都引起了越来越多的关注。然而在这两者之间达到平衡就像从学术的角度来看待大学体育运动队一样困难。

对那些成功的教授们来说，研究经费和随之而来的学术业绩给他们带来了知名度、跨地区的流动能力和到远处旅行的费用（包括荣誉演讲费）。另一方面，一个好教授的声誉只能停留在当地的校园中。一所大学为了吸引自然科学界的优秀研究人才会支出上百万经费为其提供实验设施、研究生助理、协助秘书、很轻的教学负荷等优惠条件。这是一个令人陶醉的景象——与昨天平淡无光的学院景色大不相同。

很多人，包括那些试图改革教师教育的人所不能理解的是，上述的情况也发生在包含教育学院教授的行为科学领域里，当然在程度上不能与自然科学相比。全国教育科学院有几十位院士，他们的声誉主要是因为研究教育现象，包括在教育实践的过程中树立起来的。这个名单也就是教育界的名人录。尽管有些院士是大学心理学和社会学系的教授，但很大一部分院士手上拿的是教育学院教授的名片。有些人在职业生涯的某个阶段培养过未来的教师，但现在这样的人没有几个。大多数院士，也许所有的院士都是在教育学院之外更加知名和受到尊敬，无论是在他们自己的校园中还是在其他的地方。

很清楚的是，教育已经静悄悄地成熟了并形成了一门学科，但是这既是好消息也是坏消息。首先，教育是遵循文理学科系而不是职业院校的规范成熟起来的。第二，成熟起来的教育科学并不享有其所应有的声望和认可度。实际上，人们可以很肯定地说，这种成熟的代价是教师教育——不光是因为在那些最有声望的教育学院里，教师教育的工作都分配给了临时性的教师，还因为那些正在上升阶段的次等院校避开教师教育建立了另一种规范。如果在那些顶尖大学的旗杆上，教师教育的旗帜不见了或者挂在比其他旗帜低一些的地方，那么就等于发出了关于教师教育的一个强烈声明：不用办了或者小心办理。

第三——也非常重要，一种新型的教育学院产生了，里面的教授们的兴趣和背景大多与教师教育，甚至与学校（经常会这样）都相离甚远。然而在确定教师教育的重要事宜和雇用参与这项工作的人员的时候，这些教授们却是有投票权的人。许多实际从事教师教育工作的人，即那些以教师教育为主要工作任务的临时性的教授们，却因为大学的规定而没有发言权。即便教授们庄重地同意下一个要雇用的终身制系列的教授必须帮忙填补教师教育在这方面的漏洞，他们在选拔的过程中也往往会放弃这个想法去迁就其他的需求。[17]

如果教育学院继续请兼职和临时性的教授承担师范教育的教学工作，而在雇用新人的时候却又聘用一个不参与教师教育工作但是可以帮助学院增添学术声誉的学者，这样做对吗？合适吗？当然不对也不合适。但这是个横跨大学校园的问题。大学里面的很多教授和学科系都与教育系一样，在谁应该给英语、历史和数学等学科的师范生教多少必修课的问题上有很多的利益，甚至有更多的利益需要考虑和争论。教育系通常从其他学科系"借用"教授来教课，但是借出单位在雇用新人时却很少考虑他们是否有兴趣和资历去教该学科的教学法课。

第二章中提到的很多建立和发展强大的职业教师教育项目所必需的条件在这些院校里都不存在或者不稳定。在我们的研究型大学的校园里，谁为教师教育讲话呢？谁应该讲话？他们又应该遵循哪些规则？

很清楚，这些问题是不容易找到答案的。但是，最要紧的答案是，大学在进一步提升和发展其学术功能的时候，不能以牺牲教师教育为代价。如果大学把教师教育工作只当作是一种贵族义务的话，那么教师教育最好挪到其他地方去进行。

私立文理学院。地方性的公立和私立大学不是仅有的为学校培养教师的机构。私立的文理学院因其核心教育目标和其他的一些功能也在为国家培养相当大数量的学校教师。[18] 这些学院通常是由宗教组织发起组建，在19世纪的后半叶激增起来。在学院的立校宪章里，往往写着培养牧师和学校教师的办学目标。在这种使命的驱使之下，很多这样的学院提供了大量的教师培训项目，培养了大批的教师。然而令人惊讶的是，师范教育的历史学家们一般都忽视了这类学院。[19]

当那些以吸引和培养未来教师为主要目标的师范学校开始不断地增设它们的课

程以满足其他学生的需求时,文理学院却将教师教育视为现有的通识和文理科教育的新增部分。例如,当时的女子学院并没有认为其作用是培养青年女子走出家门去工作,而是提供一种能丰富和巩固家庭的教育。位于乔治亚州得克图城的艾格尼丝·斯科特学院的常任院长有一次告诉我,"教育了一个女人,就是教育了一个家庭"。

在19世纪和20世纪的初期,在这样的学院里注册的学生有多半是在教师培训项目里——看起来部分是为了就业有保障,因为有一小部分毕业生确实走上了教师岗位。学生们可以参加教师执照项目的课程——特别是为了获取中学教书执照——但不会严重影响她们的通识教育。学生只要仔细地计划一下,就可以被允许选修几门课。后来师范学校和教师学院的早期蓬勃发展迫使文理学院宣传和推广它们所能提供的更多优势——文理学科的教育、必修课的学术核心,还有从名牌大学雇来的具有学术水平的教授。到了1950年代的时候,大多数文理学院的学生当中都还只有一小部分是师范生。一直到1980年代后期时,文理学院才突增了很多师范生。

私立的文理学院没有经历公立院校所经历过的那种演变和转折,也没有给教师教育项目带来致命性的打击。在这些学院里,通识教育的重要性在很大程度上超越了职业教育,特别是当公立高等教育扩大发展之后,小型的私立学院不得不重新打造自己的特色来吸引学生。通识教育也扩散到教育系并影响到在里面学习和工作的人。

但是,有意思的是,这种小型学院一般坐落在小城镇里,教授们有机会密切接触,互相了解。在这里通识教育和具体学科之间相抵触的情绪被扭转过来了,也就是说,虽然文理学科领域的教授们往往认为教师教育是低层次的学术领域,但还是感到很幸运能与这些能干的教育系同事们一起工作。在这些校园中看到这种现象,听很多行政管理人员和文理学科的教授们讲述这样的感受,是很有趣的经历,也使我对教师教育的二手地位有了一个新的认识。这里流行的态度告诉我们,尽管教育系的同事们在危险地流浪着,几乎到了学术犯罪的边缘,但是文理学科的教授们还是会善待他们,就像是救世军一样。

在小型的文理学院里,有一些看上去对教师教育很有利的因素。第一,所有人享有强烈的共识,认为通识教育和文理教育至关重要。我反复多次听到这样的感叹:"哪里会有比这里更合适的学术环境能保证教师们接受一种踏实的教育呢?"第二,这些学院一般不能提供很多的选修课,或者说,无法提供一些必修专业的替代课程。因此,学院往往花费相当多的心思去考虑和确定怎样为所有的学生,包括未来的教师,设置最好的通识教育。第三,随着时间的流逝,宗教的正规传统在这些与教会相关的学院里大体上消失了，但人们还是很重视道德品质教育，并将这种关注放在对教师的期望中。

第四，尽管文理学院也不能躲避"研究才是王者"浪潮的冲击，但是这里的研究是以小型的个人项目为主，其目的往往是提高对学科知识的理解和改进教学，通常没有那种大型的、要赶在截止日期之前完成的研究合同项目。有这种特点的研究看起来是支持而不是威胁了非常重要的第五个要点，那就是以教学为中心的高等教育。在这样的环境中，如果有人持续地忽视教学，就会很快被人发现。学生和同行们都看重教学，教授们便有了积极的压力去做好教学工作。当然，有一些教授，特别是那些眼睛里闪烁着"重要时刻"目光并将目前的职位仅当作垫脚石的人，还是会忽视教学而更注重研究。

第六，这些学院有限的研究生项目和经费预算自然导致了本科生的教学工作，甚至低年级的教学任务异常繁重。如果有一些"明星"教授，他们很可能也得跟其他同事一起肩并肩地教新生的课程。那些庞大的介绍性课程也很可能由教授而不是助教在教，尽管在过去教授们教这种课的情况可能更多一些。

第七，未来的教师在这样的学院里参加的是传统式的四年制大学本科项目，他们在学习将来要教的专业学科课程的同时也可以学习教育方面的课程。因此师范生至少有机会利用这种同时修课的优势来思考如何教好专业学科。不幸的是，这种可能性主要靠碰巧才能实现。不管怎样，这种潜力在那里。但是在研究生级别的教师教育项目里，师范生就很难有机会同修专业课和教育课了。那些主张发展研究生级别的教师教育项目的提倡者们并没有充分地考虑到这一点。

但是，在一些热心人过多地夸赞这些文理学院是教师教育的理想机构之前，他们还需要仔细地了解一些令人不安的情况。比如说，这些学院的教育专业教授人数几乎都很少——一般只有三到五个人。其中的部分原因是生源的不确定，这对小型学院影响较大，因此教育学院的教授们不一定都有终身职的位置，下一个学年可雇用的辅助员工也往往不能落实。教育系的主任通常由一位有终身职的、劳累过度的教授担任，但是他必须与认证和颁发执照的机构保持联系，也要保证师范教育能稳定持续地运行下去。颁发执照的机构要求的课不能因没有人教就被取消。然而学院很难为教育系的教学、秘书员工等方面的需求提供足够的支持。虽然在有些人的想象中，小型学院里教授的生活可能没有什么太大压力，但是我们看到的教育系主任和教授们的情况却不是这样的。这些教授们每天的工作重负使他们没有时间去做研究和发展学术生涯。因此，那些能干的教授们，尽管他们很喜欢小型学院的氛围，还是会很容易被其他单位提供的做学术工作的机会诱惑而离开,特别是在他们职业发展的早期阶段。

在本书的后面章节中我们会看到,学生们在学院里所经历的社会化过程比他们在进入教学工作时所经历的社会化过程要更强大。当然,总比没有任何方面的社会化影响要好一些。学生们和文理学科的教授们普遍认为,那些为获取执照而开设的教育课程本身没有什么学术价值。这种看法与进入教学工作的社会化过程是相抵触的。一些在教育课上的学生并不想去教书。结果是很难建立和维持一个强大的职业培训项目所需要的统一目标和承诺。虽然在文理学院里,我们需要比在那些之前有过师范学校的大学里更进一步地追问,才能听到对教育系和其教授的偏见看法("我的一些好朋友是……"),但最终我们还是会听到这样的评论(学术界不缺乏拥有唇枪舌剑的精明人士,以致于有些被害者直到血流如注时才发现自己被砍了)。

在小型文理学院里,教师教育虽有一席之地,但还是坐在学术桌子的最底层。在这样的学院里,准备教书被赞为一件好事情,但是在学校教书的工作仍然是一个"还没有"到位的职业。

地方性私立大学。除了地方性公立大学、文理学院、主要的公立大学和主要的私立大学之外,还有从建校开始就一直在从事教师培训工作的地方性私立大学,很多都位于城市的环境里。有一些在全国享有盛誉的此类大学在研究经费方面比一流大学少一些,因此被排列在授予博士学位大学或者综合性大学的第二个等级里。[20] 除了在上面描述过的其他院校里培养的教师之外,剩下的教师大多就是这一类大学培养的了。

这类地方性私立大学中有一小部分院校将培养教师作为单一的办学宗旨,直到1960年代和1970年代还坚持着这个方向,后来教师的人数大量增加才影响到这些院校的学生注册情况。在教育界相当知名的这类院校有乔治皮博迪教师学院、国家教育学院、银行街教育学院和惠洛克学院。最后这两个学院在卡内基高等教育院校分类表的最新版本上仍被列为教师学院。乔治皮博迪教师学院现在是范德堡大学的教育学院,而国家教育学院因为扩大发展了额外的职业和辅助职业的学习领域便被重新分类到综合性大学的行列里。银行街教育学院将其教师教育项目向多元化的方向发展,但是重点没有改变;惠洛克学院继续坚持培养幼儿教育工作者的方向。

有趣的是,多年来,这些具有单一的培养教师目标的院校或许最像那些具有单一的培养未来医生和律师目标的职业学院。到这些学院就读的学生不是为了图方便和便宜,几乎都是特意为了接受准备做教师的培训。尽管这些学院主要录取的是学院所在地的学生,但是它们也吸引了一些全国各地的学生。的确,乔治皮博迪教师学院从整个南方地区招收了很多学生,也在相当程度上从全国其他地区录取了学生。这个新的发展很重要,因为除了几个例外的情况,所有的高等院校都是在自己院校的所在地区招收大部分的学生,而教师教育的初级培训也几乎完全是在当地院校中开展的。

虽然地方性私立大学没有提倡和体验到许多地方性公立大学所经历过的那种发展和转折仪式,但它们的教师教育故事的配乐也是很令人伤感的。这些大学寄给我们一些访问之前可以阅读的介绍资料,里面有证据说明,教师教育在这些大学的早期发展阶段有过令人愉快的时光——从那时大学对教师教育的承诺和师范生的人数上就可以看出来。看起来在许多校园中,教育院校或教育系曾经是最大的和主要的单位——往往比文理学院还要大,还要引人瞩目。我注意到,当时很多学生选择到这种院校就读的主要目的就是准备当教师。在早期的时候,这些院校也培养教育管理人员,为附近的学区输送高级的行政人员。通常教育学院院长在州府是有名气的,他们和州教育部的官员密切合作,发展州级教师执照标准和师范教育课程。

我们不能假设那些旗帜标杆性大学的教育学院院长们没有积极地参与这些与州府相关的活动,只是他们人少,地方性大学的人多罢了。我们可以公平地说,地方性私立大学受学费影响较大,因此它们发现自己必须更有创业的精神。从长远来看,与州政府官员建立的关系和联盟不仅给教育学院增加了保险系数,对整个大学也是有利的。成功地经营政治和创业的过程,不一定能给教育学院带来热爱和尊敬,但可以为它带来权力。

然而,这些地方性私立大学渐渐地将自己视为综合性大学,并且仍然拥有以文理科学为核心的声誉——在它们的旗杆上飘扬的彩色三角旗形象地宣告着这一点。在公众的眼里,教育院校并不是这些大学最想要的。教育学院的教授们,在师范生的注册人数稳定上升和他们与外界建立起强大关系的日子里,对这些学术界的自我知觉还不是那么敏感。的确,有时他们甚至被在文理学院工作的同事们视为是高傲自大的。更糟的是,他们没有在大学内部建立起在他们的太平日子过完之后对他们会有帮助的关系。[21]

教师教育地位的跌落是一个漫长和艰难的过程。虽然这些私立大学在1970年代学校对教师的需求下降的时候遭到了损失,但是经历更多痛苦的是教育学院——不仅失去了资源有时还得忍受一些学术专业同事的嘲笑。有几位大学的最高领导人告诉我,教育学院的经费被不成比例地大幅度削减了。我听说在一个校园里,这种对教育学院不公平的削减太明显了,以致于其他专业的教授们都感到很尴尬,一起聚集起来表示支持教育学院。在另一个校园中,我也听说对教育学院的经费削减之所以很多,不仅是出于需要,也是因为人们对教师教育长期的偏见并且认为教育学院不能继续保持兴旺时期的大好时光就应该受到惩罚。

学生的注册人数——以及随之而来的希望——在我们去访问这些大学的时候有增加的势头。但是,很清楚的是,已经发生的变化极大地打击了许多地方性的公立和私立大学教育专业教授们的士气。伤口还在流血;愤世嫉俗和玩世不恭的态度普遍流行,特别是在一些老资格的教授们中间。尽管大多数负责执行不受人欢迎的经费平衡工作的管理人员已经离开了,但是在这个过程中所产生的不信任感还是传给了接替他们工作的人。

在这样的校园里,面对日益高涨的教师教育改革呼声,我们很难听到经过认真思考的回答。后面的章节会充分地显示,我们在这里几乎找不到任何答案。教师教育的命运与它所在的大学是息息相关的。我们访问过的地方性公立和私立大学似乎在经历一个颠簸不平的、不确定的转折过程——它们对未来向何处去比对放弃过去更没有确定感。

不明确的使命

但是,如果我们把在地方性公立大学和私立大学校园中发现的教授们的不确定感的严重程度仅仅归因于这个生源缩减的时期,那就是大错特错了(在下面的论述里,我将把这种地方性大学归为一类)。大学里所有的教授们都要适应高等教育的高速进化,很多时候甚至要经历痛苦的变化。对一些院校来说,例如那些在历史上专门为黑人学生开办的大学或者那些为低收入群体服务的大学,这是个格外令人沉痛的转折时期。

在我们访问这些院校时,它们中的很多刚刚结束了一段很长的没钱聘用新教授的时期,在很大程度上是因为必须雇人接替现有的上年纪的教授。早些时期大学被迫解雇一些有终身职的教授而造成的不满情绪还留在那里,和一些并不愿意提早退休的人谈判时形成的紧张氛围也能感觉到。还有很多人已经走过了职业生涯的一大段路,但是离退休还有十多年。在这种形势下,人们最担忧的是对自己的怀疑,他们认识到时代在变,但是自己适应变化的能力却不行了。

对主要和地方性大学的期望也在改变并加剧了我们看到的紧张气氛。很多五十多岁的教授们在刚到大学工作的时候,教学和服务是对他们的最高期望。但是在后来的年月里,研究和学术占据了大学最高的荣誉地位,特别是在那些主要大学里。这种期望上的变化是怎样产生的呢?

当困难的时刻降临时,大多数主要的公立大学和私立大学都正在致力于发展更多的研究项目。从 1950 年代末期到 1960 年代,它们获取联邦政府研究经费的成功率逐步增长,特别是在物理、生物、健康和工程科学方面,这就使它们变得越来越有竞争力,成为美国高等教育的啄食顺序中地位最高的院校,与那些没有这样经费的院校明显地区分开来。它们从外部获取的充足经费为它们提供了必要的灵活性,可以补充文科和一些社会学科生源不足带来的亏损,也可以填补收入方面的损失。有几个主要研究型大学的教育学院准确地看清了风向的转变,及时调整了它们的发展方向(在不同程度上获得了成功),通过获取外部的赠款与合同将自身变为灯标式的烛光。

但是,地方性大学就没有这样的机动性。大多数地方性公立大学采取缩头蹲下的姿势,削减开销,等待改善的时机。私立大学更加习惯于开展创新,向多元化发展。这些多元化发展的结果各有不同,例如那些增添了商学院的大学通常会比增添了护理学院的大学更加成功。然而有一个相同点是,在所有的大学里,教师教育的重要性都被削弱了。

当一些大学在 1980 年代开始恢复元气时,高等教育的版图已经发生了重大的变化。旗帜性的主要大学很明确的研究作用将它们推到最高的地位。一些学科的教授们获取了大量的外来经费支持和快速发展该领域的研究生教育,甚至在某些领域里,寻求大学职位的博士毕业生超过了需求。他们当中的很多人在地方性大学里找到了教职,这些大学的退休情况和学生注册人数的增加创造了这样的工作机会。他们将自己之前的导师的研究规范也带到了地方性大学。

尽管一些地方性大学的校长自己没有经历过侧重研究的学术性生涯或者已经离开了这样的生涯,但是他们对发生的变化都很敏感并且能保证将合适的信号发送给大学的教授们。大多数校长们都尽量选拔那些有过研究生涯,或者之前有学术关系,或者两者兼顾的人担任教务长或学术副校长,给人的印象是大学非常注重研究。我们在到达一所调研的大学之后,一般在几小时之内就有人传出我们到访的消息,给人一种失调的感觉。有趣的是,我们在后来与这些管理人员交谈的时候,发现他们对理想的学术工作的概念比教育和文理专业教授们的定义更为广泛也更加折中一些。无论是谁,不管是管理人员还是教授,几乎都认为在有同行审议的杂志上发表论文是模范学术工作的要素。

从 1950 年代开始加速发展的对研究的期望给大学里许多处于职业生涯中期的教授,特别是那些在承诺了培训和为人服务项目的职业学院工作的教授,带来了极大的压力。很多教授都面临着两种文化的矛盾:一种是强调研究的文化,一般来说年轻的教授们都加入了这种文化,他们(有最好态度的人也不能忍受老旧的事物)看不起缺乏研究专长的老教授们;而另一种文化的代表是那些拥有更多资历的教授,他们越来越不满意变革所带来的无情兴衰,也不断批评年轻的同事们"缺乏爱心"。但是,正如我在前面所描述的,那些主要的大学可以灵活地应用较多的资源在某种程度上改善了这种情况。

地方性大学就不同了。在给教授们提供做严肃的研究工作所必需的条件——时间、起码的秘书和助研帮助、计算机(有时还需要打字机)等之前,高层领导便自上而下地发号施令了,不管是通过怎样扭曲的途径。此外,尽管大多数教授在过去的年代里发表过几篇文章,很少有人知道应该从何开始寻找外来的经费或者撰写那些主要杂志希望发表的文章。当被告知未来的工资增长需要看到这样的业绩时,他们感到既沮丧又羞愤。院长们有时很自豪地告诉我们,教务长答应出资招聘一些享有相当程度学术声望的学者到这个校园来。另一方面,当有传言说大学新雇用的"明星"教授们将得到更高的工资、更好的办公室、更多的秘书支持和其他的额外补贴时,很多在校的教授们便表示了极大的愤怒。有一位已经任教 25 年的数学教授说:"在 1975 年的时候,对教授的奖励机制强调教学。我愿意做教学工作。但是年轻的教授们根本不懂这些(他们只晓得目前的奖励机制)。像我这样的人(他稍微耸了一下肩膀)——我是被别人忍受着。"

读者不要以为我刚才总结的与管理人员和教授访谈的结果只是发生在教育学院里的情况。正相反的是,这种现象是很普遍的。虽然在不同的学术机构和学者之间有很多明显的差别,但是这些差别大多是在程度上,而不是在类型上。

在我们访问过的所有校园中,都会发现教师教育的学生注册人数在近期增加了——有时增加得比较多,有时还相当多,无论是"传统式"的本科师范生,还是"非传统式"的、年龄大一些的研究生级别的师范生。这些新增的师范生注册人数对教育学院的士气有积极的影响,等于给那些工作受到威胁的教授们吃了颗定心丸,告诉他们最终还是需要他们的服务性工作,同时也创造了一些雇用新人的机会。因为项目的扩大和要求带来了发动变革和重塑方向的重要机会。我请教育学院的教授们议论一下聘用新同事时正在使用的(和应该使用的)标准。

使我感到沮丧的是,教授们很少有机会在一起认真地探讨这样的问题——他们在自身发展的过程中可以如何促进教师教育的更新。在大多数地方,招聘新人的岗位宣传文件所描述的都是这个职务过去的情况,只要复制和改善一下将要退休的教授的工作状况就行了。教授们的手上没有对未来发展的精心策划,没有对可能或很可能要退休的人数的预估,也没有根据审议和艰难的抉择而发展的招聘策略。这并不表示教育界就没有关于哲学的高谈阔论与对现今和未来世界的反思文献了,只是这些高论——它们还很丰富有余——没有被放下来在这个有变革机会的年代里发挥指导性的作用。

虽然看起来教授们之前没有开展过多少关于雇用新同事的标准的对话,但是在我发起的教授小组讨论会上,他们都以极大的兴趣踊跃地参加。在每个校园讨论会上,我都展示了以下的一个假设情况:有一个主要为教师教育项目设置的教授工作岗位。在招聘过程中,有两个最终的候选人。两个人都是从主要的研究型大学毕业的。其中较为年轻的那位刚跟她的导师做完三年博士后研究并在有同行审议的杂志上发表了不少文章。她没有在中小学当过老师,对教师教育也不太感兴趣,但是她在学术上完全能够承担教师培训项目的教学工作,她也很迫切地希望继续发展一个以研究为主的学术生涯。另一个候选人在一所中学的某一个学科(在不同的地方,我会变换一下学科的名目)教过几年书(有时根据当地的情况,我会说在一所小学里教过书),也在她读博的时候教过三年师范教育课,但是她发表的论文(以教学和教师教育为主题)没有另一个候选人多。她想从事师范教育工作并已经准备好教一些具体的课程,同时她也希望在学术工作方面获得一些时间和支持。

经过几番这样的讨论,我已经可以比较准确地预估参加讨论的教授们最终会挑选哪个候选人。在那些以研究为主的灯标式教育学院里,教授们起初并没有什么犹豫:很清楚地选择了第一个候选人。但是,在经过了一段不长时间的交流之后,就会有人说,应该——也必须留有余地考虑一下第二个候选人,不然的话大学就干脆忘掉自己对教师教育还存有任何认真的兴趣算了。这时讨论的话锋就总是会转向以研究为重点的教育学院的未来和作用应该是什么。通常教授们会一致认为,他们的博士生在读博期间参加教师教育项目的教学工作是一种很好的训练,至少干一段时间是好的。但是大多数教授们都觉得,他们的研究生毕业之后不会去为教师教育项目工作。

有些地方性大学在较长一段时间之前就已经从学院转变成了大学,它们也开始重视研究。这里的教授们对大学里出现的研究氛围的看法直接影响着他们在讨论中的发言态度。一些教育学院院长和他们的骨干教授们(有些是近期为了加强和推动研究刚聘用的)很赞同大学在过去几年里对研究的重视。他们在讨论中的表现与刚才描述的研究型大学的同行很相似。但是,很多在地方性大学工作的教授们会站起来争论说,有必要比过去更加关注研究。他们当中的有些人自己也正在兴高采烈地参加会议,与同行和模范代表们碰头见面,有的人还受到热邀到处去演讲。然而,他们的另一些同事们对发生的变化表示忧虑,承认第一个候选人更有希望被聘用,但是也质疑她是否应该被选中。

但是,在那些刚刚从学院转变为大学的地方性大学里,教授们几乎毫不迟疑地选择第二个候选人。有些人表示希望看到本校的教授队伍里有像第一个候选人那样的新人,但指出大学领导尚不可能也不会愿意为这样的新人减少课时和提供做研究所需的资源。他们说,即便大学能提供这样的条件,如果聘用了第一个候选人,她也会很快就离开。的确,在这类大学里,几乎所有参加讨论会的教授们都说他们在面试的时候不会鼓励第一个候选人考虑这个工作。有些人说他们也不会鼓励第二个候选人,因为如果告诉她可以给她提供有限的时间和经费支持去做研究,那就等于是骗她了。

我们用不同的修辞来表达对研究的期望,但比起人们在确定候选人时所持的不同意见,差异还要小很多。我们的数据显示,这些被称作大学的机构都意识到,现在高等教育的王道就是研究。但这意味着什么却含糊不清,并没有清晰的定义,也没有明确的修辞。我们所听到的定义从"动脑筋的证据"到每年至少在有同行审议的杂志上发表四篇文章的要求。有一批教授认真地参加了颇有争议的修改教授奖励制度的工作:在有同行审议的杂志上发表一篇论文可以得四分,在大学内部发表的每份委员会报告只能得一分——如果文章或报告是与其他学者合作写的,那么每人只能获取一半的分数。

在这些刚变成大学的机构里看到的恐慌和悲哀是那些主要的研究型大学和文理学院所没有的。在主要的研究型大学工作的教授们很清楚他们的身份和发展方向。他们知道教学工作受到了某种威胁并且大多数学校还建立了优秀教学奖;他们也知道外面的世界很关心教学质量的下降,因此还必须采取更多的措施来保证一个更好的平衡。一些深思熟虑的大学管理人员也在担心,那些培养为人服务行业的专职工作人员的职业学院在未来应该发挥怎样的作用,还有——即使他们的教育学院已经在提高学术上的声誉——他们也要担心大学在教师教育中的作用。[22]

文理学院从建校一开始的时候，就既尊重教学又重视教授的学术发展。尽管这里的教授们没有受到重视研究的强化修辞的严重冲击，但可以清楚地看到，他们的学术声誉才是最要紧的。

我们必须把期望值降到很低才敢说在这些大学的任何一个校园里，教师教育还算是健康的。模范就别谈了。特别是在地方性大学里，人们对大学的使命的某种精神分裂式的看法使情况更加复杂化了，很难为教师教育和教育院校确定清楚的方向。如果说得轻描淡写一点的话，在这些刚变成大学的机构里工作的教授们努力地担负着比研究型大学教授们多一倍的教课量，他们缺少秘书的帮忙（有时连打字机都没有）来准备课程的安排计划，对获取外部的经费不抱多大的希望，也明白他们的工作得到的珍惜很少。他们很难把那些新上任的、立志要把大学办成另一个伯克利或者哈佛的管理人员的野心当回事。事实上，这两所大学和类似大学的领导人会把这种野心视为有点奇怪——我希望他们会觉得这种野心是很不适当的。

然而，研究的扩展和对教授及校园生活的影响是当今高等教育事业的重要特征。正如一位在文理学院工作的咨询学教授所总结的："看上去大学的奖励结构在哪里都一样。现在期待教授们发表很多的论文，这是在过去五年里发生的变化。我们因此失去了很多优秀的人，他们到这里来是为了教学，但是却拿不到终身教职。管理人员想让大学上升到国家级水平，信不信由你。他们认为，大学已经是地区级的了，要准备好往更大更好的方向发展。"

美国高等教育的一个主要优势是它所拥有的 3 389 所高等院校在使命、开设项目和学生群体方面的多元性。[23] 它们不应该也不用去追求一个统一的模式，在 1 300 所高校中运作的教育学院/学校/系也是一样。但是所有这些教育学院/学校/系是否应该致力于培养教师，以及这个国家的学校教育工作者之教育是否应该依照不同院校环境的迫切需求而确定，这是两个很不相同的问题。当然，教师教育并不是高等院校完全能够自主管理的事业。它在发展过程中的一个特点是总要受到州政府和其他因素的干扰，这在很大程度上使教师工作目前还处于一个"还没有变成专门职业"的地位。同样地，职前教师教育与公立学校体系及其附属机构之间关系的性质和程度也是一个强大的影响因素。尽管教师教育与其他领域的职业教育的发展过程相比很有意思并且在调研项目的初期也是必要的，[24] 但是这些比较还不能引导我们深入地探索教师教育——这是一个受到异常困扰但却很有韧性的孤儿，她似乎不能将事情理出头绪，但她还是活下来了。

守 门 员

与高等教育中任何其他专业相比,教师教育都受到了更多的外界机构的影响,特别是控制进入公立学校教书工作的州政府。[25] 如果不去质问教师教育的课程自主权是怎样被侵蚀的,那就是教育界里的近视眼或者漠不关心的人,而这些人的正常感官似乎已经变得麻木了。

最近大家的改革兴趣是如何加强中小学的毕业标准,与此相关的强烈兴趣是如何提高对教师的要求。今天人们的共识是,教师应该是受过最好教育的公民之一。在大多数人的眼里,这就意味着四年的大学本科教育。但是,很多人争议说,教师应该来自大学毕业生中成绩最好的那一半。美国前任教育部长麦克默林(McMurrin)建议,只能从10%最好的大学生中间挑选教师。[26] 此外,许多人认为除了学习成绩,还有其他更重要的条件。没有几个人会说在学校教书的工作应该是对所有人都开放的一种权利。

但是,从历史上来看,教书工作的大门总是开着一条缝,或者至少很容易被打开。问题是学校需要有人去教书,而这种需求有时会比其他时候更紧迫。当年麻省教师无能的糟糕表现和更多更好教师的紧急短缺使人们恳求州政府在1830年代制定了一系列培训教师的规章制度。[27] 之前曾经不止一次出现过的建议又冒头了:呼吁那些有智慧的公民们暂时放下他们自己的追求去做季节性/短期的教师,提供高尚的服务。当这个建议得不到支持的时候,州政府便成立了四所州立师范学校,其中有三所是只收女生的。就像美国其他招收和培训教育工作者的机构一样,这些学校的成立是因为对教师的需求,而不是因为有关教学的学术领域的兴起。

1839年在列克星敦成立的师范学校的校长皮尔斯(Pierce)发现,来上学的一小群女生的学术知识和技能都很差。因此,师范学校在开办之后的很多年里都要花费大量时间为那些从很差劲的公立学校毕业的学生补习功课。由于师范学校需要给学生开设语法、拼写、作文、算术等课程,并且因为对定义模糊的教育科学尚未有统一公认的需求,所以师范学校的必修学术性项目的课程时数反而增多了。此外,我在前面已经提到,师范学校为民众提供了一种公立高等教育,是少有的几个机会之一;这个因素导致师范学校逐渐地从教学法训练机构演变成学术性的学院。[28] 到后来人们普遍地认为,教师应该接受四年制的大学教育。因为这些四年制高教机构里的教育学院/学校/系并没有很强势和令人信服地提出"还会需要些什么呢?"的问题,所以教育方面的课程设置就很容易受到外界特殊利益团体的影响。当这些利益集团对州政府施加压力的时候，州政府就会通过政策与程序将这种压力的一部分转移到教育学院/学校/系的身上——它们是现成的出气筒。

州政府发现它们面对的是一些具有内部矛盾的要求：要改进教师质量，但也要保证在每一个公立学校教室里都有一名教师。但是，教师的严重缺乏，特别是在缺乏的时候，总会显得比人们对高质量教师的需求要更明显和更迫切。因此，州政府认为在供不应求的时候有必要将教师工作的大门掩开着。在教师人数不够的时候可以颁发临时和紧急执照；而在供过于求的时候，那些过剩的老师又让人感觉没有兴趣去提高奖励以改进教师的质量。当许多正在教书的人并不急着努力去获取临时执照的时候，呼吁给教师加工资的声音就被静音了，就像当每一个教职都有几十个人在申请时，这种呼声也是听不到的。

此外，呼吁改进教师资格的声音也很容易就被静音了。高水平的培训可以提高一个人的学历，但是如果学区必须给学历高的人多付工资的时候，这些高学历就可能变成教师就业的障碍了。如果获取高水平学历需要花费金钱和时间但是不能保证会有更高的回报的话，那么为什么要去获取这样的学历呢？因此，如果隔壁大学所提供的教师教育项目与我们的基本项目相同但是代价更低，为何我们要去发展一个更大规模的、要求更高的教师教育项目呢？在这里我要引用我的同事罗杰·索德（Roger Soder）的话，"在奖励和结果保持不变的情况下，竞争只会降低质量"。

州政府在制定教师培养标准和执照颁发条例的时候，会遇到这样的内部矛盾并因此而迷惑：在采取一些措施向公众保证教师质量的同时，还要保证为每一个教室都提供一名教师。因为美国公立学校早期的发展史，所以在专门的教师培训项目开始并运行了几十年之后，对教师们都没有提出什么特殊的要求，州政府慢吞吞地发展着类似教师执照的东西。教师们的道德品质，例如为人虔诚和努力工作，在社区里就能得到见证。结果是，当教师执照形成的时候，其标准和要求与培训课程只有几个共同点，而不是有关教学技能和知识的指标。当教师教育的课程领域随着时间的推移不断地扩大和多元化时，州政府的官员们就感到越来越难以确定可接受模式的范围。因此，为了澄清颁发执照的要求和教师教育的课程设置是否相符合，就必然要在两者之间建立起沟通的渠道。[29]

詹姆斯·科南特（James Conant）在他的《美国教师之教育》一书中提到了守门的问题。他描写了他在1960年代的时候曾经努力地去检验经常出现的一项指控：州政府管辖教师执照的机构和教育学院的教授们联手合谋(指控中这样说)在高等教育的课程设置中相当好地保住了教育课程。他对这种"妖魔理论"的最初怀疑在他探究这个问题的时候便进一步加深了,[30] 尽管他发现教育学院院长和教授们之前在州政府的影响力比现在要大得多。我们最近发现的情况是,教师教育项目的负责人通常会根据州政府的最新要求来规划他们的课程,因为他们无权干预州政府的执照要求,所以或多或少地采取了听天由命的态度。

虽然科南特否定了合谋的概念,但是负责教师教育的领导人和管控教师执照的州政府人员一直到最近都保持着很好的关系和密切的交流。双方都参加州级和地方会议,参会人员包括大学负责学术事务的院长和副校长,以及学校和家长群体的代表——当科南特开展他的调研时,上述人员已经开始结为联盟。[31] 在这些联合会议上,人们比较关注的是教师供求方面所发生的变化,与学校最接近和相关的人员的利益,以及一些新兴专业,比如指导和咨询的招生情况和潜在影响——还有这些变化对教师教育项目的影响。这些变化并不让人感到吃惊,部分原因是这个联盟的合作过程还缺乏一种紧迫感,没有那种有时近乎歇斯底里的、关于教育要塌方的小鸡式惊呼和警告。

这样的会议至今仍在举办着,但参会人的代表性往往比以前少了。一位对全州教育负责的官员用一句话概括了已经发生的重要变化:"就在我们谈话的时候,州立法院也在通过一些将使我们现在提出的建议无法实施的法案。"州政府在变化中接管了一大部分经费预算的职责,加上一些其他因素,就把州级的政府决策机构推上了教育大车的驾驶员位置。不幸的是,让人可以理解的焦虑感会使这个驾驶员在没有考量最佳路线之前就快速地驾车前行。过去走过几种不同路线的历史——可以启发现在的历史——也在大体上被忽视了。

州政府加快速度设置了一些测试来颁发执照,以保证教师的质量。但是州政府并没有打算废除已经变得官僚化的为教师教育执照项目规定具体课程内容的做法——之前这是州政府机构和培养教师的高等院校共同分享的职责。的确,州政府有权力也有很大的职责通过颁发执照的过程来保护公共利益。例如州政府具有颁发驾驶汽车执照的权力,但是州政府并不给驾驶课程做任何规定,也不要求个人在考驾照之前提供一个完成驾驶学习的证明,对这方面的供求也没有兴趣。因此,州政府不会卷入如何保证驾驶员优秀的争端中,但是可以降低对执照的要求以保证有稳定的供求。州政府在教师教育方面也应该努力地避免卷入这样的争端,现在已经卷在里面的官员应该尽快地走出来。

要想在教育质量和供求之间保持平衡,唯一的希望就是建立起一个制衡体系。在这个体系之下,每个组成部分都有相当的自主权,但是所有的部分在一起要同心协力。没有一个职业已经建好了理想的平衡,但是大多数职业有哪些组成部分,每个部分需要什么样的自主权,以及所有部分在一起必须怎样协作,这些都是很清楚的。他们承认,所存在的大多不足之处都是出于人性的脆弱,特别是人们倾向于将个人的兴趣凌驾在公共的利益之上。同样的缺陷将会侵蚀和扰乱关于教学和教师教育所需的平衡体系,但是这并不应该是止步不前的理由。

第一步可做的是分清执照、证明和认证之间的不同点。所有的公民在这三个方面都有利益,可是我们在每一方面所拥有的权力和职责却不同。州政府和普通大众最关切的是执照。然而,执照最多是表明获取者达到了最低的能力水平,并不能预估这个人的行为表现。例如,约翰·杜尔(John Doe)在驾驶考试的知识和操作部分都获得了满分,但这仅仅是因为他够聪明,在少有的头脑清醒的那一天参加了考试。当他后来开车撞上别人的车时,警察、保险公司和州政府不会浪费时间去找他的教练或者驾驶学校算账。

每个职业为了向公众担保质量,都会要求从业的人获取一定的知识、技能,甚至工作态度,而这些要求越复杂,颁发执照的过程也就会越复杂和越昂贵。之后州政府便需要雇用一系列的专家来发展纸笔测试,也要派人去现场观察候选人的表现。而这些"专家"应该具备何种资历便也成为一个问题。

此外,获取执照的过程日益复杂化也迫使潜在的候选人必须去参加培训项目,这样一来教师教育项目也随着强烈的需求蓬勃发展起来了。州政府越来越多地转向教师和这些项目的毕业生去寻找专家。为什么不干脆把颁发执照的经营过程交给那些培训项目来操办呢?如果这样做,那么不断增加的费用负担,以及对现有项目质量的责任就可以转移到其他地方去了。然后州政府就可以开始关切质量控制的问题,并加入公众对这些项目的不足之处的批评。还有,州政府可以具体规定培训项目应该包括哪些内容并确认这些规定被落实到位。此外,州政府在教师短缺的时候可以选择豁免这些规定(目前许多州政府对教师教育的立场就是这样的,但是它们走到这一步的途径与上述的方式不尽相同)。

这种解决问题的方法从表面上来看是好的,但这并不是答案。州政府不可能这么简单地摆脱自己的职责;保护公众的利益的呼声要求它去执行颁发执照的任务。但是当州政府也承担起为培训项目规定具体内容的时候——它并没有义务去担当这个角色——就显示出自己的无能了。在这里必须仔细考量平衡分担责任的概念——每一个领域都应该有相应的自主权。

法律行业的体制为我们提供了很有用的如何分享责任的成功经验。州政府掌控质量并且通过律师资格考试在某种程度上协调律师的供应。这种考试足够复杂，因此必须有专家们参与，包括法学院的教授和社区里有经验的律师。两个不同领域的人在一起合作，但是最后的决策权和责任由州政府承担。参与这项工作的人不会认真地以为这项律师资格考试就能预估律师今后在法庭上的表现或者与他们顾客的关系（尽管在公众的要求之下，考试包括了有关道德行为的问题）。获取执照只不过是宣布持有人具有一定的法律知识。考试本身和州政府颁发执照的机构都不会为培训项目提出课程方面的要求。这方面的工作留给了法学院，而法学院必须达到律师职业认证机构所设立的标准。

大多数法学院并不是在"教学生参加律师资格考试"。以大学为基地的法学院与大学的追求是一致的：学习和理解人类社会在锻造保护性和人道主义协议并借此而生存的时候所产生的一整套信念、知识和法规。由此而产生的法律不是静止不变的，而是在不断地发展。如果只是教学生去参加律师资格考试，那就是假设法律是静止不变的。法学教授们当然也注重考试并且参与修订考试的内容——如果有一大批毕业生在某个考试领域里表现不好的时候，院长和教授们就会关注这方面的课程设置有何问题——但是现有的法学院课程主要在敲击其他的鼓点，而不是侧重考试的准备。不管考试结果如何，毕业生都能从大学和法学院获取仪式性的毕业证书。有的学生不止一次考试失败，之后会去参加一种专门为学生做考试准备的课；但是在他们今后的办公室墙上挂着的将是他们母校的毕业证书，证明他们完成了学业。

正如我已经指出的那样，法学院也不能自由自在地只去追寻学术的道路。法律职业通过多年发展和修改的程序设立了一套自己内部必须达到并一致维护的标准和条件。这些标准一方面可以保证项目的质量，另一方面可以阻止替代性和走后门从事律师工作的方式。

这种职业认证的过程是针对培训项目、教授资格和大学环境给予的支持，而证明和执照是针对个人的教育及表现。虽然每年都会有几个没有获取证书和没有参加经过认证的培训项目的人参加律师资格考试，但是这个途径几乎已被堵死了。在不久的将来，所有的候选人都将是认证过的培训项目的毕业生。

我在前面已经提到，法律职业的培训体制（其他主要的专门职业也是如此）并不是完美的。律师们和教授们在职业会议上为课程和标准的问题分庭抗礼，已经成为传奇的事情。人们不禁要问，一个刚在律师资格考试中失败的法学院毕业生怎样才能通过这个体制的考验。但是谁也不能保证这种人为建立起来的体制不会有失败的情况出现。

就像管理我们国家的三权分立的执法、立法和司法机构一样，过错往往是人类品质方面而不是结构的问题。我们非常需要在学校教学和教师教育的执照、证明和认证问题上也应用相同的方法。具有讽刺意味的是，我们所需要的结构中的一部分实际上已经建成了，但是如果没有一个完整的结构，现有的部分就如同是残废的动物。

值得注意的是，这个令人困扰的体制对课程设置的要求严重地阻碍了项目的更新。我和同事们很吃惊地发现，我们调研过的教师教育项目不仅没有长期的替换和增加教授的计划，特别是在地方性大学里，也没有关于项目应该如何发展的持续性讨论。当我们进一步追问的时候，我们发现，教授们或者是缺乏主张或者是不愿意表达他们的想法。这些院校并没有采取措施举办一些研讨会来鼓励和收集教授们的想法，多半是因为放弃了这方面的努力或者忘记了去努力，然而只有努力才可能引起根本性的项目变革。

我们对这种现象很好奇，因此我们积极与深入地继续这方面的探讨。在我们走访调研院校的早期阶段，我们就发现，不同的院校应对州政府规定的调整方法是不一样的，因此我们期待这些规定对院校项目的控制性影响不会太大。但是，我们逐渐发现了一个更加令人不安的情况：州政府对教师教育课程设置提出的要求在不断地变化并且经常会发出突然性的指令，这就有效地压制了项目的创造性过程。当人们知道他们最后还是必须要采用或调整项目来满足州政府提出的要求时，他们会想为何还要花费时间和精力去更新项目呢？一些教授告诉我们，他们在等着第十只靴子，而不是第二只靴子落下来砸在他们的头上。这种令人窒息的教师教育事业使一些人开始争论是否要为它建立起一个自由市场的体系。我们迫切地需要落实加州教师职业委员会提出的有先见之明的建议：州政府不能将对教师教育课程设置的要求强加给高等院校。[32]

一厢情愿的追求

我们在前面的论述中已经看到，学校与高等院校中培养教师的项目和人员之间曾经有过密切的关系。我在这里用了过去时,因为这些关系如今已经变得很微弱了。在最近提出的重建教育的倡议中,更新学校和大学之间的伙伴关系与各种合作的想法又出现了。

在历史上,这些关系通常是局限在人与人之间而不是机构与机构之间:[33] 未来的教师在师范学校、学院和大学教授的课上注册学习;想当校长和学监的人纷纷来到主要的大学参加夏季培训班;大学教授们在教师和学校管理人员会议上演讲;等等。学校生源的快速增长促使学区领导人邀请大学的学校管理、课程设置和财务专业的教授们帮忙做问卷调研。与此同时,在 1950 和 1960 年代里,学区急需建造新校舍,也大量地需要大学的专家们帮他们做出学生注册情况的预测性研究。

第二次世界大战之后,高等院校的注册率高涨,学校也越来越多地要求未来的教师参加高等院校的学术性本科教育和教学法培训以便同时获取本科学位和教师执照。很多想提高自己现有水平的教师们也纷纷到教育学院去参加晚间和夏季课,而一旦获取额外课程的学分和高等学位之后就可以获得加薪的奖励。

到了 1970 年代,有几个因素合在一起导致了这种生产工厂式的培训项目减少和关门,当然最关键的因素是人口增长的下降和随之而来的对教师需求的快速减少。在 1950 年代,没有本科学位的人也能得到临时的教师执照。这些人到现在已经拥有了正规的执照,许多人还获取了硕士学位。当工作前景不确定时,参加师范培训项目的候选人便陡然减少了。此外,在越来越多的情况下,而且在很大程度上是在教育学院没有被通知或者忽视的情况下,学区在自己内部为教师举办工作坊和培训班并以此为准教师加薪。尽管大多数教育院校早在 1960 年代末期时就预测到对教师的需求会大幅度地下降,但当实际情况发生时,它们还是感到措手不及。我已经描述了它们在经费预算、教授定级和聘用方面所受到的严重影响。

一个有先见之明的、坚定不移地遵循对学校的承诺的国家也许会很好地利用这个机会,首先评估一下在前二十年中不同寻常的学校扩展的后果,然后做出计划去弥补漏洞,纠正错误,等等。早期人们需要解决巨大的学生注册问题,特别是在大城市里,随之而来的是日益增多的将学校体制变得更加官僚化的所谓现代化管理方法。教育学院的学校管理系在所有这些发展中都发挥了作用,但是给课堂实践的学术性关注却很少。在 1960 年代,有一阵子联邦和一些基金会的资金将部分学者从他们的平常工作中吸引出来去参加设计新的学校课程的项目。[34] 但是在 1970 年代,当国家的经济领导地位和自信心下降的时候,这类项目便消声匿迹了。即使当时有机会将成百上千个大学教授和研究学者们的注意力转移到理想愿景中的学校改进工作上来，很可能也没有经费去完成这样的工作。

假设人们的兴趣和经费支持都存在，那么这样的改进学校的勇敢行动会获得重大成果吗？也许不会。高等教育从来就没有做好准备与底层的学校携手合作。大学在某个时期曾经将中学和实验学校包括在自己的范围之内，但主要是为了自己的利益服务。实际上高等教育对学校的兴趣只限于从学校到大学来念书的学生质量以及为学校培养教师。具有讽刺意味的是，大学教授们对在他们课堂里学习的学生表示不满，同时也抱怨教过这些学生的底层学校老师质量太差。

另一方面，学校并不欢迎大学派出的、经常是没有协调一致的讨伐军上门兴师问罪。教师与其他职业的实践者一样，会很谨慎地称颂他们参加过的培训项目，赞扬一些教授，但是批评那些喜欢用抽象、与实践不相关的方法教学的教授。他们并不高兴看到大学教授们参与创设的"防范教师"课程，这一课程的目的是用丰富的学习资源帮助学生避免学校教师在教学上的某些缺陷。

我已经探讨过研究的兴起对那些培养我们国家大部分教师的大学的影响。但是我还没有描述过那些在许多主要的教育学院变得流行的学术范式是怎样用一种微妙的方法去阻碍学校和大学结为互相关爱的伙伴。研究学者们通常采用的科学和技术观念不仅与 20 世纪的精神相符，而且与大学社区所认同的高度科学化知识的价值相契合。[35]

教育学教授们在努力发展科学研究的时候，可能是期待着将教育领域和教育学院带入学术生活的主流，为教师教育项目提供必要的知识基础，并且将教师职业推进专门职业的行列。自从这个运动在几十年之前第一次清晰地发起之后，[36] 人们可以很有信心地争论说，现在看到的结果与最初的愿望还相差甚远。

我与几十个大学负责学术事务的副校长、院长和系主任讨论了关于教育作为一个新兴的学术领域的问题。他们的观点从"开始成形了"到"根本没有用"。总结他们的反应就可以看出教育研究的质量和价值在整个学术研究的图腾柱上是排在或接近最下面的。我们在讨论的过程中经常话锋一转就谈到为何教育学教授们没有积极参与可以帮助改进教学的研究，不仅是学校的教学，也包括高等院校的教学。

约翰逊（Johnson）指出，"教育学教授们在努力建立他们的学术功绩和发展学术生涯时，在研究中采用了越来越复杂的方法，也因此与实践者越离越远了"。[37] 此外，因为一些已经阐述过或者暗示过的理由，这些研究中只有一小部分是与教师培训有关的。

相比之下,研究型大学在20世纪初领导了一场法律和医学职业教育的知识革命。例如,弗莱克斯纳(Flexner)的医学教育报告将临床专业知识和科学证据摆在同等重要的地位。科学的证据,在很大程度上,要以"当前的临床情况和过去的临床经验"为背景才有意义。[38] 这种观点当然很看重实践知识。

教育作为一个学习领域的出现却有不同的历史背景。约翰逊不仅指出教师工作在早期是一种地位低下的女性职业,而且还观察到,19世纪的女性对很多事情,包括对知识的要求,有一种保持缄默的传统。[39] 伴随着这些情况的是一种普遍的看法:小学教师不需要知道得太多,一个老师传帮带另一个就足够了。即使在今天,实习教师们更愿意模仿他们在学校的实习导师所爱用的教学方法,而不是在大学获取的书本知识。[40]

在教育行业,实习的经历可以检验一个新手的方法是否有效,但是并不能核实教育研究是否有效。的确,教育研究学者们发现,他们必须开展大量的争辩才能让他们自己及(他们希望)他人相信,他们的研究是与实践相关的。[41] 但是,看起来这种相关性对大多数教育学教授们来说并没有感召的力量。人们更多地引用了而不是应用了约翰·杜威(John Dewey)在这方面的论述:"教育过程中的真实活动可以检验科研结果的价值。这些结果在其他领域或许是科学的,但是在教育领域,一定要看到它们是否能为教育的目的服务才能做出判断,而这种检验只能在实践中进行。"[42]

教育学院对实践性知识的轻视,加上教师工作低下的地位,使那些灯标式的教育学院努力地往学术性而不是职业性的方向发展。毕竟文理科学一直都是学术界的核心。罗伯特·哈钦斯(Robert M. Hutchins)认为大学受到了职业主义思潮的侵蚀,因此他建议将职业学院放在他理想中的大学的边缘或外围地带。[43] 对他来说,教育在大学这个客栈里顶多只能占有一个壁橱的空间。但是,新兴的教育学领域在极力避免提到教师教育和拥抱科学研究证据的时候,还是希望最终能在教授俱乐部的文理科学部门占有一席之地。

在20世纪初期的时候,杜威就提出了其他的建议。他敦促新兴的教育院校从其他职业的"成熟经验"中接受教训。[44] 克里福德和古思睿在调研了十所主要的教育学院之后,表示同意杜威的建议。[45] 但是伯顿·克拉克(Burton Clark)却批评了他们的见解,并预测教育学院将继续担负着含糊不清和自相矛盾的使命"混下去"。[46]

也许它们会这样。要发展一个更加清晰和不那么含糊的使命并不容易。也许大学和我们的国家可以允许它们这样继续混下去。但是,与此同时,强大的外部力量正在操纵着对教育工作者之教育的运作。教授们和教育学院只能发挥次要的作用。大多数大学,并不只是那些拥有灯标式教育学院的大学,很快就必须确定它们希望扮演何种角色。

我们找不到引人注目的好榜样。大学与中小学之间所建立起来的远不是浪漫的关系。同样地,教育学院对文理科学的苦苦追求也没有得到相应的回报。这种情况是在呼吁我们发动一场勇敢的创新。

改革与改革家们

办学的规模和为学校安置教工的浩大工程已经吸引了众多的改革家和改革建议。因为并没有明文规定说改革需要何种授权的专业知识,所以在批评家和改革提倡者中,可以发现最聪明的男人和女人、天使、傻瓜和狂热分子。但是,即使过了相当长的时间,人们也没有看到改革的累积效应。在一个时期提出的但没有充分试验过的改革措施会在另一个时期换上新衣重新出现。"大学没有领导一场学术性的革命来改造教师培训。教育领域的经验可以被描述为一系列的地方性起义,大约每十年一次,但是没有留下经久的影响,只是给教育课程的版图上遗留了一些死去的或受伤的项目和理论。"[47]

有一条经常出现的、可以终止教师教育改革的建议是:杀死它。但是就像芬斯特马赫(Fenstermacher)所指出的那样,"将它冲下排水管道吧,但它还是会再爬上来"。[48]多年来,有三种建议会经常地出现(每次都会遇到准备"杀死它"的射击队):发展扎实的通识教育,只开设几门或者不开教育课,跟现有的老师当学徒。

在第一章里,我描述了在那些人们对教育改革抱有极大热情的年代里,教师教育改革和学校改革却没有成功地联合起来。除此之外,我不仅介绍了一些最近出现的将两者联系在一起的改革报告,也提到有一些政策制定者们正在日益醒悟到,很有必要扩展他们对学校关注的视线去包括那些培养学校教师的教育机构。霍尔姆斯小组[49]与卡内基教育和经济论坛[50]的报告就是将教师教育和学校改革联系起来的例子;这些报告已经引起了很多政策制定者的注意。

在这种全国范围的政策制定者和其他人对教师教育改革的关注氛围下,我们去调研过的高等院校也持有与它们的地位相符的态度。那些在一流大学的文理学科院系工作的管理人员和教授们一般都知道也对霍尔姆斯小组的工作表示有兴趣——毫无疑问，部分原因是该小组给其选中的大学教务长和教育学院院长发出的、请他们加入这项改革的最初邀请。在地方性大学里，文理学科院系的管理人员和教授们比教育学院的教授们更了解也更有兴趣加入这项改革；他们同意这个小组报告提出的在教师教育中强调通识教育的建议。

但是，令人吃惊的是，这两类人对卡内基教育和经济论坛的报告都缺乏兴趣。然而针对这个报告而成立的全国职业教学标准委员会以及它所提出的教师考试将极大地改变高等教育在教师教育中所发挥的作用。可是当高等院校的领导人得知这个委员会成员的初选人并没有按照他们的标准很好地代表学术界的时候，他们对这个委员会的重要性便以耸肩的方式表示满不在乎。我们再一次看到这种流行的观点，即对学校（最终也是对教育院校）有重大意义的发展并不是大学所关心的中心事务。而教育管理人员和教授们——特别是在教育学院工作的人——更关注的是州政府关于教师执照和证明方面的新发展对他们会有什么潜在的影响。

结　束　语

很明显的是，对教育工作者之教育的改革势在必行。当人们在当代场景中思虑这一改革的方向和组织工作时，会看到四个显著的因素。第一，教师教育150年的历史所遗留下来的问题是一道非常复杂和混乱的景观。第二，从反复出现的一些改革建议和它们普遍的无效结果中可以看出，改革家们并没有认识到这种复杂性（或许他们知道这种复杂性但却不知所措，还有一些试图成为改革家的人盲目地扔出了手榴弹，希望能击中某一个阻挡前进道路的绊脚石）。第三，即使人们能看清这个混乱景观的一部分真相，这些只是局部的、与整体分离的碎片。结果是，改革的努力是零碎的而不是整体性的。第四，也是非常重要的一点，学校改革运动很少与教师教育改革运动联合起来。正像我在前面已经描述过的，因为有必要建立这种联合，而且过去都没有这样去做，所以教师教育至今仍然是一个"没有被研究过的问题"[51]。

注释

　1. J. Herbst, *And Sadly Teach* (Madison: University of Wisconsin Press, 1989), p. 197.

　2. For an account of their beginnings in different regions of the country, see J. Herbst, "Teacher

Preparation in the Nineteenth Century," in D. Warren (ed.), *American Teachers: Histories of a Profession at Work* (New York: Macmillan, 1989), pp. 213 – 236.

3. These necessary conditions of identity, autonomy, homogeneity of student populations and programs, and secure boundaries or borders are derived in part from the analysis of R. Soder, "Status Matters," Technical Report no. 4 (Seattle: Center for Educational Renewal, College of Education, University of Washington, 1989).

4. R. J. Altenbaugh and K. Underwood, "The Evolution of Normal Schools," in J. I. Goodlad, R. Soder, and K. A. Sirotnik (eds.), *Places Where Teachers Are Taught* (San Francisco: Jossey-Bass, 1990). The work of Altenbaugh and Underwood was exceedingly useful to me in my attempt to understand the nineteenth-century beginnings of teacher education.

5. The first documented attempt to create such a school appears to have occurred in Vermont in 1823. Horace Mann is credited with founding the first public normal school in Lexington, Mass., in 1839. A particularly useful account is that of M. L. Borrowman (ed.), *Teacher Education in America: A Documentary History* (New York: Teachers College Press, 1965).

6. P. Woodring, "The Development of Teacher Education," in K. Ryan (ed.), *Teacher Education*, Seventy-Fourth Yearbook of the National Society for the Study of Education, part 2 (Chicago: University of Chicago Press, 1975), p. 9.

7. For a definitive treatment of the ideas of Johann F. Herbart and their impact, see H. B. Dunkel, *Herbart and Herbartianism* (Chicago: University of Chicago Press, 1970).

8. Herbst sounds an appropriate warning regarding the common view of normal schools as a one-dimensional institutional development. See J. Herbst, "Nineteenth-Century Normal Schools in the United States: A Fresh Look," *History of Education*, 1980, *9*, 219 – 227.

9. Herbst, "Nineteenth-Century Normal Schools in the United States," p. 223.

10. G. J. Clifford and J. W. Guthrie, *Ed School* (Chicago: University of Chicago Press, 1988), pp. 4 – 5.

11. A notable exception is the University of California, Los Angeles, once a normal school and then the southern branch of the University of California, Berkeley, before coming into its own as a sister campus among those constituting the University of California system.

12. Clifford and Guthrie, *Ed School*.

13. H. Judge, *American Graduate Schools of Education* (New York: Ford Foundation, 1982).

14. A. Cartter, "The Cartter Report on the Leading Schools of Education, Law, and Business," *Change*, 1977, *9*, 44 – 48.

15. A. Flexner, *Medical Education in the United States and Canada* (New York: Carnegie Foundation for the Advancement of Teaching, 1910).

16. A personal anecdote emphasizes this point. In the late 1960s, I was invited, for reasons that escape me, to lunch in the UCLA Faculty Center with a small group of geophysicists. One was being queried about the current activities of a brilliant colleague now devoting a large part of his time to science education and the education of science teachers. On learning that this pursuit was increasingly consuming his time, they shook their heads as though lamenting the demise of an old

friend. Fifteen years later, I listened to an almost identical conversation among several professors of education from major universities. A distinguished scholar was reporting the recent decision of a brilliant younger colleague, who had just agreed to take over the university's small teacher education program. The shaking of heads in unison among this small group of education professors reminded me of the parallel episode with geophysicsts.

17. In a major research university, it is often difficult to retain the focus on the needs of the teacher education program when the selection committee must be attuned to the demands of research and the requirements of affirmative action as well.

18. It is difficult to sort out the numbers of teachers produced in private liberal arts colleges from those produced in private institutions generally. States differ widely. Minnesota, with large numbers of small private colleges, increased production from about 20 percent in 1972 to over 30 percent in 1988 for the private group as a whole.

19. This omission has been in large part rectified by C. Burgess, "Abiding by the 'Rule of Birds': Teaching Teachers in Small Liberal Arts Colleges," in Goodlad, Soder, and Sirotnik (eds.), *Places Where Teachers Are Taught*.

20. Carnegie Foundation for the Advancement of Teaching, *A Classification of Institutions of Higher Education* (Princeton, N.J.: Carnegie Foundation for the Advancement of Teaching, 1987).

21. In the early 1960s, Conant wrote the following: "The professors of education, for their part, found that their own convictions coincided with those of state department and public school personnel, and realized, too, that their source of greatest support was outside the university faculty; as a result, they were more careful to cultivate the outside group." See J. B. Conant, *The Education of American Teachers* (New York: McGraw-Hill, 1963), p. 11.

22. Among top executives, President Donald Kennedy of Stanford University and Chancellor Ira Michael Heyman of the University of California's Berkeley campus have called for increased attention to the schools and those who staff them.

23. Listed in the 1987 edition of the Carnegie Foundation's *A Classification of Institutions of Higher Education*, p. 5.

24. See R. Soder, "Studying the Education of Educations: What We Can Learn from Other Professions," *Phi Delta Kappan*, 1988, 70, 299 – 305.

25. Two chapters of a companion book are particularly useful in sorting out and understanding the state context. See L. Eisenmann, "The Influence of Bureaucracy and Markets: Teacher Education in Pennsylvania" (chap. 7), and K. Cruikshank, "Centralization, Competition, and Racism: Teacher Education in Georgia," (chap. 8), in Goodlad, Soder, and Sirotnik (eds.), *Places Where Teachers Are Taught*.

26. A proposal made frequently in speeches during his tenure.

27. J. Herbst, "Teacher Preparation in the Nineteenth Century: Institutions and Purposes," in Warren (ed.), *American Teachers: Histories of a Profession at Work*, p. 217.

28. Herbst goes so far as to say that it was the normal schools rather than the land-grant colleges that brought higher education to the people. Herbst, "Teacher Preparation in the Nineteenth

Century: Institutions and Purposes," p. 231.

29. Another illustrative anecdote: When I was director of the Division of Teacher Education at Emory University in Atlanta in the mid 1950s, my response regarding whether or not a graduate's course in psychology met the "knowledge of the learning process" requirements was all that was needed for John Medlin, the director of teacher certification for Georgia, to make a decision.

30. J. B. Conant, *The Education of American Teachers* (New York: McGraw-Hill, 1963), p. 15.

31. See J. I. Goodlad, "The Occupation of Teaching in Schools," in J. I. Goodlad, R. Soder, and K. A. Sirotnik (eds.), *The Moral Dimensions of Teaching* (San Francisco: Jossey-Bass, 1990), pp. 7 - 8.

32. California Commission on the Teaching Profession, *Who Will Teach Our Children?* (Sacramento: California Commission on the Teaching Profession, 1985). Conant made a similar recommendation, arguing that competition among a number of models would invigorate the institutions. See Conant, *The Education of American Teachers*, p. 60.

33. R. W. Clark, "School/University Relations: Partnerships and Networks," Occasional Paper no. 2 (Seattle: Center for Educational Renewal, College of Education, University of Washington, 1986).

34. See J. I. Goodlad, *School Curriculum Reform in the United States* (New York: Fund for the Advancement of Education, 1964); and J. I. Goodlad (with R. von Stoephasius and M. F. Klein), *The Changing School Curriculum* (New York: Fund for the Advancement of Education, 1966).

35. W. Johnson, "Teachers and Teacher Training in the Twentieth Century," in Warren (ed.), *American Teachers: Histories of a Professional at Work*, p. 244.

36. Cronbach is far too wise to have believed more than three decades ago that his proposal for tightening up studies into the relations between selected variables and student outcomes was to become an all-encompassing model for educational research. Indeed, nearly twenty years later, he cautioned those following it against the danger of ignoring the influence of significant variables not included in the model. See L. J. Cronbach, "The Two Disciplines of Scientific Psychology," *American Psychologist*, 1957, *12*, 671 - 684; and L. J. Cronbach, "Beyond the Two Disciplines of Scientific Psychology," *American Psychologist*, 1975, *30*, 116 - 127.

37. Johnson, "Teachers and Teacher Training in the Twentieth Century," p. 244.

38. C. L. Bosk, *Forgive and Remember: Managing Medical Failure* (Chicago: University of Chicago Press, 1979), p. 86.

39. Johnson, "Teachers and Teacher Training in the Twentieth Century," pp. 250 - 251.

40. V. Richardson-Koehler, "Barriers to the Effective Supervision of Student Teaching: A Field of Study," *Journal of Teacher Education*, 1988, *39* (2), 28 - 34.

41. See, for example, L. J. Cronbach and P. Suppes (eds.), *Research for Tomorrow's Schools* (New York: Macmillan, 1969); V. Richardson-Koehler (ed.), *Educators' Handbook: A Research Perspective* (New York: Longman, 1987); P. Suppes (ed.), *Impact of Research on*

Education (Washington, D. C.: National Academy of Education, 1978); and R. M. W. Travers, *How Research Has Changed American Schools* (Kalamazoo, Mich.: Mythos Press, 1983).

42. J. Dewey, *The Sources of a Science of Education* (New York: Horace Liveright, 1929), p. 33.

43. R. M. Hutchins, *The Higher Learning in America* (New Haven, Conn.: Yale University Press, 1936), p. 114.

44. J. Dewey, "The Relation of Theory to Practice in Education," in Charles A. McMurry, (ed.), *The Relation of Theory to Practice in the Education of Teachers*, Third Yearbook of the National Society for the Scientific Study of Education (Chicago: University of Chicago Press, 1904), p. 10.

45. Clifford and Guthrie, *Ed School*. See chap. 8 in particular.

46. B. R. Clark, "Schools of Education: The Academic Professional Seesaw," *Change*, 1989, *21*, 62.

47. Johnson, "Teachers and Teacher Training in the Twentieth Century," p. 245.

48. G. D Fenstermacher included this observation in a presentation to state legislators soon after becoming dean of the college of education at the University of Arizona.

49. Holmes Group, *Tomorrow's Teachers*, *A Report of the Holmes Group* (East Lansing, Mich.: Holmes Group, 1986). With considerable expansion of the group into a much broader array of institutions, this position has been substantially modified.

50. Carnegie Forum on Education and the Economy, *A Nation Prepared: Teachers for the 21st Century* (Washington, D. C.: Carnegie Forum on Education and the Economy, 1986).

51. S. B. Sarason, K. S. Davidson, and B. Blatt, *The Preparation of Teachers: An Unstudied Problem in Education* (New York: Wiley, 1962; and Cambridge, Mass.: Brookline Books, 1986 [rev.]).

▶ 第四章

体制背景与监管环境

> 一个优秀和自信的大学……可以很自豪地在自己内部拥有一批热情洋溢和勤奋高产的教授群体。他们在不断地寻求用适当的方法来应对美国教育中的严重问题。
>
> ——埃拉·麦克·海曼(Ira Michael Heyman)[1]*

大学的兴起是个非凡的事件：几个游荡着的、在很大程度上自我任命和自我标榜的学者——教师经过多次的徘徊和安置的努力创建了这个持久性的机构。同样惊人的是，在这个谦卑的基础上，美国高等教育发展了令人难以置信的多种类型的院校和大学教师的职业，起初很简单但现在已经变得很复杂了。也许更加值得注意的是，大部分公众人士对大学和大学生活的看法是比较简单的，但是他们完全不了解大学内部文化的情感、领悟、规范、等级制度和语言的微妙之处与错综复杂的关系。而这其中一

---

* 这一章的参考资料包括我们研究项目的一个技术报告：里德(M. C. Reed)，"美国教师教育的领导力、承诺和使命：为何需要开展在文化上协调的组织变革"第9号技术报告(西雅图：华盛顿大学教育学院教育更新中心，1989)；我们项目的一个专题报告：厄尔斯特(D. L. Ernst)，"教师教育的政策和决策环境"第11号专题报告(西雅图：华盛顿大学教育学院教育更新中心，1989)；还有本项目发表的两本姐妹篇著作中的章节：古德莱得(J. I. Goodlad)、索德(R. Soder)和斯若特尼克(K. A. Sirotnik)(主编)，《教师职业的道德层面》和《培养教师的地方》(旧金山：何塞-巴斯出版社，1990)。特别是在后一本书里的第7章，文森曼(L. Eisenmann)，"官僚机构和市场的影响：宾夕法尼亚州的教师教育"，以及第8章，格鲁尚克(K. Cruikshank)，"集中化、竞争和种族主义：乔治亚州的教师教育"。

些最重要的因素并没有被记载在册。外界对大学内部生活的最好了解只是从小说中看来的。

学术界和公共利益

大多数处于大学外部的人可以从我们调研样本的院校中看到，在各类院校之间存在着很多差异，比如私立文理学院和主要公立大学之间的不同。我们去走访的一个文理学院，埃尔乌斯学院，具有人们通常知道的这类学院的典型特点：安静平和，人们进出于缠绕着常春藤的教学楼，过着不慌不忙的学术生活。而他们如果在希尔伍德大学的校园和大楼里走动一会儿，就会下结论说这一定就是人们所谈论的世界一流大学了。但是中拉瑟福德州立大学又是什么样的机构呢？这里的楼房挤在一处小地方，匆忙的学生们彼此擦肩而过，还有我和同事去访问的时候所看到的狂欢节一般的氛围。这所地方性州立教育机构跟这类院校中的另一所大学，西南比斯特威克州立大学，又很不一样。那所大学的氛围倒是很像埃尔乌斯学院。

尽管高等院校各有明显的不同之处，但差异主要是在程度上而不是在类别上。教授的等级——助理教授、副教授和正教授——和往上晋级的程序在所有大学都非常重要。提升的标准很相似，但是各种不同类型的院校在提升标准的平衡和应用方面很不相同（甚至在同类院校之间也会有不同的做法）。各个院校的管理模式也很不一样，教授们通常都熟知的是，小型和私立的文理学院更会采用男性校长的父系管理模式（只是在近些年才出现了女性校长，即使在许多过去的女子学院里，也是由男性校长掌权）。

随着大学的扩大和发展，教授们常常感觉他们离权力管理中心很遥远。有些教授从来没有见过校长；有几个连校长的名字都叫不出来。许多教授觉得他们已经脱离了聘用他们的大学，甚至跟校园中的同事们也不熟，他们在学科专业的全国和国际协会的活动中才能获取自我价值感和职业满意感。当他们自己申请和获取了外来的研究项目经费时，他们就感到可以带着项目和经费到一个新的单位去工作（"有经费便可流动"），但是他们对这个新单位的归属感并不会比他们对刚离开的大学更强。

如果你认为上面描述的这番情景就代表了大学教授工作的整个画面，那是不公平的，也是一种误解。实际上，各种高等院校的教授们都要花费大量时间在院校管理工作上，从安排整个校园的经费预算和组办教授同行审核委员会到参与似乎永无休止的各种院系工作任务小组以及其他委员会的工作。做这些工作的奖励很少，因此这样的工作在教授中的分配也常常是不均匀的，有些教授会采取逃避的态度，而有些教授会出于对大学的忠心或者因为个人喜欢而承担这样的工作。每个院校的历史上都记载着那些无私奉献的领导人和教授们的事迹，他们的管理工作在很大程度上确保了大学的稳定和持续发展（大学是最古老和最稳定的机构之一）。

我们调研的对象是对教育工作者之教育，而不是整个高等教育体制，或者说我们样本中的每一个院校的整体情况。然而，我们在设计这项探索研究和收集数据的时候，有机会进一步深入地了解了这些高等院校的体制背景并且认识到，离开了这个背景以及中小学校的背景，我们就不可能很好地诠释教师教育。如果之前开展过一项对这个称作学院（或大学）的地方的研究，就像我们之前做过的对一个称作学校的地方的研究一样，那就会对我们的调研工作有极大的帮助。尽管如此，我们在推进项目的每一个环节时，都学到了很多关于高等院校大背景的知识，特别是通过我们的实地调研和阅读我们的同事撰写的院校案例史。[2] 这些信息来源给我们提供了院校访问和观察的背景资料，也被融入在后面章节的讨论中。

我们也希望能看到更多的现代文献，帮助我们全面地了解和理解高等院校，包括在未来的年代里可能会极大地影响高等教育和学术界职业的外部和内部因素。当然，已经有很多关于不同的个别问题的研究和论文。但是因为时间和资源有限，我们无法审阅所有这些个体性的研究文献并做出综合性的分析，以获取对我们调研目的有用的信息。我们发现欧内斯特·博耶（Ernest Boyer）所著的《学院》一书很有用，可以帮助我们全方位地理解提供本科教育的各类教育机构及其存在的问题。[3] 除了克拉克（Clark）的《学术生活》一书之外，我们可能也找不到更丰富地描写学术职业的书了。[4] 这两本书对在学术界内部工作了很长时间的人和在外部的人都很有启发性。当我们在相当仔细地探究各种主题和看法的时候，我们也发现克拉克·卡尔主编的"卡内基高等教育系列丛书"很有参考价值。[5] 当我们努力地去理解教师教育在主要的研究型大学的教育学院里为何处于模糊的境地时——我在这一章里开始探索这个问题并将在后面做出进一步的论述，我们发现杰拉尔丁·克里福德（Geraldine Clifford）和詹姆斯·古思睿（James Guthrie）在《教育学院》一书中的姗姗来迟的分析很有借鉴意义。[6]

我在写这本书的时候，发现在大学外部有一种快速增长的好奇心，特别是对那些主要由税金来支持的大学，很想知道里面到底发生了什么事情。对州长、州立法机构成员、其他的决策者,还有企业社区的一些部门人员来说,他们不仅有好奇心,而且想知道关于大学的使命、领导力、效率、开销、回报等方面的情况。之前那种大学只需接受其董事会的督查而不用受到外部监查的状态正在快速地分崩离析。

只要社区和大学还处于分开与隔离的状况,人们通常会认为对知识的追求大致是脱离了实际生活的,大学的开销不高并且也不在公众注意的视线之内,而教授们看上去很像那些处于贫困状态的牧师,因此没有多少人有兴趣去关注高等院校从事的那些不太被人理解的工作。但是这些都是过去的情况了。已经发生的变化,加上围绕在高等院校周围的神秘色彩的消失,对明天的大学和在里面工作的人具有重大的意义。不幸的是,在公众对高等教育的兴趣急速高涨的同时,他们对高等教育的理解并没有快速地跟上去。

克拉克在他的《学术生活》一书的介绍中说了下面一段话:"如果说一个人不参加书本学习就不能有所作为的话,那么拥有最丰富的学术性内容的职业就将占据人生舞台的中心。按照这个逻辑,那些想要理解现代社会的人想知道多少关于学术职业的知识都是不过分的;然而这方面的探究和洞察力却极为缺乏。"[7]

在未来几年里,外部势力对学术界的入侵将大大地超出公众对高等院校在我们社会已经发挥的和应该发挥的作用的启蒙认识。人们在周围社会里找不到很清晰的类似高等教育机构的组织和运行模式,主要的原因是没有其他组织肩负着同样的使命。但是人们会期待那些在大多数机构都适用的组织原则和概念、管理方式和领导力也可以同样地应用在大学里。不幸的是,批评家们通常注意的是这些原则和概念在其他机构中的应用,而不是这些概念和原则本身。我们在 1980 年代发起的学习改革运动中看到很多这样的情况。因此,高等院校在 21 世纪到来之前,还会经历一段颠簸的时光。

尽管在未来几年里,高等教育大概会经历困难的时刻,但我对教师教育可能会遇到的积极影响还是保持谨慎的乐观态度。第一,目前的状况和对教学的忽视看起来已经引起了很多大学领导人和教授的关注。其结果是,大学内部可能会重新对教学表示重视。[8] 我们可以很安全地打赌说,这种重视对地方性大学的使命和工作重点的影响多半会比对主要的研究型大学要大得多。尽管如此,后者还是可能会发出一个响亮的信号,重温一下大学从最早开始就承诺担当的教学职责。如果这种现象发生的话,它将有可能为培养我们国家学校教师的项目带来福音,因为在教学工作和培养教书人的工作之间有一种很自然的联系。

第二,不管一所大学在它发表的使命声明中提出多么辉煌的、要争取成为世界一流大学的口号,教师教育都是一项当地人发展和扶植的本土事业,而且是连接大学与附近社区、居民和家庭的枢纽,换句话说,是连接大学与当地公民的桥梁,而这些公民的看法可以巩固也可以破坏州议院代表的政治生涯。谨慎的董事会和它们所任命的大学校长们一定会珍视这一事实的重要性,并且会很好地利用这一点为他们的院校谋利益。大学将会继续从竞争对手机构那里招聘杰出的研究学者,而一旦成功就能获取相应的声望和(通常会有)经济上的回报。但是公立大学将会越来越多地发现,扶植和注重那些对本地的需求有更明显的响应的项目和活动对大学是很有利的。许多大学已经很有效地在它们的公关活动和对州议会提出的预算诉求中宣传了它们的农学院、渔业学院、森林学院、矿业学院和商学院的作用并提出了相应的要求。大学很容易就能解释清楚在这些学院的活动与本州和当地社区的经济健康之间有哪些利害关系。同样地,大学也应该可以毫无困难地解释清楚在培养好教师与本州和当地社区的教育健康之间有哪些利害关系。我预测,在未来的几年里,大学不仅会发现对底层学校表示关心是一件有利于大学的事情,而且会发现如果公众认为大学不关心也不参与底层学校的活动,对大学将是一件不体面的事情。

　　对资源的竞争是激烈的而且会变得更加激烈——公立大学与私立大学在曾经只有后者才会关注的经费领域里也要竞争。但是,在争取获得基本的运行经费的时候,前者会继续依赖公共资金,虽然它们会被要求在申请中提供越来越多的需求理由。在这个背景之下,如果大学将更好地挑选和培养学校教师的工作摆到主要和显著的位置上,就可以让州议员们很容易地看到大学是如何重视公共的利益,继而理解并支持大学的发展计划,这时便正好可以争取获得对大学更为重视的许多其他项目的经费支持,虽然公众并不太了解这些项目。鉴于过去对教师教育的忽视和极少的预算,能帮助它进入一流地位所需的承诺、领导力和资金额度并不高,这将会被各方人士都视为是一种可喜的谦虚。

　　但是,上述的高等教育发展情况并不能保证院校里面的教师教育事业将会兴旺起来。我在第三章里展开的一个论点是,自从第一所师范学校在一个半世纪之前开办以来,教师教育的立场和地位便是不确定的。下面的章节所支持的论点是,教师教育事业直到今天仍然处于微弱的地位。鉴于在大学外部的很多人,包括立法者甚至还有教师们,都对教师教育的功效持有怀疑的态度,而且教师教育在许多大学内部也处在边缘的地位,那么高等院校在力图精兵简政的时候就很可能会将教师教育精简掉。已经有大批的个人和群体提出过也尝试了教师教育的替代方案——有的采用了学校教师直接传帮带的方法并完全避开了以大学为基地的培训项目,有的用考试来代替传统项目所要求通过的所有执照、证明和认证程序。他们的阵势之显眼和规模之浩大是前所未有的。教师教育的天平将倾向于像 20 世纪初期医学教育所拥有的那种被亚伯拉罕·弗莱克斯纳(Abraham Flexner)激烈抨击过的商业和专利化模式,还是要转向所有的主要职业都选择拥有的当今大学里的培训模式呢?这种平衡是很微妙的。

我在前面的章节里已经用暗示和明确的方式阐述了我坚定不移的立场:学校教师应该接受的职前和职后教育必须在一个有学术环境的项目中进行,这个项目与目前流行的模式很不相同——它将保证理论和实践在学校和大学文化的融合氛围中有效地结合起来。现在我们调研项目的数据已经收集完毕,我和我的同事们认真地研究了这些数据,我可以很有信心地断定,那些称自己是教师教育工作者的人和称作是教育学院/学校/系(Schools,Colleges and Departments of Education,SCDEs)的单位不可能单枪匹马地实现教师教育所需要的变革。他们必须与其他人(包括在学术界内部和外部的人)联合起来一起创造变革的必要条件。我同样可以断定的是,如果教师教育工作者——特别是他们的领导人——不够勇敢、热情和有创意地去积极努力,并且不被大众视为是在为公共的利益而拼搏,那么其他人也不会竭尽全力地站起来跟他们一起奋斗,而改革所必需的条件就无法创立了。

正像欧文·埃德曼(Irwin Edman)曾经说过的那样,对我们大多数人来说,生活"就像是音乐对无知的人一样,'是一场困倦的梦想,时不时会被紧张的刺激声打断一下'"[9]。很多的——即使不是大多数的——教师教育工作者是出于非常美好的动机而进入教师职业的(详见第六章)。他们亲眼见证了这个职业被轻视、受挫折和丧失地位的事实。实际上,他们已经醒悟了,因此他们没有理由让自己坠入那种无知人的困倦梦想中去。他们必须以坚定的承诺和昂然的斗志去迎接这场更新教师教育的道德性挑战,并且号召其他可以帮忙致胜的人和机构一起为之奋斗。必需的但也还是不足的致胜条件包括明确的使命、扎实和宽广的承诺,还有坚强与熟练的领导力。很重要的一点是,开明的监管环境可以使这些条件的作用发挥到极致的程度。

影响教师教育的体制因素

这一章的一个主要目的是帮助人们深刻地理解我们样本中的高等院校的使命、领导力和承诺,以及这些因素对高等院校里的学校教师教育项目的健康与福祉的影响。它们的使命明确吗?它们的文化氛围能够很好地促进目标的达成吗?院校内部的人在多大程度上共享这些文化使命并认同它们的意义?这些使命在多大程度上与院校之外的人的期待是一致的?高等院校及其领导人对教师教育的承诺的性质和深度是什么?大学的文化(所强调的重点价值与项目或活动)和教育学院/学校/系的文化相适合吗?这两种文化和教师教育项目的文化相适合吗?

这方面数据的来源是寄给我们的或者是我们在校园收集的院校资料,还有我们与大学校长、教务长、院长和一些教授访谈的记录资料。但是,因为用这些资料还不足以讲述我们想要分享的整个故事,在这里我们只能以此开始讲这个故事。在后面的章节里,我们还会继续讲这个故事,主要是从教师教育的教授和学生的角度去讲。同样地,我们在这里提出的一些假设在后面还会出现。最终我们得出的结论和概括是基于所有分析过的数据,就像在一床拼布被子上可以看到一些重复的模式。

我们收集的资料是大量的——有成百份文件和上千页实地调研笔记,无法被压缩在这本书有限的纸页里。我不可能要求读者去做查看全部资料的乏味工作,但是不看全部资料就不能做出独立的判断。希望得出一些自己的独立结论的读者可以去查看我在本章首页注释中列举的文献和在附录A中列举的报告。但是即使这样去做也不足以做出判断,因为这个故事中的大部分内容都是基于我们在访谈中获得的数据——基于我们对样本院校的实地走访。因此,我建议,读者不要急着做出自己的判断,而是先跟着我们的假设走,这是我现在努力要做的。在后面的一些章节里,我将给读者呈上各种数据——教授和学生们对很多问卷问题的回答。总的来说,这些回答都支持我在这里做出的假设。

使命的明确性。韦伯斯特(Webster)的《新国际字典》(第三版)在使命一字的定义中,开始用的是宗教和人文主义的术语,这些术语很适合用来描述高等院校的兴起时刻和之后的发展,对学校教师教育更是必不可少的。关于使命的声明可以明确一所机构的中心作用以及机构参与人员的职责。这些声明驱动着机构的主人公的工作,并提供标准指导开展某些活动和排除其他的一些活动。明确的使命也可以帮助机构外部的人理解机构力图去做和正在做的事情,并且对这个机构的疏漏和职责做出一些判断。令人信服的使命将会使机构获得支持,对于大学来说,可以吸引教授和学生。模糊、空洞的使命或者没有使命声明就会让机构内部和外部的人自己去编造他们所希望看到的机构的作用和价值。像"我们教育人"或者"我们致力于优秀的教育"这样的大口号只会迎合一小部分人的教育信仰。

我们从读过的使命文献和访谈时收集的信息中，可以看到这些院校的各种疏漏和承担的职责。这就使我们做出了两个假设。第一，一些高等院校的代言人相信，他们不需要清楚地阐述院校的使命或者院校的活动本身就表明了它们的使命。也许这些领导人假设教育已经被广泛认为是好事，那么他们的院校自然就在分享其产生的利益。第二，在这些疏漏和职责表述里，看不出教师教育的工作是大学的首要职责。事实上，在我们样本中的大多数院校里，教师教育都远不在中心舞台上。

我们的结论是，在我们的样本中有七所大学的使命声明提供了足够清晰的陈述，使那些在大学外部的人可以很好地理解这些大学的使命（之前提到过，这是值得去做的），也使大学内部的人有相当明确的工作指南。另外六所大学的使命声明看上去也提供了基本的信息，但是不够清晰和准确，不能帮助人们清楚地辨认哪些是适当的而哪些是不适当的大学活动。还有十五所大学的使命陈述就像没有写一样毫无意义。剩下的一所大学实际上回避了给我们出示使命声明，甚至连一个历史简介都没有提供，直接就给了一个管理人员、教授和服务设施的清单。

质量最差的使命声明是文不对题、根本不提及使命的，其内容包括：对著名校友的描述，公共人物出于不同的原因在校园中的露面，卓越的教授，杰出的设施，具有优越性的地理位置，等等。质量好一点的声明会提到发现和传播知识，以及智慧和道德价值对现在和未来一代生存的重要作用。但是，这两类声明都没有提到大学的立场到底是什么以及大学应该努力达到什么目标。有几个院校提供了质量稍好一点的使命声明，提到要致力于改进课程与教学，例如"根据学生的需要和社会的要求发展包含多种不同领域学位项目的综合性课程"和"通过修订教学策略来改善教学质量"。但是像这样的陈述，还有在本段前面提到的其他类型的陈述，应该被写在我们样本中的任何一所院校的使命声明中，或许也应该被写在美国其他高等院校的使命声明中。

虽然我们在收集的样本院校简史中可以读到有趣的，有时甚至是引人注目的情节，但是标有"使命"的文件通常是模糊、抽象和枯燥的，或者具有所有这些特点。但是，有时候我们也会惊喜地发现一些简练且含义深刻的描述："斯特尔林学院的使命是激励和教育来自不同经济地位的学生为人类服务。斯特尔林学院所强调的是高学术水平的综合性教育项目、基督教价值观，以及在独特的、美丽的自然环境里的实践工作经验。"当然，我对这里的管理人员提出的首要问题之一就是斯特尔林学院是否也录取非基督教学生以及是否也聘用不信基督教的教授。根据在同一份文件中看到的下述说法，我们还试图确认教学工作在这里是否真正享有文中所提到的关注："因此，虽然研究、发表论文和其他形式的学术活动是备受重视的，但是我们的教职员工承诺将他们主要的精力放在有效的教学工作上。"我们也进一步深入地去了解下面这样的陈述是否比较真实地反映了这里的现实："我们所坚持的原则里渗透着对个人的关注。"

在与管理人员、教授和学生探讨他们的职责和开展的活动时，我们发现斯特尔林学院给我们提供的文献非常有用：基督教价值观在政策和实践中的地位，教学工作在奖励结构中的地位，还有学生们所感受到的大学对个人的关注。不幸的是，在我们的样本院校中，只有一小部分单位给我们寄来了这样的使命声明，而我们在访问样本院校的时候也没有能够获取事先给我们寄来的资料中所缺失的信息。

审阅了二十九所样本院校的使命声明之后，我们根据声明对下列情况描述的清晰度和实质性内容来做评估：什么是教育，该所院校对教育的特有贡献，对申请人的素质要求以及期待培养学生发展哪些素质。在评估声明的质量时，如果看到可以帮助我们理解院校的办学目标和信仰的关于通识教育的历史性描述，我们就会给它加分。当审阅完每一所院校的资料时，我们都给它的使命声明打分，从0分到3分，最后我们列出了一个分数表：有一所院校得0分（综合性总分为0）；有十五所院校得1分——这些院校提供的信息很少，无法帮助院校外部的人理解这些院校，也没有为院校内部的人提供可行的指南；有六所院校得2分——它们提供了一些帮助理解和指导性的信息；而其他七所院校得3分——它们很认真地描述了为何和如何办教育的使命。然后我们将所有的二十九所样本院校和它们的得分按照六类高等院校的类型排列在一张表里。请看表4-1中的结果。

总的来看，私立院校的使命声明做得最好，特别是那些文理学院，所有的四个学院都排在最高分的行列里。我们对将多尔赛学院放在2分还是3分的行列里有不同的意见，最后还是同意把它放在3分的行列里。主要的研究型大学没有一个得3分的，实际上有一所得了0分，还有四所得了1分。瑞弗尔虽然刚够上主要私立大学的资格，但当之无愧地得了3分。我们在美瑞特和希尔伍德大学，一个私立和一个旗帜性大学，应该得多少分上有意见分歧，但是最后也同意给它们打3分。所有七所得3分的大学都在它们的声明中应用了很多"样板式"通识教育、博雅教育的语言。换句话来说，它们所写的其实是所有二十九所院校都应该可以写在它们的使命声明中的言辞，如果这些院校都能够认识到使命声明的重要性和必要性的话。此外，这些得3分的院校还在它们的使命声明里加了一些对院校独特的历史起因（例如宗教价值的重要性）或者办学重点（比如优良的教学或对每个学生的深切关注）的描述。

表4-1 样本院校使命声明打分表（按六种高等院校分类）

旗帜性公立大学	主要公立大学	地方性公立大学
3 希尔伍德	0 宝石州立大学	1 中拉瑟福德州立大学
1 福尔肯	1 森林州立大学	2 北霍利森州立大学
1 肯默	1 山下州立大学	1 东奥利弗州立大学
1 诺斯伍德	1 电报州立大学	1 南英弗尼斯州立大学
	1 传说州立大学	2 西南比斯特威克州立大学
		2 西北普拉瑞州立大学
		2 西威利斯州立大学

主要私立大学	地方性私立大学	私立文理学院
3 瑞弗尔	2 波卢德摩尔	3 多尔赛
1 夸德拉	1 杰拉德	3 埃尔乌斯
2 美恩斯特瑞姆	1 皮尔格瑞姆	3 雷克夫优
1 艾菲	1 埃尔顿	3 斯特尔林
3 美瑞特		

毫无疑问，文理学院使命声明的一致性是因为它们没有过大地扩张和过多地超越它们作为单独的学院长期以来所承担的本科教育职责。这里只有一个院长负责这项功能，而不是有十几个院长负责十几项不同的功能（包括文理学院院长负责通识教育和职业教育的预科教育，这就是具有多重目标大学的特点）。在第六章里，我们会看到，在这些文理学院学习的师范生比那些在综合性大学就读的师范生要更加认同他们在整个学院/大学的学生身份，而不仅仅是在教师教育项目中的师范生身份。

地方性公立大学的得分都在靠下和中等的地位，或许是反映了它们在从师范学校到大学的转折过程中对使命的不确定感。有几所地方性公立大学从来就不是师范学校，但是也经历了从注重师范教育到追求多样化的转折。我的判断是，地方性私立大学的低分反映了它们在近年来为了维持学生注册人数而扮演的创业角色。那些主要的旗帜性公立大学的低分（除了有一个例外）可能是因为它们的多种专业和各种职业学院在发展时，每一个专业和职业学院都设立了自己的使命。或者有可能只是因为每个这样的大学的负责人都相信，他们大学的学术地位和排名本身就摆在那里，不需要再去做什么解释或发表额外的使命声明——大家都知道它们的名气了。上面的这些推测在下面的论述里与后面的章节所呈现的其他数据和印象里将得到进一步证实。

有趣的是,美瑞特大学之前是一个很强的、有很长历史的地方性私立大学,没有几个职业学院,它最自豪的是其本科课程和对教学的重视,直到最近它才上升为主要私立大学。即使在今天,这个大学发表的文献中还宣称文理学院是整个大学的核心,大学的使命声明与它的四所文理学院的使命陈述采用的是同样的语言。美瑞特大学沿用了芝加哥大学的传统,发展了一个体育教育项目,侧重个人的健康和锻炼,并参加摔跤、游泳和高尔夫球的校际比赛。[10]

尽管大学的使命文献主要阐述的是大学的整体教育重点,我们就是要查看这些内容,但是文献也经常会提到关于大学设置的专业领域、项目或者那些被认为是强项的院校。可惜的是,这些文献很少描述教育学院/学校/系,虽然在我们的样本大学中,有两所地方性州立大学提到了它们的教师教育传统并表示要继续履行这方面的职责。有一所大学之前是我们国家历史上最早的和多年享有相当高声誉的师范学校之一,但是它的使命声明和简史却只字不提这段历史和传统,只是明确地提到它的起源是一所公立高等院校,尽管它在写给在教育界工作的毕业生的文献部分承认了最早的历史身份。我们可以推测的是,有一些地方性州立大学还会很骄傲地宣告它们之前是师范学校的最初历史,但是我们样本中的那些主要大学,在成功地通过了我在第三章中所描述的转折仪式之后,已经把它们最初是师范学校的历史远远地抛在后面了。

我们从与校长、教务长和学术性学科院长的访谈中得来的数据和印象证实了我上述的情况。例外的是文理学院,它们在实践中对教师教育相当重视,虽然在文献中有所省略。我们样本中的四所文理学院的院长们——两位女院长和两位男院长都热情高涨地表达了对教学的重视,赞扬了教授对教学工作和学生的承诺,谈到了学生质量的稳步提高,等等。两位女院长还提到了在学院历史上担任院长的杰出女性以及她们自己如何努力保持学院早期建立的优良传统。很明显,四位院长都习惯向各方人士介绍他们的学院,并夸赞他们所领导的院校的美德。

所有这四所文理学院的领导都一致表示支持教师教育的使命,认为这一使命与整个学院重视教学质量和本科生通识教育的使命有必然的联系并相符合。四位院长对在其他院校里开展的师范教育以及教育作为一门学科领域都抱有批评的态度,但是对在他们自己院校工作的教育学教授赞扬有加,有些教育学教授教的课程还被列为通识教育的选修课。虽然这些学院里的有些教师教育专业教授对领导的这些评论还表示怀疑,但是他们承认这里的院校环境一般来说对他们的工作是很有利的。在我们的样本院校里，只有文理学院的教授们众口一致而且很有信心地对他们的工作环境做出了这样的评价。

但是，我们还可以对大学做一些其他的概述。如果我在访谈大学中心领导人的时候选择更多地谈论有关高等教育使命的哲学或教育问题，或者有关某一个大学的最高使命，那么我的访谈时间就会比我所做过的要短很多。公平地说，大多数大学领导人在我访谈他们之前都收到了关于我们调研项目性质的简介，而且所有领导人的工作日程都排得很满，因此他们也想尽快地答复我有兴趣的问题；我们的谈话内容便大多集中在教育学院/学校/系和他们所开办的教师教育项目上。然而，在我和这些大学中心领导人的交谈中，几乎听不到像文理学院院长、教务长和/或学术学科院长在我们的讨论中提到的那种特殊使命和几个主要的核心功能。

在几种不同类型的大学做类似的管理工作的领导人都能很快地也很放松地回答关于研究、教学和服务工作之间的平衡问题，还有哪些是他们的强项、重点和预期的发展领域。尽管地方性私立大学的校长和教务长认为他们的大学在近年来已经在增加对研究的重视并且在来年里也可能会进一步增加这种重视，但是他们都一致宣称教学工作在目前和未来都是至关重要的。另一方面，地方性公立大学的领导人会更多地强调有必要尽快地扩展研究，但是不能以教学工作为代价。当然，我们也看到一些例外情况。西南比斯特威克州立大学的校长以他对教师教育的长期和持久性关注而出名，他认为，当前多数研究项目的狭隘目标对教学和教师教育的功能是极为有害的。

在几所院校里，负责学术工作的副校长或教务长似乎是大学对研究和学术工作日益重视的主要信息发布人。通常他或她也有很大的权力确定大学对这些工作重视的程度，不管教授们的参与程度如何。评估是否实现了这些受重视的工作目标的基本原则往往并没有被展示出来，尽管教务长有权力决定是否需要和需要什么样的基本原则（并确定是否符合这些基本原则的判断标准）。毫不奇怪的是，在所有的地方性院校的校园中，人们对研究、教学和服务三方面的工作在教授的职责里应该占有何种绝对的和相对的地位的认知是不一致或失调的，虽然各个院校里的失调程度有差异。

失调这个词还不足以描述在主要的私立、公立和旗帜性大学里的这一重要的精神转变。学术工作上升到主导地位的问题看起来并不是一个含糊的问题，而是教授如何适应这种变化的问题；研究变得至高无上。然而，一些校长、教务长和院长们对教学工作的下降地位表示关心，特别是那些获取外来经费的教授们可以用经费"买下"多少分配给他们的教学工作时间。但是大多数领导人报告说，最近他们已经采取了措施重新强调教学工作的重要性，尽管他们也期待所有的教授都从事学术工作。

此外，他们报告说，在过去的十年里，教授们需要不断地适应快速增长的对研究工作的要求，但是受到影响最大的那些教授们退休之后，这方面的问题就减少了。地方性大学还没有明确地将对教授的期望与可以使他们获得奖励的工作的具体要求挂上钩，但是在主要的研究型大学里，对教授的期望已经与具体的可获奖励的工作要求密切挂钩了（我们在后面还会继续探讨这个问题，特别是它对教师教育的教授、学生和项目的影响）。

我在走访调研院校的时候，通常先访谈一些大学的主要负责人。我跟他们一起探讨这个大学有哪些卓越的巅峰和主要的承诺，获取了很多非常有用和富有揭示力的信息（我在文理学院访谈的时候就会很快地掠过这些主题，除非我们谈及教师教育的地位问题，因为我在那里得到的答复几乎都指向通识教育使命的一个组成部分——文理学科的一个杰出系，或者整个学院范围的艺术项目的质量）。在我们所有的样本院校中，我访谈的院校领导，除了几个例外，在列举他们院校的强项的时候都没有提及教育学院/学校/系或者教师教育。

毫不奇怪的是，主要大学的校长和教务长们在点名谈到某一个学科领域或职业学校的时候是有些犹豫不决的。他们往往先谈论学术科目系的整体优势，然后提到一些具体的项目：物理科学或者人文科学或者健康科学。有时他们会提及一个获取了充实的联邦资助的跨学科的研究所，几乎都是在物理科学领域。在很多情况下他们也会提及一些学院——法学院、工程学院、商学院，作为他们当前筹款工作的首要目标。他们并没有包括医学院，也许是因为医学院在大学早期的发展阶段已经当过重点项目，或者是因为大家都已熟知医学院会继续需要经费支持以保证其稳定性，不用再专门提及了。

在地方性公立和私立大学里，近期和将要进行的发展工作几乎都侧重在更加狭窄的目标上——更多的时候是企业教育。特别是在 1970 年代，当地方性大学挣扎着维持学生注册人数和预算的时候，有些院校的教师教育项目的注册人数大量下降，我们样本中的大多数地方性大学变成了创业单位，到其他的地方去创办辅助职业项目，并在法律和企业专业领域甚至文理学科领域建立分校的项目。这些发展的结果是喜忧参半的。但是在企业方面的扩展正好迎合了或许也帮助增加了这个领域在 1970 和 1980 年代的就业机会。结果是，企业或商学院在大学的地位显著提高了。在我们走访的一所地方性公立大学校园中，正在建造中的企业学院大楼在规模和高度上都超过了从 1950 年代起就是大学的主要地标的教育学院。

从我们的访谈数据中可以清楚地看到，在过去的二十年里，每当大学使命中的某些项目的地位提升的时候，也就是该大学的教育学院/学校/系和教师教育地位下降的时候（我们在后面的段落里将进一步探讨这个下降过程中的一些微妙问题）。我们也很清楚的是，在几乎所有的大学里，教师教育学生注册的情况近期都在逐渐地好转，这个新的发展对教师教育在大学未来的地位产生了一些积极的影响。综观高等院校现在受市场驱动的程度，这是个令人深思的问题。

但是，尽管教师教育项目的学生注册人数在增长，我们也看不到在高等院校目前的思虑和计划中有什么迹象能表明它们会重新修改使命，将教育学院/学校/系和教师教育从流云的遮掩后面提升出来放到明星的位置上——只有一个例外。我们样本中有一所大学在实质上是个地方性的公立大学，但是因为它在几个学科领域获取了充分的联邦研究和发展经费，便在最近被重新划分进入了主要大学的行列。这所大学的校长认为他所在的州里有一些最新的发展给大学创造了独特的机会。[11] 他希望将教师教育重新放到中心的地位，这是它曾经拥有过的地位。他告诉我，"我宁愿让这所大学因为拥有杰出的学校教师和管理人员的教育项目而出名，而不是做一个默默无闻的中等水平大学"。

上面的讨论主要集中在院校的使命和教师教育在其中的地位问题，并没有探讨教育学院/学校/系本身的使命。我是刻意这样做的。第五章中呈现的关于教授的数据，第六章中关于师范生的数据和第七章中关于教师教育项目的数据将用相当多的篇幅描绘教育院校系的背景情况。因此，我会在后面的章节里继续讲这些故事。我在这一章的剩余部分将探讨行政领导和他们的承诺如何影响了使命的完成。我们收集的关于教育学院院长任期的数据和我们在访谈中得到的印象告诉我们，我们样本院校中的教育学院/学校/系看上去为教师教育提供了一个热情友好的工作环境。

我们的初步印象是，文理学院的教育系和教师教育的使命在实质上是一致的；但是在主要的私立和公立旗帜性大学里，教育学院中的教师教育项目的使命往往不如其他项目和活动。在地方性大学里，教师教育地位的不确定反映了整个大学和其中的教育学院/学校/系在使命上有相当大的模糊程度。

行政上的稳定性。正如我已经提到的，我们在访问样本院校之前收到的文献让我们充分地看到了大学使命声明中的遗漏和强调的方面，帮我们准备好了在实地访谈中需要提出的问题。但是，这些文献无法告诉我们的是，有关领导人的承诺以及他们在行使领导力的时候是否能弥补模糊的使命声明的短处。因此当面访谈是我们了解这方面情况的最好方法。在访谈中反复出现的一些话语很快就构成一些规律,使我们可以在之前准备好的问题之上再加一些探索性的问题。

有一个在调研早期就浮现出来的规律是大学主要领导人任期的不稳定性:包括校长、负责学术事务的副校长或者教务长、文理学院的院长和教育学院的院长。因为不稳定性是一个相对的概念,所以不容易去做比较——以确定某种不稳定的状态是危险的,无关紧要的,还是出于什么其他的原因。查看了我们收集的数据之后,我们看到在我们样本院校的 116 个领导职务中(每个院校 4 个主要领导 4×29),有 11 个是"代理"的(在我们访问的 1987—1988 学年里)。这个信息重要吗?我们对此问题的兴趣让我们去查阅了前些年的记录,发现 1981—1982 学年里的代理领导人数更多一些。在之后的学年里,大学里主要的 4 个领导职务经常是代理性质的,从只有 2 个到高达 6 个,中数是 4。在我们去访问调研院校之后的那个学年里,1988—1989,有 6 个领导职务是代理的,还有 3 个是空缺。看起来 1987—1988 学年是不寻常的,1988—1989 也差不多。

通过阅读大学寄给我们的简史和在校园中的访谈,我们发现这些院校在早期发展的时候,领导任职是稳定的,直到近年才出现了不稳定性。我们查看了过去 24 年的历史——从 1965—1966 学年到 1988—1989 学年,然后将这些学年分成六年为一组的历史阶段。我们发现,在第一个历史阶段,从 1965—1966 学年到 1970—1971 学年,这些大学里有 18 个领导职务是空缺的(5 个)或者由代理人担任(13 个)。在之后的第二个历史阶段里,这个数字上升到 24,包括 5 个空缺和 19 个代理。在这两个历史阶段的12 个学年里,只有两次全学年的空缺和代理总数为 6。

在从 1977—1978 学年到 1982—1983 学年的历史阶段里,这方面的情况有很大的变化:有 45 个代理职务和 4 个空缺,总数是 49。这个总数超过了过去 12 个学年加起来的总数 42,但在之后的 6 个学年里,从 1983—1984 到 1988—1989 学年,这个总数下降到 36,包括 32 个代理职务和 4 个空缺。综上所述,在最近的 12 个学年里,空缺和代理的领导职务的总数比之前的 12 个学年多了一倍。

等一会儿我将分别描述这四个重要的领导职务——校长、教务长(或者负责学术事务的副校长)、文理学院院长和教育学院院长。但是,首先我想谈一下在我们去做实地调研的那一年出现的另一种旋转门症状——一种在很长时间之内都不可能轻易去除的症状。当我们从一个校园到另一个校园去走访时,我们越来越多地发现,很多接待我们的领导人都属于刚刚到任或者准备离开的情况。有好几次,教授们都告诉我们,接待我们的领导遇到了一些困难并且"准备离开了"。如果我们的假设是正确的话,这些领导职务的周转率比我们下面所描绘的详细数据要更大。我们的数据和访谈资料显示,教育和教师教育的最高领导职务的流动性是异乎寻常的。诺斯伍德大学的校长最近刚到任,宝石州立大学的校长刚从一个延长的假期归来,美恩斯特瑞姆大学的校长还在享受一年的休假。传说州立大学的校长刚刚辞职,西南比斯特威克州立大学、杰拉德大学和中拉瑟福德州立大学的校长在履行他们最后一年的校长职责。

因为种种不同的原因,希尔伍德大学、福尔肯大学、电报州立大学和美恩斯特瑞姆大学的教育学院院长也在他们最后一年的任期中,还有两所其他大学的教育学院院长们对来年的计划也很不清楚。北霍利森州立大学、南英弗尼斯州立大学、西威利斯州立大学、艾菲大学、埃尔乌斯学院的教育学院院长是第一年刚上任的领导。不太清楚的是,宝石州立大学的教育学院院长是代理还是已经宣布的空缺的可能候选人。在两所院校里,教育学院院长和系主任(直接向教务长报告)刚刚与前任的院长和系主任调换了职位,据说是遵循这些校园中领导换职的政策。

我在走访各个不同的调研院校时,逐渐地发现,我见到的教务长或者副校长经常会跟我道歉,说他们是新到任的领导,对我的问题可能会有答不上来的时候。同样地,教授们(特别是在地方性大学里)也经常提到他们的"新任"教务长并且说不知道他或她有什么样的期待和计划。大多数的新任领导都是从院校外部招聘来的,尽管主要的研究型大学比地方性大学更经常地在大学内部招聘和任命负责学术事务的副校长或教务长。我遇到的领导人当中有几位是已经在任多年并准备在一年之后离任的。

我们收集的数据表明,在1987—1988学年里,我们样本院校里的教务长或学术事务副校长职位在我们访谈的四类高层领导人当中的周转率是最高的,达到了24%。而这个周转率在之前的25年里平均是21%。换句话说,在这些1987—1988学年在任的教务长中,有四分之一在下个学年就不在这个领导岗位了。从另一个角度来看,在过去的25年里,在这个职务上的平均任期是4.7年,是所有四类高层领导职务中任期最短的。

在我们的样本中,校长的职位似乎是最稳定的。在过去的25年里,这个职务的平均任期是8年。此外,当这个位置有空缺的时候,也是最快被填补上的,很少会任命代理人。教育学院院长职务的平均任期是6.6年,但是这个职务最经常会由代理人担当或留有空缺(不幸的是,我们并没有收集数据来验证这种情况只是教育学院聘用院长的特点还是在其他职业院校也存在）。文理学院院长的平均任期是 5.3 年，任用代理院长的频率排在教育学院后面。但是，聘用文理学院正式院长的速度仅次于校长职务。

前面列举的数据显示，过去十几年里的空缺和代理的领导职位比之前的十几年增加了很多，但是在任期和周转率上的变化并不多。在 24 年的时间段里，校长的平均周转率接近 11%，教务长的平均周转率是 21%，文理学院院长的周转率接近 18%，教育学院院长的周转率接近 16%。[12] 因此在过去的 25 年里，院校倾向于用更长的时间去任命长期性的领导职务，但是校长的职务是例外。可以想象的是，整个招聘和任命高等院校领导职务的过程是很麻烦的，即使是相对低层的行政职务也要在全国范围挑选人才，做几个月的广告宣传，然后请一些候选人到校园面试，这些都是平权法案所要求的程序，因此在今天和昨天的统计数据里才会看到关于领导职务空缺和临时任命的差异情况。

但是，比任何一个职务更重要的信息是某一个校长、教务长和教育学院院长所经历的同时任期的程度。在我们的样本院校中，有几所的早期发展史中充满了这样的记载：一所师范学校或大学的校长任命一位教授担任教师教育项目（也许再加上一所示范学校）的负责人，他们在同时担任领导期间的多年合作及取得的成就。一些类似的文献也描述了在 20 世纪最初的几十年里高校领导的长期稳定性。第二次世界大战及之后高等教育的发展和工作的流动改变了这些状况。校长们从地方性大学转到主要大学工作；教务长便是空出来的校长职务的自然接班人或者去新创建的大学当校长。教育学院的院长们也从不太出名的院校转到有声望的大学。

一个平均任期少于 7 年的院长向一位平均任期少于 5 年的教务长报告，而这个教务长又向一位平均任期少于 8 年的校长报告，这样的一条领导链就很容易经常断裂，并且实际上断裂的次数会比统计的数据要更多。我们在连续走访各个院校时就很明显地察觉到这一点。一位任期已经 8 年的校长，因为忙于与州立法机构商谈年度预算的事情，刚把大学内部的学术工作职责全部交给了教务长，这位教务长正在考虑教育学院院长的提升推荐事宜，而这位院长刚刚宣布了他的辞职决定。在另外一所大学里，我们看到了整个领导链断裂的情形：一位负责学术工作的教务长被任命为代理校长，他和临时接替教务长工作的代理教务长一前一后地继续开展之前就已经开始的、整顿教育学院的工作，但是教育学院院长已经受够了并且已经准备好弃船离开。

这些有关高等院校领导的周转率、任职期、空缺和代理情况的一系列数据使我颇为担忧高校领导的稳定性，特别是当高校的使命通常也缺乏清晰度的时候。但是我们无法比较这些数据，因为没有验证稳定性和不稳定性的标准，因此不可能做出判断也无法下结论。无论对数字有何种可能的解释，当这些情况在单个和群体院校发生并演变下去的时候，就会暴露出一些真相。例如，在一所主要大学里，尽管数据告诉我们这里的现任校长、教务长、文理学院院长和教育学院院长的最近任期分别是 8、7、4 和 4 年，但是这并不能告诉我们在之前的很长一段时间里，教育学院院长几乎每年一换的情况所带来的毁灭性的后果，以及负责学术工作的教务长的职位在过去也几乎同样不稳定的事实。在我们样本的另一所大学里，在从大学校长到教育学院院长的七个主要行政职务中，有五个是空缺或任职的人正处于第一年或者最后一年的任职时期，或者在我们访问的时候见到的是代理领导人，而负责学术事务的副校长（不是代理的高级领导人）也刚到任第二年。我不得不质问这所院校将怎样采取决定性的行动，特别是在那些有争议的领域里。

在我们调研的六类院校中，从我们观察的几方面来看，私立文理学院在行政领导稳定性方面的情况最好。在过去的 25 年里，院校里四个主要的领导职务的平均任期是 7.5 年。其他五类院校的主要领导平均任期年限逐步下降：地方性私立大学 7.2 年，主要私立大学 6.5 年，主要公立大学 5.9 年，地方性公立大学 5.7 年，旗帜性公立大学 5.6 年。如果我们检验一下在同时期的空缺和代理领导职务的数量情况，就会看到更多的差异：文理学院只有 10 个，但是这个统计数字在旗帜性公立大学便上升到 15，主要公立大学上升到 18，地方性私立大学上升到 20，主要私立大学上升到 30，地方性公立大学上升到 40。

从两个极端的角度去看，我们的数据表明文理学院在使命和领导方面都具有很好的稳定性，而地方性公立大学在这些方面却很不稳定，这种不稳定性想必是公立大学在从以师范教育为主的院校转变为具有多重目标的综合性大学的必然结果。我们这样一个小范围的样本，不能过多依赖量性数据，因为个别案例的情况会使人误解分成更小群体的院校的平均数据。比如在一个地方性私立大学和一个私立文理学院中，教育学院院长和系主任的任职年数分别长达 26 年。但是或许值得做出的是这样两个观察：第一，在地方性公立大学里，教育学院院长的任职时间总是落在平均数的下面（他们在院长职位上的短暂时间似乎是伴随着这些大学从师范学校到大学地位的艰难转折过程）；第二，就像我在前面已经提到的，在所有类型的院校里，负责学术工作的副校长或者教务长的任职期都比较短。

这第二个情况给教育学院的院长们出了难题,因为他们的愿景和计划都需要经过教务长的批准才能去落实。鉴于在各种类型的院校里,校长的任期明显地比较长,而且一旦有空缺,大学也会较快地聘用新校长,那些精明的教育学院院长们可以将他们的愿景和计划全面报告给校长,并且尽早地和热情地欢迎校长的接班人。聪明的和有先见之明的院长们会将他们负责的项目的使命很好地植入整个院校的版图之中。

行政上的协调。我们在访谈中经常发现的是,教育学院这个重要的领导层次,只有少数几个院长或系主任是精明人,聪明和有先见之明的人就更少了。山下州立大学的校长和院长关系密切,齐心致力于发展强大的以研究为方向的未来教育学院。这两个人都是聪明人,他们一起努力聘用了一位全国知名的、有外来研究经费的学者并保证为其提供内部的经费支持。教育学院的管理人员和教授们都在积极地联络各种不同的资助机构,撰写研究经费申请书。教授们也都赞扬大学中心管理机构对他们的前所未有的大力支持,以及校长与他们院长之间的良好联系和沟通。但是良好的沟通并不能保证良好的项目发展。有些教授担心在日益强调研究的大学环境里如何保持大学长期以来重视教学和教师教育的传统。当有人预测说,周围的城市学区在 1990 年代里将缺乏大量的教师,另一些教授们便质问目前大学对研究的重视能否给大学带来最大的利益。

虽然山下州立大学是我们样本院校中最好的校长和院长在一起同心协力工作的榜样,其他几所大学的校长看上去也很了解和支持教育学院院长或教育系主任的工作,这些大学包括传说州立大学、中拉瑟福德州立大学、西南比斯特威克州立大学、西北普拉瑞州立大学、美瑞特大学、杰拉德大学和皮尔格瑞姆大学。但是,当我们问及教育学院的整体计划和存在的问题时,校长所知道的情况和表示的支持就变得模糊起来。实际上,当我们比较校长和院长对使命和首要任务的陈述时,就会发现有很多矛盾的地方。文理学院院长在沟通和理解方面做得最好,他们将教育系或项目和教师教育作为一个整体来看待(而不是仅仅与系主任保持沟通)。这些院/校长将教师教育视为文理科学教育的一个紧密组成部分,他们在评估教师教育和教育系主任的时候也是看其是否符合这样的形象。

我们也遇到了一些让人吃惊的失调情况。因为在这里提及院校或个人的身份是没有用的,因此我将不用设置好的虚拟假名。在一个主要的州立大学里,校长和教育学院院长从来都不交流对话,除非有迫不得已的原因。在一个小时的访谈过程中,教育学院院长起码讥讽了校长十几次。在一个地方性州立大学里，教育学院院长告诉我，他从来都不告诉校长任何事情，因为校长不会听；校长总是一个人做最后的决定。我有几次机会，包括一个小时的访谈，观察这位校长，我看到的情景证实了院长告诉我的情况。

在一个公立旗帜性大学里，校长（当时是他在任的第二年）要求所有的院长们都写出一份短篇的未来计划——不用太详细，只是让校长足以了解每个学院的需求、问题和志向。一年之后，只有教育学院院长还没有答复校长。这个院长告诉我，校长对教育学院根本没有兴趣。"你为什么这样说呢？"我问道。"因为他到这里已经一年半有余，但是他还没有来看过我。"他回答道。我要说的是，这位院长，当一个新校长或者教务长到任之后，请你赶紧在他或她的日程上排上见面的时间，而且要经常见面。另外不要只提出一张关于需求的清单，告诉他或她你们的学院想做什么，这样做有什么好处，以及你在做些什么可以将这些事做得更好，然后建议他或她在近期可以怎样帮助你。

在我的走访笔记里和我的脑海中有很多类似的、具有揭示性意义的轶事。我在这章的结尾部分将不再讲述更多的轶事，而是从我们观察到的整体情况中归纳出几个笼统的结论。

第一，我们样本中的大多数教育学院/学校/系，特别是那些在地方性大学里面的，都经历了 1970 年代的艰难时刻和 1980 年代更加困难的考验，而且它们比整个大学的其他部门所经历的难处要更多。第二，这些艰苦经历的一个后果是，许多教育学院/学校/系呈现出一幅近乎残酷的痛苦景象，导致教授们对管理层失去了信任，而教育学院院长们也往往陷入了一种孤立与远离校长和教务长的境地——这些校长和教务长通常是那些对教育学院实施过经费削减（有时是攻击）的前任管理人员的接班人。第三，教育学院/学校/系的领导人大多都不知道他们的校长和教务长是否熟知学校和教师教育改革的动向，是否很清楚大学在这些改革运动中可以发挥怎样的作用，当然也有突出的例外。总的来看，大学的主要领导人似乎并没有从他们的教育学院院长那里得到任何方向性的建议。第四，大学的中心负责人，还有学术性学科的院长和教授们，对教育院校在干什么和应该干什么都感到相当困惑。并且这种困惑的程度似乎与大学的规模和对研究的重视成正比。他们特别疑惑的是，教育学院在做的很多事情与培养教师和学校管理人员的工作并没有明确的关系。他们质问教育专业的教授们为什么没有积极参与培养好学校教师的工作，以保证下面的学校能教孩子阅读、写作。

上面这些观察与我们样本中的教育学院/学校/系当前的表现有很多不相符合的地方。第一，大多数的教育学院/学校/系都没有制定关于学生注册人数、招聘新人的现状或前景、即将退休的年迈教授的情况的综合性计划，尽管大学校长和教务长很希望看到这样的计划。许多教育学院/学校/系正在招聘教授，但都是为了填补一个领域即将空出来的位置或者应对某个领域新增加的学生人数；他们招聘的目的并不是为了迎接外部世界的变化情况或者达到明天的愿景。在一些院校里，需要雇用的新人和即将空出来的教授位置加在一起就意味着在未来几年里，大约 30%—40% 的教授要换新人。这是一个重新思考和发动变革的大好时机——在教育学院院长很长的职业生涯里，他或她要非常幸运才能遇到一次这样的好机会。但是在我们与院长们正式和非正式的访谈中，只有两三个院长提到他们明白有这样的机会，知道哪些教授可能快要退休了，也在与教授们计划或者正在计划教育学院的未来发展愿景以及新招聘的人可以怎样帮助实现这个愿景。当然，我们必须考虑到的是，之前描述过的周转门症状会阻碍这样的计划。不管怎样，即使在那些院长职务相当稳定的院校里，一般也没有根据很明确的主要发展方向而做出的长期的资源分配计划。

第二，除了有几个例外，教育学院院长们对他们所领导的院校抱有的个人希望和志向往往是最不被大学中心领导人和在文理学院工作的同事们所理解的非师范教育事宜。这些志向包括发展比较教育博士项目，提高教育技术项目的水平（有四五个院长提到这个），与国外机构开发合作性的研究与发展项目，以及更积极主动地寻求研究经费的方案；他们很少提及对教师教育的根本性思考，或者与周围的学区发展紧密的联系以创建一些职业发展或者可以用于"教学"的实验学校等。

第三，在大多数具有多重目标的教育院校，院长一般会将教师教育的职责分配给一个主任，而这个人通常是学院的副院长或者助理院长。各种不同项目的规模和复杂性使得院长们无法全面地去理解教师教育中存在的问题；他们的注意力也被分散到其他事务上去，特别是当大学在继续往重视研究的方向发展的时候。因为教师教育项目通常是放在一个系或专业领域里，比如课程和教学系，而学院的组织结构给这些分支单位的负责人相当大的自主权，也因为副院长往往对这些负责人缺乏管辖的权力，所以副院长也只是帮忙分配教工和维持现有的项目，不能做什么其他的事情。

第四，在有着多重目标的大学里，特别是地方性公立和私立大学以及那些在近期刚从地方性大学演变成主要的公立和私立大学的院校，在对大学使命的确定和沟通方面存在着两种分裂的现象。第一种分裂存在于教育学院院长和教授们之间。当我试图将院长告诉我的使命与教授们对我和我的同事所表述的使命相比较的时候，我很难看到这两种使命的一致性。院长和教授们的关系经常是疏远的或者不存在的。尽管两方面都表示他们要努力追求自己所表达的方向，但是我们很少看到他们安排适当的对话和决策讨论会，将这些理想变为现实。

第二种分裂存在于教育学院院长办公室和大学中心管理部门之间。在这两者之间已经建立好的长期关系只是为了预算的决策和教授的提升事宜。但是，我们没有发现有什么新的关系。我们很少看见教育学院院长成功地得到校长和教务长的支持去发展一个主要项目或者去解决一个或多个我们经常听到的、持续性的问题。例如，有一个教育学院的所有教授们都在全时或几乎全时地承担教学工作，但是大学中心管理部门却发出了对科研更加重视的信息，而且没有提供相应的激励机制，比如增加一些做研究的资源或减少教授们的教课负担。这些教授对学生、教学和培训项目的改进工作非常认真，给我们留下了深刻的印象。但是大学行政部门在最近的教授审核过程中注重研究标准的事实使他们产生了焦虑和紧张的心情，而在黑暗的隧道那头却看不到能帮助他们的亮光。我们在这里没有看到能将教授、院长和学术副校长联系起来的机制，而只有这种联系和沟通才能帮助缓解这种紧张的状态。之前很健康的一所院校——尽管工作量很大——正处于严重的危机爆发的边缘。这里的一切公事依然照旧，领导人看上去也没有在做解决潜在的麻烦的努力。

上面的观察并不是要怪罪谁。已经有足够的麻烦可以分派给各种负责的机构。第三章中所描述的遗留问题是一个影响因素，主要行政管理人员的短暂任期也是一个因素（特别是当我们越过统计数据去检验某些院校的独特情况的时候）。我在这里的目的只是要清楚地呈现教师教育的高等院校体制背景———一些需要非同寻常的承诺和领导力才能改进的状况。

有一个小插曲可以启发和帮助我们找到变革的方向。我在1987—1988年有机会与最杰出的一所大学的校长进行了一次非正式的、较长时间的交谈，这所大学多年来都感到很难发展一个与大学的使命和卓越声望相符合的教育学院。首先我们谈到我逐渐意识到的一个现象，就是在我们样本里的中等水平的地方性大学都在模仿像他领导的这种一流大学。他表示很吃惊，并问起那会需要多少经费才能支撑起成百个高度重视和投入研究的大学（像他的大学那样），而这些大学又将如何去征集合同与筹备经费来支持这样的研究。接着他建议说，他和其他在他这样的领导岗位上的人可以帮助这些地方性大学打造一些不同的期望和目标，使他们可以避免盲目模仿的危险——他们可以根据自己的条件量力而行,而不是徒劳地追赶那些正在快速向前发展的旗帜性大学。

然后我们的话题转向了他大学里的教育学院。我问起他在五年之前亲自强力出手帮忙建立起来的这个教育学院有没有按照他希望的样子发展。"它在往正确的方向发展。"他说。"但是你满意吗?"我接着问道。"嗯,"他回答说,"我希望那里的教授们能花更多的时间在学校里磨蹭。"我提醒他说这样的活动不能让他们得到晋升。

这就让我们开始了一场关于其他的职业院校中的晋升标准的讨论。例如,法学院设立了自己对学术性工作和服务性工作的定义并呈交给大学的审核委员会,大学的审核委员会尊重这样的定义。"可是在另一方面呢,教育学院,"校长说,"从来就没有提供过这样的信息。审核委员会只好自己决定什么样的工作标准对教育学教授是合适的。我不明白为什么教育学院坐在那里不动,等着别人,特别是那些在委员会里的文理学院的同事们,来确定应该对他们的晋升采用何种标准。"我也不明白。

改造领导力。在上面的段落里所探讨的领导阶层之间的松散联结给那些有主动性的领导人提出了挑战。但是,我们在校园中的访谈和非正式交谈中得到的信息显示,有几个大学的因素(在文理学院中好一些)阻碍了或者至少是没有支持这种领导人。此外,我们对相关文献的审阅和我们全体调研人员在高等教育机构工作的集体经验(超越我们的样本的经验)也提示我们,我们在调研过程中看到的现象并不是非同寻常的;实际上它们可能就是常规的现象。

美国高等教育的兴起伴随着工业化的发展,西方官僚体制世俗合理化的加速进行,以及管理的交易模式的更多使用和完善。[13] 在官僚体制下,会交易的领导人是奉行实用主义的政客,他们力图使被他们管理的工人们相信,当组织机构的需要被满足时,他们个人的需要也将被满足。

我们在《高等教育纪事报》上可以看到这种交易式领导力的证据,但是在大多数情况下,高等教育中盛行的是一种更仁慈和亲切的领导模式。许多早期的高等院校都与教会有关联并且面向家庭。教授们本身就像一个大家庭的成员一样,校长就是家长;大学的成员们照料着机构,而机构也关照着他们。这种在个人和机构之间的密切关系也许可以解释为什么高等院校里的教授公会的兴起比工业界的公会要慢很多。

在纪事报里也能看到早期大学领导人所具有的相当大的魅力。他们可以发动各种能量来铸就一种研究领导力的学生,称之为协同的力量,并以此支持他们的愿景(在古老的神学学说里,神恩和人类活动结合在一起便能发挥协同的作用;这样的整体效应比所有的部分加起来的效应要更好）。但是，这些领导人往往不是将零散的部分拼凑在一起，即使他们想这样做，或许也不会这样去做。他们将注意力集中在更大的画面上。他们要做的是以模范的方式完成使命和任务，而不是在一条生产线上制作出产品。

并不是所有的大学校长都有魅力，而且有一些具有魅力的领导人同时也是独裁者。其他的领导人是实用主义的政客，擅长使用交易式的官僚方法。我们必须记住的是，高等教育的形成在很大程度上与我们民主社会和政府模式的形成是息息相关的。教育和政治领导人之间的关系往往是密切的，弗吉尼亚大学的历史就是一个很好的例子。因此，毫不奇怪的是，大学的治理和领导力本身就是一项民主的试验。一种变革型的领导力——它的目的是调动和改善它的追随者并且在此过程中改造它所领导的机构——最符合大学的神学和宗教传统，也能将大学造就成一个民主的榜样。我们需要的是这样的领导者，他追求建立"一种互相激励的关系和一种能将追随者变为领导人并且将领导人变成道德行动者的教育"[14]。他的理想是稳步地、逐渐地将大学改造成一个拥有一大批有目的、坚信使命，并互相关心的民主道德行动者的共同体。个人和机构都可以在这个共同体中相应地受益。

只要高等教育较慢和稳步地发展，院校的各届领导人通常就能推动和实施缓慢及稳定的转折，将大学领导力从之前那种仁慈而亲切的模式过渡到一种变革性的风格。但是，这种稳定的发展被越来越多的学生注册人数打断了，并不是所有的院校都能成功地应对这一变化。高等院校的使命越明确并且目标越单一，就越能承受战争和经济萧条所带来的灾难，否则面临的便是机构的分崩离析。因此，我们感到毫不奇怪的是，在我们样本中的文理学院似乎创立了最好的组织文化，因而减少了模糊感，解决了问题，增加了预测能力，并且通过一些共享的象征和隐喻为全体成员指明了方向。[15] 在这些院校里，所有的教授个人和项目都积极合作并共同努力，整个院校似乎也从中受益而得到了发展。

相比之下，在我们样本中的很多院校里，出现了一种既不是等级官僚也不是变革民主的精神。这种精神在某种程度上会打破一些旧习，但不会超越大学的体制环境——这个环境要求人们理解和接受某些特定的治理原则、领导力、管理方法和参与形式。不幸的是，增长、损耗和再增长的迫切需求，加上外部的战争和经济动乱带来的灾难以及内部规则的改变，给人们带来了模糊和不确定的感觉。在快速的转折过程中，人们曾经共享的一些象征和隐喻消失了，然而在创建新的象征和隐喻的时候，领导的作用和性质是什么并不明确。

但是，很清楚的是，在旗帜性和主要的研究型大学里，有一个另类的鼓手已经在很大程度上取代了校长、教务长或院长的重要角色，无论他或她的领导风格是什么样的。这个鼓手就是研究。它最显著的象征就是从外部获取的赠款或项目经费；它的隐喻表现在对获得赠款和经费的学者的个人赞扬、他们可以不依赖大学甚至同事的独立性上（因为它的鼓声比同事关系更引人注目）。它与服务性工作和项目的发展几乎不相干。同时，院长也在旁边当这场舞蹈的啦啦队，给舞者们按摩，并阻挡其他不和谐的鼓噪声。

随着这种鼓声在近期的日益加快和清晰，行政领导的作用却变得更加模糊了。很清楚的是，那些善于交易的领导人试图让教授们相信，当组织的需要被满足时，他们的需要也将被满足，但他们现在也感觉不合拍了。有几个非常顽强和有创业精神的校长在这样的环境中还能长寿，被称作是活着的传说。同样地，那些改造型的领导人——"价值观的铸造者、榜样和意义的创造者……艺术家、真正的探路人"[16]——被视为是濒危物种，在实质上已经过时了，尽管几个有超凡魅力的变革领袖还是生存下来了。前面提到的大学四个主要领导职务的短暂任期，特别是教务长和学术副校长，或许见证了我们的旗帜性大学在近期的领导征途上是看不到光明的。

在地方性大学里，所有传统的学术鼓手们还在表演，但是他们凑在一起的时候发出的声音是不和谐的。如果这些大学的领导人不被主要研究型大学的明亮灯光冲昏头脑的话，他们的院校还有可能更容易和更快地找到适合自己的使命。领导职务的不稳定性并不是因为领导人过于沉浸在交易性或者变革性的领导活动中，而是因为缺乏持续性的、有效的领导力，无论是哪一种领导都面临着这个问题。一般常识告诉我们，大胆的领导力对那些冒险运用它的人来说是危险的。但是，鉴于地方性大学在使命上与领导力方面的模糊和不确定，实施大胆的领导力并不比什么都不做要更危险。的确，这种不确定的环境看上去会更加欢迎和邀请大胆的领导来施展身手。

未来在大学里开办的教师教育与高等教育未来的精神气质密切相关。如果一种打破传统的精神主导着校园，那么教师教育就会痛苦地挣扎，甚至会痛苦到需要社会为它另找安身之地的地步。或许当社会的需要被满足时，里面的机构和工人的需求也就被满足了。如果这种精神成为高等教育的特点，教师教育就会繁荣发展，并且在高等院校接近这个目标的时候会更加兴旺起来。

我相信，大学开放地接受公众的监督，尽管会出现一些动荡，但从长远来看是有建设意义的。用不了多久，一大批人就会看到，这些院校和在里面工作的人所承担的职责不应该仅限于对他们双方带来的好处。他们的道德义务必须延伸到社区去。当社区的需要被满足的时候，大学和教授们的需求也将被满足，也就是说，大学和教授应该对整个社区的教育健康表示关心并积极地促进这方面的发展。当大学的模范教师教育项目为社区的模范学校培养教师的时候，就能让社区的人们更多地看到这种关心。

有两个因素将极大地影响这一发展。第一，竞争公共基金的群体可能会发现，如果他们的目标注重公共权益和需要，他们获得基金的机会就更大。第二，世界大事和众人的情绪可以将工商企业推向一种更加敏感和人道的资本主义概念：私营部门的激烈竞争减少了净利率，制造出大批价格公道的物品，因而改善了社区的经济生活（我听见有人在嘲讽地嘟囔"奶牛也能飞上天了"）。像这样的观点和发展与教育和教学工作的理想是一致的。当企业在言行上都表现出对共同福利的关心，教学工作和教师教育的地位也会提高。

第三个因素可以在第五章所呈现的数据中找到。我们样本里的各类院校中的教育科学教授们似乎都坚定地致力于教学工作和教师教育，以及改进学校的服务性工作，尽管灯标式教育学院所发出的信息让人不容易相信这一点。这些数据所表达出的坚定誓言是否能够实现，还要看大学是否有具有超凡魅力和善于变革的领导人，能够认识到他们对大学以外的社会发展的道德职责，有效地减少模糊感，增强对未来的预测，并为大学内部的人指明方向。如果这些领导能够在水上行走，就会有助于实现这些目标。①

影响教师教育的监管因素

第三章探讨的一个遗留问题是，州政府一方面制定规章制度来影响教师教育的课程设置，另一方面会做出妥协或忽视它自己提出的课程规定，特别是在教师短缺的时候。州政府的控制及关于颁发执照、证明和认证的适当权力的不同见解和困惑造成了之前提到的教师工作"还没有"成为一个专门职业的现状。[17]

在我们走访调研院校的那一年里，大多数州的政府机构都在比以往更加积极地修

---

① "在水上行走"的典故来自于《圣经》，耶稣鼓励圣彼得，只要怀有的信念够坚固，就能够在水上行走。

订旧的标准或者实施新的标准,往往是因为州长或州议会或两方面的积极兴趣。此外,就像我在前一章里所提到的,卡内基教育和经济论坛以及霍尔姆斯小组(这两个组织的活动对监管环境都有重要的影响)已经在过去的一年多里广泛地传播它们的报告,在全国范围内引起了极大的关注。我们想了解与教师教育相关的人怎样看待这两个报告对他们项目的影响。另外一个在我们的调研过程中反复听到的限制因素是学区的要求,这些要求对培养教师项目的影响到何种程度,特别是在师范生的实习教学期间。

我们选择的调研院校都处于全国教师教育认证委员会(NCATE)的认证周期的中间时段,这样院校的领导们不用同时忙于接待我们和认证梯队。然而,NCATE认证对教师教育的影响在我们的调研讨论会中会反复地出现。

州政府的监管机制。很清楚的是,在同一个州里的几所高等院校对同样的州政府关于教师教育的监管规定有不同的反应。因此,尽管州政府的规定对教师教育具有影响力,但是对不同的项目会有不同的效果。在大多数情况下,我们走访的文理学院可以适应政府的规定或者通过谈判做出适当的修正,结果是排得很满的课程,但是学院仍然享有相当大的自主权和独立性,因此还处于相当舒适的境地。在大多数主要大学里,我们可以感受到一种受州政府规定限制的紧张气氛以及对州政府侵犯院校自主权的极大不满,但是对这些规定的容忍程度要高于对政府干预法学院、医学院和文理学院的容忍程度。另一方面,在公立和私立的地方性大学里,人们对州政府提出的要求以及对这些要求的变化的反应似乎比其他院校更机械式的冲动更加顺从。因此,具有讽刺意味的是,外来的干预最能影响的是那些最需要从内定的使命中获取自信心的院校里的项目,这种使命是基于对周围社会的需求的仔细分析并且承诺要补充主要研究型大学的作用而不是盲目紧跟这些大学的路线。可悲的是,不少教授们,主要是在地方性大学的教授,将这些外来的指令和限制规定当作是一种前进的方向和对教师教育的保护,因为他们看到,通过大学内部的试图更新的程序是不太可能获取这种保护的。

我在与个人和小组的访谈中,包括与大学范围的决策和监管委员会的访谈中,试图了解教授和管理人员对教师教育自主权的看法。州政府的干预总是会突显出来。之前我已经提到,在不同类型的院校里,州政府的要求对教师教育项目的削弱程度是不一样的。

我们的访谈资料显示,有三种相关的影响模式。第一,很多教育学院院长和教授们都认为,州政府对教师执照项目的要求过分地干预了院校的自由,使教授们无法在自主和自由的环境里通过规划设计出最好的教师教育项目。校长和教务长也总会表示不喜欢州政府的干预,但是他们的这种厌恶感多半是出于原则上的不同意,而不是因为很了解这些规定有哪些具体的限制。他们通常不清楚他们的院校要做何种妥协来达到州政府的要求。另一方面,大学范围的关于教师教育的理事会和委员会花费了大量时间讨论州政府的新规定和改变了的规定,并且大多数成员反对这些规定在他们的议程上占主导的地位。

第二,虽然我们访谈的大多数人反对州政府多年来提出的非常具体的要求(例如,关于毒品和酒精滥用问题应该设置几个课时,教学实习应该做多少小时),但是他们的抱怨并不是集中在具体要求上,而是质问这些规定为什么总是会存在以及州政府为何在没有充分理由的情况下就会改变规定。在通常的情况下,教授们认为州政府对课程设置的无情干预和州政府授权的课程改革的频繁性阻碍了教授发起变革的前景。很多教授发问说,如果最后的决策权在州政府手里,那我们还努力干吗?

第三种模式与上述的两种正好相反,虽然在数量上很小,频率很低,但表达的力度却很强。它出现的模式具有两种色彩。有一些教授很痛苦地谈到他们的院校缺乏规划、变革和更新的既定机制,因此,他们说,如果没有州政府的具体规定,教师教育的课程就会混乱不堪。他们担心课程会受制于那些强势的学科系的利益和最有权势的教授们的偏见。他们感到有州政府的干预就好多了。第三种模式的另一种色彩是:如果州政府不给教师教育项目提出具体的要求,文理学科就会全面夺取这方面的控制权。这一看法往往表达在口头语言和肢体语言中,反映在教育学科教授和文理学科教授之间存在的持续的敌意(尽管大家在表面上一般还是客气相处的)。

在通常情况下,我们访谈的人都对未来表示忧虑。在我们样本中的两个州的高等院校里,教授们对州长和州教育总督的密切工作关系感到不安,也很担忧可能会出现的新的教师教育纲领。有些人担心的是,这种关系让教育变得比过去更加政治化了,结果是教师教育工作者和大学在这个过程中变得日益无能。

在刚才提到的这个州的一所公立地方性大学里,教育学院院长认为他当院长的日子不长了,因为他力图发声来缓和正在发生的变化,特别是在这个过程中一直积极支持他的大学校长马上就要退休了。在一所主要的私立大学里,教授们指望着他们的新院长,听说他是个强有力的领导并且得到了校长的支持,能带头取消那些被视为功能失调的监管工作。但是,总的来说,这些院校看上去更像是在观察而不是参与那些教授们越发认为并不代表他们的政治联盟。

在一个州里,政府最近发布的一项备课要求影响到所有在一年级教书的老师。几乎所有的教育学院院长和教授们都认为,这对他们的课程设置是一种侵犯,同时也破坏了教师教育和教学工作作为一个专门职业的发展。在我们走访调研院校的那一年里,也是州政府第一年实施这一要求的时候,每个新教师都要被听课观察三次,并按照州教育部设立的备课标准接受评估,看他们是否有能力发展和执行这样的备课方案。评估员参加了培训,学会了在观察中应该注意哪些情况,但是培训他们的人并不是高等院校的教师教育工作者;这些评估员本身也不是教师评估员。这个州在那一年有6 000多名新教师,因此评估员将会进行20 000次课堂观察和评估。

我们访谈的教师教育工作者对这项评估工作的反应从震惊到厌恶,再到愤怒。他们的项目用了一些时间来关注这个新的要求,也在不同程度上教会了学生怎样去达到评估的要求。有几次,学生们抱怨说,他们的教学方法课重复性地教他们怎样根据州政府的详细规定去备课和教课。我们没有去访问一所经常被其他院长和教授们认为很差劲的大学机构,但是我们了解到,在这所大学里可以获得"快捷和肮脏"的执照,因为这里培训项目的主要内容就是根据州政府的新要求反复训练学生。如果能知道这所大学的毕业生最后在评估中获取什么样的评分,那将是一件有趣的事情。经过了解这个和其他类似的根据州政府的标准来修订课程的情况,罗杰·索德(Roger Soder)总结出一条我在前面提到过的原则:当奖励和结果维持不变的时候,竞争就会降低质量。而当结果趋向简单化的时候,这个原则就显得更加正确了。

我们样本中的绝大多数人都认为州政府是主要的监管力量,现在和未来都是这样。尽管在所有的校园中都有一些人——在某些校园中更多一些——听说过霍尔姆斯小组与卡内基教育和经济论坛,但是却很少有人知道详情。这种普遍的无知和理解使我们感到吃惊。对大多数教授们来说,即使他们听说过这两个组织的改革报告,也不清楚它们的含义。甚至当他们得知卡内基教育和经济论坛提议设立全国教师执照考试的时候也显得无动于衷。一般来说,他们认为这个建议与教师教育项目的当地特色和州政府在颁发执照方面的特权相距甚远,互不相干。

很清楚的是,我们访谈过的大多数人,特别是教育学院院长和教授们,都觉得他们更适应自己熟悉的州政府而不是那些遥远的全国性发展项目;他们也认可州政府提出的倡议,尽管很多近期的发展让他们担忧。他们给我们的印象是,"或许现在不是最好的时光,但这些都会过去的"。

全国认证。在我们样本中的院校里，有二十所是经过全国教师教育认证委员会认证的。如果我们不是故意挑选了那些已经在一段时间之前就通过了上一次的认证或者离下一次认证还有一段时间的院校的话，我们或许就能听到很多关于认证要求的表述了。主要大学的校长和教务长通常对 NCATE 的价值表示怀疑，质问认证的开销，并认为整个认证过程是麻烦和累赘的。地方性大学的看法要积极一些，主要是因为 NCATE 为它们提供的验证对社区和学生来说都是很重要的。但是主要大学和文理学院的校长和教务长都没有提及或很少提及这些积极的效果。

很清楚，那些寻求认证或延续认证的院校机构会认真地为认证审核组的来访做好准备。这个过程开销很大也很费时间，因此在审核期间必须将教师教育的长期规划和更新工作的各种事宜放在一边。所以，NCATE 的认证价值在很大程度上必须要摆在改革动力的天平上称一下。根据我们收集的各类数据，我的结论是，NCATE 的审核过程可以较好地检测出严重的不足之处，但是不能激发更新的过程。或许 NCATE 的审核不能成功地促进项目的更新是因为院校机构倾向于将审核过程视为一种必要的杂务，并且指派一小批人不做其他的事情（他们的工资中要花费一笔不菲的开销）专门负责接待审核组，以便不打扰正在开展的其他工作。如果项目得到了更新，那么所花费的开销就是合理的。对审核过程的关注和对其重要性的认可似乎与院校的安全感和地位以及教师教育在院校中的地位是成正比的。对希尔伍德大学来说，因为它是排名在前并非常有安全感的大学，所以 NCATE 认证是很不起眼的小事。但在西威利斯州立大学，因为最近有几个项目都没有通过认证，不光是教师教育，整个大学的健康生存都受到了毁灭性的打击。教师教育专业的学生在西威利斯州立大学注册学生总数中占很大一部分，并为周围地区提供无法替代的服务。没有通过 NCATE 的认证意味着州政府可能会削减给大学的经费预算，因为政府需要调整预算分配来纠正缺陷。

在后面的章节里，读者可以更清楚地看到，很多我在第二章里列举的假设条件中所描述的必要条件在我们的样本院校里都不存在或者很少存在。在有些情况下，这些条件正是 NCATE 认证所要求的条件。[18] 例如，NCATE 要求教师培训项目在毕业生参加教学工作的头一年里跟踪他们。然而我们的样本院校几乎都没有做到这一点，包括那二十所被 NCATE 认证过的院校。俄克拉荷马州是一个显著的例外。那里的几位教育学院院长推动州立法机构通过了一项法案，为大学提供了经费资助，使教授们能够进入他们之前的学生的课堂里做跟踪指导和调研。在乔治亚州，教授们叹息他们没有这样的资助去做这项工作，这个州拨出了大量的经费评估新教师第一年的教学表现，但是并没有给教授经费去做跟踪调研。

让我们感到疑惑的是，我们发现的情况和 NCATE 审核小组发现的情况有不一致的地方，特别是在认证所要求达到的几个必要条件方面（包括上面提到的跟踪调研），因此我们的第二个调研小分队在他们的访问中继续探索了跟踪的问题。许多院长和教授都坦率地告诉我们，尽管他们很愿意跟踪调研毕业生的工作情况并获取对培训项目的反馈信息，但就是没有经费去开展这项工作。其他一些人报告说，他们的院校只收集了一些常规性的数据（通常用邮寄问卷的方式），或许是为了满足 NCATE 审核小组的要求。

对上述的差异的一种可能的解释是，像我们这样的调研访问不涉及承担责任的问题，只需要花费主人的一些时间。但是 NCATE 的访问和做出的审核报告是有相当多底线要求的。问题是，在认证过程上花费的大量时间、精力和金钱似乎激发了对严重缺陷的弥补措施，但是并没有促进和推动持续性改革的过程。实际上，在一定程度上，院校在这个主要是一个评估过程的认证活动中耗费了大量的资源，但却没有启动更新。

学区的规定。我们目前开展的对教师教育条件和现状的调研项目，有一个动机是出自这样的假设：教师们用的教学方法，是基于他们多年在课堂里当学生时所观摩和学到的教学行为。他们所参加的教师培训项目太短暂，不足以劝阻他们使用从之前的教学榜样那里已经吸收的经验。事实上，正如我们所发现的，这些教师培训项目也不一定试图劝阻他们。在下面的章节里将要展现的数据会显示，教师培训项目中最富有影响力的环节的安排只会加强他们早期观摩和学到的教学方法。我把这样的细节描述留在后面的章节里。在这里我只着重探讨学区是怎样经常对实习教师施加监管控制的。

如果所有的以大学为基地的教师教育培训项目都已经在过去的多年里建立起稳定的、一流水平的合作学校和合作教师机制，并请这些合作教师定期地指导教学新手参与模范的教学实践，那我们就会感到极大的安慰。有几所大学确实做到了，但它们都是例外。大多数的高等院校都感到很难找到足够的——更不用说非常能干的——合作教师来指导他们的实习教师。如果期待这些只领取了象征性的、实际上是侮辱的津贴的合作教师们认真实施大学传授的教学实践并且监督实习教师参与这样的教学实践，那就是很可笑的事情了。

传统的实习教学的安排是，让未来的教师们沉浸在分配给他们的合作教师的课堂实践里并且接受合作教师的评估。这种情况在一些学区变得复杂起来，因为这里的教师所遵循的上面规定要用的教学方法可能与他们自己愿意使用的方法相冲突。[19] 我们可以这样说，如果在一位大学专家推行的阅读教学方法和学区官方批准的方法之间有矛盾的话，那么后者便会占上风，即使合作教师更愿意使用前者。对实践环境的控制操手是很沉重的。

传统的实践对教师职业教育的侵蚀也许是监管环境中最有害的因素。这些传统的实践很容易受制于学区管理人员对权力的滥用。此外，这种侵蚀往往是隐形的，因为实习教师被要求服从和参与的教学实践并没有经过执照或认证机构的审核或其他公众机构的监督。学院或大学唯一的办法是将实习教师安排到其他地方去，但是这样做往往是很困难的或者不可能的。

更糟糕的是，学区有时会采取一种"敲诈勒索"的方法，只雇用那些经过他们培训的、会使用学区赞同的教学方法的教师来做指导实习教师的合作教师。例如，我们听说有一个学区采用了一种受到高度吹捧的教学方法，但是它的研究基础很脆弱，并期待所有新雇用的教师都会使用这种方法。不用说，附近大学的教师教育项目的教授们对此深感不满。在那些喜欢制定普遍规定的州里，学区也往往都有很具体的规定。比如州政府要求小学教师学习一门关于阅读教学的课程时，并没有具体地规定用哪种语音方法和相应的教材，但有些学区会做出具体的规划。

我们的数据中充满了很多令人失望的例子，教授们告诉学生，当他们在教学中遇到矛盾的时候——他们在大学学到的知识和学区要求他们参与的实践不相符合的时候，他们就应该先服从学区的规定，等他们最后有自己的教室的时候，再去使用他们认为是正确的方法。这就等于告诉实习医生先按照医院管理人员的指示办事，直到他们自己获取医生执照可以行医之后，在那时再去做正确的事情。在我们可以相信所有的实习教学基地都是模范学校之前，我们不能保证教师能接受合适的职业培训。建立这样的模范学校要求大学和学区的合作远远地超越现有的模式，以便展示得力的实践者和能干的研究者都会使用的最佳教学方法。

更新的条件

或许到现在读者已经越来越清楚地看到，就像我和同事们很沮丧地看到的那样，我们样本中的高等院校在院校使命、领导力、组织和对教师教育的承诺方面都达不到我在第二章里描述的必要条件,距离这些条件还很远或者比较远。接下来的几个章节所呈现的数据将会证实这一结论。

鉴于这些体制上的缺陷和教师教育所处的监管环境,我们是否可以充分地改变状况以保证前面提到的假设条件能够实现呢? 我的回答是一定可以的。虽然我不认为某一个人或某个群体的人可以发起必要的重建工作,但是如果我们能正确地诊断出缺失了什么、功能失调的环节和变形的地方,就能找到解决问题的方法。

我的判断是,对问题的诊断和解决在很大程度上取决于所有的机构是否能够找到一个合适的汇合点——高等院校的内部和外部相关的、分离的但又相互关联的个体部分是否都能对准在一条直线上(就像太阳、月亮和地球在某个时刻会对准一条直线一样)。这些个体部分目前并没有对准一条直线;因此当某一个部分的人做出努力的时候(不管他们有多么振奋和充满活力),他们不能也无法影响到整体,只能涉及到一部分,而且只能在一个短暂的时间里和最偶然的情况下。这里会出现一种双重否定的现象。第一是非线性的情况,也就是没有汇合点。第二是意识到这种情况时所产生的沮丧,而这种沮丧最终会被良性的疏忽和厌倦所代替。我们样本中的很多聪明能干的人已经认识到他们的这种麻痹状态;有的人将自己从之前的厌倦状态中唤醒过来,参与了某个有魅力的领导的愿景计划,但是这个领导人很快就离开了,他们也就没有精神再次激励自己了。尽管如此,我相信在我们的高等院校里仍然有足够多的人相信教师、教学工作和教师教育的重要性,有些人是刚上场的新人,有的已经受过挫折但是愿意再试一下,因此还是可以成功地完成必要的进化。

问题是,我们不仅需要在这些互不关联的主要个体部分开展改进工作,也要建立关系将它们联络在一起形成一个连贯的整体。重要的一点,解决使命的问题。如果一个学院或大学不愿意将教师教育的旗帜高高挂起,那么它就不应该开办这方面的教育或者关闭已经开办的教师教育。那些不愿意提供或寻求资源并与学校建立关系以保证高质量的教师教育项目的大学也应该有同样的命运。这些资源应该比大学目前承诺给学术学科系的本科生的通识教育要更多。

而且这些资源必须用于既定的目的。也就是说,这些资源必须被注明和分配给一个有清晰界限的教师教育单位,一批有共同目标的学生,以及一支以全职教授为主的师资队伍,这样才能通过正式和非正式的社会化过程将这些学生培养成教师。用否定的话来说,这些资源不能给那些拥有多重目标的、其中包括教师教育的大单位;在这样的大单位里,这些资源就面临着被那些有经营头脑的项目主任和教授们扣押和瓜分的危险。

这个教师教育单位的领导人与里面负责多样化的学术和教学方法课程的教授们必须享有自主权并且为这个单位的工作和福利肩负全部的责任。在这个单位里,教师教育必须是那些全职或者几乎是全职的工作人员的首要任务;对那些兼职参与教师教育工作的人员来说,教师教育也必须是排在他们日程上的重要任务,而且他们也必须参与一流单位所应有的规划和评估工作。换句话说,必须终止那种调用在教育学院其他单位工作的学者/研究人员来教师范生必修的基础课的通常做法。那种做法给人的印象是很明显的:你在教育心理学方面的工作是主要的,而你为教师教育提供的服务是次要的。那些雇用将教师教育作为二流工作的人的单位几乎都是二流的机构。负责教师教育工作的教授们必须确定项目的组成部分和教课人的资格,并且亲自开展招聘的工作,使用自己的资源。否则教师教育将继续停留在孤儿的地位上,依赖别人的施舍和善意过活。

但是即使所有的部门都能很好地工作并且联系在一起,州政府的干预也会削弱发展优质项目的潜力。州政府对教师证书的要求侵蚀了教师教育课程设置的具体细节,阻碍了教师教育的使命、承诺、组织和项目的有效性融合。正像我在第三章中所指出的那样,州政府通常会放弃证书而注重执照,给高等院校规定未来教师的培训课程内容。州政府有权力和职责制定和落实未来教师应达到的标准,设置这些标准是为了保护学校的学生、他们的家长以及公众的利益。如果在某种程度上,制定教师证书以及执照和认证的标准的过程包括外行人和职业工作者的合作,那就会好多了。但是当获取证书的过程与完成州政府规定的项目和州政府授权的执照课程混淆在一起的时候,情况就开始恶化了。州政府给教育项目规定了具体细节之后,人们就会采用创业的方法企图多快好省地完成项目,那么质量就会下降了。教授群体必须迎接这样的挑战:设想一下在没有州政府的具体规定的时候可以通过创造性的探索和仔细的、刻意的试验来设计最佳的教师教育途径。如果培养教师的途径已经被他人确定好了,教授们只是被要求去走既定的路线,那么他们的创造力就会枯萎并且不能发挥作用或者只好将创造力用于其他的事情。这就是也正是教师教育的悲惨故事的主要内容。

很有可能的是,州政府将会继续监管教师教育,因为政客们必须回应他们的选民提出的各种要求。但现有的做法降低了质量。决策人是否已经准备好并且愿意坚持要求所有的教师培训机构设置好必需的条件并保证提供所需的资源以提高质量呢?

这样做需要有非凡的道德勇气。

注释

1. I. M. Heyman, memo to the Academic Senate, University of California, Berkeley, Jan. 13, 1982, p. 4.

2. J. I. Goodlad, R. Soder, and K. A. Sirotnik, (eds.), *Places Where Teachers Are Taught* (San Francisco: Jossey-Bass, 1990).

3. E. L. Boyer, *College: The Undergraduate Experience in America* (New York: Harper & Row, 1987).

4. B. R. Clark, *The Academic Life* (Princeton, N.J.: Carnegie Foundation for the Advancement of Teaching, 1987).

5. The Carnegie Policy Series, published from 1967 to 1979, consisted of 37 policy reports by the Carnegie Commission on Higher Education and the subsequent Carnegie Council on Policy Studies in Higher Education, 128 sponsored research reports, and a few reprints and related items, for a total of over 170 publications, under the direction of Clark Kerr as chair and director. The major areas of concern for these reports and monographs included greater social justice via higher education, development of high skills and new knowledge, effectiveness in use of resources, quality and integrity of academic programs, adequacy of governance, sources of financial support, and purposes and performance of higher education.

    Commission works were published by McGraw-Hill, and Council publications came from Jossey-Bass. Summaries of the Carnegie Commission's policy reports are found in *A Digest of Reports of the Carnegie Commission on Higher Education* (New York: McGraw-Hill, 1974), and summaries of research reports are in *Sponsored Research of the Carnegie Commission on Higher Education* (New York: McGraw-Hill, 1975). Summaries of works of the Carnegie Council are contained in *The Carnegie Council on Policy Studies in Higher Education: A Summary of Reports and Recommendations* (San Francisco: Jossey-Bass, 1980), which also lists all publications of both the Commission and the Council.

6. G. J. Clifford and J. W. Guthrie, *Ed School* (Chicago: University of Chicago Press, 1988).

7. B. R. Clark, *The Academic Life*, p. *xxi*.

8. Greater attention to teaching is being stimulated, also, by harsh criticism from within the academic community. See, for example, P. Smith, *Killing the Spirit* (New York: Viking, 1990).

9. I. Edman, *Arts and the Man* (New York: Norton, 1928), p. 15.

10. The University of Chicago provides a stunning example of an institution with a clear mission that, under the leadership of Robert M. Hutchins, demonstrated that the institution did not require a football team to enhance its reputation. See H. S. Ashmore, *Unseasonable Truths: The Life of Robert Maynard Hutchins* (Boston: Little, Brown, 1989).

11. Given the enthusiasm with which this president embraced this mission, it is perhaps overly cynical to wonder about the degree to which he was responding to a policy decision that had recently declared this university to have prime responsibility for teacher education in the state's plan for higher education.

12. Apparently, there has been a somewhat low level of awareness of this turnover rate among higher education officials, who expressed surprise over figures reported for 1987 - 88 and 1988 - 89: 17 percent for presidents (considerably higher than the twenty-five-year average of nearly 11 percent for presidents in our sample); and 24 percent for provosts (slightly higher than our quarter-century average of 21 percent but identical with our 1987 - 88 figures of 24 percent). See D. E. Blum, "24 - Pct. Turnover Rate Found for Administrators; Some Officials Are Surprised by Survey Results," *The Chronicle of Higher Education*, Mar. 1989, *29*, pp. A13 - A14.

13. H. H. Gerth and C. W. Mills (eds.), *From Max Weber: Essays in Sociology* (New York: Oxford University Press, 1958).

14. J. M. Burns, *Leadership* (New York: Harper & Row, 1978), p. 4.

15. L. G. Bolman and T. E. Deal, *Modern Approaches to Understanding and Managing Organizations* (San Francisco: Jossey-Bass, 1984), pp. 149 - 150.

16. T. J. Peters and R. H. Waterman, Jr., *In Search of Excellence* (New York: Harper & Row, 1982), p. 82.

17. For a short attempt at clarification, see J. I. Goodlad, "Keeping the Gates," *AACTE Briefs*, 1989, *10* (6), 3, 9.

18. Currently, a colleague on one of our two visiting teams, Phyllis Edmundson, is seeking to compare our list of necessary conditions and NCATE standards; see her "NCATE Accreditation and the Study of the Education of Educators: A Comparison," Working Paper (Seattle: Center for Educational Renewal, College of Education, University of Washington, 1988).

19. L. M. McNeil, *Contradictions of Control: School Structure and School Knowledge* (New York: Routledge, Chapman, & Hall, 1986).

第五章

教师的教师

> 　　教授的定义取决于聘用他们的机构。一个医生在哪里都是医生，但是一个教授只有在一个学院或大学聘用他的时候才是教授。这种与某种机构的密切关系意味着机构的结构和学术工作的性质总是互为相关的。
>
> 　　　　　　　　　　　　——小唐纳德·莱特（Donald Light，Jr.）[1][*]

　　在学院和大学里认真从事为我们国家的学校培养教育工作者的教授们跨骑在两种文化上：高等教育的文化和 K–12[①] 中小学教育体系的文化。在四分之一个世纪之前——许多教师教育工作者的职业生涯跨越了这些年代，他们仍在从事着教学工作——学校的文化在他们的使命中占有着重要的分量。他们不仅在大学校园中教课和指导未来的教师，而且跟着师范生到学校去督导他们的教学实习经历。虽然一些大学要求教授们发表论文，但是在很多校园中，那只是一种值得赞赏的额外成就。

　　今天，高等院校的文化对教师教育工作者的影响远远大于学校的文化。这在我们样本中的所有院校都是真实的情况，只是影响的程度有所不同。在很多大学教授

---

[*] 本章的内容大量参考了罗杰·索德（Roger Soder）撰写的四个技术报告："教授工作的体制背景"第 3 号技术报告；"地位至关重要：对教育学院/学校/系（SCDEs）内部的地位问题的观察与思考"第 4 号技术报告；"教授对办学、学校、教学和教师培训的看法"第 5 号技术报告；以及"教师教育中的学生和老师：看法和观察"第 8 号技术报告（西雅图：华盛顿大学教育学院教育更新中心，1989）。

[①] K–12 指的是美国从学前班（kindergarten）到十二年级的基础教育。——译者注

的职业生涯里,高等教育经历了重大的发展和变化,极大地改变了对他们的要求和他们的工作条件。的确,这一发展对培养教师的人和教师教育项目的影响都是巨大的。

本章引用的数据来于 1 217 名教授对我们涉题广泛的调查问卷的答复和丰富的访谈资料。[2] 下面我先简要地描述一下我们的调研样本,然后我将探讨和分析这些教授对关于他们的工作和地位、学校和学校教育、教师教育项目等问题的看法。

在我们多样化的样本院校里,有一些培养教师的做法是统一的。培养教师的机构也具有一些相同的精神气质。但是也有很多差异,有些差异是在程度上的不同,这就不是一种描述所能概括的,也不是那些对所有院校都适用和迫切需要的改革建议所能包含的。不管怎样,那些带有普遍性的共同主题是不应该被忽视的。

样 本 的 描 述

虽然我们样本中 80% 的学生是女性,但是教授队伍里的女性却刚好只有这个比例的一半。尽管高等教育中的男女比例在变化,男性在教授中还是占有大多数。少数族裔在从事教师教育的教授中的代表人数也严重地不足,仅占总数的 6.7%,包括 4.4% 的黑人、0.9% 的亚裔/太平洋岛人、0.7% 的墨西哥/西班牙裔人和 0.7% 的美国印第安人(很重要也需要记住的是,如果从我们的样本院校中挪走两所院校的话,我们样本中的黑人教授所占的百分比就会下降到跟其他少数族裔一样的、更低的百分比上)。

我们调研的这些人都是有经验的教授,60% 以上的人都在他们现在的学院或大学里工作了至少 11 年,42% 的人工作了 16 年以上。因此毫不奇怪的是,几乎 65% 的人都是副教授或正教授。年龄段也相符:45% 的人 50 岁以上;只有 17% 的人还没有过他们 40 岁的生日;12% 以上的人超过了 60 岁。我们样本中 70% 的教授是在 1928 到 1948 年之间出生的——他们经历了我们历史上最具有毁灭性的经济萧条和世界上最有破坏性的战争之一。

我们样本中的学生抱怨说,教授中有太多的人在近期都没有在学校里教过书。他们的批评或许是正确的,但是当他们说很多教授从来都没有在学校里教过书的时候,那就不对了。只有 27% 的教授没有在小学教过书,只有 18% 的教授没有在中学教过书。在我们去做调研的时候,大约 54% 和 38% 的教授分别拥有尚且有效的中学和小学教师执照。

我们不可能将这类数据与我们样本中的教授所参加的主要学术活动联系起来。但是，我们必须记住的是，尽管这些教授中有83%的人是附属于教育学院/学校/系的，但是很多人（特别是在旗帜性的公立大学里）根本都不参与或者只是边缘性地参与他们院校的教师教育项目的工作。因此，那些实际上在做培训教师工作的人的学校工作经历的统计数据也许会比前面所展示的数据要更乐观一些。我们的教授样本中几乎有8%的答卷者的主要归属单位是文理学院的一个系，大约5%的人的主要归属单位是另外一个职业学院。很清楚的是，我们样本中的教育学院/学校/系的教授们承担着职业教师教育课程的大部分职责。

我们从另一个角度来看谁参加了教师教育工作——教授个人的参与情况。总的来看，我们样本中69%的教授报告说，他们在自己院校的教师教育项目中教过一门或多门课或者督导过实习教师。根据前面的章节所提到的信息，我们已经知道，教授们参与教师教育工作的百分比从主要公立大学的58%到地方性公立大学的73%，再到文理学院的91%。女性教授参与教师教育工作的百分比一直都比男性教授高（这本书引用的所有统计数据实际上都会以某种方式显示出女性比男性更多地参与了与学校教学相关的工作，特别是小学教育）。

我们的两个实地调研小组都感到每天安排的长时间的访谈活动是极度疲劳的，但也是非常有收获的。校长、教务长、院长、各个专业的教授、兼职的工作人员、学区的总督、合作教师和其他一些人都非常慷慨地花时间接待我们。大多数开始还保持沉默寡言的人到后来都会越来越沉浸在我们的问题中，也经常会变得很健谈。只有少数人——仅有几个——会保持含蓄和沉默，甚至会无语。总的来说，我们的访谈过程是生动活泼的；被采访的人一般都很开放和坦言。第二个调研小组在访谈时经常会听到对几周之前第一小组举办的个人访谈和群体讨论会的积极反馈。让我们印象深刻的是，教授们提出了很多关于如何改进项目和其他方面工作的好主意。但是我们也经常听到，这里缺乏变革的机制，教授们长期所做的改革努力都是徒劳的，这不免使我们感到消沉和沮丧。教授们普遍认为，执照和认证规定的限制比当前的具体规定要更伤元气。很多教授也提到，学校的现状会很快地抵消他们所做的努力并且阻碍他们最有前途的毕业生发挥他们的创造力。

我相信，我们研究梯队的成员与我们准备调研的对象具有相当多相同的经历，特别是我们打算超越一般性的归纳和总结来提出改革的建议。我们到实地去访问的调研小组成员都具有在高等教育或者学校教育或者两者的工作经验。他们被参加访谈的教授们视为同行，之后我们派去访问这些院校的历史学者也有同样的感觉。我们得到了尊敬与合作，主要是因为人们普遍认识到我们调研使命的严肃性，我们认真准备的工作态度，此外整个项目是在一位经验丰富的、比较资深的研究学者的领导下开展的。

教师教育工作的状况和地位

高等教育有时会被美国人视为他们心中的皇家替代品。我们可以随心所欲地去理解这样的观察。当然，高等教育里有特权，比如终身职的特权，在大学机构外部的人经常会为这一点发生争论。在这个没剩下多少传统的年代里，大学的毕业帽、毕业袍以及毕业典礼的进场仪式仍然将我们与传统联系起来。大学的工作是干净的，不用达到任何商业的销售额，大学生活的常规日程也相当完善并人所皆知，至少对那些每天来来去去的教授们是这样的。加州的前任州长杰瑞·布朗(Jerry Brown)曾经说过，教授们应该主动放弃他们工资的一部分，因为他们有这么好的工作就是一种特权。

但是，在大学校园生活的常规和习惯中，有一些不易被无知的人所察觉到的微妙之处，就像我们在第四章中所看到的那样。初看上去，从助理教授提升到正教授的阶梯、学术工作的标准、教学、服务和同行审议的过程似乎是非常直截了当的。但是这里面却有很多复杂的成分：发表研究的方法和地方，学生对教学的评估是否有效和公平，某个学者的学术活动的侧重点和发展轨迹，学科领域的声望，等等。在大多数校园里，所谓的硬科学总是会占上风：物理、化学和数学。在近些年里，作为医学基础的生物和神经科学研究也在学术的权势等级榜上提高了地位。人文科学可能会变得有些捉襟见肘，它们虽然贫困却还是有绅士风度的。另一方面，社会科学是学术界出现的勇敢新人，但社会学常被视为不被信任的嫌疑犯。教育通常自称为一门社会科学，这就使本来就晚到的社会学有机会去俯视位于学术阶梯下一层的教育学。除了这些区别之外，在每个学科的不同分支里也有地位的差异，例如在实验心理学和临床心理学之间的差异。

很多学术界人士将所有的职业学校放在高等院校的边缘地位，[3] 但并不是摆在一起。他们会将医学院和法学院放在一边，将新闻和社会工作放在另外一边，中间隔着很大的空间。那些对不同职业做比较的人很容易将强势的和微弱的职业区别开来。

令人遗憾的是,教育通常被排在微弱职业中最微弱的行列里。[4] 如果将学术地位的微妙之处看作是离奇有趣的事,或者最多是比较重要的事,那就是大错特错了。学院或大学校园就像一个城市和国家一样,充满了与邻近城镇类似的价值观和象征。但是走向成功和名誉的道路只有一条,那就是学术界的综合规范。在这条独行道上,有很多个人和由个人集成的群体,互相之间被彼此不同的地位隔离开来。那句老话,"学术政治如此恶毒是因为赌注很小",至今还会引出嘻嘻的轻笑声,甚至在学者们中间也是这样。政治当然可以是恶毒的,但是赌注并不小。就好比那些初级的管理人员都想搬进有多面窗户的角落办公室一样,最好离首席执行官所在的地方近一些。

在常春藤后面的生活是闪闪发光还是昏暗无色,取决于教授们根据学术工作通常模糊和不确定的标准估计出来的他们自身工作的价值和随之而产生的个人价值感。在这里很难看到清晰的提示。一位教授在主编一个著名杂志的特刊时,也许听不到附近办公室的同行们的一句赞扬话。另一个教授离开校园几天去接受在其他地方的同行们的表彰和赞誉——也许在国外,但回来之后无人问津,还看到自己的邮箱里塞满了其他同事最新发表著作的宣传单。大卫·马塞尔(David Machell),他自己就是一位教授,指出在学术环境中,教授工作本身就有一些内在的因素会引起自卑感的危机。他根据自己的研究得出的结论是,高达 20% 的教授都呈现出"职业忧郁症"的症状。[5]

因为各个大学的环境有差异,问题的严重性也会随着院校的不同而不同。但是学术生活的一个特点(或者说,如果不是自身仅有的特点,也是跟某些其他的学术性工作所共有的特点)就是它所带来的关于成功的概念是模糊的。亚历山德拉·克杰弗(Alexandre Kojeve)的观察值得在这里长篇引用:

> 人们会刻意去做一种事情以表现成功或"获取成功"(并且不失败)。那么一件基于行动的事情是否成功也许可以用客观的"好结果"来衡量(一座不会塌的桥梁,一个赚钱的企业,一场赢了的战争,一个强大和兴旺的国家,等等),无论别人的看法如何。但是一本书或者一段知识性的论述只有当它们的价值被他人赞许的时候才是成功的。因此一个知识分子比一个行动者(包括独裁者)要加倍地依赖他人的赞赏并且比行动者更加在意缺乏这种赞赏的后果。如果没有这种赞赏,他绝对没有任何正当理由赞赏他自己,而行动者可以因为他达到了某个目的而赞赏客观的——甚至是孤芳自赏——"成功"。这就是为什么,作为一个普遍的规律,只说只写而不做的知识分子比真正采取行动的人要更加自负和爱慕虚荣。[6]

我们的数据显示,教授们通常会因自身的工作得不到别人的赞赏而感到威信扫地,而这种自我意识进一步加剧了他们所感受到的有关个人价值的模糊感。教育专业的教授们发现他们有必要去更多地了解至少三个严重地影响他们对自身价值看法的、相互交叉的因素。第一是院校所经过的历史性转折削弱了院校之前对教师教育的重视;转折的仪式(第三章和第四章探讨过的)在地方性大学里最为明显——先从师范学校到教师教育学院,再到现在的大学。在这个转折过程中,教师教育在地方性大学里的地位下降了,而在其他院校中,在第二次世界大战之后高等教育快速发展的进程里,教育学院/学校/系普遍没能使教师教育摆脱低下的地位。第二个致弱的因素是在学生注册人数减少和教授流动性增多的情况下出现的对研究的日益重视。高等院校一直都是并且在某种程度上现在还是受到市场运作的制约,那些日益发展的领域便自然会得到更多的好处。第三个因素是那片悬在人们头顶之上的偏见之云——对学校教学工作、教师教育,以及教育领域和里面的教授们的偏见。

在我们收集的关于地位问题的资料中,有两组数据呈现出实质性的趋同:对院校领导和文理学科教授访谈的资料,以及之前描述过的对教育和教师教育专业教授访谈的资料和问卷数据。尽管大学之间的差异是很大的,但是所有院校里面的教育单位和教师教育项目(以及里面的教授,无论他们是从属于教育学院还是教师教育或者从属于两者)都被在这两个单位之外工作的人,大多数是在校园中其他单位工作的教授们,视为比文理学科的单位的地位要低一些。我们听到的谈论有对不幸的遗留偏见的深刻反思,也有这样的愤怒谴责:"在那个教育学院的那些人。"有时我们需要进行深入的探索才能发现人们对教育和教师教育的偏见和蔑视,有时被访谈的人似乎津津乐道地抓住这个机会来展开他们的抨击。人们经常会提到教育和教师教育地位低下状况的普遍性,有时也会提到这是不公平的。但是有些院长、系主任和教授,特别是年轻的教授,会非常坦率地表达他们个人的不满,甚至是敌意。

不同院校的性质和历史似乎决定了它们所展示的某些规律。例如,在所有的文理学院校园中,在职的教育专业教授们所享有的声誉比他们所教的课程都要好一些。的确,我们样本中的四所文理学院的院长和其他管理人员以及教授们都很自豪地说,他们"很幸运"有这样一批好教授。在其中的三所校园里,我听说有些教育课程质量够好,可以被包括在通识教育的本科课程里,我们收集的其他数据也证实了这一观察。在其中的两所校园里,我了解到教育专业的教授们被视为最有成就的学者和最好的老师中的成员,其他的数据也证实了这一点。但几乎在同时,我们也听到有人评论说,教育还是不能达到一个专业领域应该达到的高级学术标准。对教育界教授们的表彰多半是针对他们个人和他们对教师教育事业的忠诚,而不是针对教育工作和教育领域的学术性。

我们在一些之前是师范学校的单位和一些有着不同的历史但曾经长期拥有大量的培训教师项目的地方性大学里,听到一些最恶毒的攻击性语言。我发现在这些校园中,很多在教育学院/学校/系之外的人把早期在大学里占有主导地位的教师教育视为到现在才被控制住了的一种癌症。特别是在一所校园中,这种负面的看法不仅针对教育课程,也指向了教育专业的教授们。这种渴望与教育课程和教育专业教授们撇清关系的情绪有时也会蔓延到校外的社交生活中。"有一些教授聚会从来不邀请我们",我在一所地方性私立大学做访谈调研时,几位教育专业的资深教授告诉我。

在这些校园中,也会听到对教学方法课更激烈的批评,但是喧闹的性质有所不同。在一些校园中,方法课被简单地视为薄弱项目,过多并重复,等等。特别是在两所校园中,人们抱怨说教育专业的教授们因缺乏学科知识而不能教这些学科的方法课,但是相关的学科系的主任却不愿意参与这些学科方法课的任何工作。在几所校园里,争吵的重点是教育系和文理学科系分别对这些课程有哪些权力和职责。值得注意的是,许多负责学术性学科工作的院长和教授们认为教育方法课挤掉了通识教育对学生的一些要求,但他们实际上并不清楚自己的院系对师范生的通识教育要求是什么。而且当他们得知企业和新闻专业以同样的分量削减或有时以更大的幅度削减了通识教育对这些专业学生的要求时,他们并没有表现出同等的愤怒或发表偏见性的言辞。

一般来说,在主要的公立和私立大学里,对教师教育的批评的音色有所不同。首先,我需要指出的是,文理学科的教授们对他们大学里的教育学院情况的无知是个很普遍的现象。当一些院长和文理学科的教授们得知(从我这里)他们校园中的大部分教育专业的教授们并没有参与教师教育,并且对教师教育不感兴趣的时候,他们是感到非常吃惊的。一些已经知道这个情况的人对此表示了愤慨。我很清楚地记得,一位哲学教授热情洋溢地阐述了培养教师和努力学习怎样做好教学工作的重要性——"这对我们大家都有帮助,"他说,"在那里的那些人都在干什么呢?"

在主要大学工作的许多文理学科的管理人员和教授们都认为教育探究是一个日益合法化的领域,但或许还不值得获取完整的学术地位。大家很清楚的是,一些有名气的教授在这个领域开展了很有效的钻研。但是,那些在文理学科工作的教授们通常认为教育研究的表现是不佳的。第一,他们说很多教育专业的教授都是二流的学者。

第二,他们认为教育专业的教授们经常研究的都是不重要的问题或者其他领域的教授能对这些问题做更好的研究。第三,他们的学术成果往往无法被实践者所应用,因为他们所使用的是没有必要那么复杂也经常是不恰当的研究方法。

从我的角度来看,最有意思的批评是指责教育专业的教授们远离了培养教师的中心和传统任务并脱离了与教学密切相关的研究。有些批评人的言辞是很尖锐的:"我们的年轻人不会阅读、写作或思考,教师们看上去也无力改进这种状况。那么教育学院又能做些什么呢?"一般情况下,每当我提起培养教师的工作很费精力,做这项工作的同时很难分身去申请外来的研究经费,也会影响到研究工作的需求的时候,这些教授们就会耸耸肩做出满不在乎的样子。当然,也有很多人说,教育学院应该可以将培养教师和改进学校的工作视为一种成功的大学教授生涯,这样做是合乎情理的。

除了在主要大学里与一些非教育专业的人士访谈时发现的上述例外情况,我们通常听到的批评就是教育课程没有学术性,教育方法课侵占了本科生的课程时间,以及教育领域的工作和教授的水平太低。这些被访谈的人也表现出对教育学院或学校里的实际工作(就像我之前提到的那样)和所在的大学对教师教育的要求的无知。

上述的看法与我们样本中的教育专业和教师教育的教授们对我们问卷中类似问题的答复有很大的相似性。虽然在我们样本里的文理学院的教师教育专业教授当中,只有9%的人认为他们在文理学科工作的同事们会给教师教育的教授打A分,但是有65%的人说文理学科教授会给教师教育的教授打B分。相比之下,在旗帜性大学里,这些百分比分别是2%和18%,而在主要公立大学里,这些百分比只有1%和14%。此外,在文理学院里,只有7%的教师教育专业教授认为他们的同事会给教师教育项目打D分并且没有人会给它不及格的分,但是在旗帜性大学里,这些百分比分别是22%和2%,而在主要公立大学里,这些百分比分别上升到27%和5%。总的来看,在我们样本里的教育专业教授们的眼中,私立院校的文理学科教授给教师教育项目的打分比公立大学的同行要高很多。

这些院校之间的差异在很大程度上也反映在教育和教师教育专业教授对他们院校的文理学科教育质量的看法上。在私立院校工作的教授通常比在公立大学工作的教授打分更高一些:在文理学院工作的教育专业教授中,高达42%的人给他们在文理学科工作的同事们打了A分。正如其他一些数据所证明的那样,在小型的文理学院工作的人们通常对彼此和对整个院校抱有正面和积极的态度。

教育专业的教授们毫不迟疑地夸赞自己。他们对自己项目的评价一致很高,但是这种自我庆贺的行为在私立院校里更为明显。当被问起应该给他们自己的教师教育项目打几分时,90%以上的文理学院教授,以及87%的主要私立大学教授和80%的地方性私立大学教授打出了A或B的高分。公立大学的教授们打出高分的百分比相对低一些:分别是旗帜性大学的72%、主要公立大学的67%和地方性公立大学的77%。

在主要的公立和私立大学里工作的教授们相信他们的教师教育项目在校园中是受到轻视的。认为教师教育比其他专业项目排名靠后的教授在参加问卷调研的教授中的百分比分别是主要公立大学的66%,主要私立大学的73%和旗帜性公立大学的将近98%。在所有参加问卷调研的教授中,大约有25%的教授认为他们院校的教师教育项目与其他项目享有同等的地位,但这个百分比在文理学院中高达66%。我们看得越来越清楚的是,文理学院的教师教育专业的教授们比其他类型院校里的同行们少经历了一些地位被削弱的磨难,不管是在认识上还是在实践中。

在地方性公立和私立大学工作的教师教育专业的教授们对我们一些问卷问题的回答发人深思。第一,15%的地方性公立大学的教师教育专业的教授和31%的地方性私立大学的教师教育专业的教授认为他们自己的项目比校园中其他项目的地位更高,而在其他类型院校里工作的教师教育专业的教授中,有这种看法的教授的百分比最高也只有5%(主要公立大学)。尽管这两种教授群体都认为在他们的校园中,非教育专业的教授们给教师教育课程的打分会比给他们自己项目的打分要低一些——分别是地方性私立大学的48%和地方性公立大学的67%,但是这个百分比在主要的私立大学高达86%,在旗帜性公立大学也高达81%。在一个小型的调研样本中,差异只有在很明显的时候才是重要的,而这里列举的差异的确很大。

我要提醒读者注意的是,在私立文理学院与地方性公立和私立大学里,为学校培养教育工作者的任务是当地社区的一项主要事业,从最开始的时候就是这样。此外,尽管研究在这些大学里开始日益受到重视,但还没有成为最主要的任务。当然,研究在这些大学校园中不会像在主要大学里那么咄咄逼人——我们马上会看到,起码在我们的样本院校里是这样的情况。

于是一个假设便开始形成了:一所教育学院/学校/系越是将教师教育(或许还包括培养K‑12中小学其他的工作人员)视为主要的任务,它的生命力就越旺盛。换个方式来说,过去以教师教育工作为主的教育学院/学校/系越多地发展其他的项目,教师教育就会受到越大的威胁。当这种增生发展不断地扩大时,大学领导会发现更需要清楚地将教育学院/学校与教师教育项目分离开来,以保证它们各自有清晰和不相关联的使命,有属于各自的教授和学生群体、不含糊的项目界线,以及无可争议的资源。

在我们调研项目的第 4 号技术报告中,罗杰·索德引用了威廉姆·普法夫(William Pfaff)的一段话,在这里可以用来很清楚地描述教师教育工作在争取身份和地位时所必备的条件:"20 世纪所见证的重大政治动荡起源于有缺陷的或者令人不满的国粹主义——起源于社会团体力图创建新国家并获得成熟发展和'国家安全'的斗争。这种安全来自于一个自信的政治身份、一种文化的自主性、一个由同类人组成的群体,以及清晰和安全的边界。"[7] 大学校园中最强大和最有声望的专业系和职业学院通常享有这样的条件。像教师教育这么大规模和这么重要的事业也一定不应该缺少这样的条件。

院校的使命和教育学院/学校/系

第四章展示的数据显示,教育学院/学校/系和教师教育在我们样本中的大多数高等院校的校级使命中都处于被忽视和低下的地位。此外,其他的数据使我们得出这样的结论:在大学的发展过程中,教育学院和学校在发展和扩大其他功能的同时日益淡化了教师教育的功能。因此,教师教育的低下地位并不仅仅是因为大学校级领导的忽视:在我们样本院校的教育学院院长中,没有几个将教师教育工作作为他们个人发展学院或学校计划的一部分。

第六章将展示的数据会表明,教师教育项目的学生们知道并怨恨这种低下的地位,但他们只能耸耸肩表示遗憾,至少表明他们不满意社会和高等教育院校错误地排列了优先的顺序。在一般情况下,教师教育事业的威信被剥夺会影响到教师教育使命的清晰度,也影响到教授、学生和项目的连贯性。

但是,我们还不能认为被剥夺的威信是造成缺陷的唯一原因。我的论点是,它加剧了高等院校及其所属的学术单位和人员所经历的快速和全面发展给教育学院带来的紧张压力。过去的四分之一个世纪对整个社会,实际上对整个世界来说都是动荡不安的。大学也不能幸免于这些动乱。

信息和知识的指数式增长深刻地影响了社会的各个层面,但是因为大学是知识生产的中心,它们便直接地卷入在高速的文化革命之中。许多教授在他们 25 年的职业生涯中,眼看着他们的院校越过他们飞速地向前发展。有些人成功地从一个环境跳到另一个环境,有时候能成功地和有效地与新的学术界文化互动,但有时就不行。另有一些人很幸运地改变了自己并适应了他们所处的新文化。

我在前面已经提到，1970年代教师供应的饱和现象导致教育学院和学校的学生注册人数严重地下降。我也指出，校园内部的资源削减有时对这些单位比实际情况所需要的压缩更为严峻。我们在访问院校时，看到了这些情况带来的一些后果，遇到了一些比校园里其他教授年纪更大、更有怨恨的教育专业的教授们。

适应研究的优先权。我们收集的所有数据都指向同样的结论：近年来在所有的大学校园里，学术工作的重要性都在日益增加，这不仅提高了对教授们的期望值，也改变了他们在工作中的优先选项。各个院校对学术工作的定义和对其强调的程度是不同的。在旗帜性公立大学和主要的私立大学里，研究的定义没有含糊的地方：一个助理教授如果缺乏研究和发表的成果，就不能很快地升职也做不长久。总的来看，我们收集的教授问卷回答所预测的是，在所有类型的院校里，研究都将在院校使命中占有重要的地位。那些目前只是将研究作为比较重要的任务的院校会进一步提高研究的地位。总而言之，教授们认为研究工作可能要比教学工作多一倍增加重要性的机会。

然而，回答我们问卷的教授们也认为教学工作应该在院校的使命中具有很高的价值（不管他们大学使命的声明中是否强调了教学）。在考虑问卷中关于教学工作的四个不同等级的重要性时，绝大多数的教授们都选择了最高项，"至关重要"。旗帜性大学里有76%的教授选择了这一项，而在私立的文理学院里，94%的教授选择了这一项。

我们收集了大量的教授们对教学、研究、发展、学校改革、教师教育和其他一些院校使命中提到的工作的重要性的看法，优先选择和预测的信息。我在这里的主要兴趣是分析这些整理好的数据来确定在教授对他们工作的看法与院校现在和将来所强调的重点之间有哪些一致和不一致的地方，换句话说，在我们样本中的教育专业教授和他们所在院校的文化背景之间到底有何种性质的联系。我想这样的争议应该是合理的：当教授们愿意去做的事情与他们院校的使命一致的时候，他们就可以更有效地工作。一所参与但是对培养教师的工作不是很有兴趣的学院或大学对一个教师教育工作者来说并不是一个意气相投的工作环境。

在我们样本中的文理学院里，院校的使命和教授们愿意去做的工作比较一致，没有多少不和谐的地方。教育专业的教授们认为教学在他们的院校里被视为至关重要的工作（83%），并且期待这种情况会持续下去（83%）或者会进一步增加教学工作的重要性(接近 9%)。他们中间大约有 96%的人赞成维持目前的状况,50%以上的人希望教学工作的地位在未来也能维持这种稳定性,而大约 47%的人期待教学工作的重要性进一步得到加强。他们也认为培养教师对他们的院校现在是至关重要的工作(78%),并预测在将来也将继续是重要的工作(78%)或者变成更为重要的工作(20%)。他们所看到的院校使命和他们自己的愿望或偏好相当地一致:89%的教授们希望教师教育的功能被视为至关重要的使命,几乎 97%的教授们希望维持或者进一步加强这种重要性。

我们在与文理学院的教授们面谈时发现,那些最近刚从小地方发展到涵盖更大区域的学院在使命的表述上是最不和谐的。在这里,我们马上就看到了关于来自全国各地的学生和在全国知名的教授的统计数字,尽管我们遇到的一些教授非常怀旧地谈起当年学院因教导附近社区的年轻人的特殊贡献而受到当地民众赞扬的日子。在我们样本的所有四所文理学院里,我们了解到学术工作的地位在最近几年里得到了提升,但是在过去它也是一直受到重视的,与教学一样。我们听到的是,教学工作在文理学院里还是比研究更重要,因此申请这里教授职位的候选人必须是好老师;但是那些想今后转到一个主要大学去工作的人最好也要积极地发表论文。

当我们从文理学院整个院校的大背景来分析教授个人的偏好和院校使命相当一致的有利数据时,就会发现它们有很多重要的意义:在这种环境中,教师教育的威信较少被剥夺,人们对教育专业教授也持有较好的接纳态度,教育专业的教授们高度地重视通识教育,学院的领导人也欣然地接受教师教育过去的历史和现在的状况。我们必须记住的是,在我们样本中的文理学院工作的教育专业教授们认为他们的学生聪明能干,具有较高的学习能力,而且这些学生不但认同自己是整个学院的学生身份,也很喜爱教师教育项目。我们在考虑今后如何改进这些校园中的教师教育的时候,要清楚这里的关键起点并不是从事教师教育工作的教授和院校环境不相适应的问题。这里的改革工作要从其他领域的变革开始。

在主要的私立大学里,教授的个人偏好与他们所看到的大学使命也有很高的一致性。大多数人(72%)认为教学工作在他们的院校使命中是至关重要的;几乎 99%的人预测教学工作将继续保持或提高其重要的地位。一部分人认为研究是比较重要(31%)或者至关重要(几乎 53%)的院校使命。大约 47%的人预测这样的使命将保持不变,还有 52%的人相信研究的重要性将会增加。

这里的教授们的个人偏好与他们对院校使命中所强调的工作的看法相差不多。

大约 95％的人把教学视为目前至关重要的工作,也希望教学工作能维持这样的地位
(40％)或者在院校里受到更多的重视(几乎 59％)。很清楚的是,他们希望教学在院
校的使命中占有更为重要的地位,也预测教学在将来会变得更重要。同样地,他们希
望研究也会变得比之前更重要(接近 63％的人希望看到研究变成至关重要的工作),
也有 58％的人期待研究的重要性会增加(相比之下,52％的人相信研究的重要性会
增加)。

教授们对培养教师工作重要性的认识与他们对此工作的个人偏好也很一致,就像
对教学工作的看法和偏好一样。大约 72％的教授认为教师教育是他们院校当前使命
中至关重要的部分,稍低于希望看到这项工作是使命中至关重要的一部分的人的百分
比(83％)。但是在我们样本的主要私立大学的教授们当中,接近 32％的人预测培养
教师的工作会变得更加重要,相比之下,49％的人希望这项工作在将来会变得更为重
要,几乎 62％的人预测这项工作的重要性将会保持不变。

在我们样本的主要私立大学里,有很大比率的教育专业教授们认为他们院校的发
展方向与他们自己的愿望或偏好是一致的。这些教授给他们大学的文理学科教育打
了高分(83％的人打了 A 或 B 的分),也给自己的教师教育项目的质量打了高分(87％
的人打了 A 或 B 的分)。但是从负面的角度来看,这里高达 86％的教育专业教授们估
计说,那些在他们教育学院或学校之外的教授们会认为教育专业的课程不如他们自己
的课程那么严谨。尽管持有这种看法的教授的百分比在这类大学中比在其他大学都
要高一些,但是在旗帜性公立大学中,也有超过 81％的教育专业教授持有这种看法。
在其他院校的教育专业教授中,也有相当多的人持有这种看法。即使在文理学院里,
64％以上的教育专业教授在回答问卷时也表示,他们相信在其他系工作的同事们会认
为教师教育的课程不如他们的课程严谨。看起来我们总是要回到悬在教育系头顶上
的这片低地位的乌云上来——通常这样的舆论是指向某些教育课,并不是泛指教师教
育项目的所有课程,而且对教育专业的教授来说,更是只针对某些教授而不是泛指所
有的教授。

在旗帜性公立大学里,教授们的个人偏好和院校使命之间普遍存在着不和谐的地
方。在这些院校的内部和外部都有越来越多的人在关心大学对教学工作是否有足够
的重视。但是只要这些院校继续将它们与其他大学相比的声誉和地位建立在获取外
来的研究经费与合同上,继续强调研究在教授奖励机制中的主导作用,并且继续招收
大批本科生,这种紧张状态就会延续下去。只要这些大学还继续培养教师,那么在教

授的个人偏好和他们对院校使命的看法之间就会有某种不和谐的地方,而且对那些以教师教育为主要学术生活的教育专业的教授们来说,这种不和谐的感觉会更加强烈。

在参加我们问卷调研的旗帜性公立大学的教授中间,只有约29%的人认为教学工作在他们院校的使命中是很重要的,81%以上的人认为研究才是至关重要的使命;只有18%的人认为教学工作的重要性会增加,但是41%的人预测研究的重要性会在目前已经很高的情况下进一步提高。这些看法与他们自己的个人偏好是很不一致的:76%以上的人希望教学工作是至关重要的,60%以上的人期待教学工作的重要性在将来会进一步提高。接近61%的人希望研究是至关重要的,但是只有24%的人期待看到研究的重要性进一步提高。

这些教授对培养教师的使命的看法和他们自己的个人偏好之间也有很多不一致的地方。不到39%的人认为培养教师的工作在目前的大学使命中是至关重要的,不到22%的人预测这方面的工作在将来的使命中会变得更加重要。但是几乎67%的人希望教师教育现在就是至关重要的,而且52%以上的人期待这个工作在将来的使命中会变得更为重要。

在我们的数据中可以看到,在主要的公立大学里也存在着这种类似的现象。虽然49%的答卷者认为教学在目前的大学使命中是至关重要的,但是超过80%的人希望看到教学现在就是至关重要的;几乎55%的人希望教学的重要性在未来的使命中还会增加,然而只有18%的人预测教学的重要性会增加。接近44%的人认为研究在目前的使命中是至关重要的,接近53%的人预测它将变得更为重要。这些百分比与希望研究现在就至关重要(大约53%)和预测它在将来至关重要(大约50%)的百分比相当接近。

教授们对培养学生成为学校教师的工作在目前的院校使命中的重要性的看法与他们自己所希望看到的这项工作的重要性很不相同。接近60%的人认为这项工作在目前的大学使命中是至关重要的,但是接近76%的人希望它是至关重要的。超过55%的人希望看到这项工作的重要性会增加,但是不到30%的人预测它的重要性会增加。

从我们样本中的主要公立和私立大学以及旗帜性公立大学的答卷者那里收集的数据清楚地表明,教授们在表达个人的偏好时希望看到教学和教师教育工作在现在和将来都受到更多的重视,但是这些大学的答卷者都预测研究的重要性将会进一步增加。当我们看到这些问卷数据,再加上教育专业的教授们所描述的大学里其他学科系的教授对教育课程和教师教育项目的看法(认为教育课程和教师教育项目的地位低下),我们对这些院校里的教师教育事业的未来就很难抱有乐观的态度。除非大学的使命会发生显著的变化,看起来这不太可能,否则教授们必须发明巧妙的方法在达到研究工作的标准的同时严肃地致力于培养教师的工作。

教育学院广泛使用的一个办法是获取外部的研究经费,给全体教授都提供一些资助来减轻他们的教课负担并且雇用兼职的教授,而这些人就变成了教师教育工作的主力军。如果将来更多地使用这个方法,对教师教育并不是好兆头。霍尔姆斯小组提出的将教师教育提升到研究生水平(理由是这样可以使教学与教授们的研究活动更好地结合起来)的建议已经被一些大学采纳了,主要是那些旗帜性的公立大学和主要的私立大学。但是这个做法会挫伤那些我将在第六章中描述的在上大学之前就非常渴望进入教师职业的学生的积极性。此外,教师教育又将屈服于研究工作的主导地位。

还有一种建议是——主要的研究型大学已经采用了——干脆不办教师教育了(或者基本上不办了),但是还保留着教育学院,作为一个开展教育研究和培养研究生(有经验的教师和学校管理人员)的机构。如果这样做,就等于发出了一个关于培养教师工作的学术重要性和地位的不幸宣告,所以这种做法可能会不受欢迎(因此在公立大学也就无法实施了)。

地方性公立大学比其他任何类型的院校培养的教师都要多,地方性私立大学培养的教师也不少。地方性大学在其使命中强调教学工作是至关重要的,但是这种情况在未来将会因为在主要大学里的教师教育命运的变化而受到严重的影响。在地方性大学和主要大学这两类大学里,教授们的个人偏好和他们对所在院校使命中所强调的工作的看法在某种程度上是平行一致的,尽管很清楚的是,前者对研究的强调没有后者那么强烈。在我们的样本中,地方性私立大学76%和地方性公立大学74%的教授们都认为教学工作在他们院校的使命中是至关重要的,但是只有17%的地方性私立大学和25%的地方性公立大学的教授们预测这种重要性在将来会增加。虽然地方性公立大学只有25%的教授认为研究在他们的大学目前的使命中是至关重要的,但是50%以上的人预测研究的重要性在将来会增加。地方性私立大学的教授们在这方面的百分比分别是大约33%和超过52%。

相比之下,将近92%的地方性公立大学的教授和超过93%的地方性私立大学的教授们希望教学工作在目前的使命中是至关重要的,前者中有将近59%的人和后者中47%的人期待这个重要性在未来可以得到加强。前者中32%的人和后者中41%以上的人希望研究在目前的使命中是至关重要的。当他们表达对这种重要性在未来可以得到加强的个人希望时，这些百分比分别增加到 36% 和 44%。

这些数据使我们得出了这样的结论：在这两种类型的大学里，教授们更为关心的是教学工作在目前和未来的至关重要性，而不是研究工作在目前和未来的至关重要性。换句话来说，许多教授虽然在表面上只好接受研究工作在未来的大学使命中将占据更重要地位的前景，但是他们不太愿意看到大学在同时期会减少对教学工作的重视。

当我们把关于培养教师工作的重要性的数据加进来之后，我们就可以进一步看清在教授们对各项工作的个人希望或偏好和校园文化之间（目前和今后）存在着哪些共同点。地方性公立大学 78% 的教授和地方性私立大学 72% 的教授认为教师教育在他们大学的使命中占有至关重要的地位。几乎所有的人都预测这种重要性将会持续下去，而且或许还会增加。但他们个人希望的是，培养教师的工作在目前就应该占有更加重要的地位，地方性公立大学中 86% 的答卷人和地方性私立大学中 83% 的答卷人都表达了这个希望或偏好；此外，地方性公立大学中超过 57% 的答卷人和地方性私立大学中接近 50% 的答卷人希望这种重要性还会被增强。前者中 40% 的人和后者中 33% 以上的人预测他们的院校会加强对教师教育的重视。

很重要也必须记住的是，大多数地方性公立大学都是从师范学校和教师学院演变过来的，并且教师教育在大多数地方性私立大学的历史上也是很突出的特点。我们访谈的教授们经常谈到他们到这些院校来工作就是专门为了教师教育，他们称其为重要的使命并为此耗费了大量的精力。许多教授认为那些日益增多的强调研究的华丽言辞正在威胁着他们为之奋斗的教师教育事业。有些人很痛苦地表达了他们被背叛了的感觉。就像我在第四章中所描述的那样，有几所校园专门为了增加研究成果的目的而选拔和任命了新的教务长。但是，这些强调研究的言辞并没有帮助教授们减轻教学负担或者增加支持性的服务，而教授们认为他们需要这样的减负和支持才能从事研究工作。他们还要像以前一样做教学的工作；但是，他们观察说，教学工作在新的奖励机制里占不了多少分量。他们认为，这种对教学工作的忽视对教师教育工作的重要性产生了负面的影响，因为在地方性大学里，许多教授的教学工作量主要就是教师教育的课程。这些教授中的很多人说，他们在寻找时间做研究和写论文的同时，根本不可能像以前一样关注他们的学生。

我们在访谈前后所做的田野调研笔记显示，我们样本中的各类院校的教授们对他们校园的期望,特别是那些变化中的期望,是很敏感的并且很清楚这些期望对他们的行为意味着什么。在那些旗帜性公立大学里,这些期望是毫不含糊的:争取外来经费和发表高质量的、有同行审议的杂志文章就是最要紧的事情。在过去的 15 到 20 年之间,大学的焦点从教学转移到研究,并且得到了巩固和认可。对那些在大学之前尚且重视教学的时候就开始工作的老教授们来说,他们的个人偏好与他们对目前大学使命所重视的工作的看法最不协调。很多老教授认为他们得不到那些年轻的、很懂研究方法的"高手"的尊重;而这些年轻的高手也经常观察说,某某教授如果在今天参与升职评估的话,根本就拿不到终身职。在这些旗帜性大学里,如果要在两个申请助理教授位置的候选人中作选择的话,一个没有学校教学工作经验并且对教师教育也不太感兴趣但是发表过大量的研究论文,而另一个候选人没有多少发表的论文但是有学校工作的经验并且对教师教育有兴趣,那么前者总是会被录用的。但是,往往也会有人对这种选择的必然性表示遗憾:"公平的做法是让另一位候选人知道这里最重视的是什么(那些老教授们经常会这样说)并且指点他到别处去申请。"

正像我之前提到的,在主要的私立大学里,也发生了从重视教学到重视研究的明显转变;但我们的访谈记录显示,这里的教授们对这种变化的含义的认识在某种程度上更模糊一些。很清楚,研究和发表论文是走向终身职的必经之路。但是教学工作在这些大学里还是比在旗帜性公立大学更受重视。在主要的私立大学里,提升的途径也更加多样化一些,特别是对那些已经获取了终身职的教授来说。我们的印象是,这里的提升是一个更加个性化和以个人为基点的过程,有些教授会因为在大学和社区的知名度——杰出的教学和积极的服务性工作——而获得奖励。大学中心领导人可以灵活地表述学术的定义,认为不同的专业领域对学术工作可以有不同的定义(必须记住的是,我们样本中的主要私立大学并不像哈佛、芝加哥和斯坦福大学那样在全国范围内享有显赫的声誉,在那些大学里,学术工作早就变成了至关重要的使命)。

我们在主要的公立大学校园里的访谈中得到的印象是,就像私立大学一样,研究是至关重要的,并且这种重视已经在教授中间造成了不一致的看法。教授们感到有一种无形的压力——要赶上那些最好的教授(意思就是最好的研究学者),但他们也意识到,有些教授得到了做研究所必需的课量削减和服务支持,但并不是所有人都能得到这方面的支持。许多教授都记得,在 1980 年代早期的时候就出现了这种变化的强烈征兆。例如,当一个教育学院的院长提交给大学中心领导 11 个教授的终身职申请推荐名单但是只有一个被批准了的时候,他就收到了三个重要的信息:升职有新的规定了，一个全校性的同行审议机制已经建立起来了，院长已经失去了一些重要的特权。教授们也提到了一些随之而来的后果情况：教师教育的重要性降低了，个人的发展变得更重要而合作的精神却减少了，之前给教师教育项目的计划和发展工作的奖励消失了。

在主要的公立和私立大学里的教授们跟他们在旗帜性大学工作的同行们一样都很清楚地知道，在竞争一个助理教授位置的时候，年轻的研究学者会轻易地打败之前做过学校教师但是没有发表很多论文的候选人。但是，他们比旗帜性大学的教授们更有可能对这种选择的必然性表示遗憾。在这个问题上，我们遇到的一些年轻教授们强烈地表示，这样的任命很有必要，可以保证他们的大学在院校之间的竞争中快速地进步。

我们样本中的地方性公立和私立大学拥有最雄心勃勃的使命，在目前的发展阶段，它们之间也存在着最多的差异。它们比其他类型的院校更加不明确目前所处的境地和将来要去的地方；它们也没有统一的方向指南。结果是，任命一个强有力的校长或者有决心的教务长就能引起极大的变化。不幸的是，新上任的领导经常会指定新的工作重点，与之前的重点不总是一样的，这就使教授们很难了解对他们的要求到底是什么，而且这种困难情况可能会持续下去。

但是，毫无疑问的是，对研究的更加重视在目前和将来都会渗透在这些地方性大学的文化中。在某种程度上，对研究的重视在许多地方性公立大学的每一个发展阶段都在上升——从师范学校到教师学院，到地方性学院，再到地方性大学。每一次的上升都给长期在这里工作的教授们带来了更多的模糊性和不确定性，使他们不易理解和记住在不断变化着的期望和要求。对许多人来说，这些转折是痛苦的，期待他们去适应的新要求也是很困难的甚至是不可能被接受的。有一些人——通常是那些最年轻的和自己本身就是从主要的研究型大学毕业的教授们——欢迎这些变化。

在我们的访谈中，地方性大学的教授们在分享对这些变化的期望的看法时，一般都会很坦率地反省一下存在的问题。有时他们会刻薄而幽默地描述校长、学术副校长，或者院长的说教，因为这些领导人很明确地想按照哈佛或加州大学伯克利分校的样子去打造他们的大学。另有一些教授认为这样的使命是不正常的，而不是可笑的，其负面的影响极大地危害了教学、服务，以及项目发展的工作。还有一些人告诉我们，他们很苦闷的是，他们仍然要做很多没有什么奖励的工作，并且得不到支持去做那些可以得到奖励的工作：给发表研究论文的奖励是无限的，但是给教学和其他工作的奖励却是有限的。

我们在访谈中发现,教授们在提到大学现在对过去建立的老旧机制的越发不重视的情况时比他们谈起那些新要求的侵扰时,会表达出更多不一致和不满的情绪,而且这种情绪在地方性公立大学里比在地方性私立大学里更为高涨。虽然这两种大学在口头上对教学工作都表示高度的支持,但我们样本中的私立大学在其言辞与现实之间的差距上要明显小一些(在奖励机制上表现出来)。这与私立院校需要花费更多的经费去竞争生源的现实有关;这些大学可能试图以重视教学的优势来证明它们所收的学费是正当的。

当我们问地方性大学的教授们,在我们假设的助理教授职位的两个候选人当中,他们会如何选择的时候,我们得到了各种不同的回答。一般来说,这里的教授会支持第二个候选人——那位在学校里教过书也愿意参与培养未来教师工作的人。有几所院校已经招聘了一些很会申请外来经费的资深教授并且给这些教授提供了减少课时和更大办公地方的待遇,但是其他人对这种特殊待遇相当反感;对这些不满的教授来说,第二个候选人是他们当然的选择。但是也有人支持第一个候选人,理由是在目前以教学为主并且对研究方法不太熟悉的教授队伍中,需要有这种会做研究的教授代表。有些人甚至说,聘用年轻的研究学者并不合适,因为他们会发现这里的条件并不适合他们开展学术活动。

与学校建立联系。特别是在过去的十年中,有一股力量在推动高等教育社区的多种个人和群体更积极地参与改进学校的活动。西尔多·赛泽(Theodore Sizer)为这种参与奠定了道德性的高调:"教师教育工作者只有在与学校的职业教育工作者一起奋斗重新设计学校的时候,才能拯救他们自己的灵魂。重新设计好的学校可以使学生和教师开展有效的教与学活动。"[8] 为了达到这个目的,有的州政府已经通过了法案,建议或规定那些在大学里承担教学法课程教学工作的人员必须定时去学校获取实际的工作经验。此外,也有很具体的方案建议学校和大学结为亲密伙伴,共同更新学校和培养教师的教育项目,[9] 有一些这样的方案已经至少被部分地实施了。[10] 在 1980 年代发表的很多最著名的教育改革报告也通常会至少提到学校和大学建立更强大联盟的必要性。[11]

在 1983 年的一次为教授和学生举办的充满激情的学院状况报告中,哈佛大学教育研究生院院长帕特里夏·格雷厄姆(Patricia Graham)以反思的态度预测了这种可能性:那些不与学校建立起紧密联系的教育学院/学校将在 1990 年被视为是很不恰当的。[12] 现在 1980 年代已经过去了，我们是否可以合理地期待在 2000 年的时候验证格雷厄姆的预言呢？

我们收集的两组数据显示，如果我们想认真地考虑在教育学院和学校之间建立紧密联系的话，就需要在高等院校的使命中做一些修改。在现有的院校使命中，教学和学术工作是教授工作和奖励的最常见范畴。在这些范畴的后面还有不同定义的服务性工作，有时被细化为职业性服务工作、社区服务工作、学院或大学服务工作，等等。正如对服务性工作的定义不同，对这项工作的奖励机制也不同；而且服务性工作的重要性通常都被视为比研究和教学要更低一些。

我们探究了几种类型的服务性工作。与这里的讨论最相关的有两种："临时性的服务工作"（例如教授应学院的要求去评阅关于学生分组模式的研究）和"在学校发动变革的工作"，这两种服务性工作与教育学院/学校都是有关系的。教授们看到的这些工作在院校使命中被重视的程度与他们所希望看到的被重视程度有很大的差距。很多教授都认为，这些服务性的工作在他们院校的使命中目前并不是至关重要的。在旗帜性大学里，只有 7% 的教授认为"临时性的服务工作"在他们大学的使命中是至关重要的，12% 的教授认为"在学校发动变革的工作"在他们大学的使命中是至关重要的。在地方性私立大学里，也只有 22% 的教授认为"临时性的服务工作"在他们大学的使命中是至关重要的，接近 37% 的教授认为"在学校发动变革的工作"在他们大学的使命中是至关重要的。绝大多数教授认为这两种服务性工作在他们大学的使命中都是不太重要或只是有些重要。当教授们在预测这两种服务性的工作在未来将受到的重视程度的时候，这些百分比都有所上升：旗帜性大学超过 18% 而地方性公立大学41% 的教授认为"临时性的服务工作"将受到更多的重视，文理学院 29% 和地方性公立大学 47% 的教授认为"在学校发动变革的工作"将受到更多的重视。尽管在旗帜性大学里，很少有教授认为"在学校发动变革的工作"在他们大学目前的使命中是至关重要的，但是几乎 37% 的教授预测对这项工作的重视将会增加。

几乎在所有类型的院校里，教授们都希望这两种服务性的工作在他们大学现在和未来的使命中能受到更多的重视。希望"临时性的服务工作"现在就更受重视的教授的百分比从文理学院的 9% 到地方性公立院校的 38%。期待这项工作在将来能受到更多重视的教授的百分比从主要私立大学的 38% 到地方性公立大学的 54%。希望"在学校发动变革的工作"现在就更受重视的教授的百分比从文理学院的 38% 到地方性公立院校的 62%。期待这项工作在将来能受到更多重视的教授的百分比从文理学院的 53% 到地方性公立大学的 68%。

虽然支持"临时性的服务工作"在将来受到更多重视的教授人数不是特别多,但是更多的教授还是希望这项工作在将来会更受重视,尽管他们认为这种可能性不是太大。此外,虽然有相当多的教授强烈支持"在学校发动变革的工作"在将来得到更多的重视,但是预测对这项工作的重视将会增加的教授人数却少了很多。

人们可能会认为在公立大学工作的教授们会比他们在私立大学工作的同行们更加希望参与学校变革的工作并且更愿意为学校提供临时性的服务。但是在这两类教授的看法之间的差异是相当小的。在帮助学校方面,我们发现一个有趣但又令人困惑的现象:在文理学院里,只有 9% 的教授希望"临时性的服务工作"在目前能受到更多的重视,但是 40% 的教授期待这项工作在将来会得到更多的重视。或许现在的问题是他们过于投入忙碌的日程,如果将来能得到一些缓解,这些教授会愿意参与这种服务性的工作。

学校的教师往往埋怨教育专业的教授们对学校的问题和学校的一般情况不感兴趣;他们还抱怨说,教授们不愿意或者是不能够帮助学校。这种责备或许有一定的道理,就像其他职业的实践者也这样指责大学一样。但是这些抱怨都过于简单化,因为只是在责怪而没有提出解决问题的方案。更有效的方法是,这两种人——学校教师和教育专业的教授们(包括教师教育)——聚在一起商议他们有哪些自身利益是重叠性的并且可以通过合作得到满足。[13] 然后双方可以一起向州政府施加压力以获取更多有用的资助,也向院校领导施加压力争取修改大学的奖励机制。采用这种方法,学校和大学的合作就可以越过讨论的阶段往前发展。[14]

合作的安排最终必须超越教育院校的范畴并将整个大学都带入学校和社区的教育健康事业中去。如果在今天的校园中做一个调查清单的话,学校和大学的人会惊讶地发现已经存在着一大堆合作项目,许多都是创业的个人发起的,从来都没有被记载在册。但是有成功的合作吗?一些大学和学校群体建立了长期的伙伴关系,但有经费维持发展并可以对两种文化都产生影响的非常少。有几个开始发展的合作在死亡的时候往往没有获得尸检,因此也没留下可以帮助后继的合作防止类似死亡的教训。

高等教育必须参与学校的工作,这种需求是很大的。如果我们想要有好学校和好老师,大学和学校的改革必须同步进行,并且必须在能帮助它们成功的条件下进行。高等院校必须迈出去的第一步就是要认可和奖励这件最基本、最有学术价值和完全适宜的事情:让教授们认真地参与这项工作。如果不这样去做,教学工作和教师教育将继续停留在二手玫瑰的地位，我们的学校也将继续不适应在社区和社会里发生的重大变化。

院校的使命和终身职。不管教授们多么希望改变他们院校使命的优先顺序，为获取终身职所必须达到的要求都会促使他们去从事那些可以使他们得到最大奖励的工作。我们可以很有把握地这样假设，在教授们看到的、与终身职的评估标准最有关联的大学使命和他们所希望看到的大学使命之间的差异对他们的精神面貌有重大的影响。如果我们的假设是正确的话——我们的数据有力地支持这一假设——那么我们在表 5-1 中展示的信息就应该引起人们的警惕。

例如，教授们所希望看到的大学对教学的重视程度与他们所看到的终身职评估标准对教学的重视就很不相同。特别是那些在旗帜性大学与主要的公立和私立大学工作的人都希望大学对教学工作非常重视，但是他们所看到的是，教学工作在终身职评估要求中的地位很低。在所有类型的院校里，参加我们问卷调研的人都认为研究在终身职的评估过程中所占的主导地位极大地超出了他们希望看到的程度。他们希望的是，培养教师工作的价值在评估过程中能得到比现在高很多的重视。

这些数据为高等教育和教师教育目前和未来的发展方向提出了一些令人困扰的问题，这本书所报告的调研结果可以提出但是无法回答这样的问题。如果那些积极完成任务的教师教育工作者在他们职业发展的最关键阶段——争取终身职的时候——得不到应有的奖励，那么教师教育就会受到严重的危害。

教授对学校、教学工作和教师教育的看法

教授们所持有的某些看法会直接影响教师教育项目和师范生的社会化过程。教授们对为什么要办学校、教学工作的性质，以及教师教育的内容和实施的看法，特别是他们自己校园里的情况，是特别重要的信息（我在第六章里将会比较教授和学生的一些看法）。

学校。我们在第六章里面会看到，我们样本中的师范生认为他们最重要的任务就是帮助学生发展他们的兴趣和能力。我们在访谈中试图动员他们谈论一下学校和教师的其他作用，但似乎很困难。他们进入教师培训项目时就持有这种观点并且在培训中加强了这种信念。

我们从教师教育专业教授那里收集的数据表明，他们在正式的教师教育项目的社

会化过程中强化了这种信念。所有类型院校的教授们在问卷中评估 K‑12 中小学校的四个总体办学目标时，都给以下两个目标打了最高分："注重个体的学生并开发他们所有的潜力"和"教学生认清现存的社会状况并鼓励他们参与改进这些状况的活动"。教授们认为，他们的教师教育项目所侧重的是第一个目标。虽然教授们将第三高的评分给了"帮助年轻人学会挑战不公平的现状并改造社会"的目标，但是他们认为教师教育项目本身并没有他们那么重视这个目标。他们的观察是，教师教育项目更注重的是"帮助学生适应社会并进入他们在社会中应有的位置"的目标。在开发个体学生的潜力这个目标上，教授自己所希望的和他们所看到的教师教育项目对这个目标的重视程度是一致的。另一方面，在适应社会这个目标上，却有很大的差异，教授看到的教师教育项目对这个目标的重视程度大大地超过了他们自己所希望看到的。但是，教师教育项目对改进和改造社会的目标的关注却比教授们所希望看到的要少很多。

表 5‑1　院校使命对不同工作的重视——影响终身职评定的关键
　　　　教授们希望看到的重视和他们认为院校使命目前所强调的重点

使命	旗帜性公立大学(%)	主要的公立大学(%)	地方性公立大学(%)	主要的私立大学(%)	地方性私立大学(%)	文理学院(%)
教学工作						
目前强调的	17.0	40.4	60.0	25.4	74.7	69.2
希望看到的	77.0	80.1	89.7	84.0	81.2	93.2
研究工作						
目前强调的	92.8	72.6	52.2	91.5	58.6	74.7
希望看到的	58.6	58.6	29.7	56.6	40.6	23.3
发展工作						
目前强调的	6.9	7.1	11.1	10.9	9.1	12.5
希望看到的	21.6	17.4	23.8	22.9	23.5	11.6
临时性服务						
目前强调的	2.7	8.8	10.3	4.5	11.4	0.0
希望看到的	10.4	23.3	21.6	17.6	20.0	9.1
发动变革						
目前强调的	2.9	2.2	4.5	4.7	7.9	0.0
希望看到的	25.9	27.2	25.3	27.6	25.0	9.1
培训教师						
目前强调的	7.4	14.8	32.8	11.9	39.2	26.3
希望看到的	45.8	46.0	58.7	43.2	60.8	67.4

如果我们仔细分析教授们对一组具体的办学目标(我们在问卷中列举了 11 个目标)的看法时,就会看到一个在第六章里将会进一步得到证实的、具有讽刺意味的现象:"基础知识教育"的目标在个人偏好的评分和项目对此目标重视程度的评分上都获得了高分,但是公众在对学校的批评和对改革的建议中一向都将改进基础知识教育列为最迫切的需求。如果未来的教师和他们的教师都认为这个目标很重要,并且也认为他们的教师教育项目非常重视这个目标,那么为什么这个目标还是继续被列在最需要改进的清单上呢?

大多数学者型的批评家们更会责怪学校没有发展学生的批判性思维能力。回答调研问卷的教授们给"批判性思维能力"的目标的重要性打了高分,与他们给"基础知识教育"的目标打的高分相同。但是他们认为教师教育项目对这个目标的重视过低。师范生——未来的教师也给这个目标的重要性打了高分,但是他们在学习快结束的时候对这个目标的重视程度比他们在刚开始学习的时候要高,这说明他们的教授对他们的思维发展有一定的影响力。但是,我们收集的关于这个目标的整体数据使我们得出了这样的结论,我将在第七章中进一步阐述这个结论,那就是教师教育专业的教授们目前采用的主要上课方式仍然是讲座(结果必然是学生消极地听讲),他们很少给师范生发展批判性和独立性思考能力的机会。毫不令人吃惊的是,教师教育课堂里的这种死记硬背和消极学习的方式与之前我们在学校调研中发现的中小学课堂里的教学方式是非常相似的,具有同样的精神气质。

因此,一方面我们感到鼓舞的是,我们样本中的教师教育专业的教授们对学校传授基础知识的目标与培养批判性和独立性思维能力的目标都比较重视。但是我们的调研分队感到不太满意的是,这些教师教育项目在培养师范生的实践中,并没有帮他们做好必要的准备,以便在将来的学校教学工作中去实现这两个目标。

教学工作。在那些众人热切关注教育改革的年代里,比如从 1980 年代早期到 1990 年代,很多想法都冒出来了。有些主意并没有引起人们的注意就消失了,然后又出现了一场新的改革,有些计划得到了人们短暂的关注,有些想法引发了透彻的讨论,还有几个发展到了实施的阶段。但是,在力图使这些想法合法化的过程中,却没有人仔细地设计出一套改革的策略,包括认真分析一下那些最终会被请来执行这些改革方案的人们是否可能接受或者拒绝这些想法。

我们根据最近几年发表的改革报告总结出 22 个关于提高教学作为一门职业工作的地位的建议,请我们样本中的教育专业教授们在问卷中表达他们对每一个建议的同意程度。在表 5-2 中，我们按照教授们在问卷的 7 个回应等级上打分的平均值（包括所有类型的院校）排列了这些建议。

就像表 5-2 中的资料所显示的，我们样本中的教授们对于怎样才能最好地提高教师职业的地位问题有着广泛的共识。这些教师教育工作者们认为，最有希望的途径是按照我们社会认可的标准方法来增加教师工作的吸引力：提高工资并且赋予教师更多的决策权。这些提议在我们与教授们的访谈中反复出现，就像它们在问卷数据中很清楚地呈现出来一样。一种职业的低收入和有限权力的前景是不能吸引最好的和最聪明的人进入这个职业的。

教授们第二赞同的改革途径将责任直接放在了教师教育工作者的肩上：提高教师教育项目的录取标准，提供坚实的知识基础，在项目中将理论与实践结合起来，并且强调教学工作和成为一名教师的道德义务。参加我们调研的教授们说，需要学校为教师开创更好的工作条件，但是教师教育项目也必须更好地培养能胜任工作的教师。

参加我们调研的大多数人都认为，重新改组整个教育行业的基本结构——改革建议书经常提出这个方法——是没有什么希望的。也许这就是为什么很多教师教育工作者都将决策人和改革家提出的方案视为是错误的。在没有澄清教师应该怎样教和他们需要什么样的知识之前就要求师范生去读更多年的书就好似将车放在马前面一样本末倒置了。如果我们不清楚对这些基本问题的答案，那么我们怎么知道硕士学位应该是当教师所必需的要求呢？将那些已经受到很多批评的本科生教育课程搬到研究生级别上来也改变不了它们。我们需要做出更基本的努力来设计连贯性的教师教育项目。

霍尔姆斯小组至少在它存在的第一年里推动了将教师教育提高到研究生级别的工作，给人留下的深刻印象是，他们也支持取消本科生级别的教育主修专业（并且，有些人把这种支持理解为取消本科生级别的教育课程），这些都包括在我们在表 5-2 中列举的提高教师职业地位的 22 条建议中。我本来以为旗帜性公立大学与主要的公立和私立大学的教授们会积极赞同这些改革建议，因为霍尔姆斯小组的成员几乎都是这些类型的大学。但是我错估了他们。表 5-2 显示的对这些建议的评分是六类院校中所有教授们的平均打分，在院校之间几乎没有什么差异，尽管教授们对表中所列举的最高分和最低分项目的看法更为一致。他们给最有希望的 5 项建议和最没有潜力的 4 项建议的打分几乎是相同的。同样地，他们认为设立硕士级别、五年制的项目[15] 和成立国家教师执照委员会只是比较有用的改革建议，他们给这些建议的打分也几乎是一致的。

表 5-2　教授对提高教师职业地位的一系列改革建议的同意程度

问卷条目	改 革 建 议	平均分	打分人数
A.	提高教师工资	6.3	1 122
C.	改变教师工作的条件	5.8	1 095
P.	教师领导力	5.7	1 071
Q.	更多参与性的管理	5.5	1 053
O.	教师按才区别晋升机制	5.4	1 054
E.	提高入职标准	5.2	1 102
B.	教学工作的科学基础	5.1	1 087
N.	教学作为一种艺术、科学和技艺	5.0	1 066
R.	强调教学工作的道德性质	4.9	1 090
U.	取消临时性执照	4.9	1 036
G.	更好地论证教学工作是一门专门职业	4.7	1 073
S.	国家级教师教育项目认证	4.7	1 080
H.	硕士学位	4.5	1 098
J.	五年制培训项目	4.4	1 085
T.	按照医学和法学教育模式设立教师教育	4.2	1 047
D.	国家级结业考试	3.8	1 074
F.	国家执照委员会	3.7	1 056
V.	20%高级别培训,其他部分低级别培训	3.2	1 007
K.	六年制培训项目	3.1	1 065
L.	不设置本科主修教育项目	3.0	1 074
I.	博士项目	2.6	1 081
M.	不设置本科级别教育课程	2.2	1 077

注：平均分基于问卷中关于同意程度的 7 分级渐进量表。

　　这些数据可以帮助我们理解为什么霍尔姆斯小组在顺利启动其改革计划并且吸收了大量的成员院校之后,却在推出教师教育内部重建方案的细节时开始遇到困难和不一致的意见。在政治的大层面上并不难赢得共鸣去开展设计职业发展学校的探究。这些数据也帮助我们理解为什么美国教师教育院校协会的董事会成员在 1989 年的一次会议上很快就达成了一致的意见,拒绝接受全国职业教师标准委员会提出的一些规定并在几个月之前发表的报告中宣布了这个决议。[16]

总的来看，教授们的看法是令人鼓舞的。这些数据表明，教师教育工作者们热切地希望看到教学工作可以解决于尔根·埃布斯特（Jurgeh Herbst）在他关于师范学校的历史专著《还有可悲的教学》一书中所描述的遗留问题造成的困境。[17] 鉴于他们强烈地希望提高"在学校发动变革"这一项服务性的工作在大学奖励机制（本章前面已经探讨过）中的地位，想必很多人都有兴趣帮助学校改善教师的工作条件。当这些条件得到改善时，教师教育在校园中的形象就可以摆脱穷亲戚的地位。但是除非教师教育工作者积极地更新他们的培训事业，也许他们不能只依靠自己的力量来达到这个目的，否则这种变化就不可能发生。幸运的是，我们的数据显示，他们足够聪明，没有很快地相信他人提出的改革建议，因为这些建议会阻碍他们在教育学院里和大学范围内认真地审核本院校和大学对教师教育项目的承诺以及项目的现状。

教师教育。我们的数据反复证实了教师教育的地方性。这也就意味着改进教师教育的努力很可能是地方性的筹划和驱动。我们最密集的数据收集工作是在两个广泛宣传过的教师教育报告发行之后的那一年里开展的。这两个报告的作者是霍尔姆斯小组（刚才在讨论教师职业时提到过）与卡内基教育和经济论坛。在我们去访问的校园中，前者引起了关于教师教育的兴趣和辩论。

但是，这两个报告在我们访问过的校园中并没有激起改革的浪花。我们听到的是，今后教师教育的处境主要取决于大学对教师教育的承诺，培养教师的工作是否可以进入教授奖励的机制，还有州政府在制定教师教育项目和教师的相关规定中所起的作用。我们访谈过的大多数从事教师教育工作的教授将后面这一条视为最有影响力的因素（我们访问过的大多数校园都在等着州政府将要下达的新规则）。

根据我们的数据，我们认为任何期待发生重大变化的乐观人士都必须小心谨慎，最好是别出声。虽然有些州已经出现了给高等院校更多教师教育自主权的建议，但我们并没有听到往这个方向前进的跑步声。我们样本中的教授也没有给我们提供任何足以振奋人心的、关于州政府支持大学内部开展基本改革的消息。此外，在我们的数据里看不到任何令人鼓舞的自我更新前景。但是，那些建议更多地使用州政府规定的测试来决定候选人进入教师教育项目和之后获得教师资格的计划暗示着州政府对教师教育项目的规定正在明显地减少。

在关于院校领导为教师教育提供基本资源的问卷条目上，只有在文理学院工作的教授们打了比较高的评分（7分级渐进量表）：物质资源 5.0 分，人力资源 4.7 分，与教师教育有关的公共关系 4.5 分，以及发展性工作 4.4 分（例如，筹款工作）。在旗帜性公立大学里,这些评分分别是 3.5 分、3.4 分、3.2 分和 3.2 分。在主要的公立和私立大学里,这些相应的评分只是稍微高一些。在旗帜性公立大学里,教授们在比较大学领导给教师教育和其他职业教育项目提供的支持时,打分就更低了,在这四个领域分别是 3.0 分、3.0 分、2.8 分和 2.9 分。文理学院的教授们给这些领域的评分最高,分别是:4.4 分、4.4 分、4.0 分和 4.1 分。

在我们的答卷人眼中,教师教育项目从它所在的教育学院/学校/系比从大学领导那里得到的支持要更多一些,但是即使在这里,我们看到的数据也是不能让人满意的。毫不奇怪的是,文理学院的教授们认为他们的教育系给教师教育提供了很大的支持。他们的评分是物质资源 6.2 分,人力资源 6.0 分,公共关系 5.5 分,以及发展性工作 5.7 分(当然,教师教育本来就是我们样本中的文理学院的主要工作)。在旗帜性公立大学里,教授们对教育学院/学校/系应该得到多少支持的问题一向争吵不休,他们给四个支持领域的评分都不高:4.3 分、4.3 分、4.0 分和 4.1 分。改变这些大学的支持力度很不容易。但是每一个校园都应该可以建立起一个全心全意支持教师教育工作的单位并得到教授们的认可。给这四个必需的支持领域的评分应该高达 6.8 分到 7.0 分的范围。

我们应该也可以合理地期望,在这个单位工作的教授们会看到他们学生的需求能得到很好的满足,特别是(就像我在前面提到的一样)他们一向认为 K-12 中小学校的主要作用就是帮助每个学生都发挥出最大的潜力。与上面描述的大学对教师教育支持贫乏的现象相比,教授们认为他们的教师教育项目在满足学生需求方面所达到的程度使我们感到鼓舞;但是我相信,这些还没有达到合理的程度。我们的问卷也探索了大学为学生提供的四种支持,教授们在 7 分级渐进量表上根据他们的观察打分。对"让学生感到是大学社区的成员"的条目,平均分的范围从主要公立大学的 3.8 分到主要私立大学的 5.6 分。对"高度关注学生个人的学习需求"的条目,平均分的范围从主要公立大学的 3.8 分到私立文理学院的 6.0 分。对"师范生在寻求教职时可以期待得到的帮助"的条目,各类院校教授们的评分差异不大:平均分的范围从主要公立大学的 4.4 分到地方性私立大学的 5.4 分。给"就职后获得大学支持帮助改进工作"的条目打分最低,平均分的范围从旗帜性公立大学和主要私立大学的 3.5 分到文理学院的 4.2 分。

总而言之,有关对教师教育和将要成为教师的学生的支持的数据是令人沮丧的,不管是从大学还是从教育学院/学校/系的层面去看。那些准备在我们国家的学校里教我们孩子的人毫无疑问应该获取更多的支持。

我们的问卷和之后的访谈力图探究有哪些因素可以帮助我们对更新教师教育项目的前景做出判断。最令人鼓舞的数据是从文理学院收集上来的。与其他类型的院校相比,文理学院的教授们更多地认为他们在参与持续性的变革,在做积极而不是被动的努力,并且在参与合作性的决策工作。那么毫不奇怪的是,他们并没有像其他类型院校的教授们那样感觉到有必要发展深度的重建计划。在主要的私立大学工作的教授们也有同样的看法。另一方面,在旗帜性大学和主要的公立大学工作的教授们更可能认为现有的变革过程是静止的、零散的、孤立性的,而且要在行政命令之下才能施行。教授们给所有四个支持领域的平均评分(也是用 7 分级渐进量表)范围从 3.1 分到 5.2 分(除了文理学院之外,其他院校教授的评分中数是 4.1 分),因此我们只能得出这样的结论:在我们样本的高等院校中,目前还不存在有活力的主动性变革。

我们从访谈中得到的印象是,在大多数院校里都没有一个发动变革的清晰结构。我们听到的是,不管投入多少更新的努力都是不值得的,因为教师教育项目最初和后来都要受到州政府法令的限制。但是,大多数教授们都主动地提出了一些有趣的改革建议,并且在所有类型院校的绝大多数人(在回答问卷的时候)都表达了这样的心愿——一旦任何主要的重建计划开始实施,他们都将会参与。同样地,一大部分人说他们有责任参与这样的改革。

在第七章里,鉴于教师教育体系的低下声誉,很多教授们观察到的大学给予的低度支持、声望被剥夺的自我形象,还有外界对项目要求的操控侵入高等院校的程度,我将会质疑自我更新是否可行。但是教育学院/学校/系的自我更新并不是唯一可行的途径。如果高等院校想继续培养教师,它们就必须做出对这项工作的承诺并提供道义上的支持和必需的资源来发动对教育工作者之教育的全面革新,与此同时也要主动邀请附近学校参与更新并结为合作的联盟。

总 结 和 讨 论

我们并不需要访问太多的美国高等院校就能得出这样的结论:各个院校经办教师教育的方法是很不相同的。但是也有共同点,而且这些共同点减轻了访问者针对相同的问题在不同的校园持续开展访谈工作的负担。即使是那些不同点,虽然差别很大,也是在程度上而不是在性质上的差异(就像我之前提到的那样)。它们往往以院校类型而簇拥，并在特定的类型中彼此大不相同，因此与在其他类型院校中的情况会有很多的重叠。

在过去的四分之一个世纪中，各种院校使命中的平衡点都发生了深刻的转变。学术性工作，特别是那些教授从政府和私人慈善机构申请得到经费支持的项目，在大学上升到显赫优越的地位，但是却牺牲了教学和服务性的工作。虽然从理论上来讲，研究和教学应该携手共进，这是站得住脚的争议，但在现实中，学术界工作的奖励盒子里面的东西是有限的：给学术性工作更多的时间和关注，就必然会减少对教学和服务性工作的时间和关注。

学术性工作的优越性以及给做这些工作的教授的额外补贴在主要的公立和私立大学里都很明显。不用多长时间，那些之前对此还一无所知的教授也会察觉到不同专业领域、发表论文的类别、奖励等带来的声誉的微妙之处。他们也不用探究太久就会发现，如果一个教授是在教育学校、学院或系里工作的话，那么他就很难获取整个校园范围的认可。虽然经济学家、政治科学家和心理学家们对教育事宜的关注还能得到容忍（特别是当这些更加正统的研究领域的错失只是短暂的），但是如果请物理学家、数学家和类似的学者都认真地参与小学和中学的课程发展工作，那就会影响他们的职业发展。

对在不同专业领域工作的很多教授来说，适应使命中平衡点的变化是一件痛苦的事情。他们不仅不能很好地适应新的要求或者获取令人向往的额外补贴，而且许多人也不能开心地去欣赏那些青云直上的年轻同事——有时他们还挺傲慢的，在这场比赛中，他们将那些年长的男女同事们都甩在后面了。在教师教育专业工作的那些被甩在后面的男女教授们亲眼看到他们相信可以做得很好的工作的地位下降了，也看到那些年轻的同事们在职业阶梯上晋级的过程中经常逃避这样的工作。

虽然这些使命上的变化在地方性大学里最为深刻和普遍，但是我们访问过的每个高等院校都要面对这个问题。对学术性工作日益增加的重视所造成的错位现象已经成为旗帜性公立大学和主要的私立大学近期历史中的一部分。这些大学对教授们的期望已经没有什么含糊的地方了；新聘用的教授在上任之前对大学在工作上的要求几乎总是消息灵通的。文理学院的错位现象看上去比较轻微。我们听说在这些院校里，学术工作和教学工作，特别是支持教学的学术工作，一直都是携手共进的。这样的院校是不可能宣布研究已经比教学更重要的，它们如果这样做就无法生存下去了。然而，在过去两三年里没有发表论文的教授对他们即将面临的提职审核还是忧心忡怵的。

我们发现在地方性的私立和公立大学里,特别是公立大学,这种错位现象最严重。这本书的主题所涵盖的一大堆问题在这些大学里就像在雾里的高速公路上撞车的情况一样,都挤碰在一堆了。地方性大学,不管合适不合适,都想效仿主要的大学,很明显不能给自己设定一个清晰的使命。它们似乎认为进步就意味着要摆脱它们的过去,变成它们也许根本不能也不应该变成的样子。在这些大学里的教师教育项目为我们培养着大批的教师,但是它们的命运却与负责它们的董事会成员和领导的愿景密切相连。经常有人会说,教育是一件太重要的事情,不能只留给教育工作者。我不得不做出的结论是,地方性大学和里面的教师教育工作的未来太重要了,不能留给这些大学的领导去决定。但是不给他们,给谁呢?

在第四章中,我探讨过一种可能性:如果一个企业里的所有工人都受到一个清晰的、共享的使命所驱动并且参与合作性的决策过程,那么这个企业就会有生产力,一种凝聚的力量就会产生。但是我们的数据表明,在教师教育的问题上,高等院校的使命和教授个人的目标之间缺乏这种汇合点和一致性,在高等教育的其他领域可能也存在着同样的情况。因此,其他领域也需要开展研究,就像我们对教育工作者之教育的研究一样,才能检验这些领域的工作人员所看重和满意的工作是否与不断变化着的院校使命相符合,也才能确认这些使命的发展是否基于基本的教育原则。除了我之外,其他的学者们也观察到,经济市场的原则,而不是教育思想市场的原则,目前正主宰着大学、大学领导和教授们(人数还会增多)的行为。

在前面我们已经提到,教授们所看到的院校制定的获取终身职标准与他们自己所偏好的要求是很不相同的。如果一个企业里的工人们对企业制定的工作重心和奖励机制的看法与他们自己所希望看到的工作重心很不相同的话,那么就很难想象这个企业能良好地开展运作。在这种情况下,也很难想象企业的工人们会有很高的士气并从他们的工作中获取满足感。

我们的个人访谈笔记暴露出教授们的大量怨气,常常是源于一种被背叛了的感觉。我们访谈的有些教授感到自己被困住了。虽然他们也尽最大的努力去做研究工作,但还是不能发表论文;因此他们是不可能转移到其他单位去工作的。可是在他们目前的工作环境中,他们发现在退休之前还要走的职业道路(也许还有十年或更多年)已经不再吸引他们了。

尽管有这种士气下降的情况(还有其他的例子),但是大多数教授还是可以继续从他们所教的课程和所督导的学生那里获取工作的满意感。他们似乎都在忙于和乐于眼前的工作，而没有与同事们一起参与一些可以改变现状的全院性的发展项目。他们可以谈论可能会发生的变化，但是在很多情况下，他们似乎都不可能聚集必需的力量来发动全方位的变革。

根据我们的数据，针对眼下的需要和短期能解决的问题，而不是尚不清晰的未来，提出的改革措施是合乎情理的。的确，在这种情况下，也许这是唯一可取的健康方法。此外，为了集中力量发起变革和更新，教授们需要相信，改革的方向与他们自己所希望和偏好的工作是一致的。他们现在并没有这种信心：大多数教授所看到的院校所处的境地和发展的方向与他们自己所希望的往往是不相符合的。为什么要加速地朝并不吸引自己的目标赶去呢？

如果我们要动员教授们花费自己的时间和精力去参与更新，就必须让他们听到一种不同的鼓声并且努力让他们看到这种鼓声所能带来的希望：在院校的使命中将教师教育提高到至关重要的地位，承认办一流的教师教育项目需要大量的时间和精力并分配相应的资源给予支持，公平地分享做学术工作所需的经费和支持性服务，提供额外的资助在合作的学区创立"观摩和教学实习学校"，并且根据教授们所从事的必要工作的性质改革教授奖励机制。除非院校清楚地表明会奖励计划与更新的工作，否则不会有人愿意参与这样的工作。

当然要想使教师教育的文化健康起来，并且使高等院校的结构有效地促进学术工作，我们必须在发动自我更新的同时采取更多其他的措施。然而，我们的数据所揭示的是，教师教育工作者们很想参与改革，只要他们能听见一种真正激励人心的鼓声。这种鼓声将从何而来呢？等待大学内部出现有魅力和变革型的领导吗？等待大学的外部出现不满的政体吗？从理想的角度去看，我们应该建立起一个联合战线，由高等教育内部和外部的领导带领，所有人共享一个可以达成的愿景和决心实现这个目标的道德承诺。

注释

1. D. Light, Jr., "Introduction: The Structure of the Academic Professions," *Sociology of Education*, 1974, 47, 17.

2. For both survey and interview questions, see K. A. Sirotnik, "Studying the Education of Educators: Methodology," Technical Report no. 2 (Seattle: Center for Educational Renewal,

College of Education, University of Washington, 1989).

3. Earlier, I cited the view of Hutchins, who relegated the professional schools — which he associated with vocationalism — to the status of institutions outside the academic core of his ideal university. See. R. M. Hutchins, *The Higher Learning in America* (New Haven: Yale University Press, 1936), pp. 114 – 115. Flexner was a little more generous: "Of the professional faculties, a clear case can, I think, be made out for law, and medicine; not for denominational religion, which involves a bias, hardly perhaps for education, certainly not at all for business, journalism, domestic 'science,' or library 'science.'" See A. Flexner, *Universities: American, German, English* (New York: Oxford University Press, 1930), p. 29.

4. N. Glazer, "The Schools of the Minor Professions," *Minerva*, 1974, *12* (3), 346 – 364.

5. D. F. Machell, "A Discourse on Professional Melancholia," position paper (Danbury, Conn. : Western Connecticut State University, 1988).

6. A. Kojeve, "Tyranny and Wisdom," in Leo Strauss, *On Tyranny* (Ithaca: Cornell University Press, 1968), p. 172, footnote 6.

7. W. Pfaff, *Barbarian Sentiments* (New York: Hill and Wang, 1989), p. 132.

8. T. R. Sizer, *High School Reform and the Reform of Teacher Education*, ninth annual DeGarmo Lecture (Minneapolis: University of Minnesota, 1984), p. 8.

9. R. W. Clark, "School/University Relations: Partnerships and Networks," Occasional Paper no. 2 (Seattle: Center for Educational Renewal, College of Education, University of Washington, 1986).

10. K. A. Sirotnik and J. I. Goodlad (eds.), *School-University Partnerships in Action: Concepts, Cases, and Concerns* (New York: Teachers College Press, 1988).

11. See, for example, Carnegie Forum on Education and the Economy, *A Nation Prepared: Teachers for the 21st Century* (New York: Carnegie Corporation, 1986); Holmes Group, *Tomorrow's Teachers* (East Lansing, Mich. : Holmes Group, 1986); Southern Regional Education Board, *Changing the Education of Teachers* (Atlanta: Southern Regional Education Board, 1988); and Holmes Group, *Tomorrow's Schools: Principles for the Design of Professional Development Schools* (East Lansing, Mich. : Holmes Group, 1990).

12. P. A. Graham, "An Exciting and Challenging Year," *Harvard Graduate School of Education Association Bulletin*, 1983, *28* (1), 2 – 3.

13. J. I. Goodlad, "Linking Schools and Universities: Symbiotic Partnerships," Occasional Paper no. 1 (Seattle: Center for Educational Renewal, College of Education, University of Washington, 1986 [rev. 1987]).

14. N. D. Theobald, "The Financing and Governance of Professional Development or Partner Schools," Occasional Paper no. 10 (Seattle: Center for Educational Renewal, College of Education, University of Washington, 1990).

15. In our travels, we found that individuals had interpreted "five-year programs" in two different ways: either as fifth-year programs (involving a single postbaccalaureate year) or as five-year programs (including two years of general education, two years of specialized studies, and a

postbaccalaureate year). Consequently, this item should be discarded because of the confusion in interpretation.

16. It is difficult to weight all the factors entering into this action. The specific response was directed toward the announced prerequisites for eligibility to take the board's examination. But AACTE had already gone on record as opposing another aspect of the board's work: an effort to secure substantial sole-source funding from Congress. Our data suggest a more general and pervasive rejection by teacher educators of national board certification as a strategy for enhancing teaching as a profession.

17. J. Herbst, *And Sadly Teach* (Madison, Wis.: University of Wisconsin Press, 1989).

第六章

成为一名教师

教学开始的时候，就是学科主题不再是学科主题而变为内在力量的时候。

——弗朗茨·罗森茨威格(Franz Rosenzweig)[1]*

　　一般来说，人们把教育理解为刻意培养理想的特征和品质的过程，而社会化通常是指个人在特定的社会文化环境或部分环境中所受到的培训和熏陶。教育在培养关键的应用能力方面发挥着重要的作用，目的是改善个人的文化环境，而社会化更像是一个适应的过程。这两者结合起来就可以培育个人对某种文化适应的能力和气质，同时持续不断地去追求最好的文化环境。

　　教育和社会化都被主要的职业视为培育其成员的强有力机制。例如，弗莱克斯纳(Flexner)认为他所提议的四年制医学教育课程有两个功能。一个是通过化学、物理、生物等正式课程为学生提供职业教育的学术基础；另一个是提供机会帮学生获取一些更微妙和不易得到的职业精神和品质："通过丰富多样的文化经历帮助学生发展必要的洞察力和同情心。"[2] 弗莱克斯纳在他的报告中并没有阐明这些品质的确切性质(以及怎样培养这些品质)，但是要发展被他视为至关重要的感知和鉴赏"能力"[3]，学生在

---

*　本章引用的大多数数据都来源于罗杰·索德的报告："教师教育中的学生和老师：看法和观察"，第 8 号技术报告(西雅图：华盛顿大学教育学院教育更新中心，1989)；苏智欣的报告："探索教师的道德社会化过程：影响师范生信仰、态度和价值观发展的因素"，第 7 号技术报告(西雅图：华盛顿大学教育学院教育更新中心，1989)。

很大程度上需要依赖他们与同伴和教授在较长的时间里和大学的环境中建立起来的密切关系。

　　大约在八十年之后，全国教师职业标准委员会呼应了弗莱克斯纳提出的职业培训的这两个功能，但是对第二个功能有更明确的阐述："要通过严格的评估、扩展的职业教育课程和有良好督导的实习来保证学生发展最强的职业能力。这种要求不仅能保证学生完成某些课程学习，也可以保证执照获取者在学院和大学的环境里经历职业社会化的过程，包括与其他学生和教授一起在较长的一段时间里互动和反思职业实践、职业道德和传统的相关事宜。同样地，全时地参与职业培训可以增强学习的效果，提高探究的质量，并巩固职业新人对学术的承诺。"[4]

　　弗莱克斯纳提出的培训设置包括职业教育的正式和非正式部分。正式的部分有学习的项目，包括预修科目、学习顺序和对具体分支专业的选择（如果有的话）。此外，学生和教授每天都在参与互动和计划好的与自发的社会活动，有些活动是学生和教授一起参与的。培训项目所设置的正式和非正式活动为学生和教授创造了人与人之间的交流机会，而这样的交流必须由双方一起参加才能实现，单方是无法直接实现的。法律、医学和牙医职业学院通常鼓励和强化这种培训设置，为学生制定清晰的录取和毕业标准，并安排学生们在统一的"同类群组"里一起学习和进步。作为不同年份毕业班（如 1942 年、1988 年或 1995 年）里的同类人，学生和毕业生与他们的同班人共享或者曾经共享在成长期间遇到的困难、喜悦和期望。同一期毕业的人会建立起终身的友谊，往往是深厚的友谊。

　　因此，在职业教育中，既有正式的也有非正式的学习过程，既有外显课程也有内隐课程，并且这两种课程都会传播职业的价值观和信仰。这些课程所包括的和没有包括的内容也许同样重要；它们往往会传递强大的，也是微妙的信息。一个计划好的、整合的社会化过程可以创造各种各样的机会将一些会有争议的主题拿到台面上来进行讨论。这样师范生就可以在那些正式课程避免提及的一些敏感和关键领域里也能开展探索并获得宝贵的反馈。如果这些领域的问题得不到探讨，未来的新教师就只好自己在工作中摸索着形成自己的观念，而学校里的同行竞争氛围往往是不适合公开讨论并解决问题的。

　　在探索成为一名教师所需要参与的正式和非正式的培训过程和课程学习之前，我们先来看一下在我们调研院校中的师范生的群体情况。在今天的教师教育项目学习的男女青年们到底具有哪些特征呢？

未来的教师

我们的数据证实了一些关于准备当教师的人的特征的大众信仰,但是也否定了一些其他的看法。下面的描述基于将近 3 000 名即将毕业的师范生(64%即将毕业)对我们调研问卷的回答,加上 650 次访谈的资料,几乎一半是对学生个人的访谈。我在评论中也会加入一些教授的评论、相关的文献资料、走访时的观察体会,以及我们项目的历史学者在访问各校时收集的资料。

在参加我们问卷调研的师范生中,有 70%的人准备同时完成学士学位和教师执照项目的学习。大约五分之一的人在研究生级别的项目学习,有的只参加教师执照的培训,有的在完成教师执照学习的同时也获取了他们的硕士学位。这些院校的大多数毕业生都是所谓的传统性学生;但是那些决定从其他行业转入教师职业的非传统性学生也是未来教师的一个很大来源。

我们的数据证实了这样的刻板印象——教学是一个吸引女性和白人的工作,分别有 80%的女性和 92%的白人。如果我们将样本中的两所院校挪出去,那么黑人师范生的百分比(4.6%)就会减少一半。亚裔/太平洋岛人、西班牙裔人和印第安美国人一共只有 2%。几乎在所有的样本院校里,教师教育项目的少数族裔学生的百分比都极大地低于在整个院校注册的少数族裔学生的百分比,而且我们在任何地方都没有看到有人在做出努力以便在不远的将来改变这种状况。但是我们从亚利桑那大学教育学院(不在我们的样本里)的经验中得知,只要开展深思熟虑的、集中的招生努力,设立可以吸引某些少数族裔师范生的条件,就可以得到好结果:通过广泛地宣传师范生项目并有意招收那些有特殊文化经历和非英语语言能力的学生的努力,那里的少数族裔学生的注册人数从 1988 年的 12%增长到一年之后的 29%。

如果今天的教师都来自一种家庭或学术背景,那就可能会犯错。在我们的样本中,接近 85%的师范生在他们上 K - 12 中小学的时候,家里的收入是中等或更高的。但是,他们现在的财务状况却很不相同了:大约 40%的人靠他人资助,并且 30%的人依靠自己和他人的支持。超过 50%的人表示他们的收入低于中等水平。大约一半的人认为教书工作的收入可以养活一个人,只有 10%的人认为教师可以作为养活全家的唯一或是主要的挣钱人。超过 40%的人预估教书工作需要与另外一份有收入的工作加起来才能够支持家人的生活。很清楚,我们样本中大多数的师范生都没有将教书当作一种可以独自养活全家的工作。这个结论是不奇怪的。

我们样本中几乎所有的院校在我们访问的那一年或者在此之前的一年或两年里都提高了教师教育项目的录取要求。也许这就能说明师范生的学术背景为什么与人们的通常看法不太一样。尽管有些师范生很明显地缺乏基础文化知识，这些人不能通过考试并且必须参加补习项目，但是我们样本中的师范生的学术背景分布很广，除了一小部分人之外，多数学生都能获得大学通常要求本科生达到的、基于四分制的 2.5 分的平均学分绩点。70% 以上的师范生的本科平均学分绩点是 3.0 分或更高。

总的来看，教育专业的教授们认为，与校园中其他专业的学生相比，在教师教育项目学习的学生具有普通的学术能力。但是，有趣的是，那些在私立院校工作的教授们对他们学生的看法更好一些：在地方性私立大学和文理学院工作的教授中，大约 22% 的人认为他们学生的能力超出一般水平，只有 15% 的地方性私立大学和 12% 的文理学院的教授们认为他们的学生是低于平均水平的。相比之下，在旗帜性公立大学里，只有 10% 的教授认为教师教育的学生是超出一般水平的，但是 35% 的人认为这些学生是低于平均水平的（后者是在那些特别注重研究和研究生教育的大学的教育学院工作的教授）。

有一些学习能力差的师范生也进入和完成了教师教育项目的学习，这就给一些教授留下了未来的教师和他们所参加的培训项目学术水平低的印象。[5] 人们往往会忽视这样的事实：很多师范生都是很有能力的学生。我们访谈的许多师范生都很聪明并善于表达，只是在回答与社会和教育相关的大问题的时候会显得有些缺陷，这是我们社会的普遍问题，正如一些批评家所指出的那样，普通的美国人，包括大学毕业生，都没有兴趣也没有能力参加超出他们日常生活中的问题的讨论。

我们在访谈那些不在教师教育项目工作的教授时（有的教授也与教师教育的工作有一些关联），可以感觉到他们是很瞧不起师范生的学术能力的。师范生也很了解对他们的这种负面看法但是并没有因此而感到畏惧。大多数师范生都从家长、同伴、之前的老师、现在的教授，甚至目前在指导他们教学实习的老师那里（有时是从所有这些人那里）感受到强烈的负面压力。

我很清楚地记得，我访谈一位在研究生级别的教师教育项目学习的年轻女生的时候，她告诉我她的父亲（一位内科医生）拒绝给她上大学的费用，除非她放弃当老师的计划。现在，经过一年令人失望的在企业工作的经历，她还是要自己负担在教师教育项目学习的费用,因为她父亲还是拒绝帮助她。我与师范生开展了一些小组座谈,每当我问起别人对他们的态度时,总是会引起咯咯的笑声并激起热烈的讨论,让我听到了很多的轶事。所有的参会人都见过别人的惊讶表情,遭受过公开的嘲讽。但是,这些人,特别是他们的同伴,最终还是会理解他们的决定并表示支持,有时甚至会发出钦佩的表述:"你计划去做的事情是非常需要的,也是很重要的,必须有人做这个工作。"

传统型的、年轻的本科师范生和年长一些的、研究生级别的师范生都有很强烈的教书欲望。在我们的样本中,对85%的师范生来说,教书工作是他们的第一职业选择,尽管27%的师范生之前在其他行业工作过。虽然商业仍然是大学生喜欢选择的一个职业领域,但在我们的样本里从其他行业转入教师教育的师范生中,有31%是离开了他们在商业界的工作转过来的。我们在访谈中可以感受到师范生希望尽快开始教书工作的强烈愿望。学生们经常会表示对某些要求的不耐烦,包括要求他们学习的通识课程,他们觉得这些课的学习只是在耽误他们进入教学工作的时间。

从军事机构、商业和其他行业转入教师教育的学生的确是教学工作的一个宝贵资源。但是我们也清楚地看到,任何减少或取消传统性的本科师范教育的措施都会有可怕的后果,不仅会减少教师的数量,也会排除很多特别有激情的年轻人,而对这些年轻人来说,教师是他们很希望选择的职业。已经有证据说明,很多学生并不欢迎将教师教育推迟到研究生阶段的改革建议。他们根本无法设想先读四年本科和专门的学科学习,再去参加培训成为教师。

我们也发现,教师职业还没有失去之前通常与教学工作联系在一起的地区性和家庭化的特色。在我们样本里的师范生中,有五分之一的人报告说他们的母亲之前当过老师或者现在还在教书,有十分之一的人报告说他们的父亲之前当过老师或者现在还在教书。几乎所有的师范生都来自附近的社区。他们进入某个教师教育项目很少是因为他们知道和喜欢这个项目的办学理念,或者是因为它有较高的录取标准,或者是因为项目积极地招录他们进去。他们选择一个主要的公立大学、地方性公立或私立大学的主要原因就是它在附近。事实上,地点是所有类型院校的学生选择大学的一个重要原因,除了主要的私立大学,还有私立的文理学院。上大学所需的费用也是所有公立院校的学生在择校时考虑的一个重要因素(在旗帜性州立大学的重要性要低一些),但是对私立院校的学生来说,这个因素并不太重要。

师范生选择在当地大学读书的原因在很大程度上是相信他们在当地最容易找到

教职。我们在访谈中了解到,大批的师范生都希望在当地找到工作;他们没有兴趣离开本州或者是本州的某一个地区,到其他地方去找工作。例如,我记得在西南比斯特威克州立大学遇到了一批即将完成教学实习的师范生。他们是在当地长大的,也在他们熟悉的学校里做教学实习,他们与附近的男女青年交往并准备结婚,但是担心找不到当地的教学工作。主要的大学可能会宣传它们是世界一流的大学,但是大多数在教师教育项目学习的师范生都是当地人。主要的州立大学很少能从其他的州吸引来师范生。那些私立的院校可以从更广泛的地区吸引到学生,不是因为它们教师教育的声望,而是因为大学的名声。

在第四章中,我曾建议说,在州政府决策人密切关注公立院校财务预算的情况下,这些院校可以采用一项重要的应对策略。州立法人很可能更愿意看到高等院校为本州的发展作出的贡献,而不是想看到这些院校的学生或教授具有哪些世界性的特征。如果一所高等院校坚定地致力于发展教师教育,可能不一定能为大学带来很多高层领导人和教授所期待的那种声誉,因为研究经费在大学的优先顺序中占有更重要的地位,但是这样的发展可能在下一届州议会讨论预算的时候很好地帮助大学获取和保证州政府的资助。

正 式 的 课 程

我在第七章中将详细论述我们样本院校里的教师教育项目。因此这里的描述只是一个短小的讨论,为我在后面对学生的经历得出的结论和做出的观察提供一个背景。

从表面上来看,詹姆斯·柯南(James Conant)在 1963 年对教师教育项目的描述至今仍然有用:它们具有"民主的社会成分",包括儿童群体的行为发展、儿童生长的知识和教学的原则。[6] 他发现,这些不同的成分被包含在不同的教育课程里——社会基础课(教育历史、哲学或其他的主题)、教育心理学课、关于儿童或青少年发展的课、普通和/或"学科"教学方法课,还有实习教学,培训项目通常会按照这个顺序为师范生开设课程。

我们看到,在社会基础课的成分里,有一些与之前的描述很不一样的变化。在1960 年代,师范生肯定会被要求学习一门很有分量的教育历史和哲学课(或者从历史和哲学的角度介绍美国教育的基础课),但在我们的调研院校里,这种课已经很少了。

当然免不了要有一门介绍教育的基础课，但是几乎不可能猜测出这门课的内容。偶尔，这种课会包括教育历史或哲学，但更经常的是，这门课的主要内容是给学生介绍项目的要求、教书工作的需求和期望，并开办一些有选择性的主题（但不是现代的主题）讲座（而不是讨论），例如艾滋病防治教育，怎样通过最低能力测试，怎样管理课堂，还有多元化教育。一般是每堂课讲一个主题。

教育心理学课总会以某种方式在项目中存在着，教学方法课也是如此。甚至关于普通或"学科"教学法（与不同的学科有关的）的相对价值的陈旧辩论也在经久不息地延续下去。在大多数校园中，教育专业的教授和文理学科专业的教授都在开展一场争夺学科教学法课控制权的拔河比赛，在一些校园中还变得相当激烈。为小学教育师范生开设的课程方法课①里塞满了多达八个学科的知识，这几乎是普遍的做法，也几乎总是有争议的。同样地，给未来的中学教师开设的普通教学法与学科教学法课之间的关系也是长期争议并仍然存在的问题。

教学实习也仍然是教师教育中一个常见的成分，而且也不是没有争议的部分。我们在访谈教授时不用花多少时间就能谈到关于教学实习长久以来存在的问题：到底应该做多少教学实习？应该将实习分为两部分或者更短的时间或者拉长到整个季度学期或年度学期？是否应该给实习的师范生开设一门与实习有关的综合研讨课？未来的中学教师在大学校园中完成剩下的学科主修课的时候，怎样才能安排出一段集中的、不被打断的时间去实习？我们怎样做才能帮助学生在四年里完成本科学习和教师教育的所有课程，特别是这些学生要在完成标准的 120 个本科课程学分的同时也要完成教师教育所要求的 12 个或更多个年度学期学分的学习？这些问题被我之前的一位同事起名为"灰猫问题"：它们永远不会消失；即使它们看上去消失了，也总会再爬回来。

上面描述的是在普通的小学和中学教师培训项目中所常见的课程。当然也会有一些不同的课程，早期儿童教育课程会更多地强调儿童的生长和发展，主修艺术、家政、体育和工艺美术教育的学生也会有一些专门的学习内容，但几乎所有的项目都设有一些清晰可辨的普通教育课程。

不太一致的是学生在项目中的进度。例如，1992 年毕业班的师范生并不是同时开始参加教师教育项目的。我们没有看到培训项目做出任何刻意的安排让学生一起

---

① 美国的小学采用的是全科教学方法，即一个教师负责教所有学科的知识。——译者注

走过一个共同分享的社会化过程，当然也找不到对此过程的赞赏。在地方性私立大学里，大约 27% 的师范生在正式进入教师教育项目之前就已经选修过五门或更多门教育课。进入项目之前就选修过三门或更多教育课的学生的百分比从地方性私立大学的 54% 到主要的私立院校的 17%。甚至在文理学院里，人们本来会期待在这样一个亲热的校园环境里，项目的运作可以得到密切的监督，但是也有 35% 的师范生在正式进入教师教育项目之前已经选修了三门或更多门教育课。在我们的样本中，只有主要的私立大学可以较好地掌控学生开始教育课程学习的时间，将其与他们被项目录取的时间紧密地联系起来。也许这些院校的高昂学费也促使学生们更认真地做出学习计划和选择。

我们在去院校做调研访问的时候并没有马上看到这些数据。尽管如此，这个问题还是很快就浮现了出来，虽然问题的大小不一定很明显。教授们对此的反应从"我们应该更好地掌控师范生的录取工作并监督他们学习的过程"到"这是让学生在做出职业选择之前确认他们是否想进入教师职业的最好方法"。

尚未进入教师教育项目的学生就可以随意选修教育课程的做法进一步延续了教学工作只是一个"还没有到位"的职业的遗留问题。即使那些上大学时就计划将来当教师的学生也不需要宣布他们的主修意图。他们可以在几门教育课上坐听下去而不用担心会因为他们并没有当教师的潜力而被劝退出去。任课的教授们给这些学生的反馈也更可能是关于他们课业的完成情况而不是关于他们是否适合当教师的问题。学生们在几门课上积累了满意的成绩之后，几乎可以保证会被教师教育项目录取。他们在教育课的路上已经走了这么久，那么就像《窈窕淑女》歌剧中的伊丽莎·杜立特（Eliza Doolittle）所表白的那样，他们就"一点儿都不可能"被拒绝参加实习教学（这是教师教育项目的最后一个进入点）。在我们访谈过的教授中，有一些人是管控学生录取的大学委员会成员，他们经常会承认允许学生在被教师培训项目正式录取之前就可以持续地选修好几门教育课是错误的做法，但是他们又感到，拒绝这些学生进入项目已经太迟了。

很难想出一个合理的论点来支持这种杂乱无章的录取方法，但是我们访问过的很多校园都采用了这个方法。那种认为让学生到教育课上去蜻蜓点水似的体验一下就可以确定他们是否想进入教师职业的论点是根本站不住脚的。学生们普遍地承认，教授们也经常会承认，很多这些课程其实与教学并没有很大的关系。让人感到悲哀的是，这种草率的解释只会进一步加重那片顶在教师教育、教师教育工作者和师范生头上的地位低下的乌云，使他们继续辛劳和受罪。因此，一件很重要的事情就是要让未来的教师在高标准的要求之下进入教师培训项目，并且在整个培训过程中保持高标准的表现和成绩。如果教师教育项目不能达到这个期望，它就会对不起学生，对不起教师职业，也对不住我们的孩子。

非正式的课程

教师候选人与其他职业的候选人不同，他们在中小学和大学做学生的 12 年到 16 年里，有着非同寻常的机会去观察他们自己老师的工作实践。在这个"做学徒观察"[7]的过程里，他们在某种程度上将之前教师的价值观、信仰和实践都内在化地收入心底了。[8] 作为未来的教师，他们还是会经常参考自己之前的老师对他们的持续影响。我们在第七章中将会看到，这些准教师首先要上的课是"关于"教育的；这些课不会让师范生去面对那种将价值观摆到桌面上来的严肃情况，特别是那些有冲突或者有争议的价值观。相比之下，医学院教育紧迫的压力和氛围与学生之前的经历很不相同，从职业教育一开始的时候便为学生提供了一个强大的社会化过程。[9]

未来的教师所进入的教师教育环境缺乏确定的边界线。在通识教育和教师教育之间的界限是模糊不清的。我们在访谈文理学院的师范生时，发现他们更强烈地认同自己在整个学院的身份，而不是在教育系的身份。只有在教学实习的时候，成为一名教师的价值观才会凸显出来，而在这个阶段，这些价值观的主导人是学校的合作指导教师。

在大型的研究型的教育学院中，师范生感到他们是处于边缘地位的。他们知道哪一位教授是有全国声望的，但是他们和这些名人并没有或很少有机会接触。此外，他们知道教育学院在职业学院的声誉阶梯上的排名很低。因此，他们发现自己原来是待在校园中的一个二流单位里的一个二流项目里。

虽然教师教育事业处在这种没有确定界限和地位低下的背景中，但许多师范生对教师工作还是抱有积极的承诺。当我们问起他们期待当教师的起薪是多少时，大多数人给出的数字都低于本州教师的工资水平。在某种意义上来说，师范生所预估的低收入似乎被一些人视为是很崇高的，就像发出贞洁的誓言一样。我们的访谈笔记里充满了学生的誓言："教学工作是唯一使人有机会通过帮助儿童而改良社会的职业。""我从小就立志当老师。""我如果去当电机工程师可以比教书多挣一倍的钱，但是我感到做工程太受限制了。""我小时候有过很多好老师,是他们激发我进入教师职业。"虽然之前我提到过,一些师范生的朋友甚至教师对他们有过令人沮丧的影响,但是大多数未来的教师都谈到他们之前的老师对他们的入职决定起了积极的影响。

不幸的是,我们样本中的院校很少重视和利用师范生所具有的这些内在的入职动机。人们也许会期待每个校园都有一系列设计好的课外活动可以将学生和教授非正式地聚集在一起。但在现实中,学生们在第一次上基础课和了解项目要求的时候,几乎都还互不相识。被安排在一个小组活动的师范生并没有共同的教学目标,更没有师范生感到身处在一个同类群组里并知道自己是 1992 届毕业班里的一分子。在通常情况下,作为一名有抱负的师范生的第一个也是唯一的一个认同感是与正式的课程联系在一起的。

当然也有例外。美恩斯特瑞姆大学的一位主修数学的学生(坚定地准备当老师,尽管数学教授们也给他摆出了很多其他的工作机会)告诉我们,他走访了五所院校之后才选择了这个主要的私立大学,因为这所大学和里面的教育学院热情地欢迎了他。与我们样本中的其他院校不一样的是,这所大学从本科一年级开始就招收师范生(高年级学生也可以申请)。但是,即使在这里,学生也更加认可他们在整个大学的身份,而不是在教育学院的身份,部分原因是教育学院没有努力把在教师教育项目注册的学生都组织在一个拥有共同目标的群体里。

多尔赛学院(以及它的儿童学校)和波卢德摩尔大学(这里的教育系有教授办公室和会议室的专用楼)利用它们的设施为学生和教授提供了很多非正式的聚会机会。不幸的是,很多大学都建有高大的,甚至有些令人敬畏的教育大楼,看上去只是为了让学生从中穿过而不是在此停留;这些大楼与那些为了鼓励学生和教授在一起交流而刻意建造的共享性设施形成了鲜明的对照,例如不列颠哥伦比亚大学的教育楼(不在我们的样本中)。

也许我们样本中的教师教育项目对学生群体关注的缺乏并不让人感到奇怪,因为教学工作本身就是一种孤独性的工作。丹恩·洛惕(Dan Lortie)在他的《学校教师》一书中非常生动地描述了教师工作在身体上,而且特别是在智力上的互相隔离现象。[10] 肯尼斯·泰尔(Kenneth Tye)也记述了教师在职教育的个性化倾向:教师从他们学校的环境中走出来,与其他同事们一起参加一次性的工作坊,目的是改进他们个人的教学技能。[11] 整个学校的精神气质——对教师和学生都是一样——是一种以个人为主的竞争氛围。[12] 正像美国教师协会主席阿尔伯特·贤科(Albert Shanker)所描述的那样:"在办公室一起工作就被视为是合作。但在学校里,同样的事情就是作假了。"我们所观察到的教师教育事业以它现有的设置很好地巩固了学校和教学工作目前的现状。

人们会期待在同一个教师教育项目一起学习了两年到四年的学生会建立起很牢固的人与人之间的关系。因此,当我们发现回答问卷的师范生中有30%的人(从小学项目的30%到中学项目的40%)表示他们在即将毕业的时候只有一些偶然相识的同学时,我们感到很吃惊。我们本来期待小型的院校在这方面会有很大的不同,但是我们的调研却得出了相反的结果:旗帜性公立大学有21%的师范生而私立文理学院有34%的师范生表示,他们在即将毕业的时候只有一些偶然相识的同学;相比之下,前者有42%的师范生而后者有32%的师范生在即将毕业的时候有很多朋友和熟人或者认识项目中大多数的学生。

这是怎么回事呢? 难道私立的文理学院制造了一种强大的社会压力将教师教育的学生排除在外了吗(因此他们也没有经历一个强大的、帮助他们成为未来教师的社会化过程)? 难道教师教育项目的教授们简单地以为他们的学生也体验到了很多在这个小型校园中工作的人与同事们分享的那种亲密关系吗? 是否因为大型的公立大学太没有人情味了,所以在这样的大学里的一个具体专业学习的人更愿意认可他在这个专业的身份并与同专业的人建立起友谊的关系呢? 我们调研的院校还太少,所收集的数据也不适宜回答这样的问题。但是我们总的印象是,教师教育项目的学生缺乏一种凝聚力的感觉,彼此没有建立起密切的友谊关系。

我们在分析关于学生在课外的互相联系的数据时加深了这种印象。例如,大约42%的学生在项目刚开始的时候并没有与其他学生一起参加过迎新会议。我们发现有的项目努力建立起"伙伴的系统"——将一年级的新生与高届的学生结为伙伴——来支持新生,有些校园还组织学生加入同类的群组和/或实习教师小组。但是这些和其他类似的努力通常都是由个别教授发起的并且维持不了多久。当然,目前流行的实习教学模式是每个人各自为政,他们应该可以从分享共同经历的群组中获益。如果我们的样本也包括了北亚利桑那大学,我们在调研访问时就可能会看到我几年前在那里观察到的情景:一批未来的小学教师在一所公立学校参加教学实习的时候,和几个大学教授一起将校园中的一个预制教室作为临时的避难所,经常在里面讨论学生的教学经验并获取实习教学方面的支持。所有参加调研的人都热情高涨地报告说,他们很珍视与同伴一起讨论教学经验的机会。同样地,密西根州立大学(不在我们的样本里)的教育学院目前也在致力于将师范生组织在同类群组里,让他们以群组的形式一起参与教学工作的社会化过程。

我们将数据加在一起便得出了这样的结论:教师培训项目对建立和发展师范生同伴文化的兴趣是很小的,因此同伴文化在项目中对学生的影响也很微弱。当学生们需要咨询意见的时候,大多数人都说他们会去找教授或者学校教师。但是在大多数校园中,他们与这些导师的非正式接触是有限的,这就意味着学生在正式课程之外很少有机会得到指导(有一个例外是多尔赛学院,在这里某些课程的开设与实习教学同步进行,因此师范生建起了较强的同伴文化,也有较多的师生互动机会)。毫不使人惊讶的是,这里的教授认为学生对他们在信仰方面的影响是很微不足道的。

我们的数据一致显示,小学教育师范生比中学教育师范生享有更强大的非正式支持体系。一个很明显的原因是前者比后者更多地参与了在一起共享的学习和工作;中学教育师范生分散在大学各个不同的学科系里,虽然在一起上过几门教育课,但是做教学实习的时候就又分开了。此外,在我们访问过的多数校园中,多达三分之二的师范生在外面兼职或全时工作。在城市地区的大学里,例如山下州立大学和中拉瑟福德州立大学,很多学生要从外面的工作单位赶到大学上课,然后再赶回去工作。

总的来看,大约70%的学生在走读。大学之间的差异是很大的:私立文理学院里52%的师范生和主要的私立大学里44%的师范生住在校园的宿舍里或周边的居所里,但是在地方性私立大学和主要的公立大学里,这样的学生的百分比分别是9%和15%。然而这些差异与院校之间在同伴文化方面的差异并没有平行的可比性,甚至连基本的可比性都没有。

在教师教育项目中,超过90%的非传统性、在研究生级别学习的师范生是走读生。多数院校都为这类学生比为传统性的学生提供了更多的非正式的社交活动。然而,这类学生之间建立起来的友谊关系并不多也很薄弱。这类学生更注重的是参加培训以进入教师工作,而不是参加社交活动,况且他们已经很深地卷入在之前已经建立起来的家庭和朋友关系中,没有时间再去寻求和建立更多的联系。

西方文化对个人主义的强调——在学校也在其他的地方——已经形塑了我们访谈的大多数学生的行为。在访谈中,学生们对群体联系的价值的看法大不相同。有些人认为他们独特的个性已经将他们与项目中其他的同伴区别开来了,有些人甚至感到自己已经超越了其他的同伴。但是,另一些人认为缺乏强大的同伴联系对他们是一个重大的损失。在多尔赛学院,教师教育项目刻意为师范生创造了一个共享的经历,几乎所有的学生都非常珍视这种有组织的同伴群体。

苏智欣在分析了我们数据中师范生的同伴文化后得出了这样的结论:"教师培训项目的组织形式,特别是实习教学经历的结构,也往往会鼓励师范生发展教师的个人主义倾向。我们的问卷和访谈数据都表明,我们样本中的教师教育项目里的学生们没有参与很多同学之间的互动性活动,正式的和非正式的互动都没有。我们的调研项目所呈现出的实习教师的形象是一群依赖自己个人的动机和能动性去学做教师的人。实习教师孤立无援地处在'游泳或淹死'的境地里。因此,大多数师范生走向教师职业的培训和实习经历给他们留下了双重的孤独感。"[13]

价值观和信仰的内在化过程

在我们的问卷和访谈中,我们给学生提出的很多问题是关于学校功能、教师作用、他们对项目的目标和重点的看法、他们对教育问题的观察,等等。在访谈过程中,我们在原定的问题上进一步地探讨和追问,以便了解师范生在超越他们的学生角色去认同教师工作的需求和期望时,经历了什么样的思想变化。他们在参加教师教育项目的过程中,不仅在吸收他人的影响,也在确定和发展很多将来会指导他们教师工作的价值观。[14] 因此,我们力图在调研中发现哪些价值观、信仰和教育原则的模式在开始指导着他们的教学实践。我们也想知道这些价值观、信仰和原则是怎样在他们心中发展起来的。

在理想的情况下,人们应该研究价值观在一段较长的时间里形成的过程。虽然我们没有这么多时间去做这样的研究,但我们还是可以得出一些结论。我在前面报告过的一些调研结果(并结合其他研究的发现[15])已经让我们看到了这样的结论,师范生的同伴文化,在实习教学之前和期间,都没有很好地形成也没有对师范生产生强大的影响。因此,我们的结论是,这些刚起步的教师严重地依赖培训项目本身来发展他们的教育价值观,并局限在项目对他们的影响下。在我们讨论项目所教的具体内容及其影响力之前,[16] 让我们先观察一下师范生在进入项目的时候已经带来了什么样的价值观。

我们发现,这些师范生的目标非常明确和实用——参加培训成为教师,大多数都是当地人。在所有类型的院校里,师范生都给我们问卷中的"拥有一份满意的工作"的入职动机打了最高分(从 6.3 分到 6.5 分,基于 7 分级渐进量表)。喜欢和希望帮助儿童的动因也获得了同样的高分。很少有人提到选择教师工作是因为想把教书作为一个备用的工作或是因为不知道想干什么其他的工作。那些计划从其他行业转入教师职业的非传统性学生具有特别明显的成为教师的强烈愿望。他们和比他们年轻一些的传统性学生在进入教师教育项目之前就清楚地知道,教师职业在社会上的地位是低下的,他们进入项目之后也很快就了解到,教师教育在大学里的地位也是低下的。有意思的是,让他们感到更挫败的是他人没有认识到教师职业重要性的遗憾现实,而不是他们自己的失望情绪。许多师范生似乎对他们选择的这个没有权力和地位的职业的内在美德抱有坚定的信念,对他人的嘲讽耸耸肩表示并不在意。

虽然有些师范生谈起他们进入教师职业的动机是因为对某一门学科的兴趣,当然更多的中学教育师范生而不是小学教育师范生会这样认为,但是我们很少会得到这样的印象:成长为一名有教养的人是一个强大的入职目标。的确,很多师范生对教育基础课程也会像他们对文理学科课程的要求一样感到不耐烦。他们对项目的兴趣和满意感与他们在项目中参加的、不断增多的实地观摩经验和之后的实习教学是成正比的。师范生给教学法课的有用程度的评分高于给基础课的评分但是低于给课堂实地经验的评分。

公众和学术界对教育课程的负面看法在很大程度上是因为参加这些教育课程学习的人自己看不起这些课的用途。师范生的这些看法与他们非常务实的目标背景很有关联,这种倾向使他们在评估所有的教育课程时采取了功利主义的态度和实用性的评估标准。另一方面,他们并不期待文理学科的课程达到这样的标准。未来的教师想学会怎样教书,但他们并不准备做教育历史学家、哲学家、心理学家或社会学家。但是,他们刚开始学习教育课程的时候,遇到的很多教授正是这些领域的专家。我们在第七章中会看到,许多教授没有兴趣将他们的课变成实用的工具,而学生也没有兴趣在他们的课上找到实用的价值。很清楚,他们之间是格格不入的。我们在访谈中深入探索这样的问题时通常会发现,学生们认为教育的基础课并不比他们所修的通识教育课更丰富或更缺少学术挑战性。他们感到烦扰的是,这些课看上去与教学不是很相关。

人们不禁要问,教育基础课的负面形象——所有基础课的形象都差不多,没有太大区别——到底是怎样地从一方面削弱了它们作为必修课的地位,又从另一方面使它们变成了垃圾箱(所有州政府规定要学的内容都被扫入这些垃圾箱里)。那些"实用"的方法课在基础课被削弱的时候就被安排进去填补空缺。具有讽刺意味的是,尽管小学教育项目的师范生通常抱怨说他们的方法课有重复的内容和"忙碌的功课",很多学生还是想上更多的方法课。"你永远不会觉得上够了",他们说。

具有更大讽刺意味的是,对教育课程的两种批评正好是相反的。这些课程被描述为不切实际,主要是来自学生的抱怨(顺便提一下,几乎在所有的职业培训项目中都能听到这种抱怨),并且是个"米老鼠"(意思是差劲的,毫无价值的),这主要是文理学科的教授们的批评。任何想推开不切实际的基础课——从教育专业领域剪下来一部分,并走向可以马上看见实际效果的实用性课程的建议都会加重教育课程整体的米老鼠地位,而任何想推开实用的方法课并走向基础原则课的认真努力都会加剧学生们对课程不切实际的批评。师范生和教育专业的教授们在回答关于理论与实践所处困境的问卷问题时,都希望这两者能很好地结合起来。很清楚,在教学法领域和如何将教学法融入一个有连贯性的教师培训项目中去的问题上,我们还需要做进一步的探究并采取建设性的行动。[17]

考虑到这一切,我们根据分析而得出的两个主要结论就不应该使人感到惊讶了。第一,从作为一个学生到成为一名教师的转折对大多数师范生来说是只是一个职业性的转变,而不是一种智力上的超越。也就是说,他们从作为学院或大学的学生转变为学校的老师,而不是从课程内容的学习者转变为教学和培育人的探究者。

第二,师范生内在地感受作为一名教师的意义的目前形式是在一个有儿童或青少年的课堂里学会"什么是有效的"方法。对这些师范生来说,更重要的是学"会去做",例如,就像实习教师的导师那样去做,而不是去探究为什么某种方法是成功的问题或者去探索不同的可能性。

这些做法都不能被称为是智力上的发展。第一种做法是引导师范生进入新的工作,并为他们介绍一种可能会使他们感到满意的环境。第二种做法有点像在生意场上一样:看看目前行业里对工作满意的人所采用的最先进的方法是什么。因为这些实用性的倾向,师范生在培训项目提供的有更多保护性的环境里,尽可能多地收集实用的方法。整个社会化的过程似乎是在通过实地的经验发展学生的教学技能,而不是培养他们怎样在不可预测的情况中思考问题的能力。也许这可以在某种程度上解释为什么教师们在互相孤立的境况下还会比较积极地参与实用性的短期工作坊,但是不愿意参加那些侧重原则和理论学习的在职培训活动。

在我们访谈的师范生中,几乎有一半人坚持说,他们刚进入项目时所持有的基本教育价值观和信仰在整个培训过程中并没有改变。其他人认为他们在刚进入项目时对学校和教师工作抱有理想化的信念，但后来就变得更加现实和实事求是了。大多数教授相信，师范生的价值观和信仰在培训中发生了变化。但是，当我们进一步探究的时候，发现很多人对"价值观和信仰"的理解是比较狭隘的。教授们所看到的变化是，学生最初持有的对教学的简单化看法变成更为复杂的观念了。教授和学生都认为实习教学对学生有重大的影响力。虽然教师教育的教授们认为他们自己对学生也是一个重要的影响因素，但是学生们在评估影响他们教育价值观和信仰发展的各种因素时，总是将教授远远地排在学校指导实习的合作教师后面。在学生的眼中，大学派去督导他们实习教学的人对他们的影响力更低，排在大学校园中教课的教授后面。

在与学生的访谈中，几乎所有的学生都在或者将要开始实习教学，我们发现大多数学生都很难回忆起在教育基础课里学过哪些实质性的内容。经过更多的发问，我们才能让他们回想起一些内容，包括一点历史、一些哲学思想，以及关于上学机会平等的问题。在三到四所院校里，一些知名教授的教学给学生留下了明显的印象，但是除此之外，我们就没有听到很多其他的印象了。在项目初期开办的介绍性课程里开始的讨论很少会在培训后期再次出现。看上去学生并没有将他们在早期的讨论——更准确地说是讲座——中学过的理论与后来的实习教学联系起来。大多数学生都认识到，做教学工作不仅需要学习技术性的知识和实践，也需要了解教师工作的道德义务和考量，但是后者却悄声无息地离开了他们。培训项目没有为他们提供道德对话的环境或语言。

对此我们也不应该感到吃惊，因为未来的教师具有这种务实的倾向。但是，教育专业的学生与其他专业——也许不包括哲学——的学生有什么不一样吗？事实上他们都不愿意也没有能力开展严肃和理性的讨论，深入探索与他们将要进入的职业有关的主要社会问题。那些在其他职业学院就读的学生在培训中能够超越模糊和表面上的问题吗？我们是否有理由相信理查德·霍夫施塔特（Richard Hofstadter）如果今天还在世，会给我们展现一幅比他在 1963 年出版的《美国生活中的反智主义》一书中所描述的情景要更加令人振奋的现实图？[18] 在我提出这些问题的时候就已经有更多的数据表明，现在的情况更糟了。人们在听了几年关于我们学生在数学和科学方面无知的恐怖故事之后，又看到了谴责我们学生在历史和文学方面知识缺乏的新报告。为了补救本科生教育的弊病，国家人文基金会建议大学最有声望的教授出来承担严格的核心课程的教学工作。最核心的六门文化与传统概括课包括历史、文学、哲学和艺术等。[19]

因此,我们关于未来教师的调研结论似乎也适用于所有的大学生。不管怎样,未来的教师没有参加适当和足够的通识教育的后果比其他学生更为严重,因为他们在今后的学校教学中将会延续和巩固他们所学的知识和学习的方法。

在问卷中,我们请学生比较他们现在和刚进入教师教育项目时对一系列办学目标的重要性所持有的看法,以便了解培训项目对他们基本教育理念发展的影响。我们发现,学生们高度地重视基础知识教育,视其为主要的办学目标,认为他们在进入项目时对此目标的重视程度就达到了 7 分级渐进量表上的 6.3 分,而这个立场在他们的培训过程中并没有多少变化,现在他们对此目标的重视程度是 6.4 分(教授也给这个目标打了同样的分)。根据学生的比较,他们在即将毕业时对我们问卷中列举的所有 11 条办学目标的重视程度比他们在刚进入项目时要高一些,尽管他们对不同目标在重视程度上的差距基本上没有什么变化。例如,"公民教育"和"培育下一代"的目标在项目开始的时候受重视的程度是 5.0 分和 5.1 分,现在分别增加到 5.5 分和 5.7 分,但是这些目标还是停留在目标重要性排列表的最底层。

有意思的是,"培养创造力"这个办学目标在项目开始的时候受学生重视的程度接近底层(5.3 分),但是在项目快结束的时候上升到 6.3 分。这是唯一的在打分上有重大变化的目标,从重视程度的排列单上的第八位上升到第四位,紧跟在"基础知识""人与人之间的理解"和"自我实现"(这三个目标的重要性评分在项目即将结束时仍然保持了在项目开始时的高分)的后面。与此同时,教授将"批判性思维"和"基础知识"并列放在办学目标重要性排列单上最高的位置,但是将"培养创造力"和"培育下一代"的目标放在了最靠下面的地方,刚刚高于"职业教育"。

即将毕业的师范生和他们的教授在给办学目标的重要性评分时,给出的最高和最低评分(所有人对同一目标评分的平均值)之间的差距很小,分别是 5.5 分到 6.4 分(学生评分的平均值)和 5.3 分到 6.4 分(教授评分的平均值),反映出公众对所有办学目标的普遍期望。[20] 虽然学区宣称它们支持这些目标,但在现实中学校所侧重的是基础知识教育,甚至到了忽视其他重要目标的程度。了解到这种侧重,我们不应该感到奇怪的是,在对课堂教学的研究中,学者们普遍发现教学的主要重点停留在比较低层次的心智技能上,而且这种情况在最近这些年里更加严重了。[21]

我和我的同事们在 1980 年代早期对 1 016 个中小学课堂做了观察研究[22]并得出了这样的结论:有一部分问题的起因存在于教师教育。这个假设已经被我们在这里报告的调研数据所证实了。师范生和他们的教授都认为教师教育项目对学校传授基础知识的功能最为重视(但是,很有意思的是,师范生和教授都认为教师教育项目对所有目标的重视程度比他们自己的重视程度要低一些,也就是说,项目并没有达到他们的期望)。我们在第七章中会看到,师范生和教授都认为学校课堂经验和实习教学——当师范生沉浸在学校里普遍存在的侧重基础知识教学的实践中的时候——是他们培训项目中最有效和有用的成分。

因此,我们再一次看到了具有讽刺性和矛盾性的情况。有足够的证据说明学校教学的主要重点是基础知识教育。但是,尽管有这样的侧重,教育改革的大多数提议仍然指向基础知识,为此而设置的补习项目也一直延伸到高等院校里。换句话来说,虽然基础知识是公立学校课堂教学的重点,但很明显它们并没有被教好:学生的基础知识水平仍然很低,这不禁让人担忧。就像我刚才提到的,我们的调研数据也表明,基础知识是我们样本中大多数教师教育项目所强调的重点目标。然而师范生和教授,特别是教授们,经常会滔滔不绝地,甚至是热情洋溢地告诉我们,教师教育项目需要在更多的、更加广阔的目标范围下培养师范生。

我们在访谈个人和群组的过程中探究得越深入便越能清楚地看到,有关价值观、道德品质发展和道德理解的主题在目前的学校和教师教育里是很模糊的。师范生和教授都不愿意告诉我们教师应该在儿童和青少年的生活中发挥怎样的重要作用,特别是在家庭和宗教的影响都在下降的情况下;师范生和教授都很重视以儿童为中心的教育目标,这个目标支持发展每个人的全部潜力。此外,未来的教师和他们的老师都自认为他们是他们学生的榜样,尽管我们通常很难引导他们超越对表面上的仪态举止——穿着、讲话、个人习惯等的关注,去探讨教师作为学生的榜样应该有什么深刻的含义。

我每次与大学级别的教师教育理事会成员访谈时,一问起理事会怎样根据除了学习成绩之外的其他标准去选拔和监督师范生时,就会得到激动不安的答复。他们对这些标准的关注集中在潜在的法律纠纷和对诉讼的担忧上。有两个大学的理事会最近在考虑增加一些关于道德品质方面的选拔标准,但是他们又不情愿地收回了这样的提议。另一些理事会的代表对此问题只是耸耸肩地表示,这样做会使他们陷入沼泽。通常来看,这些理事会并不愿意设立一系列的标准来衡量和判断师范生是否按照某种关于教学工作的愿景在进步和发展。我们很少能在一所大学看到共享的愿景,而且人们似乎不愿意将某种愿景强加给教授,即使他们有机会参与和帮助确定这个愿景。通常会有一些管理方面的复杂问题:不容易解释清楚这个由一些平时不太相互交流的不同群体一起负责运作的教师教育项目的各个组合成分。

即将毕业的师范生在发展他们的教育观念时，发现他们只能适应和接受现有学校所支持的教育理念和实践。因此，就像我已经提到的，这种转折并不是一场深刻的智力觉醒，也就是说，并不是从反思型的学生转变为反思型的教育实践者。[23] 师范生先是观察在校教学的实践，之后便继承了他们所观察的在校教师的衣钵。如果他们在实习教学期间发现他们在大学里已经学到的最佳教学理论和反思的立场与学区所推崇的教学方法或者学校合作指导教师的实践相冲突，他们就只好屈服于现状。当然也有例外，有些师范生热情地介绍了他们的合作教师给他们提供的创新机会。毫不使人惊讶的是，通过交叉验证收集的数据，我们发现这样的合作教师都得到了大学督导人员的高度赞扬。

这里存在的问题是很复杂的。如果我们要求未来的教师，大多数人都处于被动的学生地位，在相对比较短的教师教育过程中变成反思型的学生和反思型的实践者，那就对他们的期望太高了。如果教师教育最后阶段的社会化过程主要被遵规守纪的、比较保守的学区的实践者所掌控着，那么我们就不能期待这些新教师可以用他们学到的不同的、相反的观点去挑战传统的办学方式。

我们在调研中遇到的一个贯穿始终的情况是，人们很愿意（教授比学生更愿意）探讨教师培训项目可以和应该办成何种模式才能接近我们在第二章中所提到的对教学工作的综合愿景。我们在访谈中也看到很多教授怀疑本科生是否有能力有效地理解和应对关于学校和教师在民主社会中的作用问题。我们访谈的许多学生都认为教学应该包含比传授基础知识更为重要的职责，但是他们看上去对教育的大环境并没有清晰的认识，也不清楚自己应该承担哪些责任。很明显，他们缺乏参与知情讨论的经验和话语。

从其他行业转入教师执照项目的、年长一些的师范生具有更高的觉悟，也似乎更有准备去承担超越课堂教学的教师职责；但是，在大多数情况下，他们也会很快就发现自己处在不熟悉的知识领域里。在某种程度上，他们比传统型的学生更能认清学校在教育不同群体的儿童和青少年时所采用的一些不公平做法，也更有激情地想有所作为以改变这种状况。

师范生最关切的教师职责是帮助学生个人发展和解决学生中存在的差异问题。未来的教师都表示，他们要把自己在当学生时有幸受到的照顾与关注带入自己将来的教室转给他们未来的学生。同样地，他们也想把自己的导师教给他们的穿着打扮和举止风度用榜样的方式传授给未来的学生。但是,当我们在与师范生个人或小组的访谈中问起教师对社区和学生的道德职责时,他们的回答就往往会变得含糊不清和没有连贯性了。大多数师范生只是将教学视为一份工作——一份理想的工作,有好同事和需要他们关照的青少年。但是,大多数人并没有将做好课堂和社区的知识分子榜样视为一个强大的影响因素。

总 结 和 讨 论

我们样本中的师范生没有几个是因为某个大学有强大的吸引力而进入这所院校的教师教育项目的。[24] 只有主要的私立大学,还有私立的文理学院,对州外和地区范围之外的学生有一些吸引力。但是,即使是这样,吸引学生的并不是具体的教授或者教师教育项目的名声,而是整个院校的声望。学生在选择去哪所学院或大学的时候,如果认为大学的声望有助于他们将来找工作,就会看重这个因素。

但是这种根据院校声望而刻意择校的人还是少数的,大多数师范生在选择时还是会考虑附近院校的方便条件。就像我在之前提到的那样,教师教育的性质是它的地方性。我们样本中绝大多数本科和研究生级别的师范生都是附近社区的居民并且每天到大学走读。大多数人都在兼职做半时的工作(有些人做全时工作),至少到他们实习教学的时候都是这样的。他们主要来自白人和中产阶级家庭,代表了很宽范围的经济背景,虽然大多数人的家庭收入略高于全国平均值。我们样本中的两所历史上以黑人为主的院校——一个在农村地区,一个在城市地区——里注册的学生大多是来自低收入家庭的第一代大学生。他们中间只有一小部分人认为他们自己或者学校在发挥着改造社会的作用。

我们样本中的大多数师范生都将教学工作作为他们的第一职业选择。然而大多数人都因为这个选择而受到了朋友、家人,甚至老师和教授的批评。有些人对他们看到的公众虚伪表示痛恨——一方面对教育大加颂扬,但另一方面却诋毁教学工作(让它停留在低下的地位和低收入的阶层)。师范生很清楚教师教育在学院或大学里的低下地位并对此感到失望,但是他们又试图合理地解释这一现象,认为这是他人不正确的价值观所造成的不幸后果。

在我看来,我们在力图吸引能干的人进入教学工作的时候,往往没有看到这些重要的地方性因素。我们不需要印出光鲜亮丽的小册子去吸引那些在很远地方的人进入教学工作,我们肯定也不需要将这些宣传册寄送到全国各地去。甚至那些所谓的世界一流大学,也可以在附近几英里的范围之内招聘到只要稍微鼓励一下就准备好了的未来教师,更好的做法是,当这些师范生刚进入大学时,由校长出面为他们主持一个真诚和慷慨的欢迎仪式。如果能提供一些少量的助学金,或许从那些像柯达、西尔斯、波音、施乐、西夫韦和可口可乐这样的知名企业募捐到的奖学金,就会给师范生提供急需的财务支持,而且更重要的是,让他们相信社区里的企业公司是关心学校的。我们多年以来听到了很多对企业的批评。如果企业世界想帮忙,这就是一个简单和直接的方法并能产生重要的影响。州政府和私人基金会可以提供额外的奖学金,以便提高师范生和教师职业的声誉。

大学招生工作者经常会忘记他们校园中那些还没有确定主修方向的本科生。加州大学洛杉矶分校(我在那里做教育研究院院长的时候)的情况就是这样,直到教师教育项目主任提出与文理学科各系主任合作为教师教育项目招生的建议。这样一来,我们的教师教育项目突然就招进了更多的好学生,甚至超过了我们可以容纳的名额,这对教师教育来说真是一件可喜的事情。

我们访问过的有些院校在讨论需要招收更多的少数族裔学生进入教学工作的问题,但是很多已经在输送渠道上的少数族裔学生,例如还在高中学习的未来教师,到大学之后要面临一年或两年补习基础知识的功课。他们很可能无法承担教师教育课程所需的额外费用和时间。这个问题可以用直接给这些学生提供经济资助的方法来解决。公司或其他的慈善基金会到哪里去找比这更好的机会来做善事并得到令人满意的回报呢?这种善事的效果就摆在眼前,高度引人注目,并且是为了公共的利益。但是私立机构的作用主要是帮助提高公众的意识,提醒他们什么是基本的公共事务。

我们听到的那些关于允许学生在进入教师教育项目之前就选修几门教育课程的争论是站不住脚的,并且这样做的负面后果很多。第一,这种通常的做法使学生没有机会作为一个同类群体的一分子开始职业教育的征途和社会化过程。第二,一门教育哲学课或心理学课并不等于是对教学工作的介绍,不足以帮学生做出进入教师职业的决定。教授的人格可能会是一个决定性的因素,会正面地也会反面地影响学生的决定。第三,教师教育没有确定的学生进入项目的开始时间给人造成的印象,往往也是正确的印象,是这个教师教育项目没有清晰的界限,学生只要上一些必修的教育课程,只要在实习教学之前进入教师教育项目就可以了。第四,因为教师教育课程的要求几乎都是课程学习上的要求,那么进入教师职业的合格标准也变成几乎全是与学习有关的，与品格、表达能力、对青少年的敏感性、道德伦理等方面相关的标准便消失无踪了。

我们样本中的很多院校都没有清楚地告诉学生应该在何时进入教师教育项目（有些学生在实习教学开始的时候才进入教师教育），这就等于击败了任何善意地改进师范生选拔和录取过程的努力。有的院校开始做综合性录取审核的准备工作，但经过一段较长时间的拖延就变得支离破碎了。到最后，学生只需要出示一张修课的记录就行了。只要这些课业的成绩还可以，再加上一些简单的审核给出的良好评语，学生就可以"进入"教师教育项目了。很多学生在这个时候已经学过了不少必修的教育课程，因此那些负责招生的人即使对某些学生有疑虑，这时也不好意思当吹哨人了。

帮助未来的教师决定他们是否要当教师并且思考他们是否能当好教师是非常重要的事情。但是最好在他们被教师教育项目正式录取之前或在项目的早期阶段，安排他们参加一系列计划好的学校实践活动并在此过程中请他们思考和做决定。法学院、医学院、护理学院和其他职业学院就是这么做的。解决方案——并不复杂——就在教师教育专业的教授和某些大学行政人员（例如负责注册的人员）的手中，他们需要认识到，学生参加传统课程之外的各种教育实践活动也应该获取学分。教师教育项目也应该得到更多的经费，特别是用来举办非正式的社会化活动的经费。

前面报告的数据给我们勾画出的师范生形象是每个人各自为政在项目里开始学习和进步，只有在偶尔和短暂的时间里，他们才有机会与其他的学生共享一些同样的培训经历。在培训的最后阶段，每个师范生也是被安排单独地开展实习教学。师范生大多在校外工作和走读到校的现实情况进一步加强了这种以个人为主而不是以群体为主的倾向。正规的课程几乎是唯一的可以塑造师范生教育价值观和教学信仰的培训机制。但是，我们评估过的大多数教师教育项目都缺乏明确的使命更没有将使命的构成要素融会贯通在课程顺序里，因此这个机制潜在的塑造功能也就消失了。结果师范生在参加课程学习的时候所吸收或者忽略的就只是项目的要求和教授个人的信仰。师范生只是简单地适应了这种课程。

当未来的教师学完大学的课程并即将开始或正在参加实习教学的时候，他们离在自己的课堂从事实际教学工作的时刻就已经不远了。这时他们会越来越依赖教学的规律和已经在课堂里教学的教师。"到底怎样教"对师范生来说比他们在过去和现在遇到的主要学者所推崇的研究结果和原则显得更为重要了。未来的教师像小松鼠一样将他们学到的教学法理论营养储存起来留作后用。学过的理论在他们的脑海里占有一定的位置，他们并不是认为这些理论不切实际，而是觉得它们在眼下没有立即的用途。他们所期待的是,等他们可以更熟练地管理自己的课堂时,就可以将这些理论搬出来弹去灰尘并在课堂里试用。

我们在调研中很重要的一个发现是,我们样本中的几个研究生级别的项目比上面所描述的传统性本科项目具有更好的连贯性。但是,它们也缺失很多潜在的、非正式的社会化过程,因为几乎所有的师范生都是走读到校参加培训并且很多人还有养家的职责。这些研究生级别项目的教授和学生提出的主要批评意见是,一个学年的时间(或者一个学年再加上一个夏天的时间)不足以将"所有的培训内容"都包括进去。

我们在第七章中会看到,未来教师参加的整个培训过程都掌握在几个不同的教授手中。这些教授之间的交流和协调是有限的;有时几乎没有什么交流和协调。我们再一次看到的是,问题是相当明显的。但是,这一次的问题不是那么简单也不容易得到解决。寻求解决的方法就必须检验教授内心深处的信仰和态度、大学的奖励机制、不同院系和教授所分享的工作和课程地盘、与学校的复杂关系,等等。我在第七章中将再去探讨这些问题,并会更加透彻地描述问题的背景。但是至少有三个主要问题是与这一章的主题有关的,因此我在这里也将做一些阐述。

第一个问题是未来教师所拥有的高度务实的目标和期望与高等院校里培训项目所具有的更广义的知识取向明显地不相符合。大多数师范生都有强烈的动机去教书;他们对遇到的所有事情性质的判断都基于他们能看到的实用性。那些零散的和有实际功效的东西对他们有强烈的吸引力,而这些东西已经从曾经滋养它们的知识源泉中脱离出来了。另一方面,教课的教授们,特别是那些教所谓的基础教育课的人,倾向于教育理论的学习:一些实用的方法可以从这些共同的知识根基上自然地生长出来。但是学生们对表面上可行方法的偏好,加上公众对教学工作的看法——认为教学是基于常识的自然活动,还是将教师教育项目推向了侧重培养技术专家而不是理论学习者的方向。结果是,一方面强化了公众对教师教育只有低层次学术内容的普遍看法,另一方面加强了教师教育的实用型而不是知识型的社会化过程。若要解决这些问题,我们就需要超越至今已经提出的、所有流行的改革建议,彻底改造教师教育。

第二个问题是直接从第一个问题中派生出来的。未来的教师一旦习惯了用一个大手提袋去装满各种零散的实际知识和诀窍,就会逐渐变成收集零碎教学方法的拎包女士和男士,永远去寻找更多和更吸引人的包装物品然后将它们收藏起来。这一形象远远地脱离了那种永远在探索相关理论和原则并应用于实践的反思型实践者的形象。

有足够的证据表明,已经有工作经验的教师所寻找和参加的在职培训活动也多半会将他们塑造成前者而不是后者的形象。我们在何种程度上会更加珍视第二种而不是第一种形象呢？我们对其珍视的程度是否能让我们坚定地迎接困难并解决经费的问题去将它变为广泛的现实呢？如果我们很严肃地承诺要显著地提高学校的质量,我们就必须面对这些问题。

第三个问题与第一和第二个问题紧密相关。我们的结论是,当未来的教师在接近他们培训项目尾声的时候,并且在他们自己的课堂里开始教学的时候,他们就会愈来愈多地汲取实地学校的各种暗示。因为眼前的实践既吸引人又有影响力,那么为什么不把其他的都忘掉,干脆简单地做有经验的教师的学徒呢？这样的经济账本身就很有吸引力。

我在第一章中就试图回答这个问题,部分原因是我以亚伯拉罕·弗莱克斯纳(Abraham Flexner)对医学教育的贡献作为榜样。正像我已经提到的,他对医学院在20世纪的早期年代里所采用的医学指导方法和与其相应的、以经验为基础的教学法展开了严厉的批评。虽然他对医生的看法并不符合我对教师的看法,但是我跟他一样,很担心培养职业工作者的教育会变成简单模仿实践者的过程。他不仅看到了提高职前医学教育质量的必要性也看到了改善医学实践的需要。他将学徒制视为巩固已过时的医学程序和治病方法的危险机制。他所期望看到的是,培训项目一方面扎根于大学的学术土壤里,另一方面依赖于最佳的医院,而这些必须在以大学为基地的医学院的控制之下。

鉴于全国公众对我们当前学校质量的强烈关注,我们为什么还要冒险将未来的教师放在现有学校的社会化环境里去巩固这样的实践呢？我们为什么想让那些没有经历过最好的教育实践机会的新教师在这种由领导意志决定的学校实践中接受培训呢？弗莱克斯纳在医学教育改革中成功运用过的论点看起来也很适用于教师教育,并且最终会帮助我们证明教学工作是一门正当的职业。

我们今天遇到的问题与当年弗莱克斯纳遇到和预见的问题在本质上是一样的。1990年代的教师教育,就像1910年的医学教育一样,还没有被人们认真地考量过。虽然大学在现实中没有办好教师教育,但是这并不能提供令人信服的理由将教师教育从大学搬出去。我们宁可研究一下有哪些问题并且提出应该怎么做,然后像成功地改革了医学教育那样去改革教师教育,当然我们总要记住医学和教育职业的根本差异。如果不这样去做,就是在继续巩固教学工作还不是一门职业的可悲状况,也是在延续现有的学校实践,而政治、企业和教育界的领袖们都相信这样的实践正在将我们沦为一个二流的国家。

注释

1. From *Die Bauleute* [The builders] in *Franz Rosenzweig: His Life and Thought*, 2nd rev. ed., presented by N. N. Glatzer (New York: Schocken, 1976), p. 237.

2. A. Flexner, *Medical Education in the United States and Canada* (New York: Carnegie Foundation for the Advancement of Teaching, 1910), p. 26.

3. Flexner, *Medical Education in the United States and Canada*, p. 26.

4. National Board for Professional Teaching Standards, *Toward High and Rigorous Standards for the Teaching Profession* (Detroit and Washington: National Board for Professional Teaching Standards, 1989), p. 49.

5. D. H. Kerr, "Teaching Competence and Teacher Education in the United States," *Teachers College Record*, 1983, *84*, 525 – 552.

6. J. B. Conant, *The Education of American Teachers* (New York: McGraw-Hill, 1963), p. 114.

7. D. C. Lortie, *Schoolteacher* (Chicago: University of Chicago Press, 1975), pp. 60 – 65.

8. The considerable influence of this earlier experience with teachers is documented in F. F. Fuller and O. H. Brown, "Becoming a Teacher," in K. Ryan (ed.), *Teacher Education*, Seventy-Fourth Yearbook of the National Society for the Study of Education, part 2 (Chicago: University of Chicago Press, 1975), pp. 25 – 52.

9. H. S. Becker, B. Geer, E. C. Hughes, and A. L. Strauss, *Boys in White* (Chicago: University of Chicago Press, 1961).

10. Lortie, *Schoolteacher*.

11. K. A. Tye, "Changing Our Schools: The Realities," Technical Report no. 30 (Los Angeles: A Study of Schooling, Laboratory in School and Community Education, University of California, 1981).

12. J. I. Goodlad, *A Place Called School* (New York: McGraw-Hill, 1984).

13. Z. Su, "Exploring the Moral Socialization of Teachers: Factors Related to the Development of Beliefs, Attitudes, and Values in Teacher Candidates," Technical Report no. 7 (Seattle: Center for Educational Renewal, College of Education, University of Washington, 1989).

14. T. S. Popkewitz, *Teacher Education as a Process of Socialization: The Social Distribution of Knowledge*, Teacher Corps, United States Office of Education, Technical Report no. 18 (Madison: University of Wisconsin, CMTI Impact Study Team, 1975).

15. See, for example, R. J. Friebus, "Agents of Socialization Involved in Student Teaching," *Journal of Educational Research*, 1977, *70*, 263 – 268; A. H. Karmos and C. M. Jacko, "The Role of Significant Others During the Student Teaching Experience," *Journal of Teacher*

Education, 1977, 28, 51 - 55; and K. M. Zeichner," Key Processes in the Socialization of Student Teachers: Limitations and Consequences of Oversocialized Conceptions of Teacher Socialization," paper presented at the annual meeting of the American Educational Research Association, Boston, Mass., Apr. 1980.

16. An important distinction between *curriculum and program* is made in K. R. Howey and N. L. Zimpher, *Profiles of Preservice Teacher Ed-ucation* (Albany: State University of New York Press, 1989), chap. 8. Whereas a curriculum can be and usually is a specification for courses, Howey and Zimpher perceive a program to be coherent with respect to the fit of its component parts, all aligned toward a conception of schoolteaching. I use the word *program* more loosely here but work toward specification that is in close agreement with that of Howey and Zimpher. (See particularly my Chapter Seven.)

17. Howey and Zimpher, *Profiles of Preservice Teacher Eduction*, pp. 248 - 249.

18. R. Hofstadter, *Anti-Intellectualism in American Life* (New York: Knopf, 1963).

19. National Endowment for the Humanities, *50 Hours: A Core Curriculum for College Students* (Washington, D. C.: National Endowment for the Humanities, 1989).

20. E. L. Boyer, *High School* (New York: Harper & Row, 1983), chap. 2.

21. L. Stedman and C. F. Kaestle, "The Test Score Decline Is Over: Now What?" *Phi Delta Kappan*, 1985, 67, 204 - 210.

22. K. A. Sirotnik, "What You See Is What You Get: Consistency, Persistency, and Mediocrity in Classrooms," *Harvard Educational Review*, 1983, 53, 16 - 31.

23. D. A. Schön, *Educating the Reflective Practitioner: Toward a New Design for Teaching and Learning in the Professions* (San Francisco: Jossey-Bass, 1987).

24. As part of our effort to conceptualize the study, we wrote to a rather large sample of school superintendents to gauge their views regarding the quality of teacher education programs in their states. The responses were exceedingly diverse and sometimes contradictory (with a given college or university receiving both very high and very low ratings). No clear patterns emerged. If employers of teachers disagree on the strength of nearby teacher-preparing institutions, we should not be surprised to find that future teachers do not always discriminate clearly among these institutions on the basis of program quality.

第七章

教师教育项目

教一个人学会一门专业知识是不够的。他通过这样的学习可能会变成一种有用的机器,但没有一个和谐发展的人格。关键是要让学生去理解并真实地感受价值观。他必须获得一种生动的美感和良好的道德风尚。否则,他即使拥有专业的知识,也更像是一只训练好的狗而不是一个和谐发展的人。他必须学会理解人类的动机、幻觉和苦难,这样他才能与其他的同胞和社区建立起适当的关系。

——阿尔伯特·爱因斯坦(Albert Einstein)[1]*

十多年前,哈佛大学校长德里克·C. 巴克(Derek C. Bok)给大学里颇有声望的企业管理研究生院提出了挑战,请这个学院在其核心课程中更加有效地探讨如何适当地治理公司的问题。[2] 他可能相信,就像伯纳德·吉福德(Bernard Gifford)后来提到的:"……如果在培训项目中加入更多更好的道德规范课程与更多更好的关于公共和私营企业相互关系的课程,那么企业领导人的实践就会更加符合道德的规范。"[3]《纽约时报》发表了支持巴克校长这一挑战的文章并认同他的设想。吉福德当时是另一所享有声望的大学,加州大学伯克利分校,教育学院的院长。他借此机会提出了关于教育学院的一些令人困扰的问题:巴克校长(或者任何其他大学的校长)对大学里的教育

---

* 这一章仅探讨了教师教育的问题,尽管这里的论述对培养特殊教育教师和校长的项目也有启示。有兴趣深入了解我们在这方面调研数据的人可以参考 P. J. 埃德蒙森(P. J. Edmundson)的报告,"教师教育的课程设置",第 6 号技术报告(西雅图:华盛顿大学教育学院教育更新中心,1989)。

学院的课程设置也会提出同样的挑战和抱有同样的设想吗？还有《纽约时报》对此会发表文章表示赞同吗？吉福德认为这两种情况都是不可能发生的。[4]他评论道，教育专业领域的虚弱状态导致了教育学院的低自尊，人们不能依赖常识性的假设来观察中小学课堂里的教育质量与教育学院的实践之间的密切关系。

吉福德的结论是，"教育学院，特别是那些在全国精英大学校园中的教育学院，从出生的时候起就被剥夺了威望"[5]。就像我在第三章中评述的那样，这种情况是所有类型的教育学院/学校/系的遗留问题，只是在各个大学呈现的后果有所不同。关键的问题是，这些教育学院/学校/系是否能够带着这样的遗留问题开展有效的和令人满意的教师教育工作。吉福德表示他并不乐观；他的论点是："教育学院不可能自己愈合伤口。它们不能阻止从出生的时候起就被剥夺了威望的病理现象。当它们面对的是自己在不断贬值的形势，自我更新是不可能实现的。"[6]

超越威望被剥夺的困境

我在这一章里关注的主题并不是教育学院/学校/系，而是教师教育。但是，教育学院/学校/系与教师教育是紧密相关的。我们在前面几章中已经看到，教师教育在教育学院/学校/系里也处于威望被剥夺的境地，而创立这些院、校、系的本来目的就是支持和滋养教师教育。的确，在第六章中我们已经看到，大学环境里的未来教师在上教育课的时候比他们在考量自己的职业理想的时候更能感受到威望被剥夺的痛苦。

让我们先不谈那些感到威望被严重剥夺的人为何无法有效地参与更新过程，而是来看看巴克校长提出的关于企业管理人教育的常识性假设是否也适用于教师教育：大学的中小学教师培训项目会直接影响教师的未来行为。我们能收集什么样的初步证据来支持这一假设呢？

如果那些从事教师教育工作的人深信他们的努力工作会产生重要的影响，那么这种信念就的确是令人信服的。但是这样的信念存在吗？关于这个问题，第五章所呈现的数据和分析给我们的答案是混杂不清的。一方面，在所有类型院校工作的很多教授都认为他们从事的重要工作为培养好教师和发展好学校作出了贡献，但同时他们也感到他们所在的院校并没有充分地赞赏他们的努力。另一方面，很多教授认为他们的学生太不成熟，不能够应对教育和学校的复杂问题，因此他们只好继续参与这种不太理想的培训项目。如果我必须在一个 7 分级渐进量表上衡量这些教授从整体上来看是否相信他们的教师教育项目的确是在培养杰出的教师,我就会选择数字 4(这是根据我和我的同事们在访谈教授的过程中形成的印象和教授自己对项目的看法的数据而做出的评估)。

第二个强有力的指标是学生对他们培训项目的影响的看法。这些影响是强烈肯定性的吗? 根据第六章的描述,关于这个问题的答案甚至更加复杂了。一般来说,我们访谈过的学生似乎更相信他们自己个人可以为学校的儿童和青少年提供优良服务的能力,而不是相信培训项目的整体效果。但是大多数学生在修完教育基础课之后,便认为项目的其他内容是有帮助的。很多学生在了解到教师教育并不是大学校园中的优先项目的时候表现出极强的忍耐性,在他们的同伴、亲戚,甚至老师发表关于教师职业没有什么吸引力的泄气言论时也能耸耸肩表示不在乎。我总的印象是,在所有类型院校里的大多数未来教师都准备迎接挑战并超越人们对他们的现有期盼。如果让我在一个 7 分级渐进量表上评估师范生对他们培训项目所产生的重要影响的看法,我会选择 5 分。但是,如果让我评估这些有抱负的教师对他们能教好自己学生的能力的看法,我就会给出 6 的高分。

鉴于师范生具有这种迎接挑战的思想准备并且是为了响应一个重要的"召唤"而进入教师职业的,我们在这里关注一下教授所持有的一些保留看法就会获得重大的启示。我的同事罗杰·索德(Roger Soder)敦促教育工作者注意观察在高等院校使命所强调的工作重点和教育专业教授自己所偏好的工作重点之间的明显差异。他特别指出,那些被招聘来参加教师教育工作并处于职业生涯中期阶段的教授们对他们的校长和学术事务副校长想把之前的师范学院转变为一个国际知名的研究型院校的愿景,都表示出怨恨的情绪。"如果我们能够认真地、越过那些关于如何在学校和教师教育项目里开展哲理性和结构性变革的平淡言辞来讨论问题,那么我们在设计和实施变革计划的时候就必须清楚地考虑到教授的这种怨恨情绪,将其视为一个重要的,或许是压倒一切的因素。"[7]

这些观察对改革具有重大的意义,因为它们是基于这样的事实:一个人对自己工作重要性所持有的信念是不可能在一个真空社会里发展起来的。如果一个人知道他生命中至关重要的人与他享有同样的信念,他就会感到非常受重视。因此,任何承担教师教育职责的高等院校都必须将对教育工作者之教育的事业视为院校的重大使命并且奖励那些做好这项工作的教授。[8]我们在考量了初步的调研证据之后,认为高等院校必须重申对教师教育的承诺并阐明对教授在这方面工作的真实性奖励,这样才能赋予教师教育项目应有的权力和相关的条件。教育专业的教授们要走的路还很长,但是如果他们怀疑他们对所从事的工作的重要性的信念得不到大学领导和同行的广泛认可和支持,他们就永远不可能到达目的地。

让我们想象一下,在美国1300所设有培养教师项目的高等院校中,有四分之一的院校在已经分配给教师教育资源的基础上做出进一步的努力以便更好地承担这个任务,并且重新设置教授奖励机制以鼓励教授均衡地参与教学工作、学术研究和学校更新的活动。创建这些必要的条件大约需要三到五年的时间。当然这些条件本身并不能保证产生有效的培训项目。但是有了这些条件,就可以合理地期待教师教育专业的教授们在几年之内以充分的证据向公众显示,他们经办的对教育工作者之教育的项目的确直接影响着毕业生今后的行为。[9]

摆在我们面前的问题是:现有的教师培训项目离必需的条件还差多远? 要回答这个宽泛的问题,我们必须先解答一系列的分支问题:我们样本中的项目在何种程度上具有清晰的焦点目标和引人注目的力量,是否能为主要的课程与教学决策和活动指明方向? 这些项目在何种程度上能保证未来的教师有机会沉浸在通识和文理学习之中,为将来在社区担当知识型的领导做好准备并为他们提供教学工作所必需的知识基础? 这些项目的各个组成部分在何种程度上是互相关联的并能保证项目的完整性和连贯性? 这些项目的不同组成部分在何种程度上与中小学教师通常面对的情况是相关的? 未来的教师在何种程度上被培养成学校的道德管家,对民主社会的价值观高度敏感并有能力在不断变化的条件和形势下参与更新学校的活动? 这些项目和里面的教授在何种程度上能以身作则,通过隐性的和显性的模范实践来影响师范生并帮助他们在走向教师职业的道路上将这些模范实践内在化,使其成为他们个人品性的一部分? 这些项目在何种程度上采用了形成性评价的方法来帮助和推动更新的活动并且重新认识一个自由社会的教育、学校和教师的作用和目标? 我们在后面还会遇到和探讨一些其他的重要问题。[10]

我们试图探讨的只是在我们所调研的29所院校中存在的问题。调研结果展示出的一致性问题具有一定的概括和普及的潜力。在美国的一些高等院校里,很少能看见我们发现的问题;但在另外一些院校里,我们发现的问题大多都存在着。任何院校的负责人如果发现这里的调研结果与该院校的情况在某种程度上相符合,都可以参考我们在后面提出的令人向往的改革议程。

明确阐述和达到目标

我们在第四章中已经看到,我们样本中的大多数院校显然不认为有必要清楚地阐述它们的使命。同样地,大多数教育学院/学校/系也轻描淡写或者满不在乎它们的目标;它们会快捷地以具体的课程细节为例,描述项目及对学生的要求。这种遗漏的现象,就像我已经提到过的,是不能被接受的。

毫不令人惊讶的是,在那些没有清晰教育使命的院校里,我们也找不到清晰的、包罗万象的教师教育目标。然而目标的缺失是一个严重的错误。没有目标,谁来确定教授应该培养学生达到什么标准,并且怎样达到这些标准呢? 在几乎是没有限制的可能性范围,应该选择哪些和不选择哪些课程内容和相关的经历呢? 这些都是教育学院的课程和教学系在选择课本和安排课程时通常需要解答的问题。但是,教师教育专业的教授们似乎并没有经常性地提出和解答这些问题。

在我们调研过的项目中,很少有描述性的文件清楚地阐明希望学生具有什么样的品格素质——在录取的时候应该具备什么品格以及后来应该发展什么素质。所有项目都有的唯一要求是学历证书和学习成绩:至少要达到的平均学分绩点和通常递交的学术才能测验结果或者替代性的测试成绩,比如美国大学理事会的考试成绩。教育学院/学校/系经常重申的是整个大学的录取要求或者制定稍微高一些的教师教育项目录取要求。我们在样本院校访问时,正值全国各界人士对教师和未来教师的资格颇感兴趣的时候。因此,并不让人感到吃惊的是,很多教师教育项目在那一年或前一年都提高了平均学分绩点的录取要求——从 C 到 C＋或从 B 到 B＋。使人感到好奇的是,在几个校园中,当教师教育项目提出了高于大学整体水平的学生录取要求时,却遭到了行政机构的反对,理由是一旦学生被录取了之后,他们就可以在大学任何一个本科项目学习。教师教育项目没有明确的入门标准,也没有清晰的界限。

可以公平地说,教师教育工作者目前对立志做教师的候选人的学术资历要求与校园中其他项目的大多数录取人员提出的要求是一样严格的。就像我在第六章中所提到的那样,他们通常要求申请人参加一个基础知识考试,特别是当他们看到整个大学的要求都不高的时候。但是,目前最需要的是筹集必要的资源来帮那些来自社会经济地位低的家庭的第一代大学生补习功课,这些学生把进入教师职业视为改变他们人生的一个非凡机会。如果只是鼓吹需求而不提供资源就是在浪费时间。当然,问题的根源是低质量的中小学教育,那些没有得到良好培训的中小学教师实际上是在维持这种恶性的循环。

已经展示的数据让我们得出了以下的结论:教师教育项目并没有向有兴趣的申请人清楚地阐述项目的期望;学生在选择项目时主要考量的因素是地理位置和是否有经济方面的资助;录取的标准定义过于狭隘并且一些院校并没有严格地执行这些标准,很多教授和学生都相信项目应该设立更好的录取把关措施和对师范生进步的督导机制;师范生的选拔和指导过程忽视了教授和学生都认为对教学工作至关重要的很多品格素质,主要是因为这些素质具有相当敏感的特质。虽然院校之间的差异通常对小型学院有利,但我有必要指出,教授和学生对选拔过程的满意感与整个大学的录取程序和要求更有关联。

人们普遍地意识到,为我们的学校培养教职工的任务量是巨大的。有些人持有人人都有权利去教书的错觉,这个看法助长了那种有疑虑时便将录取大门敞开着的做法。如果我们可以相信教师教育项目设有清楚的毕业标准并设置了一套对学生逐步增加影响的培训计划,也许我们可以容忍这种敞开录取大门的做法。或许没有清楚地对外阐明使命的做法还会继续占上风,并且教师教育项目的教授和学生也会将这种做法内在化地藏在心底,但是我们的调研结果却激发了不同的建议。常识告诉我们,强大并有连贯性的培训项目可以将师范生的各种能力调动起来并发挥到极致。在探讨这个问题的时候,隐性课程可能会比显性课程更有揭示性。

在第六章里,我们从学生数据的分析中得出的一个明确结论是,教师教育项目的主导氛围是:教师范生顺应而不是挑战现有的情势;教师范生满足课堂里学生的需要而不是重新设计学校;教师范生怎样去教而不是为什么应该用某种方法去教,这就是教师教育的"技能化"。[11]

很多教授都更希望教师教育项目能够集中帮助未来的教师学会怎样发展儿童和青少年的兴趣与能力,但是他们认为现有项目的主要重点是培养教师去帮助年轻一代在现有的社会里找到他们的位置。虽然在所有类型院校里的教授们都认为他们的教师教育项目所强调的重点是培养下一代去维持现有的社会秩序和稳定,但是他们更希望项目的重点是其他方面。例如,尽管参加我们问卷调研的旗帜性公立大学的教授中几乎有43%的人希望他们项目的重点是教育年轻人去改进社会,但是只有14%的人认为这是他们所在项目现有的主要重点。

我和我的同事们多次感到困惑的是,在主要的和地方性私立大学里工作的教授们认为在他们自己最重视的学校办学目标和他们所看到的教师教育项目所强调的目标之间存在着明显的差异。我们越来越清楚地意识到,我们研究的大多数教师教育项目发展到现今的模样和拥有现在的实质性内容并不是基于教授们的仔细考量。我们的研究方法为我们提供了丰富的数据来支持这一观察,这种观察是在我们访问院校的过程中产生的并且变得越来越清晰。

最能够揭示课程发展运作实践的是确定课程的范围和顺序的方法。我们发现了两种模式。第一种模式与州政府要求的影响有关——不仅是州政府规定的细节还有各个院校如何落实这些规范的做法。例如,在夸德拉大学,教师教育项目主任将这些规范视为"既定的安排"。她简单地将每一个要求融入已经开设的一门课或者新设置的一门课,使这些要求成为教师教育课程的一部分。要求的不断改变经常需要教师教育项目增加新的课程。但是教授们并没有开展任何关于使命和怎样最好地去完成使命的讨论。事实上,我们听到的是,这种讨论只能是浪费时间(尽管我们与教授访谈的时候,他们透露说他们并不是没有改进的理想)。不管怎样,他们得出的结论都必须符合州政府的要求。因此,完成一系列课程的要求就自动地变成了学生的目标。

在同一个州里的文理学院,埃尔乌斯学院,虽然州政府的要求也是一个主要的考量点,但是在这个学院的小型教师教育项目工作的教授们能够依据他们自己对优良教师教育项目的理念合理地去适应州政府的要求。教育系既没有设置过多的课程也不愿意过度地屈服一些明显死板的规定。有清楚的证据表明,这些学院与州政府官员通过谈判达成了一些妥协。

第二种模式与第一种模式是有一些重叠性的,并且是大多数多种功能的教育学院的特征。教一门必修的教师教育课的教师通常并不参与确定这门课对未来教师有何预期的贡献的讨论。这门课往往是从另外一门教育课(比如教育心理学课)中分出来的,然后被塞入教师教育的课程顺序里。的确,有一位教这样课程的老师告诉我,他对教师教育根本没有兴趣也没有义务参加。他只是教过一门要求师范生上的教育心理学课。

我们样本中有四个中小学教师培训项目似乎拥有连贯性的核心目标和信仰。这四个都是小型的院校——两个是文理学院,一个是主要的研究型公立大学,还有一个是地方性私立大学。两个文理学院的项目很明显地请教授开展了大量的讨论并参与了计划的实施。在雷克夫优学院,长期连任的系主任发展了解决问题的方法,他在与同事们一起商议如何改进这个方法时，仍然坚持使用这个方法。在多尔赛学院，反思性实践是一个讨论的主题，这里有长久的合作项目发展和持续的教授对话的历史传统。在研究型大学的教师教育项目是一个小型的、有很好的职工支持的研究生级别项目，只有20个学生，并且围绕着儿童发展理论开展教学。在地方性私立大学的教师教育项目的连贯性主要体现在课程的所谓方法部分；但是值得注意的是，他们正在做出努力争取将这个连贯性延伸到实习教学的部分去。

当然小型的规模并不能保证项目的连贯性。的确，在我们调研过的最小的一个项目里，学生表示，他们需要记住他们刚上过谁的课，这样才能很好地去适应某个教授的观点。但是，当教育学院/学校扩展其规模和功能的时候，教师教育就会逐渐失去它的身份和在文理学院中享有的独特关照。我们样本中的教育学院/学校都设立了专业领域或系（或两者共存），像课程与教学系、教育心理学系、基础教育学系等，教师教育是这里其中一个系的职责——通常是课程与教学系。然后这个系就变成了一个乞丐，到其他系去寻求需要的课，或者变成了一个暴君，要求这门或那门课（有时甚至利用执照和认证的要求来做谈判的杠杆）。有时这个系创建的一些教师教育的课与其他系已经开设的课会有点相似。

这种课程计划的方式是不应被宽恕的。它似乎制造了一系列的问题，也在实际上破坏了组织一批忠心耿耿的教授专门致力于教师教育工作的前景——这些教授必须不受任何系的限制也不用担忧他们的地盘问题，他们的主要任务就是建立一个有连贯性的、集中的教师教育项目，为其设立目标并确定范围和顺序。在我们的样本中，没有任何项目是在第一章提到的综合性使命的指导下运行的（我在第二章中阐述了所需要的条件）。

提供充分的通识和文理教育

在我们访问过的29所院校中，有24所拥有四年制的本科级别的教师教育。其他5所院校为师范生提供第五年学习的教师执照项目。在有些项目里，如果师范生多修几门课就有资格同时获取硕士学位。

虽然我们对这些院校里的通识教育要求也有兴趣，但是我们没有足够的资源进一步探索这方面的情况。有一些其他的学者已经做过和正在做这方面的调研。[12] 目前学者们似乎对本科课程的实质性内容和氛围以及本科教学的质量表示出广泛的兴趣，而这样的兴趣在过去很长时间里都是时兴时衰。

具有讽刺意味的是,尽管加强本科教育是改进教师教育建议中的首要任务,[13] 但是人们似乎对确保这个任务的落实抱有极大的自满情绪。经常呼吁的做法包括一些模糊的量化措施:要求未来的中学教师学习两年通识教育课,再集中选修一门学科的课;要求小学教育师范生少学几门方法课,多修一些学术性课程。我们在与文理学科的系主任和教授们访谈的时候,反复听到这样的建议。这些人通常会建议师范生至少要在文理学科学习四个学期的通识教育课程,他们一般认为这个要求超过了目前对师范生的最低要求。然而我们样本中几乎所有的院校都已经用某种方式对未来的教师提出过这样的要求。[14] 看起来文理学科的教授们似乎并不清楚自己校园中的教师教育项目已经给师范生设立的要求。

未来的小学教师一致表示,他们要很仔细地先做好修课计划才能完成各个项目对他们的要求。至少在两个院校,我们发现两年的通识教育受到了四年制的教师教育计划里的其他课程要求的一些影响。但是,在一般情况下,师范生都完成了传统性的本科教育所要求的 120 多个学分。他们每个学期的修课时数通常是 16 而不是 15 个学时,在逐步进入实习教学之后,经常会增加到 18 或 19 个学时。

有些院校的文献公开阐明,大多数学生,无论在何种专业,都必须修满 132 个学分才能完成本科学习。但是,即使在那些只要求 120 个学分的院校里,也不难发现教师教育专业的学生在上第九个学期的课,有几个还在上第十个学期的课。有的学生说这是他们自己的过错,他们没有提前计划好也没有足够仔细地去做计划,但是其他学生抱怨说,项目的描述和指导是不够充分的。很多人坚持认为"宣传必须要真实"。他们同意说,增加的修课时间可能是必要的,但是项目应该公开和广泛地对师范生候选人说明这个情况。有些学生对增加的学习时间和因此而损失的教师收入感到愤恨。那些即将在学年中期毕业的学生担心他们在这个时候找工作的机会不太好。

我在这里描述的教师教育情况在我们访问过的院校中并不是特殊的例子。要求所有学生都要完成的两年通识教育似乎并没有受到什么影响,但是四年的本科项目受到了影响。各种特殊利益群体都提出了一些在最后两年里很难达到的要求。不仅负责本科教育和职业预科教育项目的人提出了要求,文理学科的教授也对主修他们专业的学生提出了要求,并且通常没有人能清楚地阐述未来的教师应该达到哪一部分的要求。就像高中一样,本科学院变成了一个购物中心。

这些情况都使人觉得经常发生的、关于是否应该设立四年或五年的教师培训项目的激烈争议是不可思议的。前者甚至在后者尚未被宣布成为合法项目的时候就很快地消失了。我们样本中的文理学院似乎还在紧抓着四年的模式,但是即使在这里,小学教师培训项目也会超过时限,转向五年的模式。

具有多种目标的大学的文理学院和职业学院通常会列举出一系列进入职业学院所需要的预科课程,例如,工程预科和医学预科课程。它们似乎假设那些想进入这些职业学院的学生在上大学之前就做出了职业选择的决定或者愿意多花时间去满足预科的要求,因此为他们提出了很具体的课程要求。对教师教育来说,这种对课程的管控就是奢侈的安排了。

我们样本中的院校让教师教育的学生自己在大学规定的通识教育课程中选上文理学院的课,或者在广泛定义的文科、社会科学、数学和自然科学领域选课。如果州政府对教师执照项目有一定的要求,那么学生通常就会得到更详细的指点。这种自由选择的方式让未来的教师在可以满足大学的通识教育要求的前提下随意选课,那么选某一门课而不选另一门课会有什么关系吗?我认为是很有关系的。我认为学生还不具备必需的信息去做出知情的和聪明的选择。

教师是我们社会里唯一被召唤来谆谆教诲,而不仅仅是应用他们专业的知识规则的人。[15] 对教师来说,不管是在小学、中学还是大学,这些专业知识规则在很大程度上包含着文理学科在很长时间的过程中收集起来的人类经验的实质与结构。学校提供的教育(没有任何其他机构承担着这一职责)是促进学生开展批判性的文化学习以吸收这些学科领域的知识和认识方式,并且在这些知识的启发下认清存在的问题。这种批判性的文化学习"是道德的基础;是一个公正社会里所有的人都必须参与的;每一个人都要在学习人类积累的知识的基础上构建自己的人生经历"[16]。如果教师自己的批判性文化学习都有问题,他们怎么能够去成功地完成指导儿童和青少年开展批判性文化学习的任务呢?我们必须要提出这个问题,因为本科教学的总体质量在各个院校差异很大,大多数学术学科系的教授都明显地倾向于更加关注他们自己领域的要求而不是通识教育的要求,并且高等院校通常都没有给未来的教师提出经过深思熟虑的、可以作为教师教育预科的通识教育要求。

尽管有必要列出详细的教师教育预科的通识教育课程,但这还是远远不够的。也很有必要提醒那些负责把守进入教学工作大门的人挺直他们的腰杆。前面已经报告过的数据显示,一旦学生通过那些惯用的、有时只是随意地使用一下的狭窄标准进入教师教育,他们在后面的培训过程中所接受的督导就更随意了。此外,在大多数院校里,决定参加教师教育的人可以在本科学习的任何时间进入培训项目[17]并且可以出示包括范围极广的前期学习记录作为申请资料,只要他们的平均学分绩点和学术才能测验分数够高就行。上面所描述的这些情况在研究生级别的教师教育项目中也同样存在着。

因此,虽然我们希望教师是社区里受过最佳教育的公民,但是在理想和现实之间还有很大的差距。造成这种差距的原因有很多。总的来说,学术界还是设法超越了那些对它有些过分的指责,这些指责认为通识教育没有得到应有的严肃和持续性的关注。但是这些指责是有道理的。未来的教师没能比其他的学生做好更多的准备,也不能在面临的职业选项范围里做出明智的选择。我们知道,上课的时间和在一周的两到三天之内连上几门课的安排对学生很有吸引力,是他们选课时考量的重要因素。大学生通常会做出不明智的选择,这已经是足够严重的问题了;但是如果我们让未来的教师去参加不均衡的通识教育项目,后果便是不堪设想的。有一些很不相同的大学,比如芝加哥大学、密西根大学和西华盛顿大学,多年来引起了人们的注意就是因为它们建立了本科学院而且教授致力于课程发展和教学。由于这些努力需要花费大量的专业工作时间并且经常与整个大学的研究气息不合拍,因此它们往往都是短命的。有一个不那么费劲但也很有前途的方法是:像华盛顿大学一样成立一个代表着几个文理学院的委员会,根据现有的和最新设计的课程发展一个通识教育项目推荐给学生并指导他们选课。[18]这个委员会推荐的课程顺序里包括了大多数我在第二章里推荐给教师的课程。

在为师范生提供的通识教育课方面的理想和现实之间有落差的另外一个原因是,教育课程被指责为"搅乱了博雅教育课程"的高度可见的替罪羊。在公众对教师质量密切关注的年代里,猛烈地攻击这只替罪羊只能混淆所有其他的问题。即使在加利福尼亚州,尽管高中教师在20世纪早期的时候就被要求完成大学的通识教育要求,主修一门专业,并且学习一年教育专业的课程,但是很多学术界的人士还是用"那些方法课啊"的口气来表示他们对教师和中学毕业生的不满。不管这样的批评是否有效,它都是不健康的,只能给复杂的问题带来简单的解决方法。

建立项目的连贯性

在所有级别的机构工作的教育人员最常有的一个抱怨是,没有足够的时间做事。

从某种意义上来看,这是个令人鼓舞的现象:这意味着人们有意愿参与可以产生变革的工作。一个培训项目可以做出的一种改变就是将所有分散的组合部分联系在一起——不仅有公认的信念和目标,也有维系那些可能会脱散的必要连接点的专用桥梁。应该有一支互相很熟悉也愿意同甘共苦的工作人员队伍,在一起持续地奋斗,不断改进项目的范围和顺序。这些人当中不应该缺失可以保证项目质量的关键人物。在我们调研的项目中,这些条件仅部分地存在于最好的项目里,而在其他项目里几乎看不见这样的条件。

在现有的教师教育中,通识教育和职业教育通常是分开进行的,但这是一个误导性的区分。因为教师要将学生带入他们自己掌握的专业知识领域里(就像之前提到的那样),所以他们必须内化性地吸收学到的知识并将其融入自己的职业知识库。数学对数学教师来说就是职业知识——虽然并不充分,但也是教师知识库的一个关键部分。同样地,关于学生个人和他们学习权利的道德规范也是关键的知识,无论师范生是在学校心理学课上还是在文理学科的课上,或者是在教育课上学到这些知识的。教师教育工作者和他们所主持的培训课程的任务是,保证未来的教师在学习数学知识的同时也学习有关的道德规范并知道怎样应用这些知识。

问题是,大学的组织安排形成了种种壁垒,将这些必要的项目成分和连接分离开了。在高速公路上从这边开到那边或者在城墙下打地洞都是小儿游戏,我们必须打破这些壁垒,做出新型的、有效益的安排。

请一定要理解的是:我在这里并不想呼吁为教师设立专门的数学课程(还有其他学术科目的课程),而给其他人开办另外的数学课程。我只是想提出这样的问题:需要学习多少以及什么样的数学(或其他的任何学术科目)才能算是达到了基本理解这一科目知识的水平——“基本理解”的标准就是一个人(不一定是准备当学校教师的人)可以将数学知识教给另一个人或者在一些需要数学分析的生活场景中能够应用数学的知识。我从未来的中学教师那里一遍又一遍地听到,他们无法将在本科教育中学到的学科专业知识与要求他们去教的高中课程联系起来。这并不是一个“方法”问题;而是一个是否理解1960年代的课程改革家们称之为“学科知识结构”[19]的问题。只有极少数的师范生在大学毕业的时候可能会具有这种必要的理解能力,而这只能说明的是,很可能在任何专业都只有极少数的大学生在毕业时会具有这样的理解能力。

我们调研过的大多数校园都缺乏特殊的精神气质和措施来保证给未来教师设置的课程能帮助他们均衡地参与主要知识领域的学习并深刻地理解他们准备执教的学

术科目。教育专业的教授经常称呼文理学科的教授为"在下面的那些人""在那里的那些人",以及"在街对面的那些人"。我和我的同事们与教育专业和文理专业的教授个人和小组分别开展了一些很愉快和热烈的交谈,涉及到教师教育的重要性以及怎样在这个校园中改进教师教育的话题,但是我们了解到的是,这种交谈在教授们之间是很少见的。

我们在几个地方了解到,开展对话、做出计划和清楚地描述教师教育项目是大学级别的理事会或教师教育委员会的责任。因此我在所到之处尽可能地安排与这些委员会的成员见面。除了两三个例外的情况,这些委员会的日常工作主要是审核和批准课程设置和学生项目。大多数委员会并不经常召开会议;有些已经几个月都没有开会了。因此委员会成员在每次开会的时候都不得不重新做自我介绍。有时候连委员会主席都记不清上次会议讨论过什么问题,而上次会议往往是在好几个月之前召开的。

我们在文理学院访谈过的人认为他们并不太需要这种教师教育的协调委员会。教授们互相都认识并且喜欢以非正式的方式办公。多尔赛学院和雷克夫优学院的一些教育课符合通识教育的要求,这就证明在这些校园中,大家对教育课程是认可的。但是,我们在这些学院里并没有比在其他院校里能看到更多的迹象来表明教师教育的需求影响了通识教育的课程。然而,就像我在前面提到的那样,大多数文理学院缺乏大型院校拥有多种选修课和替代课的优越条件,因此它们通常会发展一套精心策划过的核心通识教育课程。

艾菲大学最近全面地修订了本科课程,其令人鼓舞的结果为未来的教师提供了一个均衡的项目。皮尔格瑞姆大学也有同样令人鼓舞的迹象:这里的职前教师教育理事会成员定期开会,认真对待教师教育,细心开展对学生的选拔和指导,并关注所有项目的课程要求。这个理事会最近还讨论了霍尔姆斯小组推荐的改革方案的含义。理事会成员认为州政府的规范机构抑制了他们的工作并且负面地影响了项目的质量。

但是,一般来说,我们在大多数校园中看到的主流观点、语言和课程现实所反映的情况是,不同的教授主持着分离开的、只是松散地联系在一起的项目的各个组成部分,在他们之间,甚至在群组的内部,都没有什么交流。几乎在我们调研过的所有校园中,行政部门都给未来的教师规定了文理科目的学习要求。同样地,在那些较大的教育学院/学校/系里,各个不同的系提供了规定的所谓职业教育课程。有一些指定的行政人员负责为师范生安排实习教学。

然而,并没有一组人在专门负责整体的教师教育项目;也就是说,没有一组人在一起确定和保证教师教育有连贯性的通识教育、特殊和普通教学方法课、基础课、实地经验、实习教学，以及跟踪和支持毕业生工作，这些都与教师教育的使命有关并且应该是由参与人一起确定的事情。的确，在有些院校里，这种没有任何连续性的状况使学生只好将就地参加一系列互不相连和零散的培训活动。

如果我们只是观察在校园中开展的职业教育顺序，我们就会发现有几个项目为学生提供了相当有连贯性的安排。但是没有一个项目能很好地掌控大学对师范生的通识教育要求或实习教学方面的要求。在很大程度上，教师教育工作者像乞丐一样，手拿着杯碗到处去乞求得到他人的施舍和让步。很多教育学院和学校的负责人用他们从其他各系乞求得来的课程填补教师教育课程的关键部分，得到的结果是一个混乱不堪的教师教育课程。

多年来，提供中学教育学科领域方法课的责任在教育系和文理学科系之间来回变动，使双方都很不满意。[20] 例如，负责数学教学方法课的一位数学教授一旦退休，通常就会引起一场危机。因为这种教学活动的地位低（同事们的看法），所以并没有很多人会自愿地挑起这个退休人留下的工作。通常地，文理学科系发布的关于教授空缺位置的宣传描述都不会包括任何与教学方法课有关的字句。然而这个系通常也不愿意将这门课交给教育系，还可能会高度批评教育系已经为学生开设的方法课。

几乎在我们所有的访问中，虽然关于方法课的管辖权和责任问题总会在某个时刻冒出来，但是关于为什么要开设这些课程很少有人问津。在中拉瑟福德州立大学，对方法课的掌控问题已经上升到教育学院和几个学术科目系之间互相伤害的争斗状况，很多人都在关注着大学级别的委员会对这场争斗的裁决结果。尽管这个问题几乎是普遍性的，但是我们在任何地方都没有发现一个令人满意的解决办法或者一个精心策划的行动计划。因此这个问题依然尚未解决。

我们调研中最令人沮丧的发现是实习教学的完整性问题。在教师教育项目的"职业"发展阶段，经常会有三种人参与：承担更有学术性的课程教学的人（例如历史、哲学和教育心理学系的教授）以及教育系里专门教方法课的人；代表学院或大学去督导实习教师的人（在有些地方，督导也来自前面提到的课程和教学单位）；中小学校的合作教师，他们主要担当实习教师的榜样和导师，但是也可以充当大学的实践课教师，将外部世界的学校经验带入大学课堂。第一种人几乎都是学院或大学终身制轨道的教授；在较大的教育学院或学校，参与教师教育可能只是这些教授的次要性工作。有时这样的教授也会去学校督导实习教师，但是在更通常的情况下，做督导的人都是那些不在终身制轨道上的、没有固定职位的人,他们在教师教育事业的使命和运作的决策过程中也没有多少发言权。学校雇用的合作教师往往对教师教育项目没有或只有很少的发言权。这三种人在学院或大学的地位有明显的差别:越靠近在实地和学校教室里工作的未来教师的人,在高等院校的声誉、地位和安全感就越低。此外,地位的下降似乎与他们对教师教育项目的影响是成正比的:地位越低,影响越小。

我们样本中的学院和大学通常会影响但不会控制实习教学的安排。这种安排的最后决定是由学校做出的,或许是校长或者是学区办公室根据校长的建议做出的。选定的实习课堂经常是基于方便而不是因为某个课堂能够为实习教师提供最佳的教学经验。在两个地方,我们发现师范生自己在忙着做实习的安排;在一个地方,有几个师范生还在寻找实习的学校,尽管计划中的实习教学已经开始了。几乎在所有的地方,实习教师的安排都要依赖学区和具体管事的人的善意与合作,大多数学院和大学都很小心翼翼,不敢扰乱这种善意的合作。

上面这些发现使我们得出这样的结论:教师教育缺乏一支强有力的教授队伍可以保证以下这些培训内容具有合理的连贯性和完整性:(1)通识和职业教育;(2)课堂教学观察;(3)有指导的实习经验——所有这些都需要有明确的使命和商定的目标。相比之下,做得最好的项目包括几个小型的项目和之前提到的一个比较大的项目,在这些项目里,教育基础课和方法课(在较小的程度上也包括实地观察)都是围绕着一个关于学校教学应该怎么做的理念而安排的。这些安排和其他几种安排的模式获得了学校合作教师的满意,尽管合作教师一般只负责接受实习教师而并没有参与项目的计划过程。做得最不好的例子中包括我们遇到的一个教师教育项目的主任。他把一些课拼凑在一起并且让实习教师自己去找愿意带实习生的学校合作教师,不管是出于什么原因,所有的行政安排都是在州政府对教师教育项目和教师执照的要求的驱动之下进行的。经常在秋季学期都快要开始的时候,雇用督导实习教师的临时兼职教授的费用还不够或者还没有着落。

那些做得最好的项目并不是令人满意的;而那些做得最差的项目就让人感到无法容忍了。对于大多数负责教师教育的教授群体来说,可以保证整个项目的综合完整性的掌控权和影响力是可望而不可即的遥远理念,因此他们很难严肃地讨论这个问题。在他们的眼里,即使将在他们掌控之下的培训内容发展得更有连贯性也具有很大的挑战性,但是在合理范围之内可以做到。[21]

确保项目的影响力和相关性

教育学院的学生最常有的哀叹是,他们学习的很多知识与他们看到的真实世界是不相关的。这种哀叹在职业学院和项目中是很普遍的。项目的要求与实践越接近,学生也就越满意。然而在一些领域里,学生从实践的模式中吸收越多的经验,他们的教授对自己教学的无用之处就越感到绝望。

上述的所有情况都是对教师教育的特别描述。我在 1960 年代初期作为詹姆斯·柯南(James Conant)的研究梯队的成员访谈未来的教师时,注意到他们在谴责像教育哲学和历史这样的基础课时所表达的激烈程度。但是,当我进一步追问时,这些师范生承认这些课的学术水平与文理学科的课是一样好的;只是他们不认为这些课对教学有用处。一旦学生开始参加职业性的培训,他们就会用非常现实的标准来衡量课程是否与他们未来的工作有相关性。

我们的数据也证实了在这方面的其他发现。我们在调研问卷中请学生在 7 分级渐进量表上评估教师教育项目的各个组成部分对他们今后成功做教师的影响作用。学生给出的平均评分(所有学生评分的平均值)从低到高是这样排列的:教育社会基础课 3.8 分,教育心理学课 4.9 分,普通方法课 5.2 分,专业方法课 5.7 分,实地经验 6.0 分,实习教学 6.7 分。教授的评分模式也几乎是相同的,只是评分的分布范围更窄一些:从教育社会基础课的 4.1 分到实习教学的 6.6 分。有趣的是,我们的访谈资料显示,一些很有教书理想的年轻人,特别是第一代大学生,对通识教育的要求表现出相当不耐烦的情绪。很多人都认为读完中学就足够了;其他所有的培训都应该直接与课堂教学有关。立志做中小学教师的师范生在快毕业的时候会增强对项目的尊重感,在实习教学阶段对项目的感激之情更会大幅地增加。他们比刚开始进入项目时更加相信,完成培训项目对今后开展良好的教学是必需的,未来的小学教师比未来的中学教师更坚定地相信这一点。

师范生不仅认为课程的"实践"部分是最有用的,也认为这一部分对他们的价值观和信仰是最有影响的。他们在 7 分级渐进量表上评估不同因素的影响力时,将最高分给了实习教学(第一,5.8 分)、合作教师(第二,5.5 分)和学校的学生(第三,5.3 分)。教育课程的教授排在第五名(4.8 分),然后是家庭、亲戚和朋友。教师教育项目的督导人排在十大影响因素的第九位(4.2 分)。师范生在评估他们自己是否做好了准备去执行具体的教学任务的时候，几乎都给出了高分，平均的评分是 5.5 分。小学和中学教育师范生都认为他们还没有做好准备去教残疾的孩子，他们中间有 43% 的人认为自己在这方面的准备不够充分。

总的来看，我们访谈的数据与上面展示的问卷数据是一致的。小学教育师范生对他们的培训项目普遍表示满意，在评分上给基础课的分最低，给实习教学的分最高。他们对培训项目的满意程度比中学教育师范生要高，但是他们说在要求过多的项目里感到非常忙碌。他们还主动地告诉我们，有一些项目的要求是为了使他们不会空闲而故意外加的作业，并不是智力上的挑战，并且有一些是重复性的内容，但是不管怎样还是有用的。他们并不想取消这些培训内容的任何部分，但是他们认为对方法课应该做一些有用的合并。他们感觉在课堂管理方面还缺乏培训，并且质疑项目为什么没有提供全面性的课堂管理课程，而是让他们只从方法课上得到一些零星的好主意。中学教育师范生的主要抱怨是，实习教学的时间不够，他们在实习过程中还需要回到大学校园去上课（往往是他们的主修专业课），这就会时常打断实习教学，并且实习教学时太注重教课（而忽视了其他方面的教师职责）。

小学和中学教育师范生的一个共同抱怨是，尽管中学教育师范生比小学教育师范生的抱怨声更高一些，在学校的实地经验与大学校园中的课程之间缺乏联系。在这方面，有两类师范生——学前教育和特殊教育师范生——比其他的师范生对培训项目有更高的满意度。这两类师范生从整体上对他们项目的有用性和相关性最为满意。但是，所有人都认为有必要增加与学校的接触，特别是将大学课堂里学到的知识与学校实践结合起来（这样他们在课堂里讨论过的理论就可以立即在学校里观察到）。例如，当我对混合在一起的中小学教育师范生（而不是只有小学或中学教育师范生）访谈时，我发现那些准备做高中教师的师范生十分敬畏地倾听着其他人描述他们的实习经验和改进的建议。他们承认并不知道为什么其他的师范生会有抱怨；相比之下，他们会很乐意地接受任何实地经验的安排，并且承认很渴望这样的安排。

在本章的前面部分，我已经探讨了对方法课的管控问题，特别是中学教育的方法课（小学教育的方法课几乎都在教育学院/学校/系的管辖之下）。这些课程的实质性内容也有严重的问题。研究教学法的学者们长期以来都很有兴趣探究到底能从学科专业中提炼出多少有用的信息来指导在中学的教学实践。30 年以前，课程改革家们认真地聆听心理学家杰罗姆·布鲁纳（Jerome Bruner）的教诲，探讨怎样在开展学科教学的过程中将直觉和学科知识的结构像夫妻一样融洽地结合起来。他使大家相信了这样的理念"教师可以用在理智上诚实的形式将任何学科的知识教给在任何发展阶段的任何儿童"[22]。在最近几年，心理学家李·舒尔曼（Lee Shulman）开创了根据每个学科的特有性质和智力要求而发展的特定学科教学法的研究，并使这种研究的潜力获得了相当高的可见度。[23]

但是，在最近这些年，很少有人去深入地开展布鲁纳、舒尔曼和其他学者开创的这些引人入胜的研究。令人遗憾的是，我们的数据显示，可以支持这种研究的组织性安排几乎是不存在的。我们只在一所院校发现了一个教授人力资源计划，部分已经得到实施，准备发展可能会被称作是"学术科目的教学法"。在其他几所的校园中，有人表达了这方面的兴趣，但是在大多数情况下，人们并不热衷于谈论这个话题。给未来教师开办的数学、历史、英语和其他科目的方法课包括中学教育的学习科目和比较普遍的教学方法（例如小组活动、解决问题、应用技术，等等），往往是通过讲座的方式进行的。

在少数几个校园中，教授们在国家科学基金会的支持下开展了初中数学和自然科学课程发展的实验项目，使人们感到有希望继续探究布鲁纳和舒尔曼开创的研究主题。在这些项目里，小学教育的个体教学方法课（或一系列教学方法课）既复习了教课内容又包含了几种相当出名的教学方法。有八个培训项目用分段时间的模式安排它们的方法课，通常是教阅读、数学、科学、社会科学和语言艺术的方法课。有时艺术也被加在这些课里面。健康和体育一般是设置在另外的方法课里。

分段时间或者个体的课程模式都有一个共同的问题：四到五种教学方法会在每一个具体学科的时间段里或者课里重复性地出现。但是，学生们抱怨的并不是有这么多重复，而是在重复的时候没有更加深入地去探究这些方法。例如，合作学习的方法现在变得越来越受欢迎，在每一堂课里或每一个时间段里都会重复地出现，但总是停留在同样的水平上，无论是在社会学习、科学方法课里，还是在语文方法课里。这里需要改进的是，教授们必须在方法课的选择范围上达成一致的意见，分工承担一个或更多学科或时间段的教学，在经过挑选的学校教室里仔细安排与每一种教学方法相关的动手实践活动，并且同时开展形成性和总结性评估以保证师范生对每种方法的掌握。如果将每一种方法都与它最相关和最能发挥作用的学科联系起来，教授们教方法课时就能少一些重复，而多一些深入的探究。重视研究的教授还可以有效地探索学科教学法的难点和奥秘。

教育师范生做有道德的学校管理人

在第六章里,我根据我们收集的数据得出了这样的结论:正式与非正式的社会化过程,还有培训项目的知识取向,在一起影响着师范生形成他们在课堂里的操作行为。大多数师范生只是模糊地记得在培训项目初期上过的社会基础课里讨论的教育和学校的主要问题,而他们对学过的历史主题的记忆就更加模糊了。有一个培训项目故意将对这些大问题的探讨推迟到实习教学之后。这里的教授们认为,师范生在那时更加成熟,也有教学经验的基础来讨论教育问题。在美恩斯特瑞姆大学和福尔肯大学,大多数学生回忆说在他们的社会基础课里有一段强大的课堂体验活动,因此他们对教授大加赞扬。但是,他们在那时讨论过的问题和主题并没有在项目的其他课里或阶段里再出现并让他们有机会进一步地探讨。学生们回忆说,在更通常的情况下,这些课探讨的主题是大杂烩式的,包括各种问题,例如宗教和学校、平等的问题,以及像现实主义这样的哲学观点,一般在一堂课里讨论一个主题。但是,学前教育的学生往往会报告说,儿童发展的主题贯穿在他们所有的课程里,学过的理论家包括早期的卢梭和裴斯泰洛齐,一般也都会包括蒙台梭利(Montessori)和皮亚杰(Piaget),也会有现代的领军学者,比如布鲁纳、艾尔金德(Elkind)和齐格勒(Zigler)。然而从整体上来看,在所有级别的教育课程中,学生们并没有看到共享的主题、教育家和阅读资料。

我们收集的关于课程和教学的数据进一步验证了我的结论:我们样本中的师范生主要被培养成课堂里的操作者。例如,我们发现,在大学的使命声明中通常没有关于学校和教师在民主社会里的作用的言辞。教授们对学校的目标是什么或者应该是什么并没有共识,他们对培训项目目前是否在为这些具体的目标培养教师也缺乏共识。很多人承认,他们在教学中会小心地绕过有争议的问题,担心将自己的观点灌输给学生。当我们问起在同一个项目工作的人是否能够一致同意这个项目的目标时,一位项目主任却感到被冒犯了。他说教授们都是能干的人,也都有自己的信仰,可以自由地按照他们认为合适的信仰去教课。我们发现,未来的教师并没有学会探究的规则,因此也不会评估不同的看法。的确,我们收集的证据所呈现的是一种"每个人都有权利拥有自己的看法"的精神氛围。这正是我之前提到的、艾伦·布鲁姆(Allan Bloom)在他的《美国精神的关闭》一书中猛烈抨击的现象。

我要冷静地重复的结论是,我们访问过的项目里的未来教师,除了已经提到的例外情况，在参加培训的过程中只是简短地、断断续续地接触到一些关于学校和教学工作的重大道德和伦理问题。同样地，除了一些例外情况，这些接触没能够"抓住"学生的知识关注力。然而，尽管他们希望尽快地参与课堂操作的实践，但很多学生承认，项目疏忽了对重要问题的探讨是令人遗憾的。并且这种疏忽是比较明显的。我和我的同事们在整理我们的实地调研笔记时感到关切并失望的是，不管在哪种类型的院校，我们遇到的学生一般都没有能力参与明智和深刻的教育问题讨论，甚至在这些问题影响到教师决策的时候也是如此。例如，很多师范生都简单地认为，目前在中小学学生中间存在的成绩差异主要是天生的不同能力的结果，因此学校能做到的就是将学生按能力分组之后再按学生的水平和级别去开展教学。

教授们欣然地承认，他们的培训项目在某种程度上是为了适应目前中小学校学生和课堂教学的现实情况而设置的。很多人说，考虑到学校的目前状况，他们能为师范生做的最好事情就是教他们如何生存，有时他们指的是肉体上的生存。经常伴随着这种看法的还有教授们通常持有的另一个观点：毫无经验的本科生太年轻、太不成熟，没有能力参与严肃的、对主要的教育哲学和价值问题的学习与讨论。

然而我们也发现一种有趣的不和谐现象：虽然培训项目通常避开教育和教学工作在道德价值层面上的问题，但是一些师范生和教授对项目应该怎样办和能够怎样办还是很有想法的。我们所有的调研人员在个人和小组访谈过程中的一个深刻印象是，很多教授都认为师范生没有受到应有的培训和挑战，这些教授（还有他们的学生）提出了一些应该怎么办的好主意。但是，实施这些"可能性"的好主意是很困难的，因为他们目前所在的教育学院或学校里缺乏对话和更新的机制，州政府的规定也会使他们付出的努力作废，还有学校现有的实践规范很可能会快速地清除教授对师范生产生的暂时性的成功影响。这的确不是让人振奋的感觉！尽管如此，我们与学生和教授的交谈让我们相信，今天的教师教育的体制和运作人严重地低估了这样的潜力：只要有一个能够体现教授和学生关于教育、学校和教师职业作用的最高理想的使命——正是这样的使命召唤他们进入了教育事业，就可以给未来的教师和他们的教授提出积极性的挑战。

我在第一章里提到，在《国家危在旦夕》的报告发表之后，美国便兴起了第一波学校改革的浪潮。紧接着出现的第二波改革浪潮的重点是给每个学校更多的权力和职责，并且发展以学校为基地的管理、重建和更新运动。支持这个运动的人督促"职业"教师参与改革，实施多年来提出的但尚未落实的各种变革计划。[24] 毫不令人奇怪的是，就像我在前面已经提到的,美国国家教育协会和美国教师工会是这场运动的积极提倡者并且发起了试点项目。我和我的几位同事,以及其他的一些教育学者,在过去的几十年里也一直将以学校为变革中心的理念作为我们教育论述和活动的重心。

我仍然相信,最有希望的变革之路是在一个下放更多权力和责任的环境中将家庭和学校联合起来,并且将这种地区性的努力与高等院校结合起来,同步地改进学校和教师教育。但是,我们这项研究的数据使我更加相信的是,这条道路比第二波改革浪潮的理论家们所想象的要更加艰难和曲折,部分原因是教师并没有做好走上这条路的准备。

第一,就像我在前面提到的那样,教师培训项目的主要精神氛围所支持的是培养教师在课堂中工作。第二,我们的样本显示,在培训项目的使命和目的声明中,看不到任何关于教师有更新学校的职责的理念。第三,教师教育项目只是最简单地介绍了一下承担更新活动职责的校长和教师可能会遇到的问题(例如,根据我们样本中的师范生的反映,项目几乎在培训的最后阶段才教他们如何与学生的家长打交道)。第四,我们调研过的项目几乎没有做任何努力去帮助师范生了解学校改革家多年来一直无法解决的顽固问题(我们访谈过的师范生最多只是朦胧地意识到,在他们接受培训的时候,公众对学校和教师教育改革表示出了强烈的兴趣)。第五,除了几个例外情况以外,我们样本中的培训项目都是在为郊区或者相当温和的城市学校培养教师,并且大多数师范生是在这样的学校里开展实习教学的[我们曾经希望,也确实期待过,位于城市的大学会主要(即使不是全部)以城市环境为基点来设置它们的课程和教学,但是我们发现只有极少数城市大学是这样做的]。第六,鉴于美国人口统计特征的飞速变化,少数族裔的教师榜样(例如黑人男性教师)已经被视为教师培训的一个关键因素,但是在我们样本中的项目里似乎严重地缺乏这样的榜样(尽管我们的样本院校很好地分布在农村、郊区和城市环境里,但是学生的构成仍然是 92% 的白人,仅有 4.6% 的黑人,1.1% 的亚裔人和 0.9% 的西班牙裔人)。第七,项目所重视的倾向是现有学校的教学模式(例如,当实习教师发现他们在大学校园中学到的数学教学方法与学校所采用的方法明显不同的时候,他们得到的忠告是先按照学校合作教师的方法去教;他们在大学教授那里学到的方法可以留着等以后在自己的课堂里用)。第八,可以进一步证实上面所做的第一个观察的发现是,学生在实习教学的经历中,几乎没有任何机会接触到在他们实习的教室之外的学校生活(当实习教师有机会参加家长会议、教工会议和类似的会议时,几乎总是因为他们的合作教师建议或者要求他们参加,而不是项目事先就刻意安排好他们去参加这些广泛性的学校活动）。

鉴于上述的情况，新教师在开始他们第一次的教学工作时，基本上都不清楚学校存在的问题也不会精神抖擞地去参与改革活动。只有在非常特别的情况下，也许是异乎寻常的情况下，才会有例外。让我们先把他们应该这样去做的建议放在一边，而只是假设一下他们能在一种学校更新的氛围里与有经验的同事们定期一起讨论学校的组织、课程和通常运作的目标、日程和可以接受的替代模式，并达成共识。或者他们在学校现实中所参与的教工会议将他们引入的是另一种文化：很少有机会开展关于已经形成的学校运作形式是否合适的对话，但是有相当多的时间在讨论不太重要的小事，并且是在一种孤立无伴的环境里。几乎所有的研究报告都认为，人们在目前的学校里更可能看到的是后者的情况。

让我们也先将一些经常提到的教师接受学校现状的理由放在一边，特别是他们缺乏专门分配给他们的时间去从事以学校为基地的更新活动的理由，那么怎样才能解释学校普遍存在的问题呢？我们在这里和在第六章中展示的数据指向了一个很少提及的理由：我们调研的这些有抱负的师范生并没有经历过进入教师职业所必须参加的社会化过程，也没有接受批判性的文化教育或者其他形式的共同教育（请参见我在第二章中对职业要求的定义）。此外，他们的培训项目没有刻意地帮他们发展交谈、辩论、分析有争议的观点、妥协和其他类似的技能，而这些技能是参与学校更新活动的教师所必须具备的。但是几乎所有的师范生都承认，他们在培训过程中学到了很多怎样单独地在一个课堂里与一组儿童或青少年相处的方法。

直到现在，我们才看到一些学者开始认真努力地整理学校教学工作的知识基础。我们离建成可以完善知识基础的决策标准还差很远。我们没有像法律行业那样积累了一整套可以共享的案例研究，尽管发展这样的案例研究将会非常有用。[25]几乎不可能预测毕业的师范生将会在他们的培训课程中读过什么书。我们的调研结果清楚地表明，我们不能肯定的是，所有的师范生都能认出约翰·杜威（John Dewey）的名字，更不用提其他不太出名的学者了，如果我们给他们看一张列有十个教育界著书最多的学者名单，就会得到这样的结果。我们在问卷中请学生写出对他们影响最大的书名时，得到了很多不同的书名，几乎与参加问卷调研的学生人数一样多。

归根结底，尽管教育是一个拥有价值观的道德规范事业，但是大多数师范生都不知道应该怎样用数据或逻辑争论方法来回答问题。他们甚至不共享这样的信仰：学校的更新要求人们至少具有一种共识，也就是说每个人都要同意参加。虽然教学工作的道德层面已经在过去的几十年里引起了学者们的注意,并且在近些年里激发了新的兴趣,[26] 但是我们调研的项目(除了一些提到的例外)对此却很少关注。很多师范生(并且很遗憾的是,还有很多教授)对道德问题和规范没有什么兴趣或缺乏参与这方面交谈的词汇量。

因此,师范生在培训过程中缺乏共享的经历,对重要问题也缺乏应有的兴趣。使这种情况更糟的是,一些多功能的综合性大学开办了过多的半自治性的教师教育项目,在家政、音乐、体育和运动、农业、商业,以及更多其他的学院,还有教育学院都开办了教师教育项目。此外,未来的中学教师主要在学科专业系修课,通常只是在一起上两到三门教育社会基础课、教育心理学课和普通教学法课。在这些不同的教学单位中,有的似乎能较好地为师范生设置一个走向未来教师工作的社会化过程,但主要是为了进入他们的学科专业教学,而不是为了承担所有教师都应该共享的使命。在其他任何职业的教育中都不存在这种多重性的设置。如果在一个大学的校园中出现了第二个或者第三个法学院或医学院,那么已经建立好的法学院或医学院一定会愤怒地站起来要求立即关闭这些重复性的学院。

榜 样 的 作 用

在我们的历史上,如果有一个时间是我们的年轻人需要在学校里得到精心培育的时候,这个时间就是现在。我们在之前的研究中发现家长最关心的是他们的孩子在学校里是否安全并得到专心地照顾。[27] 对于大多数儿童和青少年来说,特别是那些家长对他们并不太关心的孩子,学校是(或可以是)他们最能感受到成年人对他们关心的地方。虽然一些著名的私立学校设有严格和不妥协的高标准,但是研究学者们一致认为,聘用敏感和有支持力的教师是办好学校的重要因素。当然,要想学好光靠关爱是不够的,[28] 但是没有关爱却是痛苦的。

总的来看,我们在调研中得到的印象是,师范生认为他们与教授的关系是正面和积极的,教授能认出他们每个人,并且对他们表示关心和鼓励。例如,在皮尔格瑞姆大学,学生不仅有导师的电话号码,也被告知可以在需要的时候给导师打电话。一位学生满怀深情地向我描述了她在生重病的时候,教授去看望和支持她的情景;当时参加访谈的其他学生也点头表示赞许并说在这所大学里,学生可以期待得到这样的关怀。在大多数院校里,我们都会听到教授夸赞他们的同事,赞扬他们给学生的时间和关注（我们的数据再次显示，小型院校或小型项目在这方面比大型院校和项目做得好）。

不幸的是，教师教育在课程和教学实践方面的榜样作用却参差不齐，主要的问题是，负责计划的教授群体普遍没有确定几种主要的教学方法并且保证学生不仅在实地经验中能看到这些方法的实施，也要在课堂里看到教授们示范使用这些方法。我们从学生那里反复听到的是，教授们在教研究方法、技术应用、合作学习的方法时都采用了讲座的形式，没有任何附加的机会让学生看到这些方法的示范性应用或让学生在教授的督导下试着使用这些方法。在访谈中，教授们时常会羞怯地或面带笑容地承认，他们经常会告诉学生，"按照我说的去做，但不要按照我做的去做"。他们也往往会用缺乏时间和相应的资源为借口。

在访谈中，学生们对他们在课堂实践中得到的实用性帮助表示了感激之情。但是，就像我已经提到的那样，他们很少有机会系统性地学习各种教学方法的理念。同样地，他们在参加培训项目的整个过程中，只在四或五个环境里看到了他们在一些课上学过的课程计划原则被应用的示范榜样。

在访谈中，我们请学生评论他们教授的榜样作用——有哪些教授的行为是他们今后在自己的课堂里可以模仿和应用的，学生回答时提到的大多是教授的讲话方式、衣着打扮和个人仪态，在这些方面通常能听到赞美的声音。但是，学生们经常会批评的是，在不同的课上的教授会用同样的修辞格言反复告诫他们如何成为好榜样。

师范生，特别是小学教育师范生，对文理学科教授无聊的讲座式教学持有批评的态度，认为这些教授不会使用其他的教学方法；教育专业的学生很少有人会将文理学科的教授视为教学的榜样。他们说，教育专业也有无聊的讲座，但是从整体上看，他们在评估教学质量的时候对教育专业的教授还是抱有好感的，也应该是这样。

除了以上这些概括的情况之外，学生对他们在项目中看到的模范榜样的描述几乎都是关于具体课程和教授的重复性报告：在传说大学的教育基础课上由学生带领的讨论与阅读挂上了钩；在福尔肯大学和美恩斯特瑞姆大学开设的教育基础课与教学工作的职业愿景紧密结合在一起；森林州立大学和肯默大学建立的校外实习教师中心为学生提供了广泛的个人和职业发展支持；斯特尔林学院的校园中有一所按照明确的教育主张设立的实验学校，给师范生提供了机会去观摩甚至参与教学活动。

教授们在教方法课的时候，使用的教学方式比在教社会基础课和心理学课的时候要多样化一些。课上有更多的互动性活动，学生也有更多的大组和小组讨论以及演示的机会。很多教授似乎明白需要给学生展示各种不同的教学方式。尽管如此,最常见的授课方式还是用讲座的方法传播信息。教授们通常不会把一门方法课与另外一门课联系起来以防止重复并保证学生全面掌握各种类型的教学方法。

在安排学生在大学修课的同时去学校观摩并参加一流的实习教学方面,教师教育项目的现有做法比较逊色,并没有为学生做出模范的榜样。为学生安排实习对那些培养大批教师的院校来说是个巨大的挑战,特别是那些位于农村环境的院校。安排工作的各种繁忙事务几乎总是让人生畏的。在城市地区,几所院校通常会互相竞争学校可以安排的观摩和实习位置,往往只好接受不太理想的安排。另一方面,在那些更孤立的环境里,如果要安排学生去见识不同类型的学校实践,就需要做远途的旅行。在这两种环境中,将课堂讨论与相应的(先不用提模范的)学校实践结合起来都是无法实现的梦想。

总的来看,我们可以给教师教育的教师在关心和支持学生,甚至为学生提供咨询方面打高分;在这些方面,他们的榜样作用是有效的。然而,在大型的研究型大学里,学生在这方面的抱怨却是最多的,很多学生说,他们从来没有机会与那些全国知名的教授互动。另一方面,教学的好榜样也参差不齐,学生的主要抱怨是,教学中有重复的地方并脱离实践。培训项目缺乏对学校实地环境的选择控制权,这也极大地限制了理论与实践相结合。我们可以公平地得出这样的结论:没有任何项目能够保证从头至尾在所有的课程与教学理论中及实践领域里为学生提供模范的榜样,而未来的教师在他们自己今后的工作中很可能经常需要从这样的榜样中汲取营养和力量。

做好项目评估与更新

我和我的同事们相信,高等教育和职业教育中的任何一部分都没有像教师教育项目这样受到外来力量的冲击、推挤和控制。或许这种现象可以很好地解释为什么教师教育项目内部通常缺乏更新的动力。一方面,人们要花费巨大的精力去回应评估的要求,这些要求经常需要提供新的数据或者重新整理旧的资料。另一方面,经常变化的外来要求使项目的内部产生了毫无生气的状态,不欢迎变化和更新。中小学校的"第二波改革浪潮"号召上面放松规章制度的限制,以便给校长和教师更多的权力去更新他们的学校。教师教育的更新也需要同样的权力,而且早就应该这样做了。我们的数据支持这样的和类似的改革建议。

有四组数据让我们得出了这样的结论：通过项目评估和更新可以开展很多内部的变革。第一，就像我们已经指出的那样，项目在选拔和督导学生进步的过程中并没有参照一个明确的使命。我们调研过的项目都没有设置任何机制来衡量学生在培训过程中是否发展了那些他们在项目开始的时候尚不具备的未来教师特征，并且他们是否随着项目的进程在不断地成熟起来。没有一种能够在培训的过程中衡量学生同伴群体进步情况的形成性评估，就不能确定学生进步的强度与缺陷。结果是，只有外来的预感、奇想和要求才能促进项目的变革。

最后的这个结论并不适用于多尔赛学院和雷克夫优学院，这里的项目小，学生和教授的关系比较密切，教授们在使命问题上保持相当一致的意见。这些学院的教授在定期的会议上分享体会并共同策划项目的改进方案。前面提到的希尔伍德大学小型的研究生级别教师培训项目以及波卢德摩尔大学培训项目的校园课程顺序也是这种情况。

第二，教师教育项目的学生，就像中小学校里的学生一样，在形成性评估过程中远没有被充分地利用好。人们会认为，教师教育工作者应该先去问他们的学生在项目中的感受以及改进的意见，但是这样的做法是很不常见的，即使有人会这样做的话。在我们访问的每一个校园，我都会在学生小组座谈里问他们是否参与了项目的改革工作。他们通常有机会评估具体的课和教授（很多学院和大学都将这种评估作为教授审核和提升过程的一部分）。但很不常见的是，学生和教授计划小组在一起探讨项目改进的方案或回答一个关于项目的某些部分或整体情况的评估问卷。他们利用跟我一起座谈的机会参与了这样的讨论，并且提出了一些我认为负责项目的教授应该知道的问题。学生的观察往往印证了我们研究梯队在访问中得到的印象。

在大型院校中，美恩斯特瑞姆大学的做法与上述的模式不太一样。那里项目负责人经常认真地请教学生，向他们咨询项目存在的优点和缺点。同样地，杰拉德大学也努力从主要是走读到校上夜间课的学生那里收集数据。但是，我们样本中的学院和大学一般都没有从学生那里持续和系统地收集信息。

第三，除了很少几个地方，我们样本中的院校显然都很缺乏开展项目更新的明确机制。几乎没有任何群组可以控制，更别提极大地影响项目的所有组合部分了。对教师教育项目的权力和责任广泛地分散在不同的个人和群组里，因此想推动任何大规模的改进工作都是不太可能的。任何之前存在的集中权力也会被减至最小的程度。例如,像大学级别的政策委员这样的群体通常可以在书面上的权力范围之下很好地工作。甚至连一些教育学院院长似乎都不知道他们在教师教育舞台上的权力。有一个院长竟然很高兴地表示,他知道在他管辖范围之外的其他几个学院和系也在办教师教育。他还说,这证明很多单位都有兴趣培养教师。

尽管皮尔格瑞姆大学的职前教师教育项目分散在不同的地理位置并且本科级别的课程开设在白天而研究生级别的课程开设在傍晚时分,但是教授群体还是用很多的时间聚在一起计划和改进项目。他们也从学生那里收集了大量的信息和建议。虽然他们的教学任务很重,但是他们为共同计划和改进项目的工作投入了相当多的时间和精力。

第四,这个批评几乎适用于所有的院校——在我们调研过的院校里似乎看不到系统性地跟踪毕业生的计划和工作(其他的职业教育有同样的问题)。有些教育学院/学校/系给毕业生寄出过调研问卷,但是问卷的结果并没有被用来更新培训项目,主要是因为没有设置这样的更新机制。很多负责教师教育的院长和主任都表示,他们很有兴趣从毕业生那里收集信息,不仅是为了评估培训项目,也是为了给第一年的新教师提供跟踪性的支持。但是他们说,没有这样的预算和经费来支持这些工作。我在第四章中提到,俄克拉荷马州的几位教育学院院长联合起来成功地推动州政府通过了一项法案,授权给教师培训机构为它们的毕业生做第一年的跟踪评估。那里的教授一般都很支持这个计划,而且很多人报告说,他们走访了在中小学教书的近期毕业生并收集了很多关于他们课程和项目安排的有用信息。

前面已经讨论过的三大总体性问题与评估和更新的问题是相关的:教授和学生通常没有共享一个统一的使命,教授认为参与长期的更新活动是白费力气,因为外界施加给教师教育项目的要求不管怎样也会占上风,还有很多教授感到他们的工作并没有得到大学领导和公众的赞赏。在这种似乎是反常的情况下,源于这些问题并与这些问题相随相伴的精神氛围使教师教育缺乏基于数据的评估的现象似乎变得合理化了。项目的修改经常是基于某一个人而不是其他人的意见,其本质往往不是根本性的变革,或许是修改一下课程,有时也会改变课程的顺序,还有重新审核一下实习教学的要求。[29] 教授群体几乎是凭着他们的直觉回避了发动基于数据的教师教育重建工作的严格要求。不过我们在调研中的确发现了几个正在开展的实质性的更新项目,这都要归功于那些参与者,特别是几个人的领导作用,通常是教师教育系的主任或项目主任。

总 结 和 讨 论

我在第五章和第六章,还有第七章前面的篇幅里展示了我们样本中的教师教育项目的大量数据并探讨了存在的问题。我们把这些累积的材料加在一起,就可以针对第二章中提出的合理期望与必要条件得出一些清晰的结论。

不同院校的现实情况离这些期望与条件最近和最远的差距是巨大的,从那些只能算是破烂不堪的现状到几乎可以接受的情况。在最差的院校里,教授群组在实际上已经放弃希望了。在最好的院校里,教授们不仅精心关照学生的福利,而且在繁重的教学工作中抽出时间来维护合理与有连贯性的项目。最大的弱点是,教授在很多领域里都很少或没有控制权。

我们看到,有一个贯穿始终并很明显的弱点来源于一个共同的假设:本科通识教育的要求给未来的教师提供了足够的背景知识。这是一个很危险的假设。我们面临的一个巨大的任务是,确定教师需要得到什么样的教育才有能力广泛地参与人类的会话并为他们的学生做出智者的榜样,但是很少有人探讨这方面的问题。我们不相信大学本科教育的头两年能为学生提供"有教养的公民发展理解和欣赏能力时所需要的建设性资源"[30]。

我们也不相信,所谓的职业培训课程安排能弥补本科教育的这种缺陷。师范生应该有机会参与关于重要的教育问题和困境的活跃和有思想性的课程讨论,但是当这种情况只是例外而不是常规现象的时候,我们就知道教师教育有严重的缺陷了。除了有一些例外,很多是已经提到的,教育课程所注重的是具体的技能和技巧,而且大量的师范生,特别是小学教育师范生,还想要更多同样的课程。我们没有遇到渴望学习更有学术性知识的好学生。教授们往往认为,学生没有能力或者没有兴趣参加对教育问题的深刻讨论。然而,我和我的同事们在访谈学生之后的印象是,学生的兴趣在太经常的情况下被教授低估了。

我们知道,未来教师在受教育程度和能力方面的差异很大。大多数师范生有怎样的潜力并可以接受多少智力上的激励和挑战,这还是一个充满未知数的探究领域。但是,因为教育归根结底是一种智力的培养,所以想当然的是,教师教育最应该看重的就是对学生的智力挑战。

在我们访问过的几个——但是只有几个——院校中,教师教育项目设置了一门关于民主社会的教育和办学目标的必修课。但是，学校的功能和目标并不是教师教育项目的推动力。教授们在问卷和面谈中回答关于学校目标（还有他们自己项目的目标）的问题时，描述了一幅大杂烩式的图画。很多人承认他们在教课时会故意回避有争议的问题，恐怕给学生灌输他们的思想，这种做法给人的印象是，一个有教养的人是一个超越批判性辩论或者对此保持中立的人。更糟的是，在那些拥有优越条件的私立院校里，一些教授在那些家境富裕的学生和家长面前避而不谈教育和经济方面的公平与正义问题，生怕碰乱了他们的羽毛。

自从柯南（Conant）的报告在1963年问世之后到现在的这些年里，教育基础课——从哲学、历史和社会学的角度去观察教育的课程——的地位极大地下降了。在我们的样本院校里，教育基础课，如果要求学生上的话，往往会设置在项目的早期阶段；这些课通常要用部分时间给学生讲解有关录取和项目要求的事宜，但很少为学生提供一些在后来的课程里还会继续发展的主题线索。就像长期以来一直主张要认真学习教师教育的哲学基础的学者哈利·布劳迪（Harry Broudy）所指出的那样，"基础课并不是一种知识性的奢侈品……很多教学问题的根源都在这些课所阐述的背景之中……如果我们将很多教育方面的问题放在与其相呼应的背景中来观察的话，就会发现它们不仅仅是技能的问题了"[31]。唉，技术似乎已经统治了所有一切其他的领域——因为缺乏坚实的理论基础，教学经常被沦为机械性的程序。

对我们访谈的大多数未来教师来说，教师的道德义务几乎是一个陌生的理念和奇怪的言辞。很多人并不相信所有的学生都能学得好；他们的看法是，他们应该对所有的学生表示友善和关心，但是他们认可这种理论——有些学生根本就学不好——并将其视为是一种事实。特别是那些准备做中学教师的人通常认为学校不可避免地需要用按能力分轨或分班的做法将青少年分在低班、中班和高班里并且在课程上做出相应的调整。很少有人认真地考虑过一些特殊利益集团对课程的干扰所造成的道德问题，例如那些禁止使用某些书籍或者排除全球研究学习的特殊利益集团。师范生认为他们的作用几乎全部就是满足一个课堂里的学生的个人需求，并且他们急于开始这样的工作。许多师范生进入教学工作都是出于为他人服务的动机和一种被"召唤"去做有重要影响的事情的感觉。即使这样，他们也认为自己更需要去适应而不是试图去改造现有的环境。

我们反复批评学校的一些现象包括学生的被动性、死记硬背的学习方式，还有普遍缺失那种能迫使学生去开展探究、捍卫一种行动或提出不同的解决问题方案的功课。西奥多·赛泽(Theodore Sizer)已经认定,学校改革的中心任务是发动可以激活学生大脑的课程、教学和评估活动。[32] 他在《贺拉斯的妥协》一书1985年版本的结尾中提出了一个令人困扰的问题:美国人是想要会提问的人还是想要"接受现状和不会挑战的盲从者:不会兴风作浪的人"。[33]

我们在调研的项目中几乎没有看到任何智力性的挑战浪花。很多研究已经发现,学校里现有的教学模式是学生听讲、回答问题,并参加教师主持的讨论。几乎所有的教师教育项目也采用了这种教学模式。我们在之前的学校研究中就得出了这样的结论:学校教师大多是模仿着他们在过去的16或17年前上小学、中学和大学时所观察到和经历过的教学模式去从事自己的教学工作。[34] 一般来说,教师教育项目的学生并没有将教学视为"一种深思熟虑的行动";他们并没有想到要学会用知识去指导他们的行动。[35] "他们花费时间去做的反而是尽可能地储存更多的具体方案和技能来应付未来的挑战。"[36] 这种在教师教育项目有限的时间内将所有的东西都塞进大脑的做法似乎阻止了持续性探究和反思教育的出现。

教授们急于将具体的教学方案和技能都教给师范生,但却没有时间,也或许是没有意愿,去考量学校是否需要响应大社会环境的号召开展重建和更新的工作,以及这些工作的性质。一个不开展持续性更新的教师教育项目就是在告诉人们没有必要这样去做。我们看到大多数学生将他们的注意力集中在个体的教室里,几乎不考虑教室门外的事情。他们从多元化的背景进入教师培训项目,但没有共享的使命、目标、理念和阅读书单。他们以个人的名义进入和学完培训项目的课程,但没有机会与同伴群体一起参加刻意为这种群体设计的、引导其进入教学工作的社会化过程。人们不可能期待他们已经准备好可以加入学校的同事们一起去发动变革,虽然对变革的需求在日益增加。刚开始工作的新教师很可能只为他们自己个人的教室承担责任并且会假定其他人会负责其他的事情。如果这种态度持续下去的话,学校整体的课程和组织问题就将继续无人过问,我们的教育体系也就将继续停滞不前甚至衰退下去。

当我们在探讨中小学校和教师教育项目的运作之间存在的相同点的时候,难道不能合理地假设在这两者之间有着密切的关联吗?学校的一些情况和存在的问题难道不是源于教师教育项目吗?难道我们不能同样合理地假设这两者如果拥有相同的使命并坚信所有的孩子都能学好,它们之间的关系就可以发展得更理想吗?当然两者都需要有相应的课程和教学方法来保证达到这样的目标。大学校长、新闻媒体和公民大众对教师教育事业的期望不应该少于德里克·巴克（Derek Bok）和《纽约时报》对哈佛企业管理研究院的期望。教师教育可以有所作为。现在它必须有更加积极的作为。

强大的职业都具有比较多和复杂的、快速积累起来的职业学问并要求候选人用多年的时间持续性地学习和掌握这些知识，还有指导实践者的职业行为的道德规则。这些职业的知识生产是蓬勃旺盛的，这就要求实践者不断地学习和更新知识，也要求颁发执照的单位以此为标准来保护公众的利益。强大职业的培训项目会及时地适应新产生出来的知识和学术规范，并时刻关注着研究成果在实践中的验证以及执照机构不断变更的要求。相关的探究潮流会及时地滋养着实践的基地和执照考试的内容。应该承认的是，上述的这些只是对理想情况的描述；但是虽然如此，这就是职业教育所应有的模式。

如果一个职业的实践者和执照颁发机构在寻求跟上知识生产步伐的时候裹足不前的话，这个职业就会衰弱。如果根据一个职业的传统实践和考试的要求来确定"职业"培训项目的话，这些项目和它们的毕业生就不会是职业性的。但是，这并不意味着与实践和执照相关的知识生产就不存在了或者是微弱的。这可能意味着疏忽的情况、低劣或错误的判断、不合时宜的干预、无知，或所有这些因素加在一起阻扰或妨碍了人们去实现将知识生产与职业项目发展结合在一起的心愿。

我们的研究使我们得出了几个结论（以及相关的假设）来支持这样的假设：教学工作是一个薄弱的职业。我们也根据上述的简要分析和支持数据找到了几个原因。因此，我们可以提出以下的结论。第一，已经汇集在各种手册和概略报告里的关于教学工作的研究成果（有些已经在前面的章节中提到过）使我们相信，现在已经有足够的知识基础可以证明教学工作是一门正当的职业。但是要使一种工作在实践中变为一门职业并且使其实践者变为职业工作者，这个知识基础就必须被整理出来并传播下去。要把这个知识基础传播下去，就必须将其包含在为这个传播目标而设置的培训项目和学习资料里，而且必须比较容易为人所获取。这些工作必须正大光明地完成，也就是说，它们必须是学术和职业权威人士努力的结果，也获得了正式的批准，而不是基于一些政客或官僚权威的直觉和猜想。

我们的第二个结论与第一个结论有关，即与教学相关的知识体系还没有被整理出来。这个过程才刚刚开始。我们还没有建立起与教师在日常工作中要做的教学决策有关的知识分类体系或层次架构。在某种程度上，这个结论要求我们修改上面提到的第一个结论:已经有一个与教学工作有潜在关系并可能对其有重大影响的知识基础,但是它还没有被整理成有用的体系。它目前还被封藏在学者们的年鉴里,而实践者基本上无法看到。的确,因为实践者难以接近它而外行人士也看不清它,所以这两种人都在质问这个知识基础是否真实地存在着。

我们的第三个结论是,教师教育的课程发展工作基本上是不存在的、不充分的、简单粗糙的,或者是这三者的结合物。在缺乏相关的知识基础和有效课程的情况下,教师教育工作者和教师只能根据自己的直观实用性的理解去工作。因为直觉是反复无常的并且是人类所缺失的,所以毫不令人吃惊的是,教师教育工作者和教师都受到了以下这些不适当方法的影响:一些看上去对他们和其他人可行的方法,他们自己做学生时所观察到的教学方法,经过包装和市场宣传的方法,或者一个有权的立法机构要求他们使用的方法。

我们再一次听到了很多四处散播的指责,也再一次感到这些指责的无效功能。昨天遗留的问题导致了今天存在的问题,而教师教育所处在的高等教育环境也造成了很多的问题。由于许多教育学者都尽量地使自己靠近文理学科并且远离教师教育,因此教育方面的知识也通常与文理学科的知识混杂在一起,很少被区分出来。特别是在研究型大学里,很多从事教师教育工作的人与教育知识和那些积极生产这些知识的人都没有什么关系。在那些教学负担最重的学院和大学里,教授们既没有时间开展学术活动也没有时间从事课程发展工作;事实上,人们可以质问大多数在教课的教授,他们是否具备充分的学问知识去教这些课。在我们访问过的所有院校里,大学与学校和实践教师的联系都是很脆弱的。既然整个教师培训事业都是在近乎贫困的条件下运行的(从经费资源和教授工作时间上来看),那么就难怪教师教育只是一朵"二手的玫瑰花",而教学工作仍然是一个还没有到位的专门职业。

州政府立法机构的要求、认证的标准和程序,还有传统教学实践的垄断加在一起阻碍了教育知识基础的建立,干扰了职业教师教育项目课程的发展,也影响了从这些职业项目毕业的师范生。然而这三个领域的适当贡献却是发展一个强大的教师职业的关键因素。在很大的程度上,这三个因素不仅规范了培训项目的环境也制约了项目的实质性内容,以至于几乎逆转了理论和知识流向实践的方向。本来学术生产和知识编纂的成果应该持续地给教师教育课程的发展添油助力,但在现实中,这些课程却过度地反映着实践并且培养未来的教师去适应现有的普遍条件和状况。在健全的理论与实践之间建立必要的生产张力并将两者结合起来需要巨大的资源、力量、创造力和领导力。与此同时,教师教育还将在没有明确的使命和连贯性的项目的情况下挣扎着混日子。

注释

1. A. Einstein, *Ideas and Opinions* (New York: Crown, 1955), p. 108.

2. D. Bok, "The President's Report," *John Harvard's Journal*, May-June 1979 (entire issue).

3. B. R. Gifford, "Prestige and Education: The Missing Link in School Reform," *The Review of Education*, 1984, *10*, 187.

4. Gifford, "Prestige and Education: The Missing Link in School Reform," p. 188.

5. Gifford, "Prestige and Education: The Missing Link in School Reform," p. 192.

6. Gifford, "Prestige and Education: The Missing Link in School Reform," p. 193.

7. R. Soder, "Faculty Work in the Institutional Context," Technical Report no. 3 (Seattle: Center for Educational Renewal, College of Education, University of Washington, 1989), p. 93.

8. This commitment would be the natural, tangible follow-through on the part of the several hundred college and university presidents who have up to this date of writing signed the so-called Spring Hill or Kennedy letter referred to earlier.

9. In the long journey toward credibility for teacher education programs, this prima facie, commonsense evidence may be more persuasive with the public than is recent supportive research favorable to teachers with pedagogical studies in their preparation backgrounds. See, for example, D. C. Berliner, "The Development of Expertise in Pedagogy," Charles W. Hunt Memorial Lecture presented at the annual meeting of the American Association of Colleges for Teacher Education, New Orleans, Feb. 17-20, 1988; and P. L. Grossman and A. E. Richert, "Unacknowledged Knowledge Growth: A Reexamination of the Effects of Teacher Education," *Teaching and Teacher Education*, 1988, *4* (1), 53-62.

10. In endeavoring to describe conditions and circumstances, we recognized that there are multiple realities depending on the perceptions of the beholders. We were guided in our efforts by the multilevel curriculum framework developed by J. I. Goodlad, M. F. Klein, and K. A. Tye, "The Domains of Curriculum and Their Study," in J. I. Goodlad and Associates, *Curriculum Inquiry* (New York: McGraw-Hill, 1979), pp. 43-76.

11. K. Ryan, "The Moral Education of Teachers," in K. Ryan and G. McLean (eds.), *Character Development in Schools and Beyond* (New York: Praeger, 1987), chap. 14.

12. For a historical overview of the concept of general education, closely linked to views of teacher education, see M. L. Borrowman, *The Lib-eral and Technical in Teacher Education* (New York: Teachers College Press, 1956). For a comprehensive view of the knowledge domains to be included in general studies at the baccalaureate level, see Report of the Harvard Committee, *General Education in a Free Society* (Cambridge, Mass.: Harvard University Press, 1945). For

a relatively recent account of the undergraduate program, see especially part 3 of E. L. Boyer, *College: The Undergraduate Experience in America* (New York: HIarper & Row, 1987). See also G. E. Miller, *The Meaning of General Education* (New York: Teachers College Press, 1988).

13. Z. Su, "Teacher Education Reform in the United States (1890 – 1986)," Occasional Papet no. 3 (Seattle: Center for Educational Renewal, College of Education, University of Washington), 1986.

14. Edmundson, "The Curriculum in Teacher Education," p. 32.

15. B. R. Wilson, "The Teacher's Role: A Sociological Analysis," *British Journal of Sociology*, 1962, *13*, 23.

16. D. H. Kerr, "Authority and Responsibility in Public Schooling," in J. I. Goodlad (ed.), *The Ecology of School Renewal*, Eighty-Sixth Yearbook of the National Society for the Study of Education, part 1 (Chicago: Chicago University Press, 1987), p. 24.

17. This pattern was established early in the normal schools. Even as late as 1900, no real entrance requirements were in effect in these schools. Further, reports Eisenmann, "Any student with a rudimentary command of common school material could present himself or herself at the school during any point in the term, and the professors would have to carve out time to place that student in a program." See L. Eisenmann, "The Influence of Bureaucracy and Markets: Teacher Education in Pennsylvania" in J. I. Goodlad, R. Soder, and K. A. Sirotnik (eds.), *Places Where Teachers Are Taught* (San Francisco: Jossey-Bass, 1990).

18. For more information, see the brochure prepared by the College Studies Board Executive Committee (Hazard Adams, director), College Studies Program, University of Washington, Seattle, 1989 – 90.

19. For an analysis of efforts to develop such an understanding in teachers and their students, see J. I. Goodlad, *School Curriculum Reform in the United States* (New York: Fund for the Advancement of Education, 1964); and J. I. Goodlad (with R. von Stoephasius and M. F. Klein), *The Changing School Curriculum* (New York: Fund for the Advancement of Education, 1966).

20. This turf problem hides a more serious one — the common assumption that the contents of a subject field and methods of teaching it bear little relation to each other.

21. It is interesting to note that laboratory schools, once so central to teacher education and still present on nine of the campuses we visited, faded rather quietly and in large numbers from the educational scene during the 1960s and 1970s. Their immediate faculties and parents of children enrolled were the most voluble protesters of their demise. Now, years later, professional-development schools connected with universities are being proposed as a natural, virtually unopposed answer to the need for better regulated settings in which teacher education students can gain field and student-teaching experiences. But movement toward them proceeds slowly and without apparent urgency.

22. J. S. Bruner, *The Process of Education* (New York: Vintage Books, 1960), p. 33.

23. L. Shulman, "Those Who Understand: Knowledge Growth in Teaching," presidential address at

the annual meeting of the American Educational Research Association, Chicago, Mar. 31 – Apr. 4, 1985.

24. See, for example, Task Force on Teaching as a Profession, *A Nation Prepared: Teachers for the 21st Century* (New York: Carnegie Forum on Education and the Economy, 1986); and National Board for Professional Teaching Standards, *Toward High and Rigorous Standards for the Teaching Profession* (Detroit and Washington: National Board for Professional Teaching Standards, 1989).

25. Some efforts to develop case studies addressing issues and problems in teaching are now under way. See, for example, H. S. Broudy, "The Case for Case Studies in Teacher Education," project description (Indiana: Coalition of Teacher Education Programs, 1985); and T. J. Kowalski, R. A. Weaver, and K. T. Henson, *Case Studies in Teaching* (with an accompanying instructor's manual) (New York: Longman, 1990).

26. See, for example, J. Dewey, *Moral Principles in Education* (Boston: Houghton Mifflin, 1909); J. Piaget, *The Moral Judgment of the Child* (New York: Macmillan, 1965); K. Ryan, "Teacher Education and Moral Education," *Journal of Teacher Education*, 1988, *39*, 18 – 23; S. M. Hauerwas, "The Morality of Teaching," in A. L. DeNeef, C. D. W. Goodwin, and E. S. McCrate (eds.), *The Academic's Handbook* (Durham, N. C.: Duke University Press, 1988); and J. I. Goodlad, R. Soder, and K. A. Sirotnik, (eds.), *The Moral Dimensions of Teaching* (San Francisco: Jossey-Bass, 1990).

27. J. I. Goodlad, *A Place Called School* (New York: McGraw-Hill, 1984), chaps. 3 and 8.

28. B. Bettelheim, *Love Is Not Enough* (Glencoe, Ill.: Free Press, 1950).

29. And so it has been for quite a long time. See J. I. Goodlad, "The Reconstruction of Teacher Education," *Teachers College Record*, 1970, *72*, 61 – 72.

30. H. S. Broudy, "Variations in Search of a Theme," *Journal of Educational Thought*, 1985, *19* (1), 37.

31. Broudy, "Variations in Search of a Theme," p. 37.

32. See, in particular, his afterword in T. R. Sizer, *Horace's Compromise*, rev. ed. (Boston: Houghton Mifflin, 1985), pp. 222 – 236.

33. Sizer, *Horace's Compromise*, p. 237.

34. See particularly chaps. 4 and 6 of Goodlad, *A Place Called School*.

35. H. Barnes, "Structuring Knowledge for Beginning Teaching," in M. C. Reynolds (ed.), *Knowledge Base for the Beginning Teacher* (Elmsford, N. Y.: Pergamon Press, 1989), p. 19.

36. Edmundson, "The Curriculum in Teacher Education," p. 141.

▶ 第八章

改革的议程

> 一个种族要想保持自己的活力，就必须认清在流逝的过去和可能的未来之间的真实差距，并有勇气超越过去形成的安全状态去冒险。如果没有冒险，文明就会全面地衰败。
>
> ——阿弗烈·诺夫·怀特海(Alfred North Whitehead)[1]

教育改革的提案往往是基于这样的假设：火车还在轨道上，只是需要跑得更快一些，更稳当一些，或者需要开往一些新的目的地，这样的改进是直线式的并且是比较温和的。但是，如果这个假设本身就是错误的呢？如果火车已经脱轨了，那么就需要展开重大的修复工程。

从前面的章节所报告的调研结果中，我们可以得出这样的结论：教师教育的火车已经不在轨道上了。此外，火车的发动机与它想拉动的车厢并没有连接上，而车厢与车厢之间也没有连接好。一旦火车回到轨道上并且与车厢连接好，负责指引方向的董事会也不确定它应该开到哪里去。令人困惑的信号使很多工人都感到士气低落；不知道领导会期待他们干什么，也不知道该往哪里使劲才能获得奖励。那些负责的人必须确定火车要往哪里开，将所有的车厢都连接起来，给工人指令去开动火车，并且提供必要的燃料使火车在轨道上快速地向前运行。

莎伦·费曼-纳姆斯(Sharon Feiman-Nemser)在 1989 年检查了正在开展的教师教育研究和现有的改革报告。她仔细审阅了我们的研究论述之后做出了如下的评论：

"这个项目的研究学者在一个明确的规范框架之下调研了一组有代表性的教师教育项目,他们的目的是激发人们超越那些零散的项目变革计划去思考改进教师培训的整体方案。"[2] 在这一章里,我们将检验在前几章里展示的调研结论与我们在第二章中提出的规范框架里的 19 条假设条件之间到底有什么差距,并且指出需要怎样做才能缩小这些差距。

我们提出的改革议程对不同的院校会有不同的意义。例如,在属于文理学院的火车上,靠近后面的车厢是出轨最厉害的——就是那节带着未来的教师进入实习教学的车厢。我们发现的大多数问题在我们样本中所有的院校中都存在着;但有些院校的问题更多一些。

重温假设条件

我们将排在最前面的三个假设条件视为一组,这些条件涉及教师教育在高等院校使命中的地位问题,与校园中其他单位是否平等的问题,以及与大学里其他的职业教育项目是否享有同等的自主权的问题。

假设条件之一,我们国家的教师教育必须被提供这种教育的机构视为对社会的重要职责。这些机构的最高领导人必须充分地支持和促进教师教育的发展,并且大力提高教师教育的地位。

假设条件之二,教师教育项目必须与大学校园中其他的教学领域享有同等的合法地位,得到同样的领导支持和服务,从事教师教育工作的教授们也应该获得这个专业所特有的奖励。

假设条件之三,教师教育项目必须有明确的自主权和安全的工作区域,清晰的组织身份,稳定的预算和人事安排,并与其他主要的职业学院一样享有同等的权利。

我们调研的样本院校里的教师教育基本上没有享受到上述的三种条件。**大力**这个词在假设条件之一中意味着支持、宣传和提高教师教育的地位,但是我们在所有调研的院校中都看不到这样的支持条件。在我们调研的院校中,有些几乎取消了教师教育,有些仅为其提供了不太多的支持,只有文理学院为教师教育提供了最接近所需条件的支持环境。没有任何院校宣称教师教育是它的中心使命。没有任何多功能的大学将其教育学院或学校视为最珍贵的财产。实际上,在我们去访问这些大学的时候,不管那里的教育学院和教师教育过去在这些大学里的中心地位有多么显赫,它们都已经被或正在被排挤到边缘的地位上去。

在旗帜性和主要的大学里，无论是公立还是私立的，教育学院或学校都没有将教师教育放在最前沿的地位并视其为最卓越的功能。在地方性公立大学的教育学院里，教授们仍然将教师教育视为中心任务并为此投入时间和精力，但是这项工作在大学奖励机制里的重要地位在近些年里已经受到了侵蚀。在地方性私立大学里，教师教育经常陷入在已经丧失了地位的教育学院和试图拥有更多控制权的文理学院的拔河赛中。在文理学院里（这些学院在刚成立的时候往往以教学工作为其使命的核心），教师教育之前所具有的中心地位并没有能够延续下来，但起码也没有被公开地或暗中地淡化掉。

在我们访问过的大学校园中，没有人将教师教育视为一种高度学术化的活动，也没有人认为它有潜力变成高度学术化的工作。相反地，教师教育一般被当作是一种服务性的工作，它的学术组成部分都出自那些更有学科导向的教育基础课程：教育历史、哲学、心理学和社会学。然而这些基础课程在近些年里受重视的程度还不如那些被视为更加实用和立马可见实效的课程。在教育学院/学校/系（SCDEs）之外，如果在一些基础学科面前提起教育这个词，几乎就自动降低了这些学科的学术地位；在教育学院/学校/系的内部，不断升高的、号召教授们去做研究的鼓点声通常被理解为最好将教育研究视为一门学术研究领域，而不是一种为了帮助教师教育项目提高效益而设计的研究，大学级别的管理人员和文理学科的教授们经常对这样的理解感到困惑。

我们调研过的大学都没有将教师教育当作一个独立的任务来组织并支持它的运行。相反地，大学将教师教育设置在适应整体的大学传统的一个组织单位里，最多排在第二名的位置上。在文理学院中，教育系和教师教育几乎就是同一个单位，这种情况导致了教师教育在某种程度上脱离了由其他学科系主办的以学科学习为主的培训内容。尽管教师教育非常依赖与其他学术学科的密切合作，但是它的命运是与教育系的运气紧密联系在一起的，而这个系在学术和声望的排名榜上的位置几乎接近最底层。教师教育项目的自主权也受到了侵蚀，因为文理学院的学科系掌握着通识教育的权力与职责，而学区拥有安排师范生参与教育实地经验活动的权力与职责。

在我们样本中的文理学院里，教师教育的位置、地位和自主权的情况并不够令人满意，然而在综合性大学里，这些不太令人满意的情况就膨胀到让人绝对不满意的程度了。我们的调研数据显示，虽然教师教育仍然是教育系的中心工作，但它在教育学院和学校里的地位却是二流的或边缘性的。人们不仅要哀叹我们的高等教育机构对教师教育使命的普遍疏忽;他们也在为那些本应滋养教师教育的教育学院和学校的命运而哭泣。

要想保证教师教育在大学使命、同等待遇和自主权方面都获得重视,就像上面的三个假设条件所阐述的那样,我们必须做出重大的努力,但是在现有的改革推杆和手柄中并没有多少是可以使用的。人们可能希望董事会和大学校长们会认识到教师教育项目在大学的存在就是对社会的一个重要承诺,正视这一道德义务,并且决定以适当的方式去经营这个事业或者干脆就不去做。如果有人还用数字上的需求——学校需要更多的教师——来争论继续给教师教育提供明显不令人满意的条件,那就是在延续平庸或更差的教师教育,也就是不合情理的。

我们可以合理地设想,有一些负责人和负责机构已经对他们的院校是否适合经营教师教育持有不冷不热的态度,他们将提出一个道德方面的论证并且决定退出教师教育事业。我们也同样可以合理地设想,负责的机构将会迎接做好教师教育工作的挑战并保证为其成功提供必需的基本条件。后者提到的职责可能会通过两种形式体现出来:执行很多学院和大学校长已经签名的"春山来信"的改革方案或者执行"复兴小组"(由几位大学校长领导的改革组织)提出的改革动议。[3] 同样地,负责撰写美国大学协会报告的教育领导人也可以进一步加强他们的挑衅立场:光支持教师教育作为一种本科教育事业是不够的,还需要更大力度的支持。[4]

实现这前三个假设条件将自然地带动后面的十四个假设条件提出的很多改革措施。口头上的承诺几乎是不用花钱的(因此也更容易做出),因此也是没有用的。我自始至终坚持认为:高等院校必须将教师教育从它的贫穷孤儿的低下地位上提升起来。对一个不可避免的问题,"这样做要花更多的钱吗?"明确的回答是"是的"。还记得曾几何时,当一些儿童因缺乏卫生保健而在幼年早逝的时候,他们的人类同胞只能束手旁观。对这个问题:"那么后来花钱改变了卫生保健的状况吗?"的回答是"是的,花了很多钱,但是我们认为这个钱是值得花的"。相比之下,改造教师教育将不会花大钱,但是肯定是要花钱的。

当我们完全认识到这个问题的重要性时,就可以开始三项有益的发展活动。第一,有些学院和大学——或许只是几个——可以决定不再培养教师了,就像之前一些开办私立医学院的医生一样,当他们意识到新的期待和规定要求医学院与大学挂钩并且需要花钱的时候,他们就关门大吉了。第二,公开宣布对教师教育提出更高的要求并提供相关的资源支持,这样做应该可以吸引更多能干的教授(和学生),进而提高项目的质量。第三，虽然大学对教师教育的承诺和支持应该不断地增加，但从长远来看这样做是可以减少花费的。例如，从更严格的项目中毕业的学生将成为更受尊敬和收入更高的教师，他们也更可能会留在教学工作的职业里终身从教。（目前培养教师的低花费是有欺骗性的；低花费只是说培训院校的花费很低。但是，因为目前教师离开教学工作的比率很高，特别是在进入教师职业的头三年里，所以我们需要为学校培养五个或六个教师，才能做完一个终身从教的老师在其职业生涯中所做的工作。这样一来，实际上我们在保证学校有足够的教师方面的花费就跟维持这个社会有足够的医生一样多了。）

这个冷酷的经济现实给州政府提供了一个独特的机会。例如，州政府如果想提高对教师教育的财务支持，可以采用一种激励效果的方法。它可以先按照目前的额度拨款给教师教育，然后在竞争的基础上汇集和拨发更多的款项，例如院校在应付通货膨胀或扩展项目时所需要的经费，并且为三分之一的，最多高达二分之一的依靠州政府资助的学院和大学设立奖金。[5] 这对州政府的政策制定人来说是一种新颖的行为，这样做就有希望使他们撇开之前为所有项目设立强制性标准的旧习，转向支持大学释放自身的创造力，为发展高质量的教师教育项目提供必需的条件。[6]

能实现这前三个假设条件的相关和必要人员并不是直接负责教师教育项目运行的人，而是负责整个学院和大学的领导人。而与上面提出的结论性建议有关的人员是州政府的领导人——州长、州议员、州高教委员会、州学校教育的总督。另一方面，实现第四个假设条件却主要是高等院校领导的职责。以我的判断，如果第四个假设条件不能实现，我们就不可能得到必要的承诺和资源的支持来重新设计教师教育。

假设条件之四，大学必须有这样一批可以清晰地辨认出来的、负责学科学习和教学法学习的教授，他们的首要任务就是教师教育；这些教授负责选拔和培养师范生并关注他们的进步，全面规划和维持教师教育课程的范畴和顺序，持续地评估和改进项目，并且帮助毕业生顺利进入教师职业。

在我们调研的所有项目中，最严重的缺陷就是它们普遍都没有组建上述的专门负责教师教育的教授队伍。旁观者看得很清楚。但是，这一缺陷的事实——没有一支教授队伍负责整体的教师教育工作——似乎并没有使那些负责各个不同组成部分的培训工作的人在良心上感到不安。没有任何人意识到这个问题并有权力和职责将所有零散的部分组合起来。鹅妈妈童谣中的矮胖子并没有从墙上掉下来；他从来就没有来过。

文理学院的情况仍然比其他院校要好一些。但是那里的教师教育教授也没有权力指点通识教育的预科要求,也不能管控实习教学的环境。教授们并不喜欢这种现状并认为部分原因是缺乏必要的财务资源;[7]但是领导人并没有坚持努力去改变这种状况。

当我们转而面对我们样本中的综合性大学里的情况时,我们感觉就像坐上了准备下坡的雪橇一样。这里教每一门教育课的教授人数急剧地增加了,也就是说,很多教课人只是半时或兼职的教师(尽管有一些人是全时的、终身制轨道上的教育专业教授)。教授的时间和精力通常分散在更多的活动中,因此给每一项工作的时间就减少了,并且从事教师教育工作的半时雇员和兼职与临时性教师的百分比增加了。越来越多正规和全时的教育专业教授并没有参与教师教育的工作,但他们却有权管控项目并拥有聘用教课人的投票权力。

随着教育学院或学校不断增加的复杂性和多元化,培训教师的项目也变得更加零散和碎片化。在大学工作的教育专业教授比他们在文理学院工作的同行离本科文理学科更远,与其相处的关系也更加微弱。在主要的大学里,教授与实习教师的联系就更少了。大学级别的委员会和理事会通常是为了协调和明确教师教育事务而成立的机构,但它们并没有相应的职权去做要求它们做的事情;因此它们似乎只是在形式上存在着。

根据这些观察,我们可以得出两个令人不安的概括性结论。第一,教师教育在大学的组织结构中的地位越低,它就越不可能获得需要的条件去发展健康和活跃的培训项目。第二,教师教育在大学的等级阶层里的地位越低,它就越不可能得到大学努力招聘来的在终身制轨道上的教授的温柔呵护。那么谁来为教师教育讲话呢?谁来代表那些未来的教师发言呢?

尽管上述的条件是明显不能被接受的,但是还没有人提出能让人信服的理由将教师教育从大学中分离出来。相反地,如果这种情况会发生,那么就像大学一样,它需要有知识生产和传播的功能。尽管如此,除非发生重大的变化,否则教师教育是不会找到一个意气相投的大学环境的。这样的变革是不容易发生的并且对很多人来说是有压力的。因为很多需要的变革肯定会威胁到现有的做法和结构,例如宣告已经占领的领域,挑战现有的奖励机制,并且给那些没有决策权的人平等的发声机会,而之前有这种机会的人相信只有他们才是唯一的决策人。

将教师教育保留在大学环境里并同时为它创造一流的地位是一条布满了地雷的

道路。只有大学本身敢于迎接新的挑战，才有可能走向成功。"我们需要……得出这样一个基本的构想：现代大学就像一个大都市一样，充满了周围世界的复杂性和'混乱'，但是它有能力承担为社会服务的任务并满足社会对知识的需求。"[8] 这个火苗值得用蜡烛去燃烧，也必须被有志于参与其中的人广泛地认同。

第一，必须成立一个教学研究学院或中心，专心致力于提高教学的艺术和科学水平并且使教育工作者沉浸在其中。第二，这个学院或中心必须有自己的经费预算，这个预算是通过与最高的预算审核机构谈判后确认的，而且这个预算必须能抵抗竞争利益群体的侵蚀。第三，这个单位必须有权力和职责管理一批有具体规模和质量的学生，并且管理人事、物资、设备、实验室等与职业培训活动有关的关键性事务。第四，它必须拥有一批项目所需的学术专业和教学实践专业教授，以保证高质量的课程发展与更新。第五，这个教学研究学院或中心必须拥有在录取新生时所要求的预科学习的具体制定权，并且与学校领导人合作一起安排在实习设施开展的教育活动。[9]

有很多办法可以为教师教育提供这些最基本的关键条件，就像有很多办法可以在口头上宣称这些条件已经存在但在实际上却逃避了这些条件一样。防止狡辩的唯一办法是，那些负责的人必须做出道德上的承诺。

不同地区的当地情况将会使新的教学研究学院或中心用不同的方法去稳妥地适应所在学院或大学的环境。第一步总是最困难的。鉴于主要大学的教育学院和里面的教授目前对教师教育忽视的程度，人们可能会相信，教学研究学院或中心的人会希望他们的新单位被安置在大学的其他地方。但是，这是不太可能发生的事情。公民大众希望看到更好的学校并且期待着教育学院为此作出贡献，因此将教学研究中心安排在大学其他地方的做法在政治上是不明智的。我的猜想是，大多数教育学院对培养教师的兴趣都会随着失去它的危险的不断增加而提高，它们也不愿意在这个公众日益重视的改革领域里变成一个不太重要的玩家。

即使教学研究中心留在教育学院里，它也必须具备上述的最基本条件。在最简单的组织层面上，这个教学研究中心与一个学科专业学习的研究中心一起，就可以组成一个教育学院——每个中心有一个直接向院长报告的主任，每个中心都独立于另一个中心，但是它们会为各种互利的目标联合在一起开展合作。

另一种可能性是教育学院和教学研究中心肩并肩地存在着。在挪威，教师教育所是独立于教育学院的，两个单位都有全职的教授以及从大学其他单位招用的兼职教授。教师教育所拥有相当多的自主权并且有自己的资源；这种情况在挪威并不是唯一的例子。[10]

不管教师教育在组织形式上被安置在哪里，这个新的中心必须解决围绕着职业教育的预科教育的问题，三年级和四年级学生在参加学科专业学习的同时还要开展实习教学的问题。这些问题不同于弗莱克斯纳（Flexner）在他提出六年医学教育项目的建议时所遇到的医学预科课程的问题。他认为大学应该为一年级和二年级学生提供能够使他们成为受过良好教育的公民的通识教育。在本科教育的后两年里，大学可以为准备学医的学生提供医学的基础科学课程，以及一些更具体的学科课程：药学、病理学、细菌学、解剖学、生理学，还有"初级临床体验"。但是，弗莱克斯纳并不需要探讨如何培养医生把他们学会的学科专业知识教给其他人的课程要求。这些学科知识并不是医生的工具，但它们却是学校教师的工具。

弗莱克斯纳当时也有机会设立两年额外的医学课程，包括应用解剖学、预防医学、身体诊断、外科等。几十年之后，教师教育并没有这样的额外时间，主要原因是增加的学习时间意味着更多的花费。因此，有人强烈建议重新审视本科教育的时间在目前的使用情况。文理学科的专业知识是这个教育过程的主要教学内容。但是，未来的教师必须达到更高的标准：不仅学会这些专业知识，还必须学会如何去教这些专业知识。在第七章中，我引用了布莱恩·威尔逊（Bryan Wilson）对教师和其他职业的功能的开创性的区别定义："医生和律师在实践中应用他们学到的专业知识的规则，但他们并不是在培养他人学会这些知识。"[11]另一方面，教学就包含着培养他人的意思。但是教学并不是附加在专业知识后面的东西，也不是相反的顺序。它们在教学的过程中应该成为一体，例如教数学的情况。

将数学与数学教学法变为一体的最佳时机是学生在学习数学知识的同时也学会怎样教数学。本科教育为此提供了理想的机会，在研究生级别的项目里也可以恢复这个机会的一部分，但只能是在有限的程度上并且需要付出更大的代价。尽管如此，我们必须努力安排那些回到大学参与研究生级别的教师培训项目的学生去恢复这个本科阶段原有的学习机会。实际上，开展这方面的实验也会为本科阶段的教师培训项目提供重要的改进意见。

一个专门研究普通的和具体学科的教学方法的学院或中心也会成为培养高等院校教授的宝贵资源。人们对在大学和中小学校改进教学的兴趣使他们赞同成立一个拥有必要资源的中心来培养在任何年级教英语、历史、生物或外语的教师。目前我们还找不到一张综合教学研究中心的蓝图，但时机已到，我们必须走向制图板。[12]

另一组复杂的问题是,培训项目需要为师范生提供模范的实习基地,光建立一个学校合作教师的名册是不能解决这些问题的。我们在调研的项目环境中看到的一些最不能让人接受的缺点就是在这个环节发现的,尽管学生和教授都将实习教学列为在整个培训项目中对未来教师影响最大的因素。

在理想和现实之间的巨大裂痕看起来已经吓坏了那些应该去寻求弥补这个裂痕的人。我们访问过的院校中有几所保留了实验学校,有的实验学校似乎也在根据一个有连贯性的哲学发展创新的项目。但是在这些现存的以大学为基地的实验学校里,创新项目只是例外而不是普遍存在的现象。[13] 这些学校不太可能为未来的教师提供超出有限度的观摩的实践经验。要安排实习教学就必须与其他的学校联系。

我在这里故意用了学校这个词。让一个师范生在一个教室里跟着一个合作教师——这是安排实习教学的传统做法——是一个有严重缺陷的方法。这种做法不能将未来的教师培养成整个学校的管家或管理人——而这是一种日益增长的对教师的期望,也是教师教育使命的一个重要部分。

我们不能只关注教室里的情况,而是要扩展我们的思路去考虑由学区和大学共同维护的整个学校的问题。[14] 我自始至终强调的模范"实践"或"教学"基地学校的概念与下述的改革建议是相吻合的:霍尔姆斯小组推荐的职业发展学校,福特基金会支持发展的几个实验项目中的临床学校,还有全国教育更新联盟中的学校与大学伙伴关系中的伙伴学校。在我写这本书的时候,所有这些学校都还处于探索阶段和胚胎期;它们还没有解决在管控、经费、分工,以及其他相关领域存在的问题。[15]

弗莱克斯纳坚持认为,以大学为基地的医学院应该对其培训项目所需的实验室和临床诊所拥有全面的教育控制权。他在原则上对医学院是否应该或者可以"拥有"它们自己的医院的问题持有模棱两可的态度。但是,他在事实上建议医学院通过不确定的外交手段获取和维持对那些属于他人的医院的必要的教育控制权,尽管这样做造成了巨大的预算增长。[16] 大多数高等院校都遵循了他的建议,虽然有些董事会和大学校长或许希望它们的医学院选择用外交的策略与他人所拥有的医院打交道并做出令人满意的教育安排。对大多数院校来说,大学医院和医学院的联合运作是一个重大的负担。如果大学试图经办自己的实习学校——足以让几百名实习教师或个人较长时间地在那里做实习生(通常是带薪的)——那么潜在的费用是令人生畏的。因此它们不会去走这条路。

但是,可行的替代道路至少也是富有挑战性的:学校和大学的相关人员必须结为同伴一起合作选拔、维持和发展一些既可以为儿童和青少年提供最好的教育又能给未来的教师安排最佳的实习的模范学校。这方面的任务和问题就像一长串的棚车一样在轨道上等着能够拉动它们的机车,同时旁边还站满了叫喊着机车拉不动了的打赌者。

目前还不存在值得模仿的运作模式,而这个情况对改革的努力却是很有用的。因此,我们必须凭着信心来支持目前正在开展的几个探索性改革事业。然而很多经费资助人都缺乏这种信心。但是,我们在这里提出的解决方案的必要性正在引起前沿学者的注意,而且已经有足够的评论家认为这种方案是明智的,这就增强了我们的希望——实施这个改革方案的时机可能已经到了。

因为我相信让实习学校参与同时更新它们自己和教师教育的活动是一个非常重要和及时的理念,所以我将在第九章中用主要的篇幅来描述根据这个理念设想的一个模式。由于尚未有已经在运行的模式,我们必须从理念开始。我的目的并不是要提供一幅蓝图,而是想让人们看到一些参与发展实习学校的先锋队最可能遇到的问题和值得考量的因素,也为人们提供一种设计和发展这类学校的可能模式。我意识到这个模式,就像每一个推荐出来的改革历程中的每一个部分一样,会听到人们批判性的评语,"好吧,但是……"尽管如此,我还是会勇往直前。

假设条件之五,上面提到的负责师范生的学科专业学习的教授和负责教学法学习的教授必须对教育的目标和学校在我们社会中所起的作用有全面的理解和认识,并且全心全意地致力于选拔和培养未来的教师,帮他们成长为能够承担全方位的教育职责的工作者。

假设条件之六,负责教师教育的学科专业教授和教学法教授必须根据事先确定好的、项目可以容纳的学生名额选拔和录取那些对教师需要承担的道德、伦理和传承文化的职责已经有初步认识和基本承诺的师范生。

在这两个方面,理想与现实之间的差距也是巨大的和令人担忧的。但是,这里提到的教授群体有足够的能力迎接这个挑战并将缩小这个差距。我们访谈过的教授和参加了我们调研问卷的教授在涉及到上述假设中的相关问题时,都表达了对学校在我们社会中的作用和教师职责的美好理想。很多教授认为他们所在项目的使命所包含的内容不如他们自己所希望看到的那么全面;另一些教授指责他们的项目缺乏使命。许多教授还谴责他们的项目没有设置必要的机制来开展关于学校(项目为其培养教师的那些学校)的对话,并以这种对话来推动项目的计划与评估。

我们建议发展的教师职业的一项道德义务是关于学校的作用——学校是唯一被社会委托来培养年轻一代的独特机构。如果教师想要成功地承担这项重要任务，他们的老师就必须清楚地理解宪法和《人权法案》的历史及原则。教师教育工作者必须了解一个民主国家和一个极权国家之间的区别，并且认识到作为一个民主社会的教师需要具备的素质和能力。教师教育课程必须明确地体现教授的觉悟和理解。因为我们太过于把自由当作是理所当然的权利，所以我们并没有充分地培养好我们的教师去教他们的学生成为合格的公民。

鉴于我们普遍没有清楚地确定教育的目标、学校的作用和对学校教师的期望，并认真地考量这些基本的观念对学校教师的含义，我们对教师教育项目缺乏选拔师范生的标准的问题就不应该感到吃惊了。但是，缺乏的不仅是与教师的道德义务和培养公民职责有关的标准；没有任何证据可以表明那些负责教师培训的教授群体建立了任何机制来认真地选拔师范生候选人。

我们调研过的项目也没有设立清晰的标准来区别师范生在刚开始参加培训的时候所具有的品质和他们在后面的培训过程中应该发展的素质。尽管人们可以假设这样的争议——具有各种特征的人都适合做教育工作，但是教师教育项目既没有资源也没有时间来纠正师范生在人格障碍方面存在的问题；它们似乎也没有足够的设施来执行更简单的任务。所以，虽然选拔工作的道德义务要求项目劝退那些有严重品质问题的申请者，但是项目并没有设置这样的劝退机制。不做这样的劝退工作在道德上是错误的，并且后果是严重的。

我反复听到的一个忠告是，我们提出的关于选拔师范生的建议会落入法律的沙坑陷阱。我同意。但是法庭从来都是支持那些更具有选择性的职业的，只要它们的选择标准是全面性的，选拔的过程是认真的，并且选拔的决定是基于"最好的职业性判断"。我也听说，有人认为我们不知道怎样去做超越学术性的选择。我也同意这个说法——尽管我们知道的比我们所应用的要多得多。[17] 我们的失败是工作中的遗漏和疏忽；用标准成绩或智力考试来评估与选择师范生比考量整个人要容易得多。如果我们想认真努力地去做，我们就可以学习怎样评估学生的道德品质、性格和其他方面的素质。我们应该开始一个实验的过程。负责教师教育项目的教授在审阅了一组申请人的经历和目标声明并且面试了他们之后，就应该拒收那些只获得了负面评估的学生。在培训过程中，项目的教授应该竭尽全力地将所有录取的学生培养成高质量的教师。对学生最初的判断可以成为衡量学生在项目里进步与成功的出发点。

我和我的同事们对选拔师范生的过程感到吃惊的是,教师教育项目几乎根本没有致力于去"寻找"合适的候选人,就像我们在第六个假设条件中所建议的那样。虽然我们已经看到很多理论修辞在奢谈吸引更多的少数族裔师范生的需要,但是很少有人努力地去发现怎样才能使教学工作对各种少数族裔群体产生吸引力,或者怎样用这样的吸引力去招聘少数族裔学生。我在前面已经提到了在我们调研的项目中缺乏少数族裔学生的问题(除了在那些传统的黑人大学和事实上的黑人院校里的情况)。但这肯定不是让人吃惊的事情。一个一直都生活在少数族裔群体里的学生为什么想在由多数白人所控制的教师教育项目里继续他们的学业呢?

　　招生的人似乎一心关注的是如何将教学工作说成是一个吸引人的职业。然而,我们访谈过的少数族裔学生并不觉得教学工作吸引人;很多人认为这是一个可以提高他们之前和现在的经济地位的职业。与很多来自同样种族或民族群体的同伴一起上大学的经历给他们带来的学习上的问题与白人学生所面临的是一样的。但是,与白人学生一起上大学或参加白人学生以十五比一或二十比一的比率而主导的教师培训项目,就等于给少数族裔学生增添了一个他们已经很熟悉但是不愿意再延续的负担。此外,为什么要在一个为提高白种人地位而设计的学校体系里教书呢? 难道不知道这些学校招聘少数族裔教师的主要目的是挡住公众对种族主义的指责吗?

　　这些并不是我们愿意提出的问题,更何况去寻找答案了。但是除非我们提出和面对这些问题,否则我们的学校和教师教育项目的危险处境就可能变得更糟。[18]

　　我们的建议是,招生人要深入地走到我们教育体系的下层去——是的,要去社区学院,但是更需要去的是拥有非常多元化的学生的中学。要鼓励学校成立美国未来教师俱乐部,这个理念已经不新鲜了。要根据可以帮助少数族裔群体提高他们自己文化经历的重要性的纲领去招收可以结为同伴群体的学生。要将中学的美国未来教师俱乐部与大学级别的俱乐部联系起来。请大学俱乐部的学生指导中学俱乐部的学生。到当地的企业和大公司的分部去征集以公司名义发放的奖学金。这些都是负责教师教育工作的教授群体、他们的学生,以及周围社区的少数族裔成员可以在一起通过头脑风暴而设想出来的方法。

　　因此,对那些在我们建议成立的教学研究学院或中心工作的教授来说,首要的任务是在一些关键问题上达成共识:为什么要办学校,教师在理想的情况下应该怎样工作,师范生候选人应该具备哪些特质,以及应该建立什么样的招生和选拔标准和过程。然后要关注的是项目的实质性内容——未来教师需要具备的职业知识、技能和态度,并保证参与的教授和被录取的学生将承担他们在项目中的责任。

假设条件之七，教师教育项目，无论是培养小学还是中学老师的项目，都必须承担这样的责任：保证参与项目的所有师范生不断进步，获取一个有教养的人所应该具备的素养和批判性思维能力。

假设条件之八，教师教育项目必须为师范生提供广泛的机会去超越只会学习组合好的知识的学生角色，成为既能探索又能传授知识的人。

我们可以假设基础知识考试将很快成为教师教育项目的规范录取条件。在我们样本中的院校里，这种考试已经很普遍了。我们听到很多人热情地描述学生在这些考试中的好成绩，并且他们的入学成绩平均绩点在不断地提高。我们并没有听到多少关于那些不能达到这些标准的学生的报告。我们也听到很多教授说，他们的学生没有兴趣或者还不太成熟，不能参加关于学校作用和如何平等对待学生的重大问题的讨论。我们还倾听了那些希望进入教师教育项目的学生们诉说他们的挫败感，他们被考试的要求难住了并且很不喜欢摆在他们面前的走向教师工作的长途。这些学生中的很多人都是第一代的大学生，而他们之前所接受的教育也受到了很多不利条件的负面影响。

教师教育项目的教授必须正视和解决上述情况中的两组问题，这些问题初看上去好像并没有什么联系。第一，人们会受到诱惑而做出这样的假设：只要提高师范生候选人的学术资格就自然会使他们变成一支优秀的新教师队伍，因此可以减少对好教师应该具备的智力特质的关注。我们必须不屈服于这种诱惑。第二，教师候选人整体质量的提高使培训项目不仅忽视了那些没有通过考试的学生，也忽视了他们的失败给教师职业带来的后果。我们样本中的一所农村院校和一所城市院校里有一批需要参加一年或更多时间补习功课的师范生。这就给当地的公立学校造成了潜在的损失，而这种损失并不是输入一些学术资格更高的教师就可以弥补的。那些学术资格较高的师范生将会继续在具有更好条件的学区寻求教师的工作。

即使改善师范生的招生工作，也只能解决很小一部分的问题。更重要的解决方法是更认真地关注那些已经录取的和正在参加培训的学生。我们的数据清楚地表明，未来的教师在进入教学实习之前所得到的关注和鼓励是很少的。有些准备参加培训并想当教师的人没有通过录取考试就消失了；有些未通过考试的学生留下来参加补课但却挣扎在财务困境中。这种困境对来自低收入家庭的少数族裔学生尤为严重。与此同时，大学的行政官员们却忽略了这些情况，在制定招收更有能力的学生，特别是少数族裔学生的工作计划时，认为这些学生一定还都在"外面"。已经进入成为教师的学习通道的学生在选择通识教育课程的时候和在试图超越消极的选课人角色的时候，得到的教授指导是极少的。

在我们提议成立的教学研究学院或中心工作的教授们必须扩大他们的联络网将所有承诺或在考虑进入教师工作的本科生都聚集在一起。这并不意味着要创立新的课程，虽然可能需要在一年级和二年级的时候（或者在研究生学习期间，以方便那些在这个阶段进入教师教育的学生）为学生提供有学分的讨论课（每个季度学期或年度学期），目的是帮助学生反思他们的通识教育经历。这肯定就需要获取额外的财务和人力资源来弥补一些学生在基础知识上的缺陷，也应该根据学生的需求为他们提供超出通常的大学计划的更多支持。此外，教授必须特别关注（也许在前面提到的讨论课上）未来的教师从他们的家庭背景中带来的价值观里蕴藏的跨文化的无知和偏见。如果不关注这些无知和偏见，就会让未来的教师带着这些没有经过挑战和审视的价值观走进学校。

教授们也必须保证未来的教师有坚实的基础知识并能深思熟虑地去探究知识和教学。与此同时，必须做出各种努力帮助那些来自劣势条件家庭的、渴望做教师的学生弥补他们在学习上的缺陷。大学已经出资上百万美元——诚然主要是从体育比赛门票中获取的经费——来为体育队员提供辅导服务。我们的社会一定也可以为有抱负的教师提供同样的支持。

假设条件之九，教师教育项目必须有一个这样的社会化过程：师范生超越他们以自己个人为主的学生重心，转而更加认同以他人为主的教师文化。

这里有两组问题。第一组问题是与社会化过程本身有关的；第二组问题是关于未来教师在社会化的过程中所接触的文化的性质。在我们调研过的大多数院校里，这个过程是很微不足道的，并且培养的重点是教学生学会在教室里（而不是在学校里）的狭隘和技术性的教学行为。

我们的主要改革建议是，教师教育项目更多地采用同伴群体的培训方式（所有人在项目中自始至终待在一起），让学生始终有机会参与同伴社会化的活动。与其他一些职业的教育项目不一样的是，我们调研的教师培训项目很少使用这种方式。就像我在前面提到的，我们在调研中发现，一些教师培训项目的确在使用伙伴系统的方式——安排已经参加培训的师范生指导大学一年级和二年级的学生。但是，这种一对一安排的效果很有限。在上面提到的一年级和二年级讨论课里加入一些在高年级阶段学习的师范生也是一个好主意。当学生们在大学的低年级阶段做出进入教师职业的决定时，这个初级教师的队伍就会壮大起来。我们建议，帮助学生在二年级的时候就做出这样的决定，并且在这一年结束之前正式地向教师培训项目提出申请。尽管如此，还是有学生会推迟他们的决定，这些学生将要面临在更短的时间内完成整个项目的学习、实地经验和实习的任务。其他的职业教育项目对学生抱有的期望就是这样的；教师教育也不应该降低自己的期待和要求。

因此，教师教育项目应该为大学一年级和二年级的学生举办一些非正式的社会化活动，邀请那些渴望成为教师的、入学后不久就决定当教师的和有兴趣但还没有做出当教师决定的学生自愿地参加这些活动。很多新生在多年之前就已经计划当教师，对他们来说，成长为教师的社会化过程开始得越早越好。更加正式的、包括课程和实地经验的教师培训过程应该在大学教育的第三年开始。每个学生都应该成为一个师范生同伴群体的成员，而这个群体在培训的全过程中要保持相对的完整性。这并不意味着所有的学生都要精准地在一起向前发展；他们可以参加很多不同种类的、个性化的分支活动。但是他们应该与教师教育群体的同伴一起参加核心的项目活动，并且可以在实习教学的时候重新组合起来，例如，可以将在一所合作小学或实践学校里实习的十个实习教师编成一个新的同伴小组。教师教育项目必须终止那种把单个学生安排在单个教师的教室里实习而且只安排他们在单个的教室或者更多的单个教室里实习的做法。

伴随着这样的培训过程的重要活动应该还包括：（1）根据前面提到的假设条件建立正式的选拔程序；（2）全面取消通过选修教育课程的途径进入教师教育项目的马虎和随便做法，而这种做法目前在大多数院校里很流行并且深深地嵌入了整个教育体系。现有的录取程序只是简单地巩固了这种做法，并且只是要求未来的教师达到课程的学术性要求，而不是展示他们在学习的过程中是否发展了有效教师应该具备的品质特征。

那些在研究生级别的教师教育项目注册学习的非传统性学生应该比较容易达到这里提到的一些要求。但是，这些项目也需要做出一些艰难的决定，其中一个就是如何在培训项目一开始的时候就认真地选拔和录取一批学生。在培训的后期阶段录取学生可能对学生来说是一种方便，但是这种做法是不可原谅的，因为它破坏了一个计划完好的项目。这批学生组成的同伴群体必须一起走过一个专门为他们设计的、可以帮助他们从学生转变为教师的社会化过程。这个过程是需要时间的，应该比我们调研过的项目现有的培训时间要更多。在第九章里，我将提出一个更长的、更密集的学习顺序，以帮助师范生做好这种必要的转变并保证他们学到需要的知识和技能。

当然，上述的重建方法并不能保证所有的毕业生都具备必要的特质。但它可以提醒我们注意的是，我们需要发展基于教学理念的教师教育课程，而不是基于人为地划分出来的知识体系的必修课。也就是说，我们发展课程设置中的每一个组合部分都是因为它能为职业教育课程作出贡献，而不是因为它可以满足一项具体内容的要求。培训的社会化过程应该成为一个高度知识性的过程，可以帮助学生超越他们之前作为比较被动的修课人的学习经验，成长为帮助他人学习的积极分子。我们现在要转向描述必要的教师教育课程所应该具备的一些特点。

假设条件之十，教师教育项目在各方面的学习条件必须与未来教师将在自己的学校和教室里建立起来的学习条件具有同样的特点。

假设条件之十一，教师教育项目必须这样设置：未来的教师有机会探索教学和学校的本质问题，并且认识到在今后的教师生涯中，他们将继续自然地开展这种探索。

我们观察和访谈过的大多数教授并没有充分地认识到，他们对未来教师的职责应该远远地超过传播课程的内容。他们必须为学生做出榜样并希望学生今后做教师的时候也像他们一样去工作。这种榜样的作用是职业教育课程中的一个强大的组成部分，而不仅仅是一种教学的模式。不应该将这个作用视为是碰运气的事情。

因此，教学研究学院或中心的教授必须聚在一起商议和计划好在培训项目中应该为学生展示哪些教学方法，采用哪些师生互动模式让学生去模仿和应用，以及让学生用何种方法去参与评估他们所观察的教学和经历的课程。讨论和实施这个计划的结果可以形成一种反思的过程，使学生和教授参与其中并不断地做出新的计划。

我们在调研中很少看到这种景象。在有些院校里，教授群体——在文理学院是全体教授——积极地投入了这种计划活动，但他们通常并没有邀请学生参与计划的过程。我们访谈过的学生不认为他们的教育项目刻意设计并为他们展示出模范性的测试、教学、咨询、课程计划，或任何其他的教学任务，而师范生在自己今后的教学中都要涉及到这些任务。可惜现有的教师教育项目失去了这些大好的机会。

因此，我们建议，负责教师教育的教授不仅要设计课程的顺序和实地的经验，也要特意地展示他们期待师范生在培训后期的实习教学中所应该采用的教学程序（我在后面还会探讨实习的问题）。此外，我们也建议，培训项目设立一个有学生代表参加的教学工作计划过程，并在这个过程中不断地反思上述的建议是否得到了实施和取得了良好的效果。[19]

我们访谈的教授很少提及一个敏感的问题：他们在何种程度上，往往是在相当不自觉的情况下，为学生做出了学校教师不应该具备的价值观和信仰的榜样。从我们在前面展示的数据中可以看到，学生对教授的举止风度的赞扬是热情洋溢的。但是，他们对教授在其他方面做出的榜样的看法就没有这么热情了。我们与他们的短暂接触无法使他们能坦率和充分地描述教授在像种族偏见这样敏感的领域里的榜样作用；然而我在一个院校里参加的一场激烈的交谈告诉我，这里的来自不同种族的教授通常并没有发起和参与关于个人偏见的反思和互动活动。鉴于教师教育项目通常都没有设置持续性的计划和评估过程，这个发现并不让人感到惊奇。

我们推荐的团队工作可以很自然地引起大量的自我检查，特别是针对价值观和怎样在课堂里体现价值观的问题，但是这个工作的安排绝不能听天由命。我们强烈建议所有的教授群体和学生都参加同样的人际之间和跨文化理解的活动，获取同样的经历和经验。

教授必须为学生做出示范的是一种有推理性的、协作性的持续改进教学工作的方法。他们必须自觉地做出这方面的榜样，因为这就是未来的教师在他们今后要承担责任的学校里开展更新活动时所必须使用的方法。除了这种榜样的作用之外，教授还必须带领学生探究有不同分歧的教育观念并帮助学生理解并不是所有的意见都具有同等的价值——它们的正确与否取决于人们的道德规范，再加上数据，甚至还有理由。对教授本身所持有的意见和信仰的探究也同样重要。

假设条件之十二，教师教育项目必须安排未来的教师探讨这样的问题和困境：一方面个体家长和特殊群体要求在学校得到他们的权利和利益，而另一方面学校的功能应该超越狭隘的地方观念。在这二者之间存在着永无休止的紧张关系。

假设条件之十三，教师教育项目必须帮助师范生理解并且承担教师的道德义务，保证所有的儿童和青少年都能获得平等的学习机会，接受到可能最好的中小学教育。

特别是在过去的 20 年中，围绕着学校的有争议性的问题集中在家长的权益、特殊利益群体的要求和入学及获取知识的公平途径上。我们访谈过的大多数学生似乎都对这些问题表现出天真无知的样子，也不知道他们成为教师之后可以怎样对待这些问题。有些人模糊地记得听过一个关于相关问题的讲座或者参加过一次课堂讨论，但后来就没有再过多地去考虑这样的问题了。他们都急于开始和参加与课堂管理和教学有关的实践活动。大多数人都没有将他们在大学里学过的关于儿童智力差异的知识转变为一种道德义务去帮助那些并没有为上学做好准备的孩子。对大多数师范生来说,教师作为保护学校在民主社会中的作用的管理人是一个既遥远又抽象的概念。

当前教师培训项目将这些问题都塞入教育社会基础课的主题大纲里的做法——更差的做法是甚至连这种零星少量的知识都不要求——是很不令人满意的。我们需要更多对这些问题的探究,尽管我们从一些教授那里听到的是,他们的学生太不成熟,不能参加对这些教育问题的严肃学习,而一些学生也声称这些问题与他们是不相干的,这两种说法实际上都是危险的。人们不用太费劲就可以从教师面临的现实问题中看到其中所包含的道德问题:例如认为"全球教育"几乎是淫秽行为的家长和对性教育及艾滋病教育持有不同见解的家长;推动选择学校,磁性学校,天才班,将反应慢的学生分在同一个组里学习等运动的压力;关于用校车还是不用校车,按成绩分班还是不按成绩分班,让学生升级还是留级的决策。教师教育项目在整个培训过程中都应该强调和反复强调这些与教育平等和优质有关的主题和潜在的问题,开展必要的探究以形成知情的见解和理性的交流,并且帮助师范生理解学校和教师在这种交流中的适当作用。

我在一个长达一年的、为非常能干的教师举办的培训项目的讨论课中,与培训生一起探讨了道德话语的问题之后得出了这样的信念:教育工作者所需要的教育是不能从讲座式的课程和传统式的书单中获取的。[20] 我和这些教育研究生们一致认为,应该学习一些认真准备好的教育案例,加上实地观察和学生自己准备的与他们的教学实习有关的短篇案例,而在所有这些学习活动中都需要加入激烈的讨论和相关的阅读。我们的结论是,培训项目在早期阶段就应该开始探讨关于政治民主社会的学校和教师的职责、家长和孩子的权利、教师作为职业工作者的义务、学习的权利和其他类似的问题并且在整个项目中不断地再访这些主题。

我们强烈地推荐培训项目认真地发展一些教育的案例,不仅是为了充实上述的课程组成部分,也是为了几个其他的原因。这些案例可以由一组职业的教育学者和技术专家用视频录像和计算机模拟的方法很好地制作出来,也许可以把这种制作当作是一种商业性的探险。如果师范生参加这种以常见的教育案例为部分核心内容的培训项目,他们就能极大地提高应付学校运作中的复杂问题的能力。[21]

假设条件之十四,教师教育项目必须教导师范生不仅要理解学校的现状,也要认清其他的办学方案及其指导理念,学会如何在学校组织、学生班组、课程设置等方面发起需要的变革。

我们访谈过的大多数学生——全部已经在做,或将要开始,或刚刚完成实习教学——对上述的问题都抱有天真无知的态度。他们很奇怪地超脱了社区、州和全国的学校改革运动。

我并不想建议准教师应该被培养为学校变革和改革的专家。那是一个过于雄心勃勃的目标。更合适的做法是,我们可以安排师范生见识几所正在开展有力度的更新活动的学校,给他们留下深刻的印象,让他们明白学校可以也必须变革,而且他们最终也要参与变革过程中的很多活动。我们也应该要求师范生参与一些群体性的活动——做出真正的决定,制定变革的计划,评估进步等方面的工作。

大学的课程和相关的实地观摩活动可以为师范生提供考量课程、组织和评估方面的各种不同模式的机会。其他的一些培训内容必须在实地才能获得——在模范的社会学习项目里,在学校的小组合作教学单位里,在将学生组成合作学习小组的课堂里而不是按成绩分类的班级里,等等。最后,师范生必须成为正在参与更新过程的学校教师梯队的初级成员。那种将一个实习教师分配给一个合作教师并安置在一个教室里开展实习的传统做法所暗示的是,教师的工作只包括他们在课堂里的职责,这远远达不到我们对教师的要求。

很清楚,我们再次证明了合作、实践或职业发展学校是培训项目的一个重要组成部分。每一组新教师都应该作为实习生加入一所合作学校的教师队伍(尽管只是初级成员)。在这个培训的终极阶段,他们应该能够为学校的福利作出贡献,不仅通过实习教学,也通过参加更新过程的工作。

任何教师教育项目的全面目标都应该包括帮助每一个未来的教师发展这样的观念:变革是必要的也是可能的,并且他或她要带着对学校改革的承诺进入学校。这就要求培训项目教导师范生认清一些其他的办学方案及其指导理念,还要安排他们经历和熟悉参与教师团队的建设性工作的要求与回报。培训项目必须帮助每个师范生在作为一名好学生的相对内向的基点上实现自我超越,成长为在不断更新的学校里工作的教师团队中有爱心和负责任的成员。

假设条件之十五,教师教育项目必须保证每个师范生都有机会在模范学校里参加各种各样高质量的观摩和动手实践活动,并做见习和实习。项目录取的师范生人数不应该超过模范学校可以接纳的见习和实习教师的名额。

强大职业的培训项目只录取其现有的资源可以充分支持和培养的学生人数。如果要增加注册的学生人数，就必须增加教授、设施和设备、实验室，以及可以提供实习的单位。但这种平衡的考量在教师教育项目中几乎是不存在的。教师教育项目在录取申请人的时候通常（但不总是这样）会考虑是否有足够的教授给他们教课，但是几乎从来没有人听说过项目要定量录取学生以保证所有进入项目的学生都能获得实习基地的资源。

实际上，无论是为了什么理由实施定量录取都不是教师教育项目的通常做法，过去和现在都不是。对很多高等院校来说，教师教育是一头方便的"现金牛"。几乎每一个申请的学生都可以通过参加某些学院和大学设立的培训项目达到教师执照的最低要求。这种行为是不易被制止的。

有一部分的问题是外部的原因造成的。州议会可以下发一个指令，像"每一个合格的申请人都必须被录取"的指令，但并没有考虑到这个指令会影响到一些其他指令的执行，例如，有一个指令是告诫高等院校要提高质量。问题的其他方面主要是基于现有的指导模式：让师范生很快地修完要求的课程（如果需要就可以增加每个班级的人数），然后找到愿意合作的教师带他们实习教学。对合作教师的巨大需求量压倒了寻求优秀的合作教师的重要性。很多实习教学的安排都是不光彩的。然而，很难停止这种"廉价和不适当的"做法，而且许多教师教育工作者并不反对使用这样的形容词，除非有人简单地说一句，"不能再安排更多的学生了"。"不能"这个词在这里很容易被人理解为对潜在的教师短缺问题缺乏同情心。

尽管如此，说"不能"的时机已经到了。教学是一种动手实践的工作：教师要与个人和群体互动，要使用材料，要展示一架客机环游世界的知识，要安慰一个孩子。这是一个动手实践的职业，并且教师必须用有知识的大脑来指导动手的活动。[22] 教师培训项目很少用这个理念来指导工作，特别是被文理学科操控的那一大块培训内容。如果下次再有同事告诉我，教师培训只需要学习将来要教的学科内容，我就会建议罚他或她到一个有 25 个 6 岁儿童的教室里去工作几周。[23]

就像我在前面提到的那样，教师教育项目几乎没有实验学校的资源，特别是那种模范性的学校，既没有能让学生观摩的教室也没有能让他们参加动手实践的地方。大学和它们的教师教育项目站在远离学校的地方，这是一个共同的教育体系中的两个不同级别，在太经常的情况下，两者之间的关系都是相当紧张的。[24]

我们建议成立的教学研究学院或中心必须能够随时安排未来的教师到周围的学

校去观摩令人困扰的教育问题,与儿童或青少年个人和群体建立短期的联系,参与学校或学区的课程委员会活动以及小型的创新项目,也需要安排师范生参加不同模式的教育机构和磁性学校的活动并且熟悉前面提到的合作学校的实践工作。在《一个称作学校的地方》一书里,我提到建立"重点学校"的可能性,这种学校将致力于真正的创新活动。[25] 虽然这些学校一般不会接纳实习教师,但是它们可以定期在开展教育实验传播活动之前和期间对职前和职后的教师观察人员开放。"杨百翰大学及公立伙伴学校联盟"正在实施这个改革理念;杨百翰大学的教授们几乎全时地在学区指定给联盟的伙伴学校里蹲点。

要想结成上述的教师教育项目与学校的紧密联盟,还需要有几个突破性的发展。第一,教学研究中心当然必须在一开始的时候就与学区达成合作协议,保证有必要的实验学校并可以随时去这些学校。第二,州政府必须根据计划拨出充足和额外的经费给那些被使用最密集的学校,并且支持学校和大学承担相互责任(有一些,但不是全部的,所需经费可以是重新分配现有经费的结果,而有些涉及相互责任的工作经费可以通过学校和大学的交换条件来落实)。第三,必须用灵活的方法来适当地表彰那些在学校工作或指导新教师和实习教师的教授们。这种"表彰"必须包括认可教授在学校的工作也属于他们教学和服务性工作量的一部分,并且改革教授的功绩与晋升机制为他们颁发应有的奖励。这三个条件或许看上去是显而易见的,但并不容易实现。

一旦大学和学校建立了密切的工作关系,教师教育工作者就必须做一些他们并不情愿做的事情:调整录取学生的人数以保证所有进入项目的学生都能获取实验学校的资源。他们必须提高录取的标准并且澄清他们对学生的道德承诺。我们在这里保证(他们必须这样说):为每一门课所教的专业主题安排相关的实地观摩,并伴有相关的讨论;为你所选择的学校环境做出个性化的访问安排;观摩与动手试用至少六种不同的教学方法;参加一年的学校实践介绍和引入活动,其中至少有一半时间是与同伴群体的其他师范生一起在一个实习学校里活动,并且共同参加理论结合实际的讨论课,还有更多其他的活动(细节将会在后面描述)。那些最能干、对教师工作最有献身精神的候选人将会查询不同的院校,直到他们对某个项目提供的培训感到满意并且相信这个项目宣传的内容是真实的时候才会提出申请。

师范生在作为一个伙伴学校里的初级教师参加毕业实践活动的时候,必须考虑一个至关重要的因素——这个因素与前面讨论过的假设条件也有关系,即教师作为学校的管家或管理人这一理念的含义。典型的实习教学模式是一个新教师与一个有经验的教师在一起工作,但几乎总是在忽略学校一切其他事宜的情况下进行的。所以,未来的教师对教学工作的大环境并不了解。更糟的是,教师教育工作者并不需要面对和解决学校教师——特别是那些认真对待他们作为学校管理人的作用的教师——所面临的整体学校的问题。例如,教师教育工作者看不到也不会去反思这样的问题:如果培训项目继续为学校输送的教师还是一些不懂相关的第二种语言(比如西班牙语)也没有或只有很少的多元文化经历和同情心的人,那么就等于在某种程度上维持了学校改革家想要彻底改变的现状。

因此,教学研究中心的伙伴学校必须包括多种族和多民族的学校。安排以白人师范生为主的实习教师小组到这样的学校去参加实践活动将会给招收少数族裔师范生的需求带来极大的缓解,我在前面也提到了这个问题。虽然在招收未来教师的工作中仍然要控制数量和质量,但是那些被录取的人必须反映出多元化的人口状况和社区的需求。教授们再也不能继续根据狭窄的定义去招生,而是要录取到更加多元化的师范生。在招收学生群体的时候,必须想到这些人将成为那些已经吸收了来自各个种族、有各种信仰的儿童和青少年的真实学校里的老师。美国教师的模范榜样应该不是只有一种。

假设条件之十六,教师教育项目必须安排未来的教师参与思考这样的问题和窘境:在学校工作的既定现实和研究理论所支持的改革愿景之间存在着不可避免的冲突和矛盾。

当师范生离开大学管控的课程领域进入学区管辖的实习学校参加实践活动时,即使那些以最认真的态度策划和实施教师教育项目的教授也经常会看到项目的完整性和连贯性遭到破坏。将培训项目分为两个不同的领域——一个贴上被学术权威控制的标签,一个贴上被实践权威控制的标签——是不公平的做法,因为很多学校教师的操作行为都是基于某个知识基础和有合法的学术权威支持的实践经验。但是我们也发现了很多侵蚀教学实践的现象,有一些是根本没有学术合法性的行政法令和学区的政策。在第四章里我提到了两个例子:有一个学区要求教师和实习教师只能使用一种具有令人质疑的优点的阅读教学方式;有一个州政府机构要求第一年工作的新教师必须使用某一种备课方法,这就等于政治性地干扰了教师教育的培训课程。如果一项工作在一方面受到了传统的和只图方便的实践经验的左右,并在另一方面受到了为政治利益而设计的任意政策的干扰,那么我们就不能假装没事一样地将这项工作称为是一种专门的职业。

当然,我们不能将教师按照多年观察的实践和任意规定的政策去教学的现象都怪罪在教师培训项目的头上。但是教师教育工作者也不能完全免于其责,他们的主要过错是胆小怕事和疏忽遗漏。他们不应该维持现状,而是应该争取安排实习教师、学校的合作教师,以及大学校园指派的督导教师聚在一起开展对话。行政权威的规则应该被互相学习的机制所代替。那些以研究为基础并积累了成功的教学实践的伙伴学校可以最好地开展这种高层次的合作。在任何情况下,教师教育项目都不应该将实习教师安排在那种求助无援的环境里,在那里他们就只好放弃刚学过的知识而去迎合与其相反的学校要求。

也有一些中间措施,但大多数都是简单地依赖于学校和大学人员之间一起协作计划和开展教师教育项目。我们在样本中没有看到几个值得表扬的模范项目,尽管在几个地方有令人鼓舞的合作活动。我们的目标是要在未来的教师培训项目的每一个环节中将理论与实践结合起来。第一步,也是创办教学研究中心的一个早期步骤,就是把所有将要参加项目的筹备和实施的人聚集在一起组成一个教授团队。这就需要迈出上面所描述的早期步伐或同时迈出突破性的步伐。如果没有这些步骤也可以,但人们会很早就产生一种幻灭感(当教育工作者在他们的日程上多加了一件好事却没有从中获益时,就经常会产生这种幻灭感)。

因此,我们推荐的做法是,不要教未来的教师去适应超出他们控制范围的现实,尽管也需要培养他们去适应一些情况。相反地,我们要创建一种环境促使教授对如何组建和维持项目的问题开展坦率的讨论,以保证项目培训出来的学生不会成为适应环境的"变色龙",而是成为发展持续性的、合乎情理的教育哲学的新型教师。

假设条件之十七,教师教育项目必须与毕业生建立联系,以开展评估和改进项目,并帮助毕业生在关键性的早期职业发展阶段顺利地转入教师工作。

我们的数据显示,教授和院长都赞成与毕业生保持密切的联系,特别是在他们第一年做教师的时候,尽管并没有很多人这样去做。但是,他们很少提到如何利用这种跟踪性关系收集信息和资料以便重新设计培训项目。他们只谈到可以利用这个关系为那些在刚开始教学时遇到了之前没有预料到的问题的新教师提供一些帮助。

在学术界工作的教授们很难脱离老师和学生关系的传统模式并将以前的学生当作双向评估过程中的同事,然而这正是他们必须做的事情。教师教育工作者必须超越给毕业生发送问卷的常规做法（我们样本中的院校也只是偶尔做一下问卷调研），转而采用为项目的更新而设计的持续性评估。我相信，教师教育项目在目前的经费预算之内就可以做好这项工作。任何工作都会消耗掉所有可用的时间。因此，找到必需的时间来做这项工作在某种程度上是怎样重新安排优先性工作的问题。从毕业生那里获取反馈的信息并很好地利用这些资料应该被放在优先工作的日程上。这些信息是关键性的，而且这个过程给学生和教授提供了合法的学术性工作。

与毕业生保持联系并为他们提供支持——"以帮助他们适应教学工作的关键性早期过程"，或许是一个更为复杂的问题。第一，要建立教师供求单位的合作关系。第二，要帮助教师办理在不同地区工作的执照互认手续（在缅因州毕业的教师有时会在衣阿华州开始做教学工作）。第三，需要导师、督导人和助手花费更多的时间，而时间需要金钱去买。我们调研过的大多数环境里的教师教育工作者想为毕业生提供跟踪性帮助的愿望都因缺少经费而无法实现。

为新教师提供各种支持服务的需求，以及学区与教师培训机构建立合作的愿望都是相当明显的。但是并不明显的是，学校和教师工作的运作方法使他们不适合接受任何形式的大学支持，尽管学校改革家和创新者反复地揭示过这个问题。扎实的研究、有见地的文学写照和凄美的传记已经生动地记述了孤独的教师在 19 世纪遗留下来的、过时的学校体制里工作的情景。[26] 这些体制已经抵御了不同的改革时代的连续攻击。我们的调研证明，这种独自一人孤军奋战的精神来源于教师教育项目。

在一个最有希望的学校重建计划里——这是一个经常得到推荐的计划，学校的教育工作由专门组建的教师团队来承担，每个团队都包括有经验的、新上任的和还在做学徒的老师（加上大量的教学系统的电子技术方面的支持）。每一个教师团队和一组学生（每年都有离开和新到的学生）都要一起在一种没有年级区别的团组设置中共度几年的教学生活。新建的教学研究中心所包含的伙伴学校一定能够实施这些长期性的改革建议，并且这样做就能同时创建出将会热情欢迎新教师的学校体制。

假设条件之十八，教师教育项目若想保持活力与更新，必须不受颁发执照机构的课程规定所束缚，并且只能遵循专业认证机构所提出的开明和职业化的要求。

假设条件之十九，教师教育项目必须受到保护，不被州政府变幻莫测的教师供求政策所干扰。这些政策允许开办走后门的"紧急"项目或者颁发临时性的教师执照。

一张执照可以证明某个人达到了为保护公众利益而设立的标准；一张证书可以证

明某个人令人满意地完成了一个培训项目;而认证可以证明一个项目达到了职业所要求的条件。这三者加在一起,虽然要分开来对待,就给我们提供了现有的最好保证,证明一个教师是可以胜任教学工作的。如果达到了这三套要求,那么就应该可以获得最高级的全国职业教师标准委员会的证书。

我在第三章中所描述的遗留问题使州政府对它们的规范作用感到困惑。它们一方面给教师执照项目提出详细的要求,另一方面又批准没有证书的人获取临时性的教师执照。州政府对高等院校教师教育课程的干涉表明,州政府对我们学校教师的质量还是很在意的。州政府在教师短缺的时候放弃对一些人参加按照州政府的规范设置的培训课程的要求也表明,州政府对当地学校的需求是善解人意的。但是,将这两种做法放在一起来看,就发现这种内部矛盾的行为降低了教师的质量。此外,除非是在经济衰退的时期,要不然这些措施实际上延续了教师短缺的问题,在经济蓬勃发展的时候也降低了师范生的质量。

要停止这种自我延续的病状,就必须将制定标准的过程与执行这些标准的工作分离开来,而且两者都必须脱离州政府保证为学校提供足够的高质量教师的职责。[27] 此外,州政府必须不再继续管制教师教育的课程。加利福尼亚州教师职业委员会在提出的建议的前言中用下述的论点阐明了为何应该取消对教师教育的管制:"州政府目前为获取教师执照的过程规定了详细的课程内容和其他的培训经历,但是州政府对其他的需要更多学术性培训的职业,比如医生和律师,却没有提出这样的规定。这些严格的要求往往会遏制教师教育课程的创新发展,不能充分地培养教师参与课堂实践,并且也不能保证达到这些要求的人在实际上做好了教书的准备。"[28]

州政府不应该为教师教育制定严格的细节要求,而是应该给教师教育工作者完整的权力去开创模范的教师教育项目,然后要求这些教育工作者承担责任。如果州政府继续为教师教育课程制定详细的要求而且同时又在教师短缺和政治干预的压力下广开教师入职的大门,那么我在这本书里提出的改革建议就是徒劳无益的。

结　束　语

为什么我们提出了上述的这些假设条件而不是其他的条件呢?在第二章中,我将假设条件定义为一连串的推理中的一个必要前提或基本前提。我和我的同事们将这些假设的教师教育条件视为是必要的并且其重要性超过了眼下能看到的条件。也就是说,对现在的教师教育是必要的条件在多年之后的将来也仍将是至关重要的。工资是吸引能干的人进入教师职业的重要因素之一。但是,我们并没有将这一条包含在我们提出的假设条件中,因为如果我们的社会认真地对待学校的危机状况,教师工资在未来就不会是很大的问题。我们相信,如果这些假设条件都能完全实现,那么我们的公民就会给教学工作和教师职业更高的地位和更多的财务奖励。

虽然每一个假设条件都必须经过长时间的相关性考验,但是我们也不会选择更少或更多的条件。我们努力做到的平衡是:提出方向但是不限制选项。当然不是所有19个假设条件对任何单位都适用。尽管在前面的讨论中,我已经指出哪些人和机构最应该负责哪些方面的改革,但我们现在可以将具体的人和机构与主要的改革议题联系起来。

排在最前面的三个假设条件是为了保证在高等教育院校里给教师教育提供一个安全的、半自主性的地盘。教师教育从来没有获得过这样的地盘。如果我们让文理学院、教育学院和学校继续善意地集体经营教师教育,那么就会得到相反的效果:教师教育将继续停留在不健康的状态。

能够保证教师教育获得与其他职业教育学院和项目同样平等的身份和自主权的人和机构是负责整个大学事务的董事会、校长和教务长。他们本身并不能担保在预算和人事方面提供持续性的支持,但是他们在帮助教师教育寻找公立或私立资源的时候可以起到关键性的作用。

同样地,董事会成员、校长和教务长也是创建我们推荐的教学研究学院或中心的关键人物(详见假设条件之四)。教育系主任或教育学院院长还缺乏将教师教育所有的组成部分都联系在一起的权力,也可能无法制止一些教授对一个他们可能不情愿发展的项目的抵抗。

其他方面的发展都可以从建立这个中心的时候开始,这个中心有自己的身份、预算、学科专业和教育专业的教授,有权力确定使命、招生和选拔、课程设置以及其他更多的相关工作。有一些人为的目标和与能力有关的通常性问题会限制这些工作的开展。假设条件之五到之七阐述了应该设立的条件。

最后两个假设条件涉及到州政府,那里的权力机构必须创立一个与过去流行的模式彻底不同的规范机制。州政府应该为想获取教师执照的人设立标准,但是必须取消对教师培训过程提出的具体规则和要求。州政府的注意力应该转向如何创造条件去吸引能干的人进入教学工作并将他们留在教师职业。

下一章的内容

这本书本来到这里就可以结束了。第八章总结了我在前面的章节里呈现的数据所展示的主题，也揭示了在我们调研样本的院校里的条件和状况与更加理想的假设替代条件之间的差距。此外，第八章提出了一个综合性的改革议程并指明了可以实施这个议程的关键人物。

但是，这里还缺乏至少两个重要的因素。第一，这个议程提出的各项建议需要融入一个综合性的整体。第二，在实施这个议程的时候，需要关注和解决与人事相关的问题。这两个因素都将严重地受制于当地的情况——的确，它们的重要性如此之大，以至于我们无法开出一个可以适用于所有环境的良药或偏方。尽管如此，院校机构的教育变革过程还是具有一些同样的特点：一些个人会感到他们的安全受到了威胁，因为他们认为改革的议程或许会要求他们改变之前已经习惯了的行为；为地盘的事宜发生争吵，因为将要与他人分享或要按照与之前不一样的方案分享在大学里的地盘；增加的工作量，因为去旧换新的工作在同时进行着；现有的规章制度将要被改变；几乎总会有模糊不清的地方；等等。这些情况，不是因为缺乏好主意，而是可以解释为什么一些过去提出的改革议程往往会得到无所事事的结果。

我决定用一个寓言故事的形式来探讨这两个缺失的重要因素——怎样将改革议程提出的各项建议融入一个综合性的整体以及发动变革与更新的过程应该是什么样子的。我在这个寓言里会编织一个地方性公立大学的虚拟故事。这所大学有一个清晰可辨的历史——它是从一个师范学校演变成一所大学的。它代表了美国培训教师最多的院校类型。我在故事里描绘了一组对发动重要变革至关重要的（虚构的）人物。如果我选择了一所私立文理学院或者一所主要的公立或私立大学做这个故事的主角，那么这个寓言的发展就会有些不同，但是这些不同之处更多是在程度上而不是在性质上的。

虽然这是一个虚拟的故事，但却是基于人们在真实生活中努力发动院校和项目变革的经验，因此那些曾经认真地去做同样事情的人会认出故事中的一些情节。而那些处于领导地位的人，如果之前没有参加过这样的变革，应该期待在今后的变革中遇到很多故事里描述的问题和困难，尽管这些问题或许会以不同的面貌出现。

在前面的章节中提到的大多数实质性的主题都会在这个故事里重现。但是，我选择将主要的注意力集中在教师教育的结构和基础建设上，也放在影响这些机制的社会和政治过程上，因为这些因素在教育改革的建议中往往被忽视了。下一章的目的是鼓励，而不是规定，那些为我们国家培养教师的院校从根本上重新设计教师教育项目。

注释

1. A. N. Whitehead，*Adventures of Ideas* (New York：Macmillan，1933)，p. 360.

2. S. Feiman-Nemser，*Teacher Preparation: Structural and Conceptual Alternatives*. Issue Paper no. 89-5 (East Lansing, Mich.：National Center for Research on Teacher Education, Michigan State University，1989)，p. 36.

3. Regarding the letter that emerged from the Spring Hill Conference, see "The Letter：37 Presidents Write . . . ," American Association for Higher Education *Bulletin*，1989，40 (3)，10-13. Subsequently, several hundred college and university presidents signed it. Regarding the mission of the Renaissance Group, see its *Teachers for the New World: A Statement of Principles* (Cedar Falls：University of Northern Iowa，1989).

4. J. S. Johnston, Jr.，and Associates，*Those Who Can: Undergraduate Programs to Prepare Arts and Sciences Majors for Teaching* (Washington, D. C.：American Association of Colleges，1989). See also *Consortium for Excellence in Teacher Education*，published by the Consortium in 1989 (place of publication not given).

5. This idea did not stem from me. It emerged out of the discussion of a small committee working with the National Advisory Board to the Center for Educational Renewal — a committee that has taken on responsibility for planning how the recommendations of this report might be implemented.

6. There have been some attempts by state coordinating agencies in higher education to allocate among public colleges and universities responsibility for various functions，including teacher education. The few attempts that have focused on teacher education have not enjoyed marked success，primarily because of apparent reluctance to curtail teacher education in some institutions and to make the tough budgetary decisions in a charged political context.

7. Education deans have often been called upon to do more with less. See J. Geiger，"Education Deans as Collaborative Leaders," *Journal of Teacher Education*，1989，40，4.

8. E. A. Lynton and S. E. Elman，*New Priorities for the University: Meeting Society's Needs for Applied Knowledge and Competent Individuals* (San Francisco：Jossey-Bass，1987)，p. 4.

9. The BYU-Public School Partnership，one of more than a dozen such partnerships constituting the National Network for Educational Renewal，is in the process of developing different kinds of such collaborative arrangements for different purposes：partner schools for the development of innovative practices，teacher education schools for student teaching，and focus schools for

exemplary programs in various components of schools (to be used also for teacher education programs).

10. This information was obtained from Professor Rolf Grankvist, Rector of the Teacher-Training Institute, University of Trondheim, Norway.

11. B. R. Wilson, "The Teacher's Role: A Sociological Analysis," *British Journal of Sociology*, 1962, *13*, 23.

12. Over 70 percent of faculty members surveyed in 1989 said that their interests lie in teaching; 62 percent agreed that teaching effectiveness should be the primary criterion for promotion. See Carnegie Foundation for the Advancement of Teaching, *The Condition of the Professoriate* (Princeton, N.J.: Carnegie Foundation for the Advancement of Teaching, 1989), pp. 43, 45.

13. J. I. Goodlad, "How Laboratory Schools Go Awry," *UCLA Educator*, 1980, *21* (2), 47 – 53. While John Dewey saw his laboratory school at the University of Chicago as a vehicle for teachers to become inquirers into education, schooling, and teaching (J. Dewey, *Studies in Logical Theory* [Chicago: University of Chicago Press, 1903]), most university-based laboratory schools have been unclear about their mission — a factor contributing significantly to the demise of many.

14. For a discussion of the collaborative relationship proposed, see J. I. Goodlad, "The National Network for Educational Renewal: Past, Present, Future," Occasional Paper no. 7 (Seattle: Center for Educa-tional Renewal, College of Education, University of Washington, 1988).

15. In the Center for Educational Renewal, we attempted to assess the developmental status of professional-development schools in the United States. The results were very disappointing; the gap between rhetoric and reality was found to be great. See F. Brainard, "Professional Development Schools: Status as of 1989," Occasional Paper no.9 (Seattle: Center for Educational Renewal, College of Education, University of Washington, 1989). Simultaneously, we initiated an effort to anticipate some of the funding and governance issues likely to be confronted by those seriously attempting to establish and maintain such schools. See N. D. Theobald, "The Financing and Governance of Professional Development or Partner Schools," Occasional Paper no. 10 (Seattle: Center for Educational Renewal, College of Education, University of Washington, 1990).

16. A. Flexner, *Medical Education in the United States and Canada* (New York: Carnegie Foundation for the Advancement of Teaching, 1910), p. 128.

17. Readers are directed to the comprehensive treatment of the selection process by M. Scriven, "Teacher Selection," in J. Millman and L. Darling-Hammond (eds.), *Teacher Education* (Newbury Park, Calif.: Sage, 1990), pp. 76 – 103.

18. See L. S. Miller, "Nation-Building and Education," *Education Week*, May 14, 1986, pp. 52, 42. See also Quality Education for Minorities Project, *Education That Works: An Action Plan for the Education of Minorities* (Cambridge, Mass.: MIT Press, 1990).

19. This is essentially the process now ongoing in the Danforth Principal Preparation Program at the University of Washington. The group meeting at intervals consists of the faculty, representatives

from the present group of experienced teachers enrolled, some mentor principals, and district representatives who help select nominees for the program.

20. We focused entirely on the drafts of chapters in J. I. Goodlad, R. Soder, and K. A. Sirotnik (eds.), *The Moral Dimensions of Teaching* (San Francisco: Jossey-Bass, 1990), and short written accounts of situations encountered by these graduate students in the schools where they served as interns. Because this was a cohort group with considerable opportunity for informal interaction, the seminar was part of a rather carefully planned curriculum, and there were frequent planning and evaluating sessions designed to integrate the whole, the total experience appeared to be quite effective.

21. As was stated earlier, this idea did not originate with me. At this time, several teacher educators are engaged in developing case materials. My fear is that they will lack the dollars and time necessary to the firstrate creativity and technical expertise required.

22. Schön's concept of reflection-in-action is particularly relevant. For further development, see D. A. Schön, *The Reflective Practitioner: How Professionals Think in Action* (New York: Basic Books, 1982). Particularly relevant to teacher education is his *Educating the Reflective Practitioner: Toward a New Design for Teaching and Learning in the Professions* (San Francisco: Jossey-Bass, 1987).

23. In the Corinne A. Seeds University Elementary School at UCLA, my colleagues and I had access to a rich array of campus resources. Frequently, professors offered their services to provide a missing curriculum piece (for example, in foreign languages) or to test out some hunch about teaching. We welcomed this and benefited from it occasionally. More often, however, the volunteer complained about the behavior of the children and requested that one of our regular teachers be on hand to quell disturbances. There were apparently to be no human intrusions into the purity of what was being taught! The need for all who teach to have some help confirmed Madeline Hunter's (the principal at this time) decision to create a theory-into-practice teaching model. This has been found useful by many teachers, widely praised by administrators confronted by pressure to improve instruction, and condemned by a good many teacher educators who view the model as simplistic, atheoretical, and not grounded in research. (One critic labeled it "Madeline Hunter's Mud Hut," because he viewed it as lacking a sound theoretical framework.) We begin to see here the unfortunate gap between a campus-based push for a solid conceptual or theoretical base and the school-based reliance on what appears to work. The need to unite the two is not yet being widely met, but a useful debate has found its way into the literature. For example, see R. A. Gibboney, "A Critique of Madeline Hunter's Teaching Model from Dewey's Perspective," *Educational Leadership*, 1987, *44* (5), 46–50; M. Hunter, "Beyond Rereading Dewey: What's Next? A Response to Gibboney," *Educational Leadership*, 1987, *44* (5), 51–53; and R. A. Gibboney, "The Vagaries of Turtle Research: Gibboney Replies," *Educational Leadership*, 1987, *44* (5), 54. See also R. E. Slavin, "PET and the Pendulum: Faddism in Education and How to Stop It," *Phi Delta Kappan*, 1989, 70 (10), 752–758.

24. A good deal of such tension has surfaced in the school-university partnerships constituting the National Network for Educational Renewal. We have found it possible to get to a level of productive collaboration, but the road to it has usually been bumpy. The schools generally have less difficulty than the universities letting the other into their affairs. University professors are accustomed to serving as consultants to schools; there has been little of the reverse. The concept of working together on matters of mutual interest is not easily assimilated. See K. A Sirotnik and J. I. Goodlad (eds.), *School-University Partnerships in Action: Concepts, Cases, and Concerns* (New York: Teachers College Press, 1988).

25. J. I. Goodlad, *A Place Called School* (New York: McGraw-Hill, 1984), 25. pp. 301 - 310.

26. Excellent examples of each genre are D. C. Lortie, *Schoolteacher* (Chicago: University of Chicago Press, 1975); T. Kidder, *Among Schoolchildren* (Boston: Houghton Mifflin, 1989); and S. Ashton-Warner, *Teacher* (London: Virago, 1963).

27. Relevant here are the analyses and accompanying recommendations of D. Scannell, D. G. Andersen, and H. Gideonse, *Who Sets the Standards?* (Washington, D. C.: Association of Colleges and Schools of Education in State Universities and Land Grant Colleges and Affiliated Private Universities, 1989).

28. California Commission on the Teaching Profession, *Who Will Teach Our Children?* (Sacramento: California Commission on the Teaching Profession, 1985).

第九章

北方州立大学的更新：一个寓言故事

乌托邦文学之所以长久以来能吸引一些作家在这个领域里创作新作品并且在过去和今天都拥有成千上百万狂热的读者是有很多原因的,其中之一或许是这种文学允许人们绕过创建新环境和新社会的现实工作去看待未来。这些文学作品中的乌托邦都有一个共同的特点:作者用控制的幻想手法创作出乌托邦的境界,并且避开了创建过程中的邪恶,就好比一些人相信贞女会生子一样。

——西摩·B. 萨拉森(Seymour B. Sarason)[1]

我们现在应该可以这样说,如果医学教育的历史给我们带来了任何启示,那就是我们并不是还没有足够的教学知识,而是缺乏建立有效的师范教育项目的意志。

——B. 奥赛内尔·史密斯(B. Othanel Smith)[2]

哈莉特·布莱恩博士(Dr. Harriet Bryan)在阅读《高等教育纪事报》并准备翻到她有兴趣的第68B页和最后一页时,随意地浏览了一下"招聘启事"栏目。她肯定不是在寻找其他的工作,因为她在麦瑞戴尔学院——一个小型的文理学院——的工作很顺利,她已经在最短的时间里晋升到正教授的职位并成为教育系的主任。她对工作的努力奉献和高涨热情,特别是她在教学工作方面的天赋,得到了学院领导和同事的认可和赞扬。尽管如此,招聘栏目里宣传的一个职位还是引起了她的注意:北方州立大学教育学院院长。

在此之后的几个星期里,她进一步了解了北方州立大学的情况并对这个职位产生了更多的兴趣。这所大学在初期发展的阶段是一所师范学校,对地方性的发展有坚定的承诺,强调博雅教育,并与周围的学校建立了良好的关系(她在麦瑞戴尔学院图书馆找到了一份关于北方州立大学使命声明的文件,并感觉可以相信这个声明)。这些情况都与哈莉特·布莱恩脑海中的理想工作环境非常相似。[3] 她申请了这个职位并成为六名最后的候选人之一,这时她已经对这个工作非常有兴趣并担心自己在竞聘中会输给其他的候选人。因此当她最终获得了这个职位的聘用通知时,她不禁感到欣喜若狂。

北方州立大学的新院长

从 1988 年的 5 月到 9 月,哈莉特在她刚成为布莱恩院长时,进一步清楚地了解了北方州立大学学术生活的很多事实以及这些"事实"的多面性。直到 1950 年代晚期,在这所教育机构演变成北方州立学院之前,它都是一个教师学院,而且是一个很好的教师学院。即使在它扩展了学院的专业范围之后,它还是保持着教师学院的形象,尽管一些教授和董事会成员对此身份表示出日益增多的不满情绪。

之后,大学在 1969 年即将任命一位新校长来替换一个长期受人尊敬的老校长时引起了一场争议。这位新校长之前在当地高中做过教师和校长,后来才成为教育专业的教授。他利用他的乡土气质和民俗方法在州议会里解释了"他的"学院是个什么样的机构。董事会对两个最后的校长候选人的资格开展了长时间的激烈辩论:一个候选人是在教育界颇有名气的教师教育工作者,而另一个是当时在一个主要的研究型私立大学做副教务长的罗德斯学者。董事会成员选择了后者,虽然不是全票通过。特别是董事会主席,他在文理学科强大的教授阵营的支持下,令人信服地说,任命汤姆斯·迈德福得(Thomas Medford)做校长将会帮助大学更快地上升到综合性大学的地位。

但是董事会的学术性升迁美梦并没有如愿以偿。虽然大多数州议员并不能很好地理解相貌温和却也有些严厉的迈德福得校长的提议,但他们还是在 1972 年批准了这个"大学"的成立,尽管他们也制定了一些明确的约束规则。北方州立大学和其他五所地方性大学一起,被视为"州立"院校中的第二梯队,低于旗帜性的"世界水平"大学。

例如,只有一流的州立大学才有博士学位的授予权。一些外界的因素进一步阻碍了北方州立大学向更好大学的方向迈进的步伐。因为高等教育在 1960 年代和 1970 年代的早期阶段飞速地发展,而且一些专业领域缺乏博士生,因此对教授职位的竞争是很激烈的。北方州立大学发现自己只好聘用那些在一流大学,包括附近的旗帜性大学,没有竞争到职位的人做教授。在 1970 年代的后期阶段,州里的经济状况、大学的预算和学生注册人数都出现了衰退和减少的情况,直到布莱恩院长上任之前不久的时候。

当哈莉特·布莱恩 1988 年 9 月到达北方州立大学的时候,有些情况已经开始好转,但是过去的创伤所留下的深刻疤痕还在那里。在 1985 年,一位姓李的教务长接任了之前在学生注册人数下降的时候狠狠地削减了教育学院预算的教务长的工作。他大肆宣扬在有同行审议的杂志上发表论文的重要性,以致于教授们几乎都放弃了为地方单位提供的服务性工作。之前他们曾经很慷慨地为地方服务。这种情况严重地影响了教育实地经验和实习教学工作的安排;甚至到现在,教授们经常只参加一些象征性的服务活动。然而,尽管大学领导强调学术工作的重要性,但是也很少有证据表明北方州立大学正在变成竞争大学外部赠款和合同经费的主要玩家。教授们积极出席学术会议并宣读论文,但他们的论文并没有成为各个领域的主要学者的著作中的参考资料。一旦揭开北方州立大学的外表去看它的本质,人们就会发现它在很多方面还是 20 年前的样子,不同的是,教授们接到的行政指令使他们对自己每天在做的工作感到不那么满意了,而学生们也感到大学并没有将他们的利益放在首位。这种感觉在教育学院的教授和学生中间更为强烈。与此同时,大学的表面现象又似乎在暗示,这个大学正在从之前的状态转向一个并没有被很明确地规划过的未来形象。

不入虎穴,焉得虎子

哈莉特·布莱恩在北方州立大学工作的第一年里了解到了很多信息,但还是有许多事情使她感到困惑。虽然教授招聘委员会在院长职位的描述上高度强调领导能力的重要性(实际上在暗示新的院长应该有能力在水上行走),但是她很快就发现,教授对领导力的期待其实比对一些其他事务要低一些——他们特别期待的是院长能随时满足他们的需要和解决他们的问题。她发现这里的人对教育学院的未来并没有做过规划,只是在为全国教师教育认证理事会准备的审核工作报告中能看到一些提法——

大多是走形式的官样文章。她从手边几乎找不到任何关于之前教授招聘情况的资料、对即将退休人员的预测、目前的教学负荷的数据，也没有看到学院与周围学区在指导实习教学的合作教师的数量和质量方面有任何相关的协议。学院没有设置任何临时性的教授委员会来探讨存在的问题和工作的主题；只有一些商讨和处理怎样维持学院日常工作和管理的常务委员会。

在 1989 年冬季学期开始的时候，也是她到这个大学工作之后的第二个学期，布莱恩院长给教育学院的所有教授发了一份调研问卷，目的是了解他们在教学、研究和服务性工作方面的现有活动和他们所希望发展的项目。使她感到吃惊的是，这份问卷在教育学院接下来的教授会议上引起了尖锐的质问。她在问卷上将教学工作排在第一位有什么重要意义吗？她对研究工作是怎么理解的？她对服务性工作的期待是否超出了教授们目前在各种大学和学院委员会中工作的范围？那么做顾问的工作属于什么范畴呢？会议快结束时，对这些问题的讨论还没有完结。因此有人提出了要求并得到了很多人的支持，希望下次教授会议再接着讨论这些问题。

让布莱恩院长感到吃惊和有些不安的是这些讨论的激烈程度。好几个教授质问她为什么决定把教学工作放在优先的地位。实际上，她在设计问卷时甚至都没有想过教学、研究和服务性工作的优先顺序问题；她一贯以来就是这样列举这些工作的。但是教授们为什么会如此在意呢？她在这里工作的头几个月里已经听到了很多对发表论文的压力的抱怨。她在 1989 年早春的时候才逐渐地认识到，虽然她并不是有意的，但是她又挑起了教授们对不同工作的优先排列问题的关注。尽管教授们认为把工作的重心更多地转向研究是一件痛苦的事情，但他们还是挣扎着去响应这种新的期待，至少在表面上顺从这方面的说辞；他们在行动上并没有做出很多的努力去达到这种新期待的要求，而只是在表面上适应着这种新的期待。或者，换一种方式来说，他们在创建一种新型的文化氛围，表面上响应着新的期待，而在实际上想把这种令人不安的侵蚀压制下去和吸收进来。现在哈莉特·布莱恩——公平地来看，她是无辜的——将教学工作的重要性又提出来了，而这正是浮在表面上的新期待所贬低的工作。有时变化本身比实质性的变化更有威胁力。

值得注意的是，这里的教授在经历了长时期的院校演变过程之后——在这个过程中，领导给他们提出的期望往往与现实并不相符合，他们对变革的反应与大多数公立大学中的教师对在不同时期外部强加给他们的改革压力的反应是一样的：他们用学校的现有文化来包围外来压力的侵蚀并消除或减少其影响。不幸的是，潜在的积极性变革和潜在的消极性变革在这个过程中都被消除了。

布莱恩院长试图在 1989 年的教授会议上向教育学院的教授们解释清楚的是，她以天真无辜的心态设计的问卷只是为了初步收集一些缺失的信息，并且她在接下来的一年里将继续做这样的调研。但是，她也明确地告诉教授们，她的确认为教学工作很重要，特别是在教育学院里，并且认为研究的目的应该是改进教学和教师教育。

在夏天里，她做出了一个决定，准备在 1989—1990 学年开始的时候书面通知所有的教授并在第一次的教授会议上开展讨论：成立一个十人委员会，由她担任主席。因为她去很多单位征求了意见，所以人们在她宣布这个计划之前就开始广泛地传播一些对她的计划和意图的猜测——并不都是积极的。但是，李教务长鼓励她，告诉她可以成立这样的临时委员会，并保证支持这个行动。

她邀请参加委员会的其他九位成员并不让人感到吃惊——代表着与教育学院合作最密切的三个学区的一位教师、一位中学校长和一位学区副总督；州教师协会、州教育总督办公室和州长办公室的代表（每个单位各派一名代表）；教育学院和文理学院的教授代表，还有副教务长。布莱恩院长解释说，这个委员会的性质和任务是"调查"教育学院运行的各个方面，特别是职前教师教育项目，以及教师教育所处的当地环境和州政府对它的规范，目的是确认存在的优势和缺点，以及需求和改革的地方。目前学院在运行方面没有什么地方是被视为不可介入的。但是委员会的权力仅限制在找出存在的问题、优势和缺点，并提出建议。它可以向布莱恩院长推荐成立其他的任务工作组和分支委员会来向它报告，也可以要求收集各种相关的数据，但是它没有权力采取行动或实施计划。

不用说，引起轩然大波的安排是，在整个委员会中，教育学院的代表只有一名教授（上一年当选为学院教授理事会主席的人）和布莱恩院长。她反驳那些有异议的人说，她希望这个委员会尽可能地包括所有相关单位的代表但维持在一个小型委员会的规模上——小到所有委员会的成员都可以在她办公室旁边的会议室里面很舒适地围桌而坐。此外，她督促教授们利用那一年的教授会议探讨同样的主题并且将会议上提出的意见及时转给这个专门设置的十人委员会。而这个专门委员会的工作意图是在整个学年里全面调查教育学院的各项工作（也定期在周末举办会议），最后在 1990 年春季学期快结束的时候召开一个两天的全院教授的会议。罗丝玛丽·史考特（Rosemary Scott）校长已经拨出 5 000 美元支持委员会的工作，布莱恩院长用这笔钱作为杠杆从每个参加单位获取了 3 000 美元。这样她就筹集了一个 23 000 美元的小金库,她想,这应该是一个坚实的开端。

接下来数个月的工作进程是颠簸不平的。教授们从这个委员会的成立过程中得到了一些有意和无意的信息——大多数是不利的信息。布莱恩院长的前任的行政风格是创业型的,他在支持教授们为学校做咨询工作的同时,也督促他们不停地申请外部的研究经费,在教学安排上尽量满足教授自己的偏好和选择。他在《国家危在旦夕》的报告发表后不久就与学区建立了联盟,但有些教授对这一做法感到不安。五年之后,成立十人委员会的举动在教授们中间引起了同样的关注和不安感。布莱恩院长希望他们能正面地说出自己的疑虑,但教授们更多的是在会外的非正式交谈中表达出这种不安感,而不是在会上开展真正的对话。

最让她感到困扰的是,她担心发起的变革不能全部落实,特别是不能在最初设想的时间之内完全实现。当 1990 年即将开始的时候,委员会还在围着议程绕圈子。委员们过去更习惯于解决具体的问题;现在他们在委员会上要考虑的事情的广阔范围要求他们必须将每件事都与其他所有的事情联系起来。他们甚至都不能在从哪一点开始最好的问题上达成一致意见。

布莱恩院长一贯愿意冒险。她在麦瑞戴尔学院的一位同事亲切地称她是"一个热爱失败事业的甜蜜悲剧的人"[4]。她在回忆这段话的时候总会感到逗乐和充满活力。但是,这一次,她似乎感到有一个忧愁的山谷在向她逼近和包围过来。

布莱恩院长的芝加哥之行

哈莉特·布莱恩院长本来不准备去参加美国教师教育协会(AACTE)的年会,但是 1990 年的年会主题吸引了她的注意力:"干起来或者被干掉。"在会议的宣传资料中,会议主席和当时的 AACTE 主席号召教师教育工作者主动地发起改革干起来。在 1990 年的 2 月份,布莱恩院长的感觉是被干掉了而不是在干事情。当时的批评家们又把教师教育工作者放到了坏人的位置上横加指责。她对被当作批评的靶子和这种不公正的指责已经感到厌倦了。然而,她不能确定的是,这些指责是否完全没有道理。她在高等教育界工作 18 年了,这还是第一次在日益增长的泄气环境中感到了畏惧。她想把自己的情绪转向干起来的状态。在申请参加会议的截止日期马上就要到的时候,她通知教师教育项目主任和教育学院的副院长比尔·帕尔(Bill Parr),还有其他两位同事,她将和他们一起去参加在芝加哥举行的 AACTE 年会。

在出席 AACTE 年会的几天里,布莱恩院长在一种使人不安但又令人激动的氛围里明白了一些事情。几位大会主旨发言人所传播的信息都如出一辙,好像他们事先在一起准备演讲稿似的。一位刚完成了一个研究项目的主要调研人在发言中描绘了教师教育项目的各个组成部分支离破碎的现状。她不安地感到,在家乡索姆维尔地区的大学里的教师教育项目也处于这种状况。之后她在与参加会议的其他几位教育学院院长进行非正式交谈时,了解到他们大学的教师教育项目也属于这种情况。另外一个发言人,保持着谨慎的乐观态度,探讨了学校改革的顽固问题并且敦促以学校为基地和以大学为基地的教育工作者联合起来创建出与现有的模式不一样的学校,也要创办出为这样的学校培养教师的项目。布莱恩院长对第三个发言人的报告也很有兴趣:他倡导为未来的小学教师建立一个有五个组成部分的通识教育课程。布莱恩院长很赞同他提出的所有教师都应该学习和熟知第二种语言的建议。第四个发言人号召大学和中小学校建立更加密切的合作关系,以便开展更好的教学方法研究,也能帮助教师理解教育的大社会环境并且在教育青少年的过程中努力实现学校与家庭的合作。

在年会上反复出现的一个主题是,代表这个国家三分之一人口的人群被忽视的问题是一种潜在的社会炸药。与会的人感到了自己应该马上采取行动而不是坐观旁人去行动的急迫性。"若无其事的态度是不能解决这个问题的,"另一个大会主旨发言人说。

布莱恩院长做好准备去聆听玛丽·凯瑟琳·贝茨森(Mary Catherine Bateson)在年会接近尾声时充满诗意的演讲。贝茨森首先提到互相联系的重要性以及我们中间的大多数人并没有与周围的世界紧密地联系在一起的事实,说到这个问题,很多人甚至也没有与他们最亲近的人联系在一起。她接着探讨了教学与测试的问题,指出后者往往使教师和学生脱离最重要的事情。

贝茨森的讲话引起了与会人的反思,在反思中将之前不相关的事情联系起来了。一方面,哈莉特·布莱恩想起了所有那些在 1980 年代中涌现出来的关于学校改革的陈词滥调,以及这些说辞在目前压倒学校的问题面前是多么苍白无力,年会的主旨发言人都谈到了这些问题并认为需要采取直接的社会、经济和政治干预措施才能解决问题。当她想到自 1890 年代就开始的教师教育改革运动反复不断提出的那些简单的概念以及州政府的政策制定人把这些概念挥之即去又召之即来的做法时,她就不禁感到热血沸腾(又一次地)。

另一方面,贝茨森博士的演讲使布莱恩院长更加坚定了自己对教育工作实质的信念,而这种信念正在被忽视或侵蚀,因为教育和学校被视为达到一些并不适当的目的的手段。"我们把自己放在了一种会失望的境地里,"她想道,"教师并不是处理原始材料的加工机。他们的作用是帮助所有的孩子互相联系起来并且与我们的世界联系在一起。"

拜访罗丝玛丽·史考特校长

在从芝加哥返回大学的飞机上,布莱恩院长的脑海里反复涌现出她在年会上听到的信息和她与其他参会人交谈的情景。虽然参加 AACTE 年会还不是一个让她感到重生的经历,但是已经将她从忧愁的山谷里拉出来了。她认识到,她近期在做的工作似乎越来越多地阻碍了她想做的工作。因此她的笑容也少了。她决定再去拜访一下罗丝玛丽·史考特校长。

第二个周四的下午,布莱恩院长发现,她在拜见公事公办的校长(这是她在北方州立大学担任校长的第三个学期)时,没有像她之前在每六周拜见一次校长的例会那样努力地遵循一套规范的说辞。哈莉特·布莱恩是史考特校长上任之后所任命的第一个院长;之前这个大学既没有聘用过女校长也没有任命过女院长。哈莉特想说的要点是,她仍然相信北方州立大学的教师教育项目在全州范围内即使不是最好的,也是最好的项目之一。"但是……"她犹豫道,"我们比其他项目做得更好的却是我们首先就不应该做的事情:我们做得很好的工作是在培养教师去维持那些不应该再存在的学校。"

如果史考特校长对布莱恩院长倾诉的内容感到失望的话,她并没有在表面上显露出来。她提了几个细心选择的问题之后,就套出了这种不满情绪的核心内容,实质上是四种值得关注的问题。哈莉特认为在培养未来教师的整个教育项目里存在着各个组成部分支离破碎的问题,她认识到一个重要原因是项目缺乏明确的使命。她相信,本科文理学院的使命并没有被充分地在教师教育项目中建立起来,并且这个学院本身在事实上也没有实现自己所宣告的使命中的目标。她认为她所领导的教育学院处于一种分裂的状态,因为教授们对什么是优先性的工作只有模糊和不充分的认识。最后,尽管教育学院与周围的学校保持着良好的关系,但是实地经验和实习教学的质量并不令人满意,还有许多可以改进的地方。

"你们的委员会在探讨这些问题吗?"史考特校长问道。

"是，也不是。"布莱恩院长答道，"我们似乎就快要谈到这些问题了。但有个人指出我们是在讨论马车而不是马的问题。快了，我们就要出去找马了。"

"你期待委员会推荐一些比较根本性的变革吗？"

"如果是在几天之前，我就会说，'也许会，也许不会'。但是现在我相信，委员会将会做出这样的推荐，因为我们必须要开展这样的变革。我认为我现在能看到之前看不清的形势了：我们的中心任务从来都是教师教育，今后也应该是这样。我们被一些不那么重要的事情转移了工作的中心目标，而大多数这样的事情都是基于一些教授个人的喜好。"

"那么我给你提一个建议，"史考特校长说，"你的委员会有一天会遇到某个人的挑战，说你们不可能从根本上改变教师教育，同时还继续保留着现有的项目。既然你看上去很有信心发动一场重大的变革，那你为什么不干脆宣布一个停止现有项目招生的时间呢？"

"我有权力这样做吗？"布莱恩院长问道。

"我相信你有这个权力。但是我会负起责任。毕竟如果变革不大的话，也不会有什么损失。你只要及时宣布新项目的细节以保证学生能稳定地从旧的项目转到新的项目就行了。所以你想让我宣布些什么？何时宣布？"

"越快越好。我建议你先跟大家解释一下，我们正在做的工作将会改变北方州立大学培养教师的方法。接下来，现有的本科后的教师教育的最后一批学生将在1991—1992学年进入项目。在那个学年的早期阶段，我们就宣布在1992—1993学年开始实施融入了改革内容的新项目。"

"那么本科生的教师教育项目怎么办呢？"史考特校长问道。

"会有一些更多的麻烦，因为本科学生在他们学习过程中的许多不同阶段都会做出要当教师的决定。但是我认为，我们发出的基本信息应该是一样的。在1991年秋季学期录取的新生(也就是1995年毕业班的学生)是可以加入现有项目的最后一批学生。所有其他已经在培训项目里的学生到那个时候应该会知道他们将在1994—1995学年结束的时候达到教师执照的要求。我想我们在接下来的一年里需要关照好一些零散的学生，但这应该不会造成任何不适当的问题。"

"那就这么定下来了，"校长说，"请帮我准备一份宣布这个项目发展工作的初稿，我会保证将它放入所有适当的文件中去，并且在春季学期结束之前交给媒体。与此同时，你或许也需要做一些解释工作。"

布莱恩院长还在努力地适应着这个新的发展。"就这样决定了。"她只说出了这句话。

"就这样决定了。毕竟我们在做的事情也不能被称作是勇敢的。即使你最后只改变了几门课程,你也保住了这个作出重要贡献的机会。谁知道呢,哈莉特,我们不是总有这种机会的。"

创建新的环境

在现有环境的基础上创建一个新的环境会有一个令人惊异的结果:创建的过程越成功,发生的变化越不明显,也越不引人注目。当然,那些最深入地参与变革的人在价值观和世界观上会发生重大的变化。每个人在刚开始的时候的想法与变革之后的想法会很不相同,但环境还是一样的;两者之间或许会变得更加一致。当环境和人的价值观在一段时间里同时发生变化时,两者就会在很大的程度上保持同步。因此,在成功的变革过程中,那些努力地推动变革的人是不会觉得有过分震撼的发展的。具有讽刺意味的是,那些在一开始就与变革发展最不同步的人是不想看到变化的,而当变革开始在他们的周围发生的时候,他们也可能会坚持不同步并且去阻碍变革。对这种现象需要做进一步的调研。

美国教育改革学者萨拉森(Sarason)曾经做过这样的观察:"创建一个新的和独立的环境的决定往往是基于两种考量的:人们认为现有的环境由于某种原因已经变得不适当了,除此之外,人们还意识到他们在做出一个决定的过程中所遇到的冲突的强度和性质非同一般,因此有意愿去创建一个新的和独立的环境。"[5]

寻求改革的议程

在布莱恩院长准备召开十人委员会下一次的会议之前,她似乎遇到了太多的好事。她在想为什么之前有很多事情都不太清楚也缺乏连贯性。例如,她不明白为什么现有的教育学院是按照这种理念组成的:有几种明显不同的教育知识体系,而每一种体系都依赖着教授的学术工作向前发展。然而,大多数教授所教的课都跨越了这些知识体系。"我们应该组织起来支持我们的工作职能。"她想。到目前为止收集的数据表明,大多数教授的大部分工作时间都在教现在和未来的实践工作者。他们并不是研究机构的成员;他们目前所在的分支单位也没有涵盖他们在研究中应该关注的全部问题。

使人吃惊的是,委员会成员在理解她思考的变革方向时似乎并没有遇到什么困难。他们已经在为综合性的改革寻找一个适当的切入点。很明显的是,教师教育就是这个切入点;马终于赶上马车了。当她提出关于终止现有项目的方案时,委员会成员没有反对的意见。这样做其实就像从天边挪走了一片乌云。布莱恩院长提议,作为设计新项目的第一步,先成立一些相关的任务工作小组。委员会成员们热情高涨地支持这个提议并建议组成以下的工作组:使命工作组,组织工作组(重组教育学院),教授和项目发展工作组,招收、选拔学生及为学生组织社会化活动的工作组,学校合作教师和实践基地工作组,应对州政府规范工作组,家庭和社区工作组。他们同意,根据每个工作组任务的性质,学校和大学各自安排参加组里工作的代表人数可以不同。

当计划会议快要结束的时候,委员们突然产生了一种无能为力的感觉:委员会已经开展了几乎六个月的讨论才到达目前的决定性时刻,但是他们的进展大多是哈莉特·布莱恩自上次会议之后到现在为止所经历和所做的事情的结果。他们在讨论工作组应有的成员时提到了教授、学校教师、校长、学区总督和其他一些相关的人,现在他们要怎样做——有效地并且通过一些外交手腕——才能说服所有这些人并组织他们参与变革工作呢? 委员会成员们为此感到疲倦了。

苏斯夸山谷学区的副总督提出的一个建议把委员会成员们又激活了。他提议,委员会不要分配自己的成员去做工作组长,而是应该做支持和联络的工作,并且要立即关注两件事情: 第一,选定委员会之外的人做工作组长并为组长提供一些挑选工作组成员的指导方针;第二,计划在晚春或早夏的时候举办一个工作坊,鼓励那些对工作组涵盖的问题有兴趣的所有相关人士参与对话,征集对每个工作组任务的建议。这个工作坊可以在晚春的时候举办,但是通知应该在上一个秋季的时候就发布。他的建议得到了一致的赞同。

这些看上去像日常事务一样的议题占据了委员会春季会议的大量时间。但是这些延长的时间使委员会成员们进一步熟悉了经过重新定义的委员会的作用,也给了他们更多思考问题的时间。他们阅读了与教师教育相关的书籍和报告并专门留出时间来讨论这些报告。这时彼得·军戈尔博士(Dr. Peter Junger)要求会见他们。

在 1984 年,当军戈尔博士担任霍桑恩·瑞吉学区的副总督时,他就与其他两个学区的副总督一起努力发展与北方州立大学更密切的合作,哈莉特·布莱恩院长的前任也积极地回应了他们。但是，除了一些学区之间的交流以及与大学的几个合作项目之外，这次的合作并没有取得很多成果。在此之后，大多数当时参与合作工作的人都去忙其他事情了或者退休了，学校与大学紧密相连的概念并没有落实到各个教育机构的组织制度里。到1987年的时候，军戈尔挑起了索姆维尔学区总督的艰巨大梁。现在，几乎是三年之后，他在学区仍然享有很高的威望，尽管他已经撼动和改变了很多现有的做法。他说话时掷地有声，能引起人们的注意。

他积极地支持布莱恩院长成立十人委员会的建议并在他的学区，也是当地最大的学区，挑选了一个教师代表参加委员会的工作。军戈尔一直密切地关注着委员会的工作并且意识到再次发起与大学合作的时机已经成熟了。

军戈尔与其他很多同事所不同的是，他每天一大早总会安排一个小时阅读文献；他最近在看的资料都是关于那些引起了全国范围日益高涨兴趣的、为职前教师教育设置安排职业发展学校、重点学校、临床实践学校、教学实习学校、实践经验学校或伙伴学校的文献（对这类学校有各种不同的称呼）。他对这个理念很有兴趣，但是他怀疑在没有与大学建立更加密切的关系的情况下，他是否有能力在自己的学区里发展和支持这样一所学校。一天早上，他读到一篇关于学校与大学建立伙伴关系的文章，似乎看到了答案。过去提出的大多数发展伙伴关系的建议都会把大学和学校的关系描述成叔侄或舅甥之间的不平等亲戚关系，但是这篇文章推荐的合作关系是双向平等的。例如，作者描述了在这个学校与大学成功地合作发展起来的新型的校长培训项目里，学校的代表与大学教授在项目计划和实施的各方面都是处于平等地位的。彼得·军戈尔似乎看到，发展这种合作的时机已经到来了。他提出了要求并很快就得到了十人委员会的邀请去出席他们的会议。

他在会上提议北方州立大学尽快与周围的五个学区建立伙伴关系。但是，这一次不能只看到学区总督和院长召开一次会议，形成一个口头上的协议，并在一起握手言欢一下就结束了。这次要签署一套正式的协议书，每个参加的机构都要在经费上和预算上做出承诺，并且指派至少一名兼职的主任负责合作工作，所有这些都应该由五个学区的总督和大学校长在协议书上签字确定。军戈尔博士同意参加一个小型委员会来起草一份文件，概述这种互相承诺的合作关系的性质。但是，他建议说，史考特校长首先应该召开一个会议，她亲自主持或请李教务长主持（或者两人都出席会议）并邀请所有的学区总督参加。彼得·军戈尔承认，他已经与其他两个学区的总督谈过此事，并表示他可以联络其他的总督。最后，他建议布莱恩院长与史考特校长碰面商议此事，但是布莱恩院长认为军戈尔博士最好亲自去会见校长。

春季学期很快就过去了。工作组都成立起来了，但是每一组只开过两到三次会议。彼得·军戈尔发现他自己的日程安排有问题，并且他没想到的是，有两个超出索姆维尔"大地区"范围的学区的总督也有兴趣参加这个项目。因此，一直到6月的第二个周六的时候——离大学毕业典礼还有一周，史考特校长才有时间会见学区的总督们。

除了七位学区总督之外，史考特校长还邀请了李教务长、布莱恩院长，还有文理学院的雪莉·考克伦(Shirley Cochrane)院长一起参加会议。或许在这个时候还没有形成一个正式的协议是件好事。没有这样一个协议的限制，参会人在讨论时可以更加随心所欲地探索各种可能性。彼得·军戈尔和哈莉特·布莱恩发现他们发言的次数比自己期待的要多，但是他们的确是对学校与大学伙伴关系的发展最了解的人。哈莉特意识到，她应该要求教育学院的泰特·安德森(Ted Anderson)教授也出席会议，因为他最近刚去华盛顿大学参加了一个学校与大学结为伙伴的会议。大家一致同意，安德森、军戈尔和副教务长杰拉德在一起起草一个协议，与大家分享之后，提交给将在1990年7月20日召开的会议审批和签字。

或许工作组在6月的最后一个周末举办工作坊的时候还没有做出什么事情也是一件好事。这就给大家充分的机会向前看；也还没有什么计划好审批的。十人委员会聪明地决定将焦点集中在各方人士给工作组提出的反馈意见上。委员会的成员们了解到，在工作坊举办不久之前，七个学区中只有三个派了代表参加工作组的活动。其他四个学区只是偶尔地给大学安排一些实习教学和课堂观察活动；毕竟这主要是一个重新设计教师教育的改革项目。但是，由于学校与大学结为伙伴和教师教育改革的工作都处于胚胎的发展阶段并且有重叠性，因此这个工作坊的确定目标是努力促进这两项工作的进展。

这是一个偶然的临时决定。每一个学区都接到了邀请，请它们派一些不同层级的领导人参加工作坊：教师代表、校长代表、学区中心办公室代表，还有学区的总督。文理学院的5名教授和教育学院的12名教授，加上那些已经在工作组里的教授，都接受了邀请。一些其他的人已经做了计划要去别的地方；工作坊举办的时间与很多人的夏季教学、旅行或研究计划是有冲突的。

参加工作坊的122名代表事先都收到了一包阅读资料，包括霍尔姆斯小组的报告、全国职业教学标准制定委员会的报告、第 30 号项目(美国教师教育协会举办的)的报告,以及美国大学协会的报告(关于本科级别的教师培训项目);一本书和几篇关于学校与大学伙伴关系的文章;还有关于教师教育改革的文章,包括最近刚完成的一项综合性调研的报告。委员会注意到学校人员的特殊需要和兴趣,收集了关于学校改革的最新书籍并建立了一个小型的资料室;大学书店也为参会人员订购了多本在这里提到的资料中的几个报告。

人们可以确定的是,几乎所有参加这个工作坊的人都意识到:有一种变革正在萌生,学校与大学有可能建立前所未有的伙伴关系,有一些事情会跟从前不一样。工作组收到了用不完的好主意。最重要的是,人们发现了一些他们原先没有期待发现的事物或现象。例如,教师代表发现他们在与学区总督面对面地谈话,甚至是在争论问题,这在之前是可望而不可即的(通常他们在主讲人发言的平台上才能看到总督)。工作坊的主办人认为,促使各方的参加者开展学区与学区之间和学校与大学之间的对话是一件很棒的事情。显而易见的是,让在同一个学区里担任不同职位的人有机会聚在一起互相交谈是更重要和更有力的举措。大学教授发现他们自己在跟几乎是陌生的人交谈,但是却发现这些人原来都是跟他们在同一个楼里工作的人。最重要的是,这样的聚会和交谈为发展新型的教师教育项目打下了基础,在这个新项目中,以大学为基地和以学校为基地的项目组成部分要建立更密切的关系。

议程在形成

夏天并不是发展持续性项目最好的时间,特别是那些要求把两种不同机构的文化融合在一起的项目。然而,从 1990 年 6 月 15 日到 9 月 15 日,有三件重要的事情发生了。第一,北方州立大学宣布,所有正在就读的本科师范生必须在 1995 年春季学期结束之前完成教师执照项目的学习;大学保证所有在 1990 年秋季入学的新生都能进入和完成项目,只要他们能达到所有的要求,在 1995 年 6 月之前毕业(一共学习五年时间)。这个宣布的决定包括给那些计划在 1991 年秋季入学的新生的忠告。大学不能保证他们能有五年的学习时间;他们必须在 1995 年春季学期结束的时候毕业,因此他们只有四年的学习时间。如果他们不认真地做好学习计划或者需要补习一些功课,那么他们也许就需要上一些夏季的课程。同样地,最后一届本科后项目的师范生将在 1991 年秋季入学。

第二,七个学区的总督和北方州立大学的校长在 7 月 20 日签署了一份之前已经请他们各自的董事会审批过的协议,承诺共同建立"苏斯夸山谷学校与大学教育更新伙伴联盟"并将其维持五年(有待续约)。第三,十人委员会和下属的七个任务工作组都有足够的成员能经常聚在一起开会,并起草将由几个学区与大学共同执行的合作性的教师教育计划。

联盟的协议。7月签署的学校与大学的合作协议是由一个小型的委员会按照"全国教育更新联盟网"(NNER)的使命声明的宗旨起草的,其中做了一些适当的修改,而这个使命声明是由NNER联盟网中的14个在1986年或在此之后成立的学校与大学伙伴联盟共同编写的。NNER联盟网里的每一个联盟中的合作学区和大学(有的联盟里有几所大学)都同意一起努力达到三个总体目标:

1. 促进大学发展培养教育工作者的模范项目。

2. 促进学校发展教育国家的年轻人的模范项目。

3. 促进学校(以及学区)和大学之间形成建设性的合作以确保发展有重叠性的共同利益的模范项目。[6]

关于第三个目标,委员会的补充说明是:"特别是学校和培养学校工作者的项目的同步更新。"

委员会与来自学校和大学的很多代表一起会面,探讨如何为他们推荐成立的伙伴联盟拟定议程。他们给学校教师和管理人员提出的问题是:"大学人员参与这个联盟项目能对你们哪些方面的工作和职责有所帮助?"给大学教授和管理人员提出的问题与此相同,只不过在问题中用"学校人员"代替了"大学人员"。一开始,委员会很不容易将这样的对话推出传统和常规的局限之外。学校的教师代表说,他们需要帮助的是纪律问题、使用时间的方法、课程的各个专业领域、研究结果的应用,这些都是他们过去习惯于向学区的在职教育协调员提出的问题。大学人员也同样地墨守成规:他们认为,通过合作可以使他们更容易接近学校的学生群体去做研究,这是件好事。委员会很快就强硬起来,制定了一些基本的规则:"你们现在已经有的东西都不应该在议程的范围之内,"他们说,"我们在探讨的是学校和大学要怎样合作才能使它们变得更加有效——或许与它们现在的样子截然不同。我们不是在谈职工发展和为个人设置的在职教育;这些活动在没有合作的情况下也可以照样进行。"

他们遇到了很多方面的抗争。学校人员对大学人员是否能真正地参与这个联盟并提供帮助表示怀疑。"教授会出来谈论他们的研究。但他们并没有卷入我们的问题之中。"一个学校校长用咒骂和感叹的语言描述了他和教育管理学教授接触的经历和他对这些教授的期待。一些访谈过的教授在谈到学校人员的需求时也用了同样严厉的话语。"如果我们不告诉他们下周一应该干什么,他们的目光就变得呆滞无神了。"一位课程和教学专业的教授评论道。尽管如此,大多数人都认真地回答了这些问题并且提出了他们的建议。委员会最终将这些意见都汇合在一起编成了一个包含着各个参加单位的互相重叠的自身利益的议程。(详见表 9-1)

表 9-1 苏斯夸山谷学校与大学的伙伴联盟:一个实质性的议程

1. 参照年轻人需要经过何种教育才能成长为有用的公民、工人、家长和个人的最好分析资料和预测理论来发展学校的课程。
2. 保证所有的学生都有平等的权利学习这样的课程。
3. 设计教学实践以适应所有的学生并由关心学生的教师实施教学。
4. 重建学校以保证为学生提供一个有序的、包含了最重要的知识领域和求知方法的整合性学习过程;大幅度地减少学生的疏离感;大量地增加让学生在更加家庭化的群体里开展个性化学习的机会;并且为所有人建立一种公平的氛围,也可以说,有人类尊严和体面的氛围。
5. 为每一个学生培养一种才智,无论是在核心的学校课程主题方面,还是在艺术、体育或技术的一些领域里。
6. 强调学生可以通过实际的表演展示他们的才能,特别要注重学生在知识、技能和敏感性方面的综合能力(同时要减少对标准成绩测试的规范参考分数的注重)。
7. 强调学校在各个方面的智力发展目标,并且把学生视为学习者和积极工作的人,而不是教师提供信息的消极接收人。
8. 将教职工在职发展资金从学区规定的现有活动上大量地转移到以学校为基地并且旨在持续地更新学校的活动中去。
9. 创建模范的教学基地来培养未来的教师,这些基地所展示的既是我们所知道的应该怎么办学校的最佳教育理论与实践,也是我们所知道的应该怎样持续更新学校的方法。
10. 为教育的专职人员(包括管理人员)提供见习和实习的机会,使这些专职人员可以观摩和经历最可能好的教育实践。
11. 在社区里开创和利用机会促进人们开展持续性的对话,探讨教育究竟是什么的问题并且明白为什么教育更是一种关切到个人和社会的公共福利的重要工作,而不仅仅是对工作的培训。

在编写以上议程的过程中,委员会大量借鉴了一些其他改革项目的资料,特别是"中心学校联盟"提出的原则,还有 NNER 联盟网的使命声明。他们这样做的理由是,这两个联盟项目毕竟在 1991 年夏季的时候已经积累了一些发展经历的记录,其中的一个联盟是在《国家危在旦夕》的报告发表之后马上就成立的。但是上面提出的实质性议程所包括的主题都是在他们自己的讨论中以及与其他的学校和大学人员的交谈中经常出现的;委员会成员现在对这些主题的认识很清楚。他们认为使用相关的参考资料可以进一步确证和加强自己的议程。

他们在议程文件中也提出了关于联盟的管理结构和经费支持的建议。经过大量的讨论,他们建议每个学区在合作的第一年里提供 7 500 美元的经费,这样从七个学区就可以汇集 52 500 美元的经费,在下一年里可以考虑再提供同样的经费。史考特校长关于大学在第一年里能为联盟提供的支持的建议得到了一致的赞同：大学将拿出20 000美元(并加上适当的福利费)来聘用一位兼职的联盟主任。一个有学区和大学代表的遴选委员会将负责挑选联盟的主任。主任候选人的名单几乎在遴选委员会成立之前就提出来了：最近从学校或大学退休的人员，即将从旗帜性州立大学毕业的博士生，或者已经在相关的学区和北方州立大学工作的人——可以减少这个人的工作量来兼任联盟主任的工作。

所有参与计划的人似乎对商定的最后协议都表示很满意。他们在7月20日做出的承诺比彼得·军戈尔在几个月之前提出的初步建议要更多，大大地超出了他最乐观的期待。在同一个教育事业的不同单位工作的人再一次发现，他们可以很有成效地在一起交谈并提出之前甚至都无法想象的合作计划。

任务工作组。工作组的活动并没有很顺利地向前发展；甚至在秋季学期快要开始的时候，他们也没有设定清晰的日程。工作组成员和十人委员会成员逐渐地意识到，他们是在文字的丛林里纠缠不休，这是合作委员会没有遇到过的情况。例如，创建培养未来教师的模范学校基地，这听上去的确很明智，但是怎么创建呢？一些棘手的问题很快就出现了，就像是丛林中带刺的灌木一样：怎样安排这样的学校里的教工呢？大学教师教育工作者在这里应该发挥什么作用呢？谁来做决定呢？谁来提供经费呢？现有的教育文献中的论文对这些问题绝口不提。当然，学者们在论文中把创建这样的学校描述成一件很自然和容易的事情，部分原因是大多数学者只关注意图和目标而不是如何去实现这些目标。况且职业发展学校或实践学校只是很多棘手问题中的一个问题。

尽管有这些困难，而且委员会只是时不时地召开一下会议，也不是所有的委员都能参加每次的会议，但他们还是逐渐地发展了一套提案。就像一个委员说的那样，"会议出勤率不高，我们反而不用跟很多人争吵了"。

虽然学区的代表参加了6月的工作坊，但是大多数个体学校并没有派代表参加各类工作组。因此大多数教师和校长并不清楚这个工作坊的内容和后来发展的合作协议，特别是十人委员会的工作。当学校的工作人员返回学校开始1990—1991学年的工作时，苏斯夸山谷学校与大学伙伴联盟已经成立起来了，但学校人员的工作和生活还没有受到这个联盟的影响。这些学校体系的规模和官僚机制(就像其他地方的学校体系一样)将高调的、似乎有希望取得成果的改革活动与那些在课堂里工作的学校人员的日常生活隔离开来了。

另一方面,对大学工作人员来说,成立伙伴联盟、任务工作组的工作,以及十人委员会的工作还是值得关注的,而且大学的决策本来就应该是一种参与的形式。但是,并不是所有的教授都参与了这项工作。北方州立大学的秋季学期悄声无息地开始了,特别是在教育学院里。然而这种寂静似乎给人一种不祥的感觉,至少布莱恩院长有这样的感觉。

1990—1991 学年开始了

当院长的一个笃定的成功方法就是在任职的头几年里不挑战任何事情并且支持每个人。另一件可以肯定的事情是:一个院长需要五年到十年的时间才能取得重要的成就。另一方面,只要三到五年之后,那些"不挑战任何事情并且支持每个人"的院长就会用尽大学对新院长的善意,这时他们通常就会开始寻找其他的工作了。哈莉特·布莱恩是准备长期在这个大学工作的,尽管在第三年的头五到六个月里,她感到自己对大学的承诺受到了紧迫的压力。使她能继续坚持工作的因素是她对大多数人善意的基本信任,以及她对摆在桌面上的问题终归能让每个人都有机会去探讨并找到解决办法的信心。此外,她认识到,只有极少数的人是因为纯粹喜欢抱怨而发生争吵的,而大多数人是惧怕变革并担心他们不能面对新的要求。她知道,学术界是一个艰难的地方,外人对此了解和理解得很少。学术界的每个人都要严重地依赖同事的洞察力和见解来认可自己所做工作的重要性。反过来看,这些同事也都要严重地依赖大学的文化来证明自己的价值,但这种文化对相互支持和赞扬的施舍却是相当吝啬的。

教育学院教授会议的议程一般是由布莱恩院长和选举出来的教授主席[汤姆·瑞夫斯(Tom Rivers)]在教授中间转发了一圈征求了意见之后共同拟定的。他们两人决定,每次会议都要留出一些时间来听取工作组的报告,而且在适当的时候,也会请十人委员会做报告。

在 10 月的会议上,一些教授对负责合作学校和实践基地的工作组的提议表示了惊讶。这个工作组建议将实习教师以同伴群体的形式一起安排在几个认真挑选出来的合作学校里实习,而不是将他们每个人单独地分配到不同的学校去跟着单独的合作教师做实习。工作组报告完毕之后,一些教授关切地指出,只用几个学校作为实习基地而不是将每个实习教师单独地分配到三个附近学区的各个不同的学校(以及更远的学区,如果需要的话)去做实习,会产生政治方面的影响。但是这个问题在以前就讨论过,因此它并没有引起过多的波动。此外,这是新学年开始之后的第一次教授会议,是大家互相问候和表达友善之情的时候。

但是,11月会议的气氛就相当紧张了。负责组织工作的任务工作组提出了他们的初步想法:创建一个专门负责和几乎完全自主的教师教育单位,很清楚地拥有自己的学生、教授和预算。在这个单位工作的人有教育学院和文理学院的教授,也有学校的代表。这个工作组的报告,再加上另一个工作组在10月会议上提出的关于实习教学的报告,在教授们中间引起了震惊。这两个报告建议的做法与现有的方式和机制很不相同,但是具体的方案显然还没有提出来。例如,这些合作学校里的教师将在教师教育中发挥什么样的作用? 大学在这个过程中会失去什么并且能够得到些什么回报? 这些和其他的问题都在工作组和十人委员会的会议上被提出来并且得到了广泛的讨论,但是答案并没有马上产生出来。不幸的是,工作组和委员会的成员看上去也不像是马上就能给出答案的样子,这就让那些通常很支持改革的教授也有些失望。

这个大坝在12月会议的时候才被冲破。负责招收和选拔学生还有培训过程中的社会化活动的工作组先汇报了一下日常的工作进程。工作组组长报告说,他们在认真考虑要求所有未来的教师都学会一门第二语言。因为拉丁裔学生的数量在很快地增长,特别是在索姆维尔地区的学校里,因此他们认为这个第二语言应该是西班牙语。为了保证师范生达到这个语言的流利程度(不仅只有阅读的知识),工作组在考虑一种浸润式的方法,可以让相关的教授和学生都参与其中。工作组组长说到这里的时候,委员会的成员都沉默了,接着有人傻笑了几声,之后有几个人同时爆发出了反对的呼声(同时也有几个人表达了热情的赞同并祝贺工作组提出了这个建议,但是这些人的声音更加柔和一些)。接下来委员会又商讨了几件公事就休会了。

与史考特校长的通话。哈莉特·布莱恩知道,她前一年在无意之中提出的教授工作的优先排列问题所引起的不安波动并没有平息下来。根据她不断收到的大学使命发出的混杂信号,这种不安的情绪是不会停止的。史考特校长在谈到北方州立大学对当地发展的责任的时候总是令人信服的,她本人的学术成就也令人仰慕,并且她经常在有声望的知识界走动。此外,她在大学的年度报告中表彰的教授几乎都是文理学科的,并且她赞扬的是这些教授的学术成就。史考特校长为北方州立大学制定的使命到底是什么呢? 布莱恩院长把教学、研究和服务性工作按这样的先后顺序写出来,就使教育学院与大学的其他部门显得不太同步了,尽管她当时只是很单纯地列举了这些工作,并没有想到优先顺序的问题。布莱恩院长估计,在目前开展的改革活动中,迟早会有一小批很强势的教授们会拿她写过的这些话来生事以阻碍改革的进程。

事情并没有像这样发展下去。布莱恩院长在某种程度上错误地理解了教授们在最近对这个问题表现出来的沉默,或许她对这件事的意义产生了一些偏执的看法。此外,她对大多数人的基本善意的信任感也受到了一点影响。当然,她已经在一些人当中引起了对变革的恐惧,而且目前工作组还没有提出清晰的改革计划,这就进一步加剧了人们的惧怕感,因此必然会有一些反应。

12月的会议结束之后,一位资历很深的、从事教师教育工作的教授要求史考特校长会见他和其他三位同事。校长的秘书总要询问一下见校长的目的,但是这一次,她得到的信息只能让她告诉史考特校长,有四位教育学院的教授想跟她谈谈"他们对十人委员会的一些顾虑"。但是,即使是这样一点小小的承认,也可能是这位资深教授所犯的一个战略上的错误。因为尽管布莱恩院长起草了十人委员会的邀请信,但史考特校长毕竟是签署信件的人。

当这四位教授坐在校长办公室的时候,史考特校长告诉他们,她邀请了李教务长一起参加会见,这是几位教授所没有预料到的。她说,她设想这是一个下层单位应该直接向教务长报告的事情。正常的渠道应该是,如果教务长不能提供满意的答复,他就会报告给校长处理。她想到干脆跳过标准的报告程序会更有效果,因此就请李教务长一起参加了(这样做的意思是,她知道这些教授要求直接来见她是绕过了正常的行政渠道)。

四位教授中有两位好像有些不好意思了,大多数时间坐在那里不说话。发起这次会见的教授有些激动地谈起"大学与学校认真建立起来的关系正在被拆除",这些关系主要都是他在1970年代和1980年代早期担任教育学院副院长的时候建立的。史考特校长并不了解这些情况。虽然他当年组织的合作教师俱乐部已经在1980年代中期消失了,它之前的成员还是大学的合作教师网中的核心人员。他认为现在提出的变革方案要转而只跟很小的一组伙伴学校合作是一个政治策略上的错误,对大学的形象也有不好的影响。他还补充说,这个形象已经大不如从前了。

他的一个同事,一个处于职业发展中期阶段并拥有引人注目的论文发表记录的学者,把话题从任务工作组和十人委员会的工作转到了布莱恩院长的头上。他指出,她在寻求研究经费方面不如前任的院长,还有她将教师教育放在发展议程的首要位置也是一个错误。这时在那两位保持沉默的教授中,有一位也点头表示赞同。

李教务长思索了一下,然后对这些教授提出了几个问题(让他们感到有些不对头的问题):他问第二个发言的人,他对合作教师网有什么看法(这是第一个发言人提出的问题),并且问那位教师教育工作者,他是怎么看待布莱恩院长对研究提供的支持的。之后他向其他两位保持沉默的教授提出了一个关于他们同事的问题。他们有没有与其他同事讨论过这些问题?

"有的,他们似乎也同意,至少他们没有表示反对。"其中一个人回答说。

"你们请他们跟你们一起参加这次会见了吗?"李教务长问道。

"是的,但是他们好像认为,有我们四个人就够了。"

然后李教务长转向那位资深的教师教育工作者。"十人委员会做出任何决定了吗? 或者提交了任何推荐书给教授们吗?"

"据我所知还没有。"他说。

"但是我想你已经提出了你对关于实习教学安排的改革建议的看法,是吧?"

"那当然。"这位教授用强调的语气回答道。

"好的,"李教务长说,"你做了一个重要的贡献,很重要的是,当委员会在推进它的改革方案时,你在委员会面前要坚持表明这些看法。"

"你们到这里来是要请我帮什么忙吗?"史考特校长插问道。

"是的,"第二个发言人回答道,"我们认为,应该提早审查布莱恩院长在教育学院的领导作用。"

"如果我的估计是正确的话,李博士明年将任命一个审查委员会在整个学年里开展对布莱恩院长表现的五年周期审查。我们现在有很多工作都是在她的领导下进行的。如果现在对她开展审查,就是在正规的审查周期之外了,那就会发出错误的信号。此外,目前正在进行的工作的结果将是审查委员会考查她表现的宝贵信息。我并没有听到很多对布莱恩院长领导力不满的呼声;我听到的正好是相反的信息。如果我们按照你们的愿望去打断正在开展的变革,那我们就要在很大程度上为其后果负责,无论是什么样的后果。但是,我还是很欣赏你们对学院福祉的关心。想必你们将继续坚持你们相信是对的观点。"

这个会见就这样结束了。

程序的轻微变动。这次会见的消息在人们中间传开了,尽管不是在正式的场合里（甚至都没有在工作组的会议上传播过）。但是，为了回应一些传谣，汤姆·瑞夫斯（教育学院的教授理事会主席）向哈莉特·布莱恩建议，改变冬季学期教授会议的形式。

"我好像觉得，"他说，"口头上的报告不足以提出值得辩论的、真实的变革思想。结果我们只是激起了每个人最坏的幻想。我们需要降低人们在认识上的模糊感。还有，也不能忘记商讨许多被忽视了的日常事宜。"

布莱恩院长与他商定了一个新的工作程序——和他已经与几个同事商议过的程序相似。工作组的进展报告仅限于跟十人委员会的互动。委员会接下来在接近提出正式推荐意见的时候先给汤姆·瑞夫斯一份简要的书面总结。他将这个总结发给所有的教授并要求他们提出书面的反馈。同样地，十人委员会可以酌情同意将相关的总结发送给与其中的事宜有关的群体。

这个决定的时机很好。十人委员会和工作组组长已经定好在1月的第一个周末聚在一起参加休整活动。那时他们将讨论工作组的书面进展报告——在新的协议之下，汤姆·瑞夫斯将把这些报告发送给所有的教授审阅。委员会也在考虑能否在5月份召开一系列的会议，邀请教师教育项目所涉及的各个不同群体的代表参加，而这要取决于委员们在1月的休整会议上是否能够达成协议并在5月之前准备好一份综合性的报告。

修改过的工作程序很成功。有几个教授抓住这个机会写出了他们的建议，虽然这些建议往往没有提到那些在议程上还没有出现的主题。关于是否应该要求所有师范生都学习和掌握西班牙语的问题，几乎所有的教授都提供了反馈，最多的回答是"不用要求"或者"需要再多想一下这个问题"，而不是"应该要求"。虽然几乎所有的书面反馈都有教授的签名，一些教授强烈地批评了三到四个事宜的发展方向，但是有几个最严厉的批评声明是匿名的。

在1月的教授会议上，汤姆·瑞夫斯宣布，5月的会议将是不同寻常的：会议的主要议程是十人委员会的一个报告，会议将在5月17日周五下午1:00开始，一直开到（自愿参会）周六下午3:00之前。委员会将请所有参会的教授共进周五的晚餐和周六的午餐。

接着，在冬季和春季学期之间的一个为时三天的休整活动中，委员会成员（加上工作组组长）将他们的几个报告部分综合在一起并交给一个小型的分委会去修减和编辑。在一种欢庆的氛围里，他们为这个报告起名为"北方之光"。最后编辑好的报告是一个简明扼要的版本。因为过去的经验证明,绘制一幅创建新型的教学单位的蓝图总会引起争议,但这也是改革的关键要点,一直都会是这样,所以委员会决定将这个部分放在报告的最前面。编辑分委会在编写综合报告时并没有沿用七个工作组报告的原有结构,而是在有些地方把工作组的报告按照主题重新组合起来。

"北方之光":一份建议书

我们的这份改革建议书,尽管在很多方面都还是暂时性的,但还是为北方州立大学和三个合作的学区准备联合经办的教师教育事业提出了一些重要的改革意见。虽然另有四个学区也想参加苏斯夸山谷学校与大学伙伴联盟并将扩大整个合作的范围,但是我们这个建议书仅限于北方州立大学与索姆维尔、苏斯夸山谷和霍桑恩·瑞吉学区的合作。每当有具体的合作目标时,大学与学校的伙伴联盟里的几个相关单位,但不一定是所有的单位,就可以参加和开展这些合作项目,这完全符合联盟的精神,也是创建联盟的本意。我们充分地认识到,下面提出的一些具体方案只是建议,具体的落实行动还要靠相关的单位。必须记住的是,我们从一开始关注的就是教育学院,特别是大学与伙伴学校联合经办的教师教育项目。

我们建议,教育学院可以分成两个组成部分:教学研究中心和专业研究中心,每个中心由一名教授担当主任(这位主任可以少承担一些教课量),直接向院长报告。每个中心都有自主权并有自己的预算和全职教授。可以期待的是,这两位主任将密切地合作并互相支持,在适当的时候还可以共享教授资源。

这个建议并不主张负责教育学院全面工作的领导人直接管理中心的项目。我们建议,每个教育学院院长都有两个副院长协助工作,每个副院长都负责一些全院性的工作:一个负责管"人",包括学生和教授;一个负责管理运作、财务和设施。我们强烈建议每个院长和副院长都适量地承担一些教学工作,特别是与项目的核心内容有关的教学。

史密斯教学中心

我们的规划过程不仅受益于去年夏天在工作坊中学习的资料,也从《教学研究学院的设计方案》一书中获得了启发。这本书的主要作者是 B. 奥塞内尔·史密斯(B.

Othanel Smith），他在 1975 年春季学期在北方州立大学做过驻校学者，并且在他长期任职的伊利诺大学里指导过三位后来成为北方州立大学教授的博士生。我们听到他近期仙逝的消息都感到十分悲痛。为了纪念他对教育理论与实践的贡献，我们向史考特校长建议，将新成立的教学研究中心命名为史密斯教学中心。[7]

在设计这个中心的时候，我们研究了我们地区在下一个十年里将发生的人口变化情况，以及大学对未来发展的预测和计划。大学董事会准备将学生录取人数控制在 15 000 人；自从 1980 年开始，学生录取人数从不到 10 000 人增加到 14 566 人。教育学院学生的注册人数在 1968 年到 1985 年之间下降了，但在 1986 年稳定了下来，并且从那时起增长到几乎 800 人（全时注册学生）。在这些学生当中，大约有 600 人是职前教师教育项目的师范生：502 人在本科项目里，还有 95 人在本科后的一年制的教师执照项目里。其余的 186 人是已经有教学工作经验的教师，他们到教育学院来攻读幼儿早期教育、特殊教育、中小学教育和学校管理的硕士学位。

教育学院的 55 名全职教授的分工有三类：三分之一的人只教本科师范生，三分一的人只教本科后的师范生，其他教授的工作跨越这两个部门。在这些职位中，通常留有三个全职的位置聘用半时、临时和兼职的教授来辅助这两个教师教育项目。

我们的调研使我们得出了这样的结论：在近期是不可能增加教育学院的教授人数的。但是教育学院必须与大学其他部门一起保证学生注册的人数；事实上，我们建议缩小一些规模但是并不会让教授的人数减少。鉴于在当地的有教学工作经验的教师的人数，我们认为不应该缩小研究生项目；我们建议将研究生的人数控制在 200 名（比现有的人数稍微多一些）。因为目前的研究生项目几乎都是通过正式课程开展的，并没有多少实习工作，所以 13 个全职教授加上 1.5 个全职助教（3 个助教，每个人占用 0.5 个助教职）就应该足够了，特别是负责必修的硕士毕业项目课的教授是来自整个教育学院的各个部门的（我们假设今后会有人专门去研究教育硕士学位项目的设置，因此我们没有刻意去关注这个领域）。

就像表 9-2 中的细节所展示的那样，我们建议，在 1992 年秋季学期的时候，先介绍和推出两个新的职前教师教育项目，一个是本科师范生项目，要求学生在五年之内毕业，另一个是本科后的培训项目，要求学生在两年之内完成。第一个项目的第一个班所招收的 105 名学生将做好当教师的准备并在 1997 年毕业；第二个项目招收的 60 名学生应该在 1996 年毕业。由于新项目招收的学生和目前已经在现有的项目中学习的学生在学习和毕业的时间上有重叠，因此我们强烈建议本科后的新项目在 1992 年秋季开始的时候仅招收 20 名学生，到 1993 年时增加到 30 名学生，然后到 1994 年的时候再增加到 60 名学生的满员人数。

表 9-2　史密斯教学中心学生注册人数预测表(1990—2000)

	1990—91	91—92	92—93	93—94	94—95	95—96	96—97	97—98	98—99	1999—2000
现有的本科生	502	500	500	300	200	50				
现有的本科后师范生	95	100								
新的本科生										
1997 毕业班		计划之中	80	95	110	108	105			
1998 毕业班				100	110	120	116	110		
1999 毕业班					100	110	120	116	110	
2000 毕业班						100	110	120	116	110
2001 毕业班							100	110	120	116
2002 毕业班								100	110	120
2003 毕业班									100	110
2004 毕业班										100
全时学生总数	597	600	580	495	520	488	551	556	556	556
新的本科后师范生										
1994 毕业班		计划之中	20	18						
1995 毕业班				40	36					
1996 毕业班				60	54					
1997 毕业班					60	54				
1998 毕业班						60	54			
1999 毕业班							60	54		
2000 毕业班								60	54	
2001 毕业班									60	
全时学生总数	597	600	600	553	616	602	665	670	670	670

　　我需要为表 9-2 做一些解释。上面写着的今年注册的 502 名学生和明年将注册的 500 名学生(明年是招收还准备在现有的项目中学习和毕业的学生的最后一年)主要是在他们本科三年级和四年级的时候学习教师教育的课程。也有少部分人会在二年级或延长的第五个学年里学习教师教育的课程(有些学生，特别是准备当小学老师的学生，需要多花一个到两个学期的时间才能完成他们的功课)。我们预计，到

1992—1993 学年时,还会有大约 500 名学生在现有的项目中学习,但是在此之后,随着这些学生的毕业,在这个项目注册的人数就会减少。因为我们认为应该给一些落后的学生更多的机会赶上来,所以我们估计到 1995—1996 学年时,这个项目里还会有大约 50 名学生。

我们认识到,我们建议的职前教师的培养人数的减少并不能完全被预计中的为在职教师所开办的硕士项目的扩大而弥补。但是,我们的论点是,改进教师教育的质量要求我们必须减少学生的人数或者增加教授的人数,但后者并不是一个可行的选择。我们在下面一段里会看到,我们推荐成立的新项目中的变化并不会减少在任何时期的学生人数,即使包括了辍学的学生;事实上,学生人数看上去还会增长。1992—1993 年招收的第一批 80 名学生将是那些在入学时就决定参加教师培训的人。他们将作为一个同伴群体一起进步,并被分在 12 人一组的小组里,每个小组都有自己的教授顾问。他们在一年级和二年级的学习过程中将定期集中在一起,学习教师职业的要求、期望和道德职责的初步知识。负责这些工作的教授将获得教课时间的认可并得以减少他们在其他领域的教课量,每学期减少三到五个课时(更多的细节在下面)。我们预计,这个 80 人的师范生同伴群体将会扩增 30 人,这些人是在一年级或二年级的时候决定当教师的学生。这个计划的设想是,每个师范生同伴群体在三年级的时候会达到最多的人数,之后人数便会下降一些,因为有一些学生会被劝说离开或者会自行离开这个项目。在预测每一个毕业班的学生人数时都要考虑到这一点:在三年级的时候会达到最高的注册人数,但之后会有所下降,失去一些学生。

预计在史密斯中心负责这些学生的全职教授将有 37 人。我们建议再加上 4.5 个全职的硕士后研究生助教(等于 9 个半全职的助教岗位)。我在后面提到建立合作性的教育学博士学位项目的时候将会描述这些助教的主要来源。

中心的使命

为史密斯教学中心发展使命声明的工作组在早期的筹划中,与一个跨学区的委员会在一起合作。这个跨学区的委员会在两位北方州立大学教授的帮助下,确定了一套关于学校卓越与公平教育的指标。[8] 在下面的表 9-3 中,我们可以看到工作组最后定稿的史密斯教学中心使命声明的简述。我们在最近几个月收集了很多有用的建议并以此为依据大幅度地修改了使命声明的初稿。

表 9-3　史密斯教学中心的使命

史密斯教学中心的成员包括北方州立大学和苏斯夸山谷、霍桑恩·瑞吉和索姆维尔学区，它致力于在公平和卓越的模范学校里为这样的学校培养教师。

卓越体现在学校的条件、实践和效果上——大多数学生应该都有机会在共同课程所有重要的目标领域里获得高水平的学习效果。

公平也体现在学校的条件、实践和效果上——应该消除任何基于种族、民族、宗教、性别和经济地位因素的系统性差别。

改革工作的设想和假设条件

1. 所有人在学习潜力方面并不存在系统性的差异，只有一些个人与个人之间的不同。
2. 可以创建学校环境使大多数学生都能在重要的共同课程领域里获得高水平的学习效果。
3. 可以在共同课程的质量问题上达成一致的意见，不限制每个学校有创意地实施课程教学，并要求州政府和学区领导遵守它们对学校教育的承诺和职责。
4. 有关办学质量的信息可以包括但不应该局限于标准成绩测试的分数；必须全面评估教育的条件、实践和效果才能确定办学的质量；有关卓越教育的信息必须建立在教育工作者用质性和量性两种方法对学校里发生的事情所做出的分析和理解之上。
5. 在这些学校工作的教师必须明白学校在我们的民主社会中的作用，也必须全面理解他们所担的道德职责——将年轻人培养成有批判性思维能力的社会公民。
6. 教师必须具备必要的知识和技能在最大的程度上培养儿童和青少年的能力，使他们成为有用的公民、工作人员、家长和有人道主义精神的个人。主要可以通过在有连贯性的通识和博雅教育中的严谨学习达到这些目标。
7. 教师必须发展有效的能力去联络所有的学生并帮助学生在学习的过程中做出合理的和人性化的道德判断。这种能力的发展主要依赖于教学方面的研究和学习项目，还有较长时间的与同伴和教授在一起的社会化活动。
8. 教师是我们学校的主要管家。他们必须熟知这种管理工作的需求并且与同事、家长和社区一起合作以保证他们的学校既是模范又在不断地更新。他们必须敏感地认清教师工作的道德层面，并争取诚实地和公正地对待同事和社区群众会拥有的不同的但却是他们坚信不疑的信念。

史密斯教学中心致力于上述的使命并将坚持开展关于批判和修订以及如何执行这个使命的对话。

教授的组合情况与转折

为了制定一个从现有的教师教育项目过渡到新项目的转折计划，我们请教育学院的所有教授都参加了一个问卷调研以收集有用的信息。首先，我们需要更多地了解教授们的退休计划，特别是在大学将要通过取消退休年龄上限的规定之前。我们发现，在今后的几年里，很多教授都准备退休，比我们之前仅按照年龄分布情况所预估的退休人数要更多。有 23 位教授准备在今后的十年里退休；有 14 位教授准备在五年之内就退休。我们敦促学院在制定聘用新人来补充这些教职的计划时密切地配合新项目的需求。

在创建新项目的同时还要淘汰现有的项目，这就给教授们增加了不必要的负担。因此，我们建议从将来的退休计划那里"借用"一些时间，也就是说，超越通常预定的退休和顶替计划，提前一年或两年先聘用几位将要顶替那些退休人员的教授。布莱恩院长目前正在与李教务长商讨各种教授分工的可能性，争取让一些教授明年腾出时间来做密集的计划工作以便缓和从现有的项目到新项目的转折过程。不巧的是,李博士正在制定明年退休的计划,不愿意做出肯定的承诺。所以,史考特校长对这一切都很清楚,并且她也在考虑提前借用明年退休替代人员时间的方案。不幸的是,今年的计划中已经没有什么结余了。现在的招聘工作就要结束了,聘用一个助理教授来替代一位正教授,可以在工资和福利费用上省下大约 15 000 美元。但是今年 6 月退休的副院长巴尔教授的位置已经被瑞卡都·蒙提斯博士(Dr. Ricardo Montes)的正教授职务填补上了。对明年将要退休的三位教授所空出来的职位,李教务长已经提出了具体的方案,必须招聘助理教授来替补这些位置。这样做将可以在教授的工资和福利费用上节约至少 40 000 美元。

接下来的两年将是重建过程中最艰难的时期。因此,我们建议布莱恩院长请求大学领导在这两年里多拨给她 3.0 个全职教授的位置。作为补偿,她将把在 1992—1993 学年被退休人员空出来的三个位置"还给"校长办公室并且不再要求替补的名额。这样做的额外支出大约是 1991—1992 学年的 110 000 美元和 1992—1993 学年的 80 000 美元。史考特校长理解这个需求但是不能做出保证。即使这所大学的规模不小,而且最近的预算还有些增加,但是它在经费使用上的灵活性很小。增加的经费已经让一些其他的院系胃口大开。但是在眼下,这件事还搁置在那里。

我们和苏斯夸山谷学校与大学伙伴联盟的管理委员会密切合作,争取从州政府那里获取经费来支持以基层单位为基地的学校更新活动。詹姆斯·斯图华特(James Stewart)州长已经被说服,同意在 1992 年的立法会议上呈交包含两个部分的教育提案:一个是邀请州内所有学区都参加的竞争计划,一个是只邀请那些与大学的教师教育有重大合作项目的学区参加的竞争方案。第一个计划将为多达 40 个"未来的学校"提供发展经费;第二个方案将在 1992—1994 年期间为一些与大学的教师教育发展合作项目的伙伴学校(每所大学最多可以有十所伙伴学校)提供资助,1992 年最多资助 20 所伙伴学校,1993 年最多资助 30 所伙伴学校,1994 年最多资助 40 所伙伴学校。第一个计划的每一所获奖学校将得到 50 000 美元的经费,但是必须在五年之内经过立法机构的审批才能续约。第二个方案将为每一所入围的伙伴学校提供相当于学校本身的学年预算 8%的经费支持,也需要经过立法机构的审批才能续约。鉴于在我们的合作项目里,参与大学的教师教育工作最多的三个学区已经与北方州立大学建立了正式的伙伴关系,我们认为我们在这场竞争中是处于有利的地位的,因此我们期待着州长的教育提案能通过议会审核并获得州政府的资助。

我们在这里就不详细展示教授问卷中关于他们更希望做哪方面教学工作的数据了,合作项目有两个新建的中心,这些信息有助于将他们分到最适合他们专长和兴趣的一个中心去工作。希望全时参与职前教师教育和史密斯教学中心工作的教授比之前预计的要更多——大约有40%的教授表达了这个愿望。20%的教授选择全时参与专业研究中心的工作。其余的教授希望同时参与两个中心的工作。

我们建议每个教授都将自己60%以上的工作时间投入一个中心,这样每个教授都有一个中心作为基地并且可以在这个中心有投票决策权(当然,所有在教育学院的工作时间超过50%的教授都有对全院事务的投票权)。我们相信,教授应该有特权根据自己的兴趣和项目的需求来决定怎样使用他们其余的工作时间。

因为在课程设置的工作中,教育学院的教授需要与文理学院的教授建立更密切的合作关系,所以我们建议在安排和分配全时教授工作量的时候要留有足够的资源以保证史密斯教学中心不用去求人帮忙。我们提议,为新建的教师教育项目安排大约5.0个全时教授工作量,加上文理学院分配给教师教育工作的教授,大约相当于3.0个全时教授工作量。全时教授工作量大多是由不同教授的部分工作量组成的(包括那些目前半时或少于半时参与教师教育工作的文理学科教授)。史密斯教学中心一共将有37个全时教授工作量,其中8.0个将用来保证文理学科对具体学科教学法的贡献,例如,文理学科的教授和擅长各种不同方面教学的教育专业教授一起合作就是一个重要的贡献。必须注意安排好参与这8个全时教授工作量工作的教授们的投票权事宜。

因此,在我们对未来的愿景中,史密斯教学中心的工作人员将包括现有的教育学院教授、文理学科系里与中小学校的课程设置和教师教育最有关联的教授、为中心提供实验设施的伙伴学校的教师。1997年毕业班的师范生将于1992年9月注册,在此之前,中心还必须做出很多重要的决定。

我们希望,与州政府正在进行的谈判将会促使和帮助大学建立起一个合作性的教育学博士学位项目,由北方州立大学安排和提供其中重要的实习/实践部分。这个项目可以为新建的教师教育项目提供助教的资源,我在上面提到过这个需求。我们可以预见的是,这个博士项目的很多毕业生将成为明天的教师教育工作的生力军。

学生和项目

我们建议,史密斯教学中心每年招收100名本科新生和60名本科后的师范生。后者将主要是从其他行业转向教育工作的人,也会有一些刚从四年制本科学院毕业的人。所有的人都已经做出了准备当教师的决定。在前者的群体中的大多数学生也已经表达了当教师的愿望。那些还没有下定决心的学生将有机会在他们本科学习的前五个季度学期中的任何时间里做出决定,直到他们二年级的冬季学期末的时候。在此之后就不能进入教师教育项目了。那些在三年级和四年级的时候才决定当教师的人在本科毕业之后还有机会申请进入本科后的师范教育。

本科生项目。我们现在要描述本科项目的一些细节。所有表达了对教师职业有兴趣的一年级新生和二年级学生都可以注册参加一系列的讨论课,总称为"教师工作介绍课",可以被当作低年级的选修课。每个讨论课的学生人数不超过 15 人,他们将访问附近社区的一些学校与各种其他教育和社会机构,参加讨论并进行一些适当的阅读。所有的讨论课在每个学期都要将全体学生聚集在一起至少一次,参加集体的社交活动和一些更加正式的项目,例如研讨会,座谈会,专题演讲,等等(学生最多可以注册选修三个学分的低年级讨论课,不会影响和减少未来教师需要上的通识教育课程;教这些课的教授可以将课时算作他们教学工作量的一部分)。

讨论课将是学生自愿参加的。但是,我们最近对北方州立大学新生和二年级学生的调研结果显示,至少有 200 名学生对教师工作有强烈的兴趣,并有意参加这样的讨论课,或许持续地每个学期连着上这样的讨论课。鉴于我们已经建议将每一个师范生毕业班的人数限制在 120 人(最早的 1997 年毕业班人数要更少一些),在二年级的时候每个班会达到最多的人数,因此在每两个申请人当中只能录取一个师范生。我们相信,大多数对教师工作有兴趣的学生将会自愿地注册上这样的讨论课,以帮助他们做出最后的入职决定,也使他们有更好的机会被录取为师范生。

学生在一年级或二年级的时候会有机会参加要求所有未来的教师都通过的基础知识和技能的考试。我们建议北方州立大学着重增加辅导性的服务,帮助那些在教育背景上有劣势的学生通过这个考试。通过了这个考试并开始申请进入教师教育项目的学生还要在二年级的春季学期里经历一个超出最基本的学术要求(包括具体的课程领域和成绩)的审核过程。在这个过程中,审核人将刻意考量申请人在以下几个方面的素质:英语及另一种当地常用语言的流利程度,对教师在义务教育体制中的道德职责的理解,跨文化的经历以及与从不同的种族和民族背景来的人一起成功地工作的能力,参与儿童或青少年工作和社会机构工作的相关经历(特别是那些关注家庭和社区发展的工作),品格的力度,以及对教师工作的承诺。[9] 还会要求申请人提供推荐信和一份对教学工作的自我评估声明,并且将面试所有的申请人。很明显,要设计一个有效的选拔过程,还有很多工作要做。

被选中的120名师范生将加入一个同伴群体共同向前迈进,他们将被分在小组里一起参加一个为时三年的培训项目,包括四个组成部分:一门学科的主题专业或一个分支专业(例如社会科学);以小组为单位参与的实地经验(每一组不超过15名师范生)以及伴随着这种经验的讨论课和阅读,包括在第三年里至少五个月的全时实习教学(每周有一天的时间参加与班级和学校的有关活动);一个持续三年的讨论课,与实地经验的安排顺序密切结合,探讨有关教育和学校的历史、哲学(特别是道德和伦理方面)、社会和心理(认知心理和发展心理)方面的问题,第三年主要集中在教学工作的性质和实践问题上;以及一个有五个组成部分的高年级通识教育的整合性学习项目,为师范生提供全球化、环境、经济、政治和多元文化方面的知识和视野。这第四个组成部分的功课量应该相当于传统课程中的25个季度学期学分。其他三个组成部分应该相当于35到40个季度学时,所有的功课在三年之内加在一起应该相当于135个季度学期学分。但是,我们建议,在新项目里,实地经验和与其相关的讨论课可以代替一大部分传统的课程。

我们提出了一个五年计划(教师教育的必修课和实地经验集中在后面三年里),这个计划实际上比现有的小学教师和很多中学教师的培养项目只多出一个或两个季度学期。的确,有很多在现有的项目中少注册了一学期的学生,特别是小学师范生,对项目安排上的问题和培训过程中缺乏充分指导的现象表示很不高兴。此外,他们的培训项目拥挤不堪,经常是杂乱无章的。学生变成了学分获取人;他们没有机会反思从学生转向教师的发展过程的意义。我们相信,我们的改革建议如果被采纳的话,将会为大多数在上大学之前就决定要当教师或在大学低年级的时候就表达了想当教师愿望的学生创建一个有连贯性的培训项目。

因为我们认为上述所有的要求都是培养一名合格教师的先决条件,所以我们建议,完成这个项目的学生应该获取职业性的教学专业学士学位。尽管我们还没有最后确定这个学位的精准名称,但是我们敦促北方州立大学探讨给师范生授予特殊的教学专业学位的可能性———一种教育学的学士学位。因为这并不是一种研究生项目或研究生学位,所以不用要求师范生在获取文理学科学士学位之后再申请进入研究生系统。这个建议的核心是我们的坚定信念:教师教育的课程设置必须是天衣无缝的和有连贯性的,并且完全不受"研究生"或"本科生"课程的人为区分所造成的不和谐现象的影响。我们提出的建议的另一个好处是,为恢复硕士学位的真正意义扫清了道路。

例如，目前存在的一年制的本科后的职前教师教育项目授予毕业生教学专业的硕士学位（Master of Arts in Teaching，MAT），但是这个项目只是在本科学习的基础上提供了一些学校实地经验和实习教学，与北方州立大学和很多其他大学目前提供的本科级别的职前教师教育并没有什么区别。[10]

人们有必要充分地理解以上建议的含义。在完成了所有本科教育的要求之后——通常是四年共180个学分的课程学习，每一个本科生都将获得文科学士或理科学士的学位。本科生在完成了第五年的教师教育项目之后，可以获得第二个学士学位，即教育学的学位。在本科教育之后开始参加教师教育的学生，一般在两年的学习和实习教学之后，也可以获得教育学的学士学位。

本科后项目。我们不能证明目前存在的一年制的本科后教师执照项目的正当性。很多申请进入教师教育项目的人所提交的大学本科毕业文凭是在二十多年前获得的。他们在其他行业工作的经验和他们现在想当教师的动机是很宝贵的资产，但是这并不能降低他们需要重温准备在学校教的学科专业知识的重要性。他们中间的大多数人都没有学过我们给本科师范生推荐的通识教育预科的全部课程，也很少有人学过我们给师范生推荐的有五个组成部分的本科高年级通识教育课程。我们也不认为，这些本科后的师范生到学校去参与实地活动和获取职前教学经验的时间可以少于我们对参加五年制的本科教师教育项目的学生的要求。此外，目前北方州立大学申请进入教师教育项目的本科生的成绩一般都比大多数申请进入本科后的教师执照项目的人要好一些。最后，我们也不相信，在更短的时间里完成与本科生教师教育项目基本相同的课程的师范生应该获得硕士学位而不是学士学位。

因此，我们提出以下的建议：

1. 申请进入本科后教师教育项目的师范生应该达到我们给本科师范生设置的同样的录取要求。

2. 他们也应该学完我们给本科师范生设置的同样课程。

3. 他们有机会通过考试达到免修一些通识教育课程的要求，包括本科高年级的有五个组成部分的通识教育课程（我们希望今后本科生也有这个机会）。

4. 他们有机会通过考试证明他们已经掌握了一门学科或主修专业的知识。

5. 如果他们之前有过社区服务或工作的经历，那么他们参加学校实践活动的时间就可以减少一些。

6. 他们应该跟本科生一样在伙伴学校里参加全年的实践活动，包括伴随着这些活动的研讨课和多达五个月的实习教学。

7. 他们以令人满意的成绩完成培训项目之后，可以获得教学专业的学士学位。

8. 根据这些新增加的期望，每年逐渐减少这类师范生的同伴群体规模，从 100 人减少到 60 人。事实上，因为这类师范生群体会有重叠的缘故，到 1995—1996 学年的时候，全时注册学习的学生数量将会达到 120 人次（辍学的人数减少）。

我们预计，大多数进入这类项目的人都需要两年的时间才能完成项目的全部培训内容，但是那些特别能干的人可能会在更短的时间里完成学业。我们到目前为止的计划使我们得出了这样的结论：所有这两类项目的师范生在学校参加实践活动和实习教学的那一年里，都应该得到津贴补助。课程设置的安排可以使师范生在到这个阶段的时候已经具有关于学校的知识并且积累了一些动手实践的经验。他们在实习期间是学校的宝贵财富，也应该得到适当的津贴补偿。十人委员会已经与州长和州议会的教育委员会见过面并提出了这个建议。

学生的组合。 苏斯夸山谷学校与大学的伙伴联盟以及史密斯教学中心都明确地承诺要促进教育公平。我们在前面提出的师范生选拔策略中也强调多元文化的经历和熟悉第二语言的重要性。我们坚持认为，这样的言辞应该有实际的行动来支持，应该设计一个强大的招生计划，吸引那些能代表当地人口中不断增长的多元化的候选人进入教师职业。

在现有的教师教育项目注册的师范生中，只有不到 10% 的人来自少数族裔。相比之下，在目前的十年结束之前，索姆维尔学区小学的黑人学生将增加 15% 到 18%，而拉丁裔学生将增加大约 30%。附近其他学区的这两类学生的注册人数也会有大幅度增长，尽管增长的百分比比索姆维尔学区会低一些。亚裔学生的注册人数在各个学区不尽相同，从 5% 到 12%，但也在不断地增长。在这个地区学校注册的印第安美国人的百分比很小，预计这个群体的学生人数规模会保持稳定。在所有种族的群体中，来自贫穷、流动性和无家可归背景的学生人数都在增加。

我们建议，吸引少数族裔师范生的招生项目应该延伸到中学去。例如，在高中建立美国未来教师俱乐部并积极组织招收少数族裔学生的活动。在北方州立大学注册的未来教师的实习工作应该包括为高中的俱乐部提供服务（还有其他种类的学校和社区活动），高中俱乐部的成员也应该被邀请参加北方州立大学专门举办的社会化活动。而那些不在大学的附属单位的学校里念书的高中三年级和四年级学生也应该积极地参加大学的伙伴学校举办的相关活动。

我们提出这些建议的目的是要保证北方州立大学的教师教育所招收的师范生的多元化情况与周围学校里注册的学生中的多元化情况相符合。大学现有的做法是,等待那些非常合格的少数族裔学生被吸引到教师职业中来,而不是积极地去鼓励和支持他们进入教学工作。这是一种短见和无效的做法。但是,我们很怀疑在没有大量经费的支持下,是否有可能改进招收和留住少数族裔教师的工作。需要有额外的金钱来提供补课项目,帮助那些因经济和教育背景而处于劣势的学生努力通过进入教师职业所要求的基础知识和技能考试。

伙伴学校和实验环境

到现在为止还在阅读我们在这里提出的改革建议的人应该知道,我们推荐的教师教育体制与现存的项目很不相同。我们建议成立的史密斯教学中心并不仅仅是在现有的教育学院里成立起来的一个新机构——它不局限在北方州立大学的校园里,也不会用乞讨的姿态去请求学校和学区在一时兴起的时候施舍(并可以随时撤销)给它一些教育实验的基地。

史密斯教学中心本身就包含了伙伴学校,可以为中心的教师教育项目提供大量的实践机会——这些学区和大学共同管理的伙伴学校的运行目的就是为教师教育服务。但是,教师教育项目的实践学校并不仅限于这些伙伴学校;他们将把教师教育的活动扩展到苏斯夸山谷学校与大学合作联盟的所有学区中,就像他们现在正在进行的那样。然而,参观各种不同的学校只是一种实地经验,与作为一名初级教师在一个伙伴学校里实习一段时间的经历是不同的。

图9-1描绘了我们设想的史密斯教学中心与学区共同管理职前教师教育项目和开展学校更新活动的情况,包括项目的所有组成部分:从通识教育的预科学习和对专业学科的要求,到实地经验和实习教学中的理论与实践相结合的部分,还有教育和教学工作的学术基础知识。教师教育事业非常需要但是之前并没有将纳税人所支持的公立学校建成师范生可以做实验和进行临床实践的学校。实验学校概念的形成意味着它是整个教师教育的一个组成部分,而不只是一个附属的机构。每个教师教育项目都必须拥有充足数量的、专门指定的、不断在更新的伙伴学校,能为项目录取的所有师范生提供实验和实习的基地。实验学校的概念一旦落实下去,就可以打破之前无人挑战的传统教学实践的规范束缚。未来的教师在现有的实习教学的关键过程中不得不屈服于传统的教学实践。此外,如果实验学校办得好,就可以将教师教育工作者从大

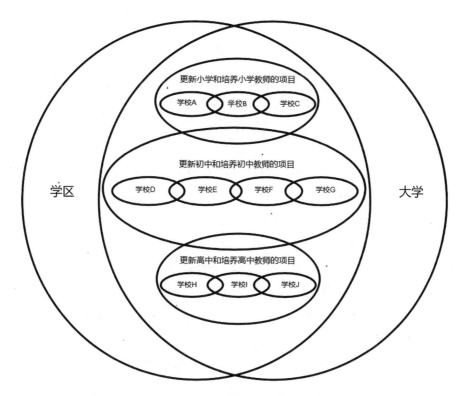

图 9 - 1　通过史密斯教学中心的协调开展以基层单位为基地的学校及对教育工作者之教育项目
　　　　的同步更新：北方州立大学与三个邻近学区的合作项目

学吸引到学校环境中去，在那里，他们可以与学校教师携手工作，一起更新学校和培养新教师。[11]

　　当然，北方州立大学和索姆维尔学区在项目领域里的重叠层面比图 9 - 1 显示的会要小很多。绘制这张图的目的是展示大学和学区在两个圆圈的重叠部分所共享的活动的性质。学区和大学都将继续保留大量不共享的、自治的领域。

　　必须记住的是，史密斯教学中心的教师将包括来自三个之前是互相隔离着的人群：文理学科的几位教授（大多数人要在他们的学术专业系和中心两边工作），更多的教授来自教育学院（他们 60% 以上的时间是在中心工作），还有从伙伴学校选拔出来的教师代表（他们一边在学校教儿童或青少年，一边指导新教师）。所有人都将在一起发展整个项目的计划，而不是只参与一部分的计划工作。我们预计，随着时间的推移，人们将会愈发难以分清中心的教师是来自哪个单位的。

　　我们想再重复一遍的是，教授们不会被局限于只能在伙伴学校里为师范生安排实践活动。带领未来的教师去访问那些在现有的伙伴学校里看不到的其他类型的学校和项目——包括一些陷入混乱的学校、各种特殊的学校和其他的模范教育项目——也是很重要的。苏斯夸山谷学校与大学伙伴联盟的成立是受人欢迎的新发展，同时也增加了大学进入除了伙伴学校之外的其他学校的途径。

家庭和社区

我们还没有听到负责家庭和社区的任务工作组的报告，并不是因为这个工作组没做多少工作，而是因为这个领域太重要、太复杂并处于一个转折的时刻。有很多信息要学习，因此我们大多数时间都还在阅读这方面的资料。

我们必须理解和掌握一个新的、关于家庭的概念。在非传统性家庭里成长的孩子人数将很快超过在传统性家庭里生活的孩子（传统性家庭是指两个异性成年人通过婚姻组成的家庭），即使在这个地区也是如此，尽管这里的人口变化比全国其他地区要慢一些。甚至将学生注册在学校的常规做法也跟不上这个变化，而这样的变化对流动性的人口和无家可归的人格外不利。目前非常需要在儿童幼年的时候就将他们的受教育机构与家庭联系起来并请家庭成员更积极地参与学校事务。我们现在并没有培养教师去很好地应对不断变化的家庭和社区情况。

虽然我们目前对此还不能提出建议，但是我们已经列出了一个不断增长的需求清单。在清单最上面的需求是，促进所有相关的群体和机构更加密切地在一起合作——目前各个单位都在努力解决问题的一个零散部分，但是很少有人过问整体的情况和问题。我们还花了一些时间去了解大学目前是如何看待和应对与家庭有关的问题的。我们吃惊地发现，一些来自不同系（和其他单位）的教授正在直接地开展与家庭和社区条件有关的服务性工作、培训和调研。

从我们的角度来看，史密斯教学中心也许并不是将这些教师聚集在一起或促使各个单位和群体开展必要的合作的最适当机构。我们紧接着要走的下一步是召集大学内部的相关人员和与他们密切合作的校外人员（至少有一个）一起开会。我们在1992年冬季或春季之前可能都没有什么好汇报的，因为我们需要先花时间来考虑我们希望这样的会议能带来的结果。

州府的政治环境

我们很清楚我们希望州政府在颁发教师执照的过程中发挥的作用，但是目前我们还只有一个进展报告。去年任命的州级教师职业委员会的职责是解决教师招聘、工资和工作条件方面的问题。委员会正在考虑是否要将教师教育纳入它的工作范围之内。

我们提出的建议是，委员会不要卷入教师教育的整体工作，但是可以在两件事情上阐明立场。第一，教师教育的课程应该不受州政府规范的限制：州政府应该从这个它不该参与也没有能力参与的领域里完全地撤出来。也就是说，州政府应该有区别性地设立颁发执照的必要和适当的标准，并且一方面通过测试来加强对教师入职的要求（就像州政府设立的律师执照考试一样），另一方面支持发展最有可能培养出能干教师的课程要求，但这些要求不应该由州政府来设立。没有州政府规范的限制，培养教师的院校就会受到激励并在设计教师教育项目的时候发挥出创造力和竞争力。目前，它们只是简单地服从州政府的规定，按照一种标准的、毫无想象力的模式开办教师教育。

第二，要坚决杜绝颁发临时性教师执照的做法，并且永远不再采用这种做法，无论发生什么样的危机情况。州政府先是规定了一套教师执照项目的课程要求，继而又在它感到需要的时候免去这些要求，这样做缺乏先后规定的一致性并且是自相矛盾的。有兴趣成为教师但是还没有确定这一职业目标的人，特别是大学毕业生，可以得到任命去教书（也许作为伙伴学校的教师队伍中的初级成员），但是不应该在没有参加教师培训项目之前就获取执照。之后，如果他们决定要做职业教师的话，他们可以在指导之下进入常规的教师培训项目。

这两个建议的报告都交到了州级教师职业委员会成员的手中，他们将在秋季开展讨论并决定委员会想在何种程度上参与教师教育的事务。我们建议史密斯教学中心不要开办除了上述项目之外的其他执照项目。教授的精力应该用在更新上述这些项目上而不是开创其他的途径。特别重要的是，他们可以采用一些有创意的方法来帮助未来的教师获取各种教育经验，甚至以不同的速度在项目中进步和发展。

结束语

我们在这里提议建立的史密斯教学中心试图将理想的文理学院和理想的教育学院结合起来，后者拥有安排师范生进入理想的学校环境去参加实践活动和开展实习教学的途径。在这个中心工作的所有单位的教师代表都将他们的精力投入两项职前教师教育项目：一个是为那些在本科学习的早期阶段就做出了当教师决定的学生设计的五年项目，另一个主要是为那些年长一些的、从其他行业转入教育工作的人设计的两年项目。为后者设计的项目时间较短的前提是，这些学生已经拥有本科学位，而他们之前在本科项目学过的很多知识可以被应用起来，他们也有机会通过测试来免除各种基础课程的要求。

在五年项目的头两年里，学习的内容主要是一套可以作为教育预科的核心课程，与国家人文学科基金会所推荐的课程很相像，[12] 加上比较宗教学、政府、艺术欣赏和美国历史课。"教师职业介绍"是一门介绍性的讨论课（伴随着相应的实地经验），学生可以自愿选修，但是我们强烈推荐这门课。本科高年级的课程包括一个由五个部分组成的通识教育系列课，可以为学生提供全球化、环境、经济、政治和多元文化的视野，并且继续扩展学生在低年级时就开始非正式和自愿参加的教育理论与实践相结合的整合经历。本科师范生在获取他们的第一个学士学位时并不需要申请进入研究生院，而是立即开始第五年的学习，主要是在学校里参加实践活动和实习教学，伴随着相应的阅读和反思，结束时获取教育学学士学位。为已经拥有本科学位的年长学生开办的两年项目也将遵循同样的培训程序，学生不需要申请进入研究生院；这个项目结束时，学生也将获得跟本科师范生一样的教育学学士学位。

必须明白的是，参加这两种项目的学生将会在一起参加一些主要的培训活动。例如，要求师范生完成的分为五个组成部分的通识教育对两个项目中的所有人应该都是一样的。同样地，这两类学生在伙伴学校里的实习也是安排在一起的。这样的安排既节省教授的时间也对学生有好处，否则这两类师范生总是因他们不同的年龄和经验被隔离开来。但是，他们并不需要一起注册参加小型的研讨课，因为每一类项目都会根据自己学生的特点来设置研讨课。

主要的实验基地都是伙伴学校，它们也都是史密斯教学中心的组成部分，由大学和学区聘用的教师共同管理。这支多元化的教师队伍的常规活动包括在一起探究学校、学习、教学和教师教育领域存在的问题。学术工作也是对这些教师的一种期望，但都是与教学和项目发展有关的而不是与这些领域毫不相干的。中心的每个教师都可以在教学、研究和服务性工作中找到自己的平衡点，而在工作量的计算上和奖励的机制中也有适当的灵活性来支持这种平衡的工作。

因此，我们可以看到，在我们提出的建议中已经设有措施来执行新型的教师教育项目的主要任务并修正目前的教师培训方法。参加我们提议的两种类型的教师教育项目的未来教师将与现有项目中的学生不同——现有的师范生主要靠自己去选课，新项目的学生将在指导之下参加广泛的通识教育，获取对一个或更多个领域的专业知识的深度理解，并掌握关于他们自身所处的文化环境和广阔世界的知识。教育学基础和方法课不再脱离实践,任课教授会在实地环境中将这些专业的主题和知识介绍给师范生并组织他们开展相应的讨论。项目将遵循一个程序来安排实地经验,并配有帮助师范生深入理解实践意义的阅读资料。新教师不用再像之前那样简单地去适应学校,而是作为学校教工队伍的成员参与重新设计学校环境的工作。他们的学徒经历将包括参与整个学校的活动以及与学生家庭和社区的联系,而不仅仅是跟着单独的教师在单独的课堂里做实习教学。

我们提议创建的史密斯教学中心最重要的特点是:一支团结起来了的教工团队将共同掌管教师教育的几个组成部分。这个团队的成员将负责整个教师教育项目;出了差错要找他们,出了成绩也要表扬他们。同样地,中心招收的师范生是一组身份清楚的学生群体,他们自始至终都将在一起参加培训活动。教师和学生将一起开展持续的探究活动——不仅针对教育、学校和教师工作的问题,也探讨他们参与其中的培训项目以及怎样不断地改进这些项目的问题。这种探究的一个重要对象是伙伴学校——怎样使这些学校变成对学生最有成效的地方,也因此成为教育教师的好地方。

我们认识到,我们的建议是重量级的并需要有坚定的意志才能实现。因此,我们敦促大学在未来的几年里拨出额外的款项,使已经开始的新项目能带领两个新型的师范生群体向前发展——一个是五年制的本科新生群体,一个是两年制的本科后师范生群体,两个群体都将在 1992 年秋季学期开始他们的培训活动。我们期待着在 1994 年6 月和 1997 年 6 月分别庆贺他们获取教育学学士学位。

在这个报告的尾声,我们将附上图 9-1 的另一个版本。两个大圆圈还是代表着学区和大学,它们共享的重叠部分在椭圆处,正如图 9-2 所显示的那样。在这个椭圆处,我们只是列举了在史密斯教学中心里代表着所有单位的教师团队必须完成的几项主要任务。

这些任务看上去是令人生畏的,但是它们并不是漫无边际的乌托邦。的确,从某种角度来看,它们还是非常适度的任务。它们显得令人生畏是因为这些任务要求我们所有人现在就放弃那些最终在某种程度上必须要放弃的事物:我们对个人利益的贪婪追求以及对自身地盘的嫉妒守卫。"我们最惧怕的,以及新生事物无法诞生的主要原因是,如果我们放弃了私人成功的美梦去开创一个更加真实地融合在一起的社会共同体,就等于放弃了我们互相分离和个体化的状态,陷入依赖他人和'独裁专制'的境地。我们不愿意看到的是,真正在威胁着我们的个体化状态的是现代世界的极度分裂

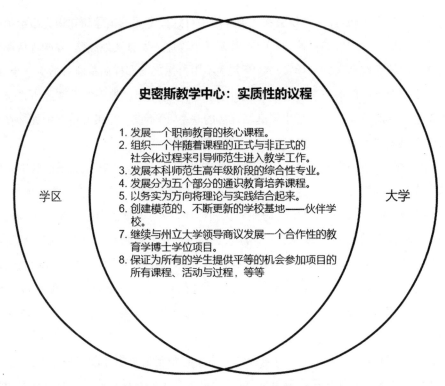

 内部文字:

史密斯教学中心：实质性的议程

1. 发展一个职前教育的核心课程。
2. 组织一个伴随着课程的正式与非正式的社会化过程来引导师范生进入教学工作。
3. 发展本科师范生高年级阶段的综合性专业。
4. 发展分为五个部分的通识教育培养课程。
5. 以务实为方向将理论与实践结合起来。
6. 创建模范的、不断更新的学校基地——伙伴学校。
7. 继续与州立大学领导商议发展一个合作性的教育学博士学位项目。
8. 保证为所有的学生提供平等的机会参加项目的所有课程、活动与过程，等等

学区　　　大学

图 9-2　史密斯教学中心在下一年及之后需要执行的主要任务

和碎片化；如果我们想要维持在我们的分离和个体化状态中的一些最好的特点，即我们作为人的尊严和自主权，我们就必须创建一种新的整合结构。"[13]

多事的六年：1991—1997

上述的"北方之光"建议书实质上是一个改革议程报告，而不是一个任何人都可以拿去效仿的行动蓝图。提出的议程是为史密斯教学中心设置的，但是这个机构尚未成立并且可能永远都不会存在。因此，十人委员会和它的任务工作组在自我恭贺了一番之后便又开始行动了。下面我要简单描述一下他们采取行动之后将会发生的事情。

到 1991—1992 学年开始的时候，在那些认为自己的工作属于史密斯教学中心的职责范畴之内的教授中，大约有一半的人认为他们的参与程度已经超过了外围旁观者的关切。他们不会对阻碍中心成立的行为坐视不管。对这个中心持有反对意见的内部人士大多抵挡不住那些热情拥护中心成立的教授积极分子。并且很多持反对意见

的教授发现他们可以很适宜地将自己的工作时间放在专业研究中心里,不会再被教师教育项目召唤去为它"服务"了。

史密斯教学中心诞生了

史密斯教学中心于 1992 年 5 月 27 日在教育学院里成立了。当地报纸对此做了超出期待的报道,赞扬中心所宣告的使命是对"陈旧的教师教育运作模式的一个勇敢突破"。《索姆维尔先驱报》称赞了大学在学校面临日益增多的问题时愈发积极地向学校伸出援手,并阐述了斯图华特州长发起的"伙伴学校"和"明日学校"项目的重要性(报社之前就支持过这些项目)。在最近的州政府立法会议上,这些项目得到了批准并获取了资助。该报的另一篇文章也指出,在新的教师教育项目所录取的 1997 年毕业班的 80 名师范生中,19% 是少数族裔,而在以前的项目里,少数族裔师范生的比例还不到 10%。

到了 6 月份,《教育周刊》的奥拉·罗顿(Ola Lauton)在一篇头版文章中提到了史密斯教学中心。她从 1991 年早期开始就在关注和跟踪一项教师教育改革项目的开启和进展,这个项目就是"教师教育模范环境联盟"(CESTE)。她指出,史密斯教学中心是已经有六个成员的 CESTE 最新增加的五个教师教育环境之一,"因为史密斯教学中心采用杰出的方法重新设计环境,为明天的学校培养教育工作者"。CESTE 挑选新成员的标准不仅包括申请单位必须具有半自治的地位与专门发展教学研究和培养教师的使命,也要求它所在的大学对它有优先的承诺,它与周围的学区有密切的合作关系,并且州政府的相关机构也在支持教师教育。

哈莉特·布莱恩院长、瑞卡都·蒙提斯(Ricardo Montes)主任、罗丝玛丽·史考特校长和他们的同事们都感到欣喜若狂。史密斯教学中心成为 CESTE 成员便可以获得 35 000 美元的活动经费,更让中心成员高兴的是,他们几年的辛苦工作和不屈服的意志得到了认可。联盟的每个成员还可以得到一个专门成立的智囊团的帮助来面对所有成员都要经历的事情,这些事情现在也是史密斯教学中心的工作议程:设计课程,为讨论课发展可借鉴的案例研究,特别是逐步地开展学校更新活动。此外,史密斯教学中心与 CESTE 中的其他成员互动交流也可以得到很多益处。CESTE 选拔的所有成员都受益于一个基金计划,这个计划请私立基金会在州政府提供的经费的基础上为联盟捐赠配套的资金。CESTE 创始人与斯图华特州长办公室的对话在史密斯教学中心加入联盟之前就已经开始了。

哈莉特·布莱恩和她的同事们爱上了这个并没有输掉但也很不容易的新事业。他们在 1992 年 9 月开启了两个新的教师教育项目——五年制的将在 1997 年毕业的 Alpha 班(招收本科生)和两年制的将在 1994 年毕业的 Beta 班(招收已经有学士学位的学生)。在 Beta 班里注册的师范生有充分的理由相信他们是实验品。他们并不完全清楚教授们在做师范生选拔面试的时候是怎样依赖直觉的,但是他们进入项目之后马上就意识到,很多培训课程的安排都是在他们学习的进程中才逐步发展起来的,每周甚至每天都会出现一些新的课程。但是,新课程在发展上的坎坷和不确定状态所带来的缺憾,特别是在实习的时候,都被新项目安排师范生作为同伴一起参加整个培训过程的方式弥补了——这些 30 多岁和 40 多岁的师范生是以同事而不是学生的身份参加培训项目的。

教授们有更多的时间去创建新型的五年制项目,因为在这个项目的头两年里,只需要为学生安排"教师职业介绍"课以及相关的学校参观和社会化活动。教师教育的密集课程是高年级的安排。因此,这些年轻的本科生比较顺利地进入了新项目并参加了合理与有连贯性的课程学习。

尽管如此,1994 年毕业的 Beta 班的学生也学得不错。在最初组成的同伴群体的 20 名学生中,有 18 人成功地完成了项目,准确地达到了"北方之光"建议书中所预测的目标。之后招收的 Beta 班的学生同样学得很好;成功地完成项目的学生的百分比还略微超过了预估的结果。这个项目的学生保留率很高,因为他们是在大量的申请人当中经过非常认真的选拔过程才进入项目的。

虽然 1997 年毕业的 Alpha 班暂时录取了 80 名本科新生,但是在 1994 年春季最后的选拔步骤开始之前,有几个学生改变了想当教师的初衷。但是,一些其他的一年级和二年级学生在这个时候决定进入教师培训项目,因此这一组申请人的总数达到了 109 人,而且看上去都是很有前途的教师。在培训项目的后面三年里,有 10 个学生离开了项目,有几个是在咨询人跟他们谈过并告诉他们不太适合当教师的理由之后做出的决定。留在项目里的 99 个师范生都准备参加 1997 年的毕业典礼。

重新设计教授奖励机制

积极参与重建过程的教授们面临着令人烦恼的对工作的重点或优先选择问题。负责教授与项目事务的任务工作组在 1992—1993 学年里花了一些时间探讨这个问题,但是李教务长很明确地表示,要等他的接班人到任之后才能考虑这个问题。就在史密斯教学中心成立之前，北方州立大学的董事会宣布任命希尔伍德·汤姆森博士(Dr. Sherwood Thompson)担任新教务长。他是这个大学的校友，是生物物理学界的一名杰出学者。《索姆维尔先驱报》引用了罗丝玛丽·史考特校长的原话："我们非常高兴地欢迎汤姆森博士加入我们。他决定离开加州大学伯克利分校的教授职位到我校就任，表示他愿意帮助北方州立大学继续向卓越大学的方向发展。"在接下来的几天里，校园中出现了几个希尔伍德·汤姆森评论专家，表达了他们的一致看法：软性的质性研究将被扫地出门了。

史密斯教学中心新任命的主任，瑞卡都·蒙提斯博士，主持了一个小型的分委会，并在1992年11月初约见了汤姆森教务长，以便探讨教授的工作重点问题。汤姆森教务长事先听取了副教务长杰拉德(Gerald)的简要汇报，做了一些功课，对十人委员会的工作和史密斯教学中心的使命有所了解。

汤姆森教务长思想很开放，愿意考虑和认可有宽泛定义的学术性工作，同时他也注意到，为所有专业领域的杰出工作设立有可比性的标准是很困难的。他的见解是，很多目前在学术杂志上发表的文章都是没有什么价值的，并且有一些领域，包括工程和教育，似乎在发表越来越多不相干的或者实践工作者根本看不到的资料。他指出，教育学院没有及时给大学审核委员会提供评估教育专业教授学术成就的标准。他补充说，他需要一些指导性的意见，例如，他应该用什么标准来衡量布莱恩院长推荐升职的教育专业教授的工作。

会议的其余部分并没有像前面进行得那么顺畅，至少根据蒙提斯博士在会后向十人委员会和负责教授与项目事务的任务工作组提交的报告来看是这样的。"当然，这个大学的中心使命是教学，"汤姆森教务长说，"但是我怀疑这个校园中的差劲教师会努力地去改进教学，或者说正在受到鼓励并得到帮助去变好。我理解这里的教授每年只需要提交一门课的学生评估意见。这是否意味着他们可以请学生对他们教的所有课都做出评估，然后把最差的评估丢掉呢？学生有没有机会参加与他们所上的课无关的教学评估问卷调研，对这里的教学质量和整体情况提出他们的看法？我就是不相信现有的评估机制。"

中心代表向汤姆森博士提出，应该评估和奖励那些在学校里督导实习师范生和参与伙伴学校工作的教授，但是新教务长对此提议的态度是模棱两可的。奖励这些活动似乎是恰当的，但是他认为，根据学校工作人员发来的一封简单的表扬信，例如，"感谢琼斯教授给我们的教师做了一个精彩的报告"，就算达到了评估的目的，那就是太草率了,也是靠不住的。但是,他指出,加州大学系统的商学院和法学院已经很成功地制定了自身职业的杰出表现的标准并使这些标准得到了大学领导和审核委员会的认可。

总的来看,任务工作组和十人委员会的成员都受到了鼓舞并在继续开展他们的工作;很清楚,大门已经为他们打开了。但是,他们认识到,他们在制定奖励教学、服务和学术工作的推荐标准时必须用非常准确的文字来表达他们的意思,并且列举出在每个领域里已经得到认可的(或许甚至是还没有得到认可的)活动的详细例证。

就像很多地方性大学一样,北方州立大学并没有大学级别的学术审核委员会。每个学院都有自己的审核委员会。每个学院的院长都有权力根据这个委员会的推荐去落实基于成绩的加工资奖励(然后报告给教务长);但是升职的推荐就要报给教务长审阅和批准,还要附上院长的声明信,表示同意还是不同意院级委员会的推荐。汤姆森教务长在他任职的第一年刚过一半的时候,就向教授学术参议院理事会征求意见,建议任命一个大学级别的委员会来审核这个程序。

在1993年4月,布莱恩院长转告汤姆森教务长,她自己学院的委员会已经制定了教育学院的教授的升职标准,并请全体教授审阅了两次才通过了这些标准。当她知道汤姆森博士并没有在审核完大学级别的程序之后才开始考虑这些标准时,她还是有些吃惊的。相反地,他宣布十天之后就可以给她一个答复。他简要地审阅了一下这份文件之后留下话说,他认为他应该先在更普遍的范围内检查一下大学里现有的做法。

教育学院提出的升职标准被批准了,只需要做几个修改,在1993—1994学年就可以在教育学院(包括两个中心)开始实施。在原有的为三方面工作(教学工作、学术工作和服务性工作)设立的标准之上,又加了一条衡量项目更新工作的参与及质量的标准(包括参与实地和伙伴学校的工作)。此外,评估教学的范围被扩大了,包括与学生的正式和非正式的联系(每年4月份邀请学生评估在整个学年里所有教过他们的教授的教学质量);服务性工作的标准也被拓宽了,包括教授为大学、合作学校、社区(也包括其他的学校)和专门的职业领域提供的服务。

委员会在起草报告时(还有整个教育学院的教授在审批这个报告的时候)所面临的主要问题是关于学术工作的标准。教育专业的教授们并不反对扩大可以被接受的研究工作的定义范围,但是研究成果的发表情况引起了很多讨论。几种不同的教育专业领域里的杂志数量和类型都很不相同,怎样才能保证所有教授发表的论文都能得到公正的评估呢?虽然大家都同意的是,教育历史学家和哲学家所发表的论文很少会报告那些需要统计分析的数据,但他们还是会争论纯理论性的文章是否有价值并且应该如何评估它们的价值。对合作的研究工作也有争议：与同事一起撰写和发表论文是一种令人渴望的合作形式，但是每个学者从多名作者合作发表的文章中或许只能获得部分成就的认可。

这些和更多的问题在委员会最终送给教务长的报告中并没有得到解决。但是委员会以健康的方式公开地提出这些问题，清除了在人们期望中的一些误会，也澄清了一些事实。委员会避免了用记点的方式来统计在不同类型的杂志上发表的论文，也不赞成处罚那些参与合作性研究和论文写作的学者。最重要的是，委员会提出对教授的学术工作评估要重质量而不是数量。重质量就是要注重研究课题的重要意义，以及论文的清晰程度、开拓性和原创性。委员会报告的最后建议是，教授们不仅要在整个学年里定期举办的论坛上报告他们研究工作的进展，也要提交书面的报告，作为他们的职业发展档案的一部分。

伴随着委员会的工作，教授们开展了相应的讨论，但这些讨论对他们关于同事在做的事情与应该做什么事情的偏见和看法只能产生有限的影响。尽管如此，很多平时不会去讨论的事情和那些经常是处于大学文化底层的事务就被暴露在光天化日之下了。大多数教授都在这个过程中了解了他们同事的学术兴趣并且变得更有包容心，甚至可能学会欣赏各种不同的才智和活动，而这些也正是教育未来教师所需要的，也可以很好地促进对知识的追求和传播。

使命修辞中的微妙变化

熟悉北方州立大学的人也许会注意到，在 1993—1994 学年出版的大学目录书的介绍中，有一个很有趣的变化。在过去的许多年里，介绍是这样开始的："北方州立大学是一个拥有 15 000 名学生的都市大学（这个数字每年都会修正）……"现在，这个开场白的前面加上了这样的一段话：

> **历史和使命**。北方州立大学为所有学生提供的教育，无论是在哪个专业和职业发展领域，都是建立在一组艺术、文化、社会和自然科学的通识教育核心课程上的。从入学到毕业，学生们要承担起学生的责任，认真参加仔细地为他们设计的课程学习，在智力发展和获取知识的过程中取得成功。这里教授的职责是帮助学生学习并保证所有的学生都有平等的学习机会。这种愿景指导着通识教育的核心课程以及教育过程中的其他课程与活动，无论这些课程是属于环境科学专业、

新闻专业、企业管理、建筑学还是教育学。

北方州立大学的前身是一所师范学校,在 1899 年就开始设立和提供最早的课程。它在 1931 年的时候演变为一个授予学位的机构,到 1938 年时成为一所教师学院,1958 年时变成一所州立学院,最后到 1972 年的时候成为一所大学。在北方州立大学,我们相信,大学对教育工作者之教育的持续承诺可以最好地延续下去的方法是:一方面依赖大学里最优秀的通识教育,另一方面与中小学校开展密切的合作。同样地,培养其他职业的专业人员也要依赖大学校园的学术氛围和与当地资源的紧密联系。

这一段关于大学历史和使命的新声明后面就是之前大学目录中的介绍部分。这些修辞上的变化并不是十人委员会工作的直接效应。但是委员会的确发挥了作用,主要是通过副教务长发起的动议——他是委员会的成员——促使整个大学的人都参加了对大学工作重点问题的探讨。新的使命声明正是这一持续努力的结果。

合作博士学位项目

北方州立大学在与当地的旗帜性州立大学一起合作发展教育学博士学位项目(Doctor of Pedagogy)的过程中,遇到了很多复杂的问题。两所大学的人都在担心的是,他们在州里首次发展这种两校合作的学位项目是在教育领域里并且是在一个没有预科学位的分支专业里。州政府议会中也有人担心如果批准了这个项目就等于开了一个先例,会鼓励更多类似项目的发展。

尽管如此,建立这个合作学位项目的申请在 1993 年秋季还是被批准了,而且一年之后第一批候选人就到州立大学报到了。在项目联合委员会里代表北方州立大学利益的成员参加了迎新会。项目计划只招收少量的学生。在一个大企业基金会的资助下,项目设立了十个助教的位置(作为北方州立大学的教学实习项目),学生可以通过竞争来获取助教的位置。

这里讲西班牙语

第二语言的问题在 1990—1991 学年里沸腾了一阵子,但随后就被放到了后面的炉灶上去任其慢慢熬炖了。那些最反对第二语言要求的教授们准备在蒙提斯教授 1992 年出任史密斯教学中心主任之后再次看到这个问题沸腾起来。但是,虽然蒙提斯博士对语言问题很有兴趣,但他还是很聪明地避免了一场分裂性的冲突。他本身就是一个非常有耐心的人;他从新墨西哥州转到加州州立大学去做行政工作之后,在困境中学会了保持更多的耐心。

他开始当中心主任的时候将注意力放在了其他的方面。例如,他用了很多的时间和精力去制定和宣传招生计划,特别是帮助学校与大学伙伴联盟里的中学成立美国未来教师俱乐部。他相信,这样做成功之后就可以从每一个少数族裔群体中招收一小批俱乐部的核心成员,而这些人便可以支持在每个学校学习的年幼学生。第一个进入教师工作的俱乐部成员将成为年幼学生的辅导员,也可以为初中和小学里的男孩子和女孩子提供辅导。

与此同时,他和史密斯教学中心的同事们也在做关键性的决策,为即将进入新的培训项目的未来教师发展课程。所有的师范生都将在学生多元化的学校里获取实地经验;所有师范生都将用一半的实习时间在多元种族、多元民族的伙伴学校里开展实习教学。所有的师范生同伴小组都将根据每个毕业班的多元化比例进行整合,例如,1999 年毕业班的师范生将比 1997 年毕业班的师范生要更加多元化。

但是,蒙提斯主任并没有忘记他对语言问题的兴趣。当他在考虑史密斯教学中心的五年计划中每一个毕业班的情况并预测在当地学校将要注册的中小学生的多元化结构时(基于招收计划的成功落实),他意识到,到 1994 年或 1995 年的时候,负责实地经验的教授们将带领师范生进入这样的学校:有一部分孩子才刚开始学习英语,而他们中间的大多数人的第一语言是西班牙语。

瑞卡都·蒙提斯预料到,未来的学校教师将越来越需要考虑学生的语言问题,这也会引起大学教授的注意并采取行动。到 1995 年的时候,这种情况真的发生了。这个变化和发展过程就像计算机出现和普及时候的情况一样:教师必须跟上学生的步伐。到 1995 年春季时,史密斯教学中心的教授都认识到这个问题的存在,因此在这个时候他们比在 1990 年的时候更容易对第二语言的问题达成一致的意见。虽然那些在专业研究中心工作的教授还在教导更具有传统特色的研究生群体,尚未遇到第二语言的问题,但是,他们很快就会碰到这个问题的。

在史密斯教学中心招收的学生中,有越来越多的人的第一语言是西班牙语(在教授和伙伴学校的教师中,以西班牙语为第一语言的人数也增加了),这就促使中心加快步伐,发展了一个让所有的教授和学生都能参加的、免费的和不授予学分的沉浸式语言学习项目。在整个学年里,教授们都聚集在西班牙口语班和辅导课里学习,并且与说西班牙语的同事和学生一起肩并肩地在学校里开展工作。大多数人在这一年和之后的岁月里都学会了说流利的西班牙语。中心也开办了一个与这个语言项目平行的英语学习班,以保证所有从中心毕业的师范生都变成能熟练地应用国家第一语言的优秀榜样。整个项目是在1995—1996学年正式开始的,这意味着在2000年毕业的师范生将成为双语教师。那些准备在2000年6月之前退休的教授可以选择参加或者不参加这个语言项目。

1997 年的毕业典礼

1997年6月14日是北方州立大学的一个庆祝日。史密斯教学中心培养的第一个Alpha班的本科师范生和第四个Beta班的本科后师范生将在下午1:30开始的大学毕业典礼上获得教育学的学士学位(B. Paed.)。

大学在一周之前宣布的一个决定使这次毕业典礼笼罩了一层阴影,也同时提醒了所有创建史密斯教学中心的人不要忘记史考特校长给中心提供的默默的支持。她在北方州立大学做了十几年卓有成效的领导之后,将于12月份离开大学去担任新成立的沃尔克基金会的领导工作[玛格丽特(Margaret)和艾伦·沃尔克(Allen Walker)捐赠了他们的庞大遗产建立了这个基金会,旨在促使大学在改善都市人民生活的事业中发挥更大的作用]。因为史考特博士预料到了她即将离开大学的前景,所以她打破了自己立下的规矩,接受了做毕业演讲的邀请。人们期待着她在演讲中会提到这样的事实:这个之前的师范学校还有两年就要迎来百年校庆了,而它成为一所大学也有四分之一个世纪了。

但是今天她演讲的重点是史密斯教学中心和它创办的两类师范教育项目第一次同时毕业的学生:99名Alpha班的毕业生和57名Beta班的毕业生。前一个项目的师范生是在1992年秋季进入北方州立大学的本科生,加上一些在之后的两年里决定进入师范项目的本科一年级和二年级的学生。这是第一批完成五年本科师范教育项目的毕业生。在1997年之前,Beta班已经过有1994年、1995年和1996年三届师范毕业生。所有在之前毕业的Beta班学生都被邀请来参加今天的典礼,很多人也确实来参加了。

在这个美丽的周六毕业的每一个师范生都已经拥有文科或理科的学士学位。今天每个人都将获得职业性的教育学学士学位(B. Paed.)。史密斯教学中心的创建人为了找到一个适合初级的教师职业学位的概念用词,查阅了很多过去和其他地方的资料,他们也查看了拉丁文 *paedagogus* 和希腊文 *paidagogos*,最终将这个学位称作 B. Paed.,即教育学学士学位。他们选择将这个职业学位定为一个学士级别的学位,就是要清楚地阐明,硕士学位将恢复之前的意义,只用来显示获取了高级地位的大师级教师、专家级教师或学校校长的教育水平;而与旗帜性州立大学联合举办的教育学博士学位(D. Paed.)项目培养的是具有最高水平的理论和实践能力的教育工作者。目前史密斯教学中心有十几名这样的博士生,全部都兼职在中心工作,其中有三到四个人将于明年 6 月完成所有的博士项目要求。

彼得·军戈尔的回忆

《教育周刊》的奥拉·罗顿在前两周已经参加了教师教育模范环境联盟中其他几个成员机构举办的首届师范生毕业典礼。现在她在北方州立大学的校园中完成她的调研。她报道的故事将在第 16 卷的最后一期上发表。她今天的第一个任务是在学生中心会见彼得·军戈尔,他仍然是索姆维尔学区的得力总督。然后她要去布莱恩院长的办公室。军戈尔博士已经在等她了。他们很快就进入了奥拉·罗顿拟定好的采访议程。

"你是今天要庆祝的成功项目的一个重要参与者,从一开始就是这样。在过去的几年里,有哪些项目的发展和情况直接对你个人和职业有最大的影响?"

"不太容易指出某一件事情。但是我可以说,我们得到了允许去超越常规做事,甚至创建了新的规范。"

"这使你达到了什么目的呢?"

"你看吧,我们即将完成对所有的 17 所初中的重新设计工作。每一所学校都被分为更小的单位,称作'家',大小各不相同但是每一家都有大约 150 名学生;大多数情况下都是跨年龄和跨年级式的安排。每一家都使用类似的核心课程,但是负责每一家的教师群组都有相当的自由度去选择他们的教学方法。不设定上课时间的长短,也不打铃上课;每段课的长短和设置都不一样。每周都有一天是全校性的轮换上课日,为学生提供发展特殊兴趣和个人才智的课程。这一天的每节课都可以包括从几个不同的'家'甚至从所有的'家'里来的学生。如果在整个学区错开时间开办这样的特殊课程,例如周二在一个学校开戏剧课,周三在另一个学校开这门课,我们就可以最有效地利用学区和社区的资源。"

"这样做的道理是什么呢?"

"在1980年代开展的研究已经发现,这个年龄段的学生在学校里往往会产生日益增多的被疏远和变成无名人的感觉。当他们从小学的包班自足式教室①突然转入初中现有的跑班换教室上课的学习模式的时候(中学生每天要跑到七个不同的教室去上七位不同老师的课),这种感觉就会变得更加强烈了。"

"苏斯夸山谷学校与大学伙伴联盟和史密斯教学中心,哪一个对学校的帮助最大?"

"两个都很有帮助。我们在1990年代初期就同时发展了好几个伙伴学校和几个未来学校。"

"如果没有这个中心和联盟,你们也同样会成功吗?"

"我之前工作的经验告诉我,那是不可能的。在我担任霍桑恩·瑞奇学区副总督时,我曾经试图为一个有发展前途的学校提供同样的支持,但是我们的改革努力太孤单了;这个学校被人视为一个滑稽的农场。现在,有了中心和联盟,我们就有了一个支持的基础体系;有大学的积极参与,家长也感到更加放心了。"

"其他地方也在这个改革理念的指导之下开展了很好的改革活动,有的是在高中教育阶段。你们学区在哪些方面是起了先锋带头作用的?"奥拉问道。

"我们可能并不是唯一的实施4-4-4办学方案②的先锋单位,但是我们肯定是最早实施这个方案的学区。早在1980年代初期,这个方案就引起了我的注意。你也许知道,这个4-4-4方案包括小学、初中和高中三个阶段,每个阶段四年时间。学生从4岁时开始入学,完成三个阶段的学习之后,一般在16岁时从高中毕业。实施这个方案就是鼓励并在实际上要求教育工作者全面性地重建学校。到1980年代末期的时候,我对那些呼吁重建学校并且第二天就想看到改革效果的高谈阔论已经感到厌烦了。那种改革理论和方式毁了学校。我得出的结论是,明天的学校就是我们现有的学校。创建明日的学校必须在今天从最底层做起,从最开始做起。这就是为什么我有兴趣看到学校与大学建立联盟。"

"我还是不明白。"

---

① 这是美国小学的教学组织形式,由一名教师在一个教室里教所有的学生及所有的学习科目。——译者注

② 4-4-4办学方案是古得莱德博士在《一个称作学校的地方》一书的最后一章中提出的新型办学模式。——译者注

"是这样的，"彼得说，"这是一个是否能得到允许和支持去做的问题，我们要形成一种氛围使创新不仅是合法的而且是人们所期待的活动——变成常规性的活动，如果你想这么看的话。当我初到索姆维尔来工作的时候，这个学区正在起劲地关闭小型的学校并将孩子们用校车送到其他的地方去上学。与此同时，总统和起码有一半以上的州长们在大谈贫穷孩子，大多数是少数族裔孩子，在开始上学的时候就处于不利地位和陷入危险境地的问题。我认为只要等时机一到，他们就会拨一些钱到最需要用钱的地方去，我想做好准备接住一些这样的经费。"

　　"你接到了吗？"

　　"自然接到了，这是必然会发生的事情。我们建议从最基础开始创建一所伙伴学校。我们不仅没有再关掉一所小型的小学，而是重新开办了一所在不久之前被关闭的学校并将孩子们请回来上学。但是，我们首先从州政府申请到一些基建经费，再加上一些其他的经费，重新设计了学校的一个教室，然后宣布开办一个可以接受20个来自低收入家庭的男孩和女孩的班级，这些孩子都是在1993年的6月、7月和8月里过他们4岁的生日。"

　　"听你这么说，好像很容易和很快就能办起这样的学校，"奥拉打断了他，"但是你也是等到1993年的时候才开办了这样的学校。为什么需要这么长的时间呢？"

　　"你的问题让我想起了在1980年代末期和1990年代初的时候听到的一些关于重建学校的废话。你不可能把一个学校拆开之后按照一些整齐的新建方案重新地拼凑起来。学校是人活动的地方，不是铅笔制造工厂。他们在学校里要与很多不同的个人和群体联系。提出改革的理念是容易的事情，然而我们花了整整两年的时间来铺垫改革的基础，尽管我们一开始就很清楚要到哪里去。老天知道，我们可以在教育文献中找到足够的好资料指导我们的工作。顺便说一下，我已经很久没有听到重建这个词了。它到底发生了什么情况呢？"

　　"我想它是被滥用得太多，因此就死去了。"

　　"不管怎样，我们的杜威小学在四年前招收了20个孩子，上周已经有4个孩子毕业了。其他6个孩子是后来按照年龄和性别招收进来替补一些离开了的学生的。他们将在今年夏天里庆祝满八周岁的生日。我们每年都招收一班新生；明年9月，将有20个4岁的孩子进入杜威小学，注册学生的总数将再次达到80人。杜威学校是不分年级的；这就使我们可以灵活地招生并保证注册人数的稳定性。从现在开始，我们将不断地在这个学校里开办新的学校，也可以称为学校中的学校；每一个学校中的学校的注册学生总数不超过 80 个孩子，由四个常规教师和两个北方州立大学的师范生负责教管工作。"

"这就是你们和史密斯教学中心合作的关联吧？"

"是的，只是你用的描述词不对。杜威小学和杜威初中都是中心的一部分。"彼得回答说。"但是，学区的学校与外界的联系比这还要宽泛很多。我们的每一个伙伴学校都有一组 10 个到 12 个实习生的群体。两年前，中心开办了一个培养学校校长的新项目。我们每一个伙伴学校都有一个实习校长。他或她以及实习教师们通常会作为学校的教工聚在一起活动，共同探讨学校的问题和未来。通常也有一个伙伴学校的教师和大学的教授参加他们的讨论课（你也可以把这种研讨课称为模拟似的教师会议）。"

"这方面我还要做进一步的调研。这次毕业的师范生将要做些什么？"

"他们将是新建的杜威初中的第一批教师；他们将教导目前在初中注册的学生并送他们进入杜威高中，这个高中之后会发展成杜威高级学校。你看，需要很长的时间才能重建一所学校，对不起我又用重建这个词了。从我们杜威小学毕业的第一批学生将在 2001 年从杜威初中毕业，并在 2005 年从杜威高级学校毕业。那时他们就 16 岁了。"

"我还没有时间问你，那些 16 岁就从高中毕业的学生将会做什么，他们与其他学校毕业的高中生似乎不同步了吧。"

"不会的。我们联盟的人正在跟企业界和社区学院的人一起制定一些很好的计划。我们也不再是孤军奋战了。事实上，我们学区已经成立了其他七个类似的中心。这些毕业生不会与别人不同步，尽管一些其他人可能会跟不上我们毕业生的步伐了。"

"听起来很像是在史密斯教学中心全面发生的转折过程。"奥拉若有所思地说。

"正是这样。设计一个新项目或者新学校来替代现有的项目和学校就像重新设计一个房子一样，里面的居民还照样住在那里。你不能把这些人赶到大街上去。"

"但是用这种方式发动变革不是需要更长的时间并且消耗更多的费用吗？"

"我不知道你是以什么为基点来谈论'更多'和'更长'的。"彼得回答说，"用六年或七年的时间来更换陈旧的教师教育项目或者创建一个新型的学校单位，看上去是很长的时间，但是上周在杜威小学和今天在这里举办的毕业典礼见证了这些重建项目的成就。几年前报告过的研究显示，在过去的三十多年里，教师教育的变化不大。做学校研究的学者也没有发现什么变化并指出'什么都没有变，只有变革的面孔变了'。西摩·萨拉森（Seymour Sarason）在 1970 年代早期的时候写的一本书里几乎就是用这样的言辞来描述变革的，并且他在 1980 年代早期修订这本书时仍然坚持同样的结论。之后，就像你知道的那样，他在 1990 年代早期的时候又写了一本书，很有力地争辩说 1980 年代学校改革的失败是完全可以被预估到的。[14] 你问起改革的消耗吗？在我来看，要观察教育改革的效益，还要靠一些短期的修补计划。"

"我同意，当我们说消耗的时候，我们指的是人们的挫败感和失望情绪。我在这里和其他几个全面改革教师教育的环境中所做的跟踪调研已经发现，参与这些项目的人都获得了巨大的满意感。我相信，我在杜威小学也能发现同样的满意感。但是这些改革需要的经费是从哪里来的呢？"

"教育是这样一种人类事业，我们期待着，事实上是要求，看到一个全新的模式和大有提高的产量，但是却全然拒绝去考虑这样做需要多少启动费用。大公司部门坚持要求用企业的原则来改造学校，但是却完全忽视了最基本的竞争性商业的假设条件，那就是，有必要投放资金去发展很可能在五年或六年之后才能成型的模式。例如，你可以看看波音公司发展未来飞机的程序。在继续使用现有模式的飞机时，公司将成百万的经费投向设计师的绘画板或者刚开始生产的飞机模型。这两方面的经费要同时有保障。然后波音的顾客还有一个优惠的条件，可以把旧式的飞机卖掉来帮助支付购买新型飞机的费用。可我们教育领域的人就没有这样的选择。"

"你是说持续性地改革学校和教师教育会需要双重的费用吗？"奥拉问道。

"不是的。只是在改革工作的前几年里需要有额外的费用。但是，如果我们认为一个新型的办学模式或教师教育模式可以在旧式的机构还在继续运行（并且要关照这些机构里面的人）的时候诞生，又并不需要起用新人或消耗额外费用的话，那就是绝对愚蠢的，也是滑稽的想法，即使还谈不上是危险的看法的话。一旦所有新的和必需的条件都具备好了，我们就知道我们可以怎样极度俭省地或者非常慷慨地去支持它们。那将是一个关于价值观的决策，基于我们的优先选项和生活方式。"

"你提供的信息很有用。我必须到哈莉特·布莱恩的办公室去了。她一定会对这个美丽的清晨所象征的好日子感到非常开心。"

哈莉特·布莱恩的反思

她的确感到很开心。布莱恩院长一边茫然地凝视着窗外的校园美景，一边心不在焉地翻阅着她在 11:00 开始的教育学院毕业典礼上将要做的简短演说的文稿。她知道，审阅文稿已经是多余的事情，但是她煞费苦心地输入文字处理机和之后又重新组合过的演讲词句再次出现在她眼前时，的确帮她整理了一下自己的思绪。她看看外面的校园，再看看眼前印出来的演讲稿，但她的大脑并没有处理多少她眼里看到的东西。

在北方州立大学的九年一晃就过去了。然而她所经历的事情却并不简单。她想到刚开始的时候遇到的各种困难，想到有些教授对她持有敌意的，甚至是残酷的态度。她最早遇到的挑战是有人质疑她在文件中对教学、研究和服务这三项工作的排列顺序，之后她在这个问题和其他问题上还遇到了很多的挑战。一些教授在 1990 年的时候与史考特校长的会谈似乎是最后的挑战，但是在此之后，有一些同事还用其他的方式刁难过她。有几个当初批评她最激烈的人现在变成了她珍惜的朋友，想到这些变化，她不禁感慨万分。还有几个人是她不能信赖的；这些人最喜欢告诉她一些其他人在背后对她的批评，尽管她已经很清楚地表明，她不想再听到这些闲言碎语。

她意识到，为了获取大家的最低限度的工作共识以便推动改革项目向前发展，她付出了巨大的努力，也经历了一个最艰难的、令人懊丧的、似乎是看不到头的但最终还是令人满意的过程。并且，她还要向不断变化的各路人马——大学、学校、社区、州政府和各种组织的代表，做无休止的解释，从一开始就是这样。随着时间的推移，很多机构都更加积极地提出了改革的主意，各种不同的、对改革有兴趣的个人和群体在修订和采纳这些建议时，也进一步完善了改革的措施。在人们意料之外的苏斯夸山谷学校和大学伙伴联盟的成立在很多方面为在现有的教育学院中创建史密斯教学中心打好了基础。"北方之光"建议书中提出的改革议程在经过了不断的修改之后进展顺利，就像是预定好了一样。"这一定就是人们所说的奇迹吧。"她想。有一些最重要的发展和变化是偶然性的，而不是事先计划好的。

布莱恩院长的思绪转到了还没有完成的一些事情。教授的奖励机制问题永远不会得到解决。"这又是一个灰猫问题。"她想，"就在你认为它已经结束了的时候，它却又爬回来了。"还有与旗帜性州立大学合作的博士项目，也还需要做很多改进工作。将两个官僚机构的工作糅合在一起必然会遇到很多复杂的问题。

"到最后，还是'我们一直都是这样办事'的传统习惯最能阻碍改革的进程。我简直不能相信，我们要花那么多的时间才能讨论完关于一个共计 12 周、每周 3 个课时、授予 3 个学分的课程问题。旧的体制并不适用于一个将长期性的探究主题和实地经验都整合在一起的课程项目。为什么新生事物往往要委曲求全地适应现有的体制呢——即便是人们对现有的状态并不满意的时候？"她问自己。

就在这时,哈莉特·布莱恩的遐想被她办公室门上的敲门声打断了。

后　记

虽然我在本章的前面部分讲述了一个寓言故事,但是里面的大多数事件都是我所熟知的。我相信,这些描述也反映了一些试图改造环境或创建新体制的读者所经历过的现实。故事里面的主要人物都是我认识和曾经认识的人物原型。

我认为,我所描述的这个十年才能走完的重大改革的过程对学校和大学这种保守和受传统束缚的机构来说是很现实的。或许我写的故事过于乐观了,包括我描述的一些超出合理期待的,也是更偶然产生的变化。但是,至少我在叙述中避免了那种带有麻痹性的、乌托邦式的闲想与遐思。

这个寓言故事的确假设了改革项目所需要的非同寻常的承诺、伟大意志的行动、支持性的基础设施,以及充分的经费。但这些还不够,如果我们要实现高层领导人提议的国家的教育目标和专家们描述的乌托邦,那么我们就必须在更长的时间里对改革做出承诺、表达意志、提供资源并采取行动。使人感到害怕的是,目前我们还看不清人们需要怎样去做才能实现这些目标中的一部分——帮助学生做好入学准备,学习基础知识,发展数理能力,成为有责任的公民,并达到更高的高中毕业率,此外还需要有职业化的教师来承担必要的教学工作。

此时我想起了两条忠告。第一条是我在一位朋友最近送的一本小书里看到的:"卓越是不能被空投到学校去的;它必须从学校的内部建立起来。"[15] 同样地,卓越也不能被空投到教师教育项目中去;它也必须从教师教育的内部建立起来。第二条援引自我在 1980 年代深入调研了美国的一组样本学校之后所写的一本报告书。我想今天的学校与那时的学校会有一点不同。但是围绕着学校的环境已经截然不同了。"未来学家用一种非常诱人的方式来描述 2001 年,好像置身于那个时候与怎样从现在到那时没有什么关联。未来就那么简单地形成并突然地冒出来了。但是,正是从现在到未来的日日夜夜和年年月月将决定我们未来的生活是什么样子"[16],还有我们将在每一天和每一年里做的事情。

《为称作学校的地方培养教师》报告了我们在前面的十年里对美国的一组教师培训机构开展的深入调研的结果。我们不得而知的是,如果在本世纪末的时候重做这个调研,是否会发现与我在前面的章节里所展示的现状和条件根本不同或只是有一些不同的情况。如果我们选择无所作为，如果我们只是迈开踌躇的步伐，如果我们只是对空想的乌托邦感到困惑，那么我们就一定会发现，那时的情况会明显地变得更糟糕，或许是灾难性的变化。我们可以确定的有两件事情：世界肯定会变得与今天大不相同，而我们生活的境况将主要取决于我们在走向未来的每一天里所决定做和不做的事情。啊！光阴似箭，日月如梭，哈莉特·布莱恩没有虚度过去的年华！但愿我们也能像她一样耕耘美好的未来岁月。

....

注释

1. S. B. Sarason, *The Creation of Settings and the Future Societies* (San Francisco: Jossey-Bass, 1972), p. 6.

2. B. O. Smith, *A Design for a School of Pedagogy* (Washington, D. C.: U. S. Department of Education, 1980), p. 18.

3. In creating the fictitious Northern State University, I had in mind two existing regional public universities — one in a town of about 50,000 residents and the other in a city of over 500,000 — and bits and pieces of other colleges and universities. Both of the two major settings were established as normal schools near the end of the nineteenth century. I placed Northern in an urban setting of less than 350,000 residents — approximately the size of Albuquerque, New Mexico — about eighty miles from the imaginary small-town site of the state's land-grant university (also fictitious).

4. I came across this artfully crafted little gem of a thought in a short piece by David Brewster, editor-in-chief of the *Seattle Weekly*; see D. Brewster, "Gill and Gigantism," *Seattle Weekly*, Feb. 28, 1990, p. 7.

5. Sarason, *The Creation of Settings and the Future Societies*, p. 31.

6. Taken (and slightly reworded) from J. I. Goodlad, "Linking Schools and Universities: Symbiotic Partnerships," Occasional Paper no. 1 (Seattle: Center for Educational Renewal, College of Education, University of Washington, 1986 [rev. 1987]), pp. 28 – 29.

7. In memory and in recognition of the work of B. Othanel Smith, principal author of *A Design for a School of Pedagogy*. I am indebted to Bunnie Smith and those who worked with him for ideas that have been neglected for too long. I am indebted, also, to Seymour B. Sarason for insights into the processes and problems of creating new settings; see his *The Creation of Settings and the Future Societies*.

8. I am indebred to the Inquiry Group, "Indicators of Equity and Excellence," unpublished progress report of the Equity and Excellence Task Force, Puget Sound Educational Consortium, University of Washington, 1989. See also K. A. Sirotnik, "Equal Access to Quality in Public Schooling: Issues in the Assessment of Equity and Excellence," in J. I. Goodlad and P. Keating

(eds.), *Access to Knowledge: An Agenda for Our Nation's Schools* (New York: College Entrance Examination Board, 1990), pp. 159 – 185; and J. I. Goodlad, "The Occupation of Teaching in Schools," in J. I. Goodlad, R. Soder, and K. A. Sirotnik (eds.), *The Moral Dimensions of Teaching* (San Francisco: Jossey-Bass, 1990), pp. 3 – 34.

9. I have adapted these criteria from those announced by the College of Education, University of Arizona, in the spring of 1989. Subsequently, minority enrollment in teacher education increased in the fall of 1989 to 29 percent, in contrast to a minority enrollment of 12 percent in the fall of 1988.

10. The MAT appears to have been the inspiration of James B. Conant and Francis Keppel when they were, respectively, president and dean of the graduate school of education at Harvard University. Neither had a high regard for the education courses normally constituting a considerable portion of teacher preparation programs; both highly valued guided experience for the novice. There is some evidence that Conant, late in his career, worried somewhat about the degree to which this plan confused and cheapened the meaning of the master's degree.

11. Holmes Group, *Tomorrow's Schools: Principles for the Design of Professional Development Schools* (East Lansing, Mich. : Holmes Group, 1990).

12. National Endowment for the Humanities, *50 Hours: A Core Curriculum for College Students* (Washington, D. C. : National Endowment for the Humanities, 1989).

13. R. N. Bellah and others, *Habits of the Heart* (New York: Harper & Row, 1985), p. 286.

14. S. B. Sarason, *The Predictable Failure of Educational Reform: Can We Change Course Before It's Too Late?* (San Francisco: Jossey-Bass, 1990).

15. W. E. Nothdurft, *School Works* (Washington, D. C. : German Marshall Fund of the United States, 1989), p. 91.

16. J. I. Goodlad, *A Place Called School* (New York: McGraw-Hill, 1984), p. 321.

▶ **附录 A**

技术报告

　　华盛顿大学教育更新中心的学者在开展全美"对教育工作者之教育"（Study of the Education of Educators）的调研项目的过程中，整理和分析了收集的数据，发表了以下的技术报告，为《为称作学校的地方培养教师》综合报告书的第一章到第九章的论述提供了参考资料。

技术报告序号	作　者	题　目
1	约翰・I. 古德莱得，肯尼斯・A. 斯若特尼克，罗杰・索德	对教育工作者之教育
2	肯尼斯・A. 斯若特尼克	对教育工作者之教育：调研方法
3	罗杰・索德	教授工作的体制背景
4	罗杰・索德	地位至关重要：对教育学院/学校/系内部的地位问题的观察与思考
5	罗杰・索德	教授对办学、学校、教学和教师培训的看法
6	菲莉斯・J. 埃德蒙森	教师教育的课程设置
7	苏智欣	探索教师的道德社会化过程：影响师范生信仰、态度和价值观发展的因素
8	罗杰・索德	教师教育中的学生和老师：看法和观察
9	麦克・C. 里德	美国教师教育的领导力、承诺和使命：为何需要开展在文化上协调的组织变革
10	萨丽・菲尔德	特殊教育的特殊领域

特邀论文

　　为了发展"对教育工作者之教育"调研项目的概念框架,教育更新中心特邀下列的学者撰写和提交了一系列学术论文。大多数论文都在项目报告书的两本伴侣文集里作为章节发表了。这两本文集是约翰·I.古德莱得,罗杰·索德和肯尼斯·A. 斯若特尼克三人联合主编的《教师职业的道德层面》和《培养教师的地方》,均由旧金山的何塞-巴斯出版社在 1990 年出版发行。

　　理查德·阿尔顿巴赫,北伊利诺大学

　　芭芭拉·贝悌,威尔斯利学院

　　巴瑞·L. 布尔,明尼苏达大学

　　查尔斯·博尔济斯,华盛顿大学

　　克里斯多夫·M. 克拉克,密西根州立大学

　　凯瑟琳·科瑞克贤科,威斯康辛大学麦迪逊分校

　　琳达·埃森曼,瑞德克里夫学院

　　沃尔特·芬博格,伊利诺大学香槟分校

　　盖瑞·D. 芬斯特马克,亚利桑那大学

　　约翰·I. 古德莱得,华盛顿大学

　　欧文·G. 亨瑞克,加州大学河滨分校

　　于尔根·赫布斯特,威斯康辛大学麦迪逊分校

　　罗伯特·A. 列文,卡内基-麦伦大学

肯尼斯·A. 斯若特尼克,华盛顿大学

休斯·索基特,乔治·梅森大学

罗杰·索德,华盛顿大学

肯尼斯·A. 斯特瑞克,康奈尔大学

布鲁斯·R. 汤玛斯,顾问,伊利诺伊大学芝加哥分校

凯瑟琳·恩德伍得,德克萨斯大学阿灵顿分校

▶附录 C

专题报告

为了推动调研工作议程的进展,教育更新中心在开展"对教育工作者之教育"项目的几年过程中发表了一系列专题报告。以下列出的是作者的名单和论文的题目。

专题报告序号	作　　者	论 文 标 题
1	约翰·I. 古德莱得	连接学校和大学:共生的伙伴关系
2	理查德·W. 克拉克	学校与大学的关系:伙伴和网络
3	苏智欣	美国教师教育改革百年回顾(1890—1986)
4	罗杰·索德	教师职业专业化问题:思考教师工作的未来
5	肯尼斯·A. 斯若特尼克	学校作为变革的中心
6	卡尔文·M. 弗雷泽	对一个社会实验的分析:1988 年的学校与大学的伙伴关系
7	约翰·I. 古德莱得	全国教育更新网:过去,现在和将来
8	卡罗·威尔逊,理查德·克拉克和保罗·海克曼	新的突破:反思全国教育更新网中的学校与大学伙伴关系
9	法兰克·布雷纳得	职业发展学校:1989 年的状态
10	尼尔·D. 西奥博尔德	职业发展或伙伴学校的经费来源和管理
11	唐纳德·L. 厄尔斯特	教师教育的政策和决策环境
12[①]	苏智欣	学校与大学的伙伴关系:理念与实验(1986—1990)

[①]这个专题报告是基于译者在 1989—1990 年为教育更新中心做的全国学校与大学伙伴关系调研项目,于 1990 年夏天发表,为中心下一步的改革计划和工作提供了重要的参考资料。由于时间关系,古德莱得没有来得及将这个专题报告列入他在 1990 年初发表的报告书中。——译者注

附录 C　专题报告　**315**

教育更新中心

全国顾问委员会

华盛顿大学教育更新中心受益于全国顾问委员会的杰出领导及学者的咨询和忠告。这些顾问的名单如下：

贝蒂·卡斯特,佛罗里达教育部部长

比尔·克林顿,阿肯色州州长

大卫·伊米格,美国教师教育学院协会执行主任

阿瑟·杰弗森,底特律公立学校总督

利达·马汀,纽约市顾问

法兰克·纽曼,州级教育事务委员会主席

罗伯特·奥尼尔,弗吉尼亚大学校长

汤玛斯·W. 珀尔特,Jr.,太平洋安全银行副总裁

班比·卡德纳斯·拉米雷斯,美国人权委员会委员

欧文·理查德森,缅因州弗雷波特公立学校教师

索菲亚·萨,松下基金会执行主任

西奥多·赛泽,布朗大学核心学校联盟主席

苏珊娜·苏·胡,加州 ABC 联合校区卡夫小学校长

杰拉德·偍罗兹,康涅狄格州教育部长

布兰达·威尔逊,密西根大学蒂尔伯恩分校校长

专 家 顾 问

在中心工作的几个关键时期,教育更新中心向在医学教育、教育政策、社会学、教育历史学等领域的专家学者寻求过咨询。他们的名单是:

罗伯特·艾伯特,华盛顿大学

罗伯特·H. 安德森,派达莫法斯公司

理查德·安德鲁,怀俄明大学

伊丽莎白·阿什伯恩,美国教育部教育研究与发展办公室

杰克·比尔,华盛顿大学

帕特里克·卡兰,州级教育事务委员会

詹姆斯·I. 道一,华盛顿大学

艾里斯·埃文斯,华盛顿大学

琼尼·芬尼,州级教育事务委员会

卡尔文·弗雷泽,丹佛大学

艾伦·格兰,华盛顿大学

帕特里夏·格兰姆,哈佛大学

爱德华·格罗斯,华盛顿大学

弗朗西斯·汉金斯,华盛顿大学

威廉姆·约翰逊,马里兰大学巴尔的摩县分校

卡尔·凯斯特尔,威斯康辛大学麦迪逊分校

唐娜·科尔,华盛顿大学

艾伦·克劳卡尔斯,华盛顿大学

大卫·马德森,华盛顿大学

凯西·穆埃乐,华盛顿大学

查尔斯·奥德加得,华盛顿大学

罗杰·奥尔斯特,华盛顿大学

西奥多·菲利普,华盛顿大学

西摩·萨拉森,耶鲁大学

斯特芬尼·西亚,华盛顿大学

盖瑞·西克斯,密西根州立大学

大卫·泰亚克,斯坦福大学

▶译后记

30多年前,我在考虑读研时,首先申请并被录取的是斯坦福大学和哥伦比亚大学,因为这两所大学有较强的国际和比较教育专业。这时我收到了美国著名教育学者古德莱得博士的来信,邀请我去华盛顿大学参加他即将发起的全美教师教育研究项目。当时他刚在加州大学洛杉矶分校(UCLA)完成了美国历史上规模最大的中小学教育研究并发表了报告书《一个称作学校的地方》,在美国掀起了学校改革的新高潮。他并没有停留在这个研究的功劳簿上,而是辞去了任职16年的UCLA教育研究生院院长一职,转战西北,在华盛顿大学成立了教育更新中心和全国教育更新联盟网,开始筹划美国教育史上最全面和最深刻的"对教育工作者之教育的调研"(The Study of the Education of Educators, SEE)。根据他多年从事教研与教改的经验,古德莱得坚信,要想重建更好的学校,必须改进教师教育以培养出更好的教师,因此学校教育必须与教师教育同步更新,缺一不可。我被他的教改理念和研究规划深深打动,毫不犹豫地放弃了斯坦福大学和哥伦比亚大学的录取通知,到华盛顿大学加入了他的研究梯队并成为他的第一个中国研究生。

美国教师教育研究在古德莱得博士的领导之下,运用探索研究的混合方法在全美6种类型包括29所设有教师培训项目的高等院校开展,历经5年时间,共有5 000多人参加,包括大学的校级和院级领导、大学教师教育工作者、师范生、中小学实习教师和他们的指导教师。项目发表了一系列技术报告、专题论文和特邀报告,最重要的成果是古德莱得最后撰写的综合报告书——《为称作学校的地方培养教师》。该书获得了美国教师教育学院协会杰出研究论著奖,成为美国教师教育改革的一个重要指导纲领，至今仍然是美国教育研究与改革的典范文献和主要参考书。作为 SEE 研究梯队的成员，我参加了项目的全过程，我的博士论文亦是 SEE 的一个技术报告，并分别在不同的国际学术杂志上发表，包括联合国教科文的《国际教育评论》和《牛津教育评论》。毫无疑问，我从这个大型调研项目中学到的知识和方法，比所有的博士课程都更有价值。这是我终生难忘的五年时间，使我怀念和珍惜的不仅有充满挑战的学习与研究，智慧与友爱的同事和同学（包括克林顿当时的教育助理），还有我与古德莱得夫妇相处的无数个美好的节假日和不寻常的平常时光。他们真诚地关心我的安危冷暖，亲昵地称我为他们的"中国女儿"，为我在异国他乡的求学生活提供了舒适的环境和坚强的后盾。每年夏天我们都一起去太平洋泛舟捕鱼，每个圣诞节我们都在一起温馨欢聚，我做的中国宫保鸡丁和锅贴也成了他们最爱的佳肴。尽管毕业之后我离开了他们去其他地方的大学工作，但我们一直保持着密切的联系和真挚的友谊，直到他们生命的最后时刻。他们的音容笑貌和善良睿智将永远地留在我心里，激励着我不断努力并持续前进。

　　回顾自己在美国大学工作 30 多年的经历，我做的研究项目几乎都是在古德莱得博士的鼓励之下和在美国教师教育研究 SEE 的基础之上发展起来的。最初我沿用了

我与古德莱得教授的合影　　古德莱得研究梯队在美国教育研究协会（AERA）年会上首次报告 SEE 研究成果

与 SEE 项目和华大的学生及职工欢聚（戴帽人是克林顿当时的教育助理）　与 SEE 第一调研组西罗特尼克教授和索德欢聚　SEE 第二调研组的女将们在采访路上

与古德莱得夫妇在他们海岛上的家中合影

与古德莱得夫妇在太平洋海湾泛舟捕鱼；我竟然钓到一条近十磅重的三文鱼

SEE 的理论框架和调研方法，在加州州立大学和加州大学设计和开展了对美国师范生的进一步调研并开创了对少数族裔师范生的深入研究。我也带领 UCLA 的博士生发展了美国亚裔师范生、医学院学生和法学院学生职业发展社会化过程的比较研究，以及大学和中小学合作的案例研究。我在美国学术会议和一级学术杂志上报道和发表了这些研究的成果并提出改革的建议，我的论文也被收录在美国教师教育工作者协会的年鉴里。然而，我最有兴趣发展的还是中美教育比较研究项目。我在 UCLA 教育研究生院任教期间，获取了 UCLA 及加州大学总校太平洋地区研究经费，以南京师范大学为基地，在中国组建了调研梯队，以美国教师教育研究 SEE 为基础模式，开展了中美师范教育比较研究。我们根据中国的情况改造使用了 SEE 的研究工具并请古德莱得博士和 UCLA 国际部主任霍金斯教授做项目顾问。中美师范教育比较研究的主要目标是比较与分析中美两国师范教育的方针政策,比较中美两国教师和师范教育在历史上的社会地位,研究中美教师教育工作者的思想状态和工作情况,探索中美两国师范生的思想状态和学习情况,比较中美两国师范教育的课程设置和与中小学校合作的情况,为中美师范教育的改革提供参考意见并构想更加完善的师范教育模式。古德莱得博士和华盛顿大学教育更新中心慷慨地提供了美国教师教育研究 SEE 的所有数据和资料。我们在确定研究的范围方面也借鉴了 SEE 的经验,在中国大陆的六大行政区的 23 所师范院校里对三个层次——高中、初中和小学教师的培养情况进行全面性的调研,包括了云南和西藏地区。与此同时,我在 UCLA 指导的博士生——中国台湾新竹高中校长戴礼明——也在台湾地区的四所师范院校里开展了这项调研并撰写了她的博士论文。这项比较研究的成果先后在香港特区举办的中国教育展望会、美国教育研究学会年会、美国比较和国际教育学会年会、世界比较和国际教育联合会年会上报告,并在中国和国际上多种教育杂志上发表,包括《西藏大学学报》《南京师范大学学报》《国际教育评论》和《教师教育杂志》,为中国的教师教育提出了有意义的改革建议,也为国际比较教育学者提供了宝贵的经验。

在中美师范教育比较研究成功结束之后,我以加州州立大学(北岭)中国所和教育学院教育改革合作中心为平台,为北京、广州、上海、江苏、湖北、湖南、河北、河南、山东、辽宁、安徽、陕西、贵州、云南、四川、内蒙古等地培训了多批中小学校长。在培训的同时,我专门设计了中美校长比较研究项目,目的是探索和描述中美中小学校长的群体特征、职业观和职业计划,比较中美校长的选拔与培训、校长对教育和办学的基本信仰、对校长职责的认识和对学校改革的看法,通过分析和总结,为中美校长培训和学校改革提出建议。我在设计和实施这项研究的时候经常请教古德莱得博士,听取他的建议。这项探索研究改造使用了美国教师教育研究 SEE 和中美师范教育比较研究的混合研究方法,以问卷和访谈为主。调研的样本是到加州州立大学参加培训的中国校长及在洛杉矶地区工作的美国校长。我与参加项目的中美学者在国际教育学术会议上多次报告了这项研究的结果,并在美国和中国主要教育学术杂志上发表论文,包括美国的《学校领导人杂志》《教育与城市社会》和中国的《教育学术月刊》《新华文摘》及《中小学学校管理》,为中美校长培训和学校改革作出了贡献。之后,澳大利亚、日本、韩国、菲律宾和欧洲一些国家的学者也按照我们的研究理念和方法发展了校长研究项目。

从 2016 年开始,我与中国教育学者进一步合作,以美国教师教育研究 SEE、中美师范教育和校长比较研究的理念和方法为基础,设计和开展了中国城乡校长比较研究,从上海和江苏收集了最新的城市校长问卷,也从云南少数民族农村地区和在上海举办的农村校长国培项目中收集了农村校长问卷。此外,我们还访谈了一部分城市和农村校长。此项研究的目的是探索和分析中国城乡校长的群体特征、职前和职后培训、校长的基本教育信仰和观念,以及他们对校长工作、职责和学校改革的看法及愿景。之前我们在美国和中国开展的教师和校长研究都局限在城市学校,没有涉及农村的学校,但我们都很清楚,中国城乡之间在教育资源与办学质量方面还存在着较大的差距和不平等现象。我们的研究发现,中国的农村学校办学条件仍然较差,校长和教师接受的培训较少,城乡校长对学校的看法、面临的挑战和改革的愿景也很不相同。我们在 2020 年完成了这个项目,在国际会议上报告了结果,并在世界比较教育协会联合会的《全球比较教育》杂志和中国的《中国教育学前沿》《北京国际教育评论》杂志上发表了三篇系列论文,为中国城市和农村校长的培训和学校改革提出了宝贵的建议。

一路走来,我一直受益于古德莱得教授的指导并成功地将美国教师教育研究 SEE 的基本理念和方法用创新的方式应用在中美比较教育研究项目之中。因此,我也一直想把《为称作学校的地方培养教师》这本研究报告书翻译成中文介绍给中国,使更多的学者能像我一样从中受益,特别是在我翻译了古德莱得的《一个称作学校的地方》的报告书之后,因为这两本书堪称是美国学校教育与教师教育研究和改革的姐妹篇。古德莱得博士在全美教师教育研究 SEE 还在进行的时候就开始创建全美教育更新联盟网(National Network for Educational Renewal,NNER),旨在发展一种崭新的教育生态和持续性改革。NNER 以《一个称作学校的地方》和《为称作学校的地方培养教师》这两本论著提出的改革理念为行动指南,支持大学和中小学结为共生伙伴,携手开展教师教育和学校教育的同步更新。NNER 在过去的 30 多年里在美国的十几个州发展了 22 个学校与大学合作的伙伴基地,先后有 27 所大学和 160 多个学区(包括几百所学校)参加。它们都致力于促进大学和中小学校之间的合作与同步改革,持续性地发展和实施古德莱得提出的为民主社会的所有人提供优质和公平教育的改革议程。毫无疑问,古德莱得的教育理念与实践将继续影响美国教育的改革与发展,并为中国和世界其他国家的学校改革家和教师教育工作者提供宝贵的经验。

我在 2014 年春季去西雅图探望古德莱得博士的时候,就跟他谈起翻译《为称作学校的地方培养教师》一书的事宜。他非常支持这个项目并表示可以为中文版作序。在此不久之前,他还在家中接待了时任华东师范大学副校长的任友群教授和他的同事们。他早在 1981 年率领美国教育基金会代表团访问中国的时候,就与华东师范大学的瞿葆奎教授和其他的中国学者结下了友谊并应瞿教授的特邀在华东师大学报上发表了《学校与大学在教育改革中的伙伴关系》的论文。之后他在华盛顿大学也热情接待过中国教育界的领导与学者。他一直非常关心中国教育的改革与发展，对中国的师范院校开办的各类实验学校更是赞不绝口，认为这些重点实验基地是学校改革和教师培训的关键所在。事实上，他提出的一些学校教育和教师教育的改革措施和愿景在中国更有可能得到实现，因为中国的中小学校和教师培训院校已经具备他提出的一些理想条件，例如中国社会、文化和领导对教师职业的重视和对教育工作道德层面的强调，以及学校与大学之间已经建立起来的密切合作关系。可惜的是，古德莱得博士在2014年感恩节之际安然仙逝，享年94岁，没有机会为这本书的中文译著亲自作序了。有幸的是，通过古德莱得的秘书葆拉的热心协调和华东师范大学出版社孙娟老师的积极努力，出版社在2015年便与相关的美国出版社签好了版权合同。令我感到十分惭愧和歉意的是，因为繁忙的教学和研究工作，我在过去的几年里一直没有时间翻译这本书。

如今这本书的中文译著终于问世，我首先要感谢的是加州州立大学授予我的学术休假奖，使我能够在2020年秋季学期放下大学里所有的教学和服务性工作，除了继续撰写和修改中国城乡校长比较研究的最后报告之外，其余的时间都投入了古德莱得著作的翻译工作。我还要感谢我多年的好友、联合国日内瓦总部的翻译和中文词汇专家李淑贤老师的建议和帮助。我在翻译中遇到任何难题，都可以随时请教她。我要特别感谢的是华东师范大学"生命·实践"教育学研究院荣誉院长叶澜教授和教育部教师工作司司长任友群教授，他们在百忙之中抽出时间来审阅我的翻译稿并为这部译著写出介绍和评论。最后，我要感谢我的女儿陈宇晶，她在2020年新冠肺炎疫情最严重的日子里，不仅坚持通过网络为加州大学的全球课堂项目继续做出色的教学工作并在南加大攻读"学习设计与技术"的研究生课程，还抽出时间来照顾我生活，督促我锻炼，安排我听音乐、学钢琴、提醒我健康饮食，按时休息，使我能够始终保持乐观的精神、清晰的思路、愉快的心情和健壮的身体，在我的学术休假年，也是被疫情困在家中的非凡日月里，顺利地完成了这本书的翻译工作。

回忆15年前，我在初次翻译《一个称作学校的地方》一书时，古德莱得博士还健在。我在翻译和审译过程中遇到难点时，就会立即打电话向他求教一番以达到最恰当的理解并写出最合适的译文。然而我在翻译这本书时，导师早已驾鹤西去，不能随时拿起电话来指点我了。但是我真切地感到，翻译这本书的整个过程就是在重温当年我跟导师在一起做 SEE 项目的经历——我在字里行间都能看见他的微笑，听见他的声音。这些年来，每逢节假日，我都会重温他和夫人给我和女儿的来信及贺卡以缅怀他们并勉励自己。翻译工作结束时，我再次翻阅了他在 2014 年春季亲手给我女儿写的最后一封信。他在信中先夸奖我女儿去中国农村学校支教的工作，接着他深情地写道："看到你写的关于你妈妈的事情，让我感到我就像她的父亲和你的外公一样。"接着他问我女儿是否还记得她小时候我们去西雅图跟他和夫人聚会时的欢乐时光，提到我在几周前专程去他家看望他的开心时刻，并嘱咐我女儿，下次一定要跟妈妈一起去西雅图跟他相聚。最后他还加了一句告诉我，他要送我一幅他夫人生前创作的美丽油画。看到这里，我不禁泪目了。这本书的中文译著应该是导师夫妇在天之灵希望从我这里收到的最好礼物。我已经在加州州立大学以我母亲和导师夫人的名义设立了永久性的比较教育奖学金，纪念我伟大的中国母亲和美国母亲，鼓励年轻的学生和学者积极参与和继续从事我们这一代人开创起来的中美教育比较研究。作为中美教育交流的桥梁使者，我感到最自豪的贡献就是能把导师一生中最重要也是最经典的论著《一个称作学校的地方》和《为称作学校的地方培养教师》介绍给中国。期待这两本著作能激励更多的中国学者发展创新的教育生态，推动学校教育和教师教育的同步更新，并且在这个不平凡的年代里进一步延续和发展中美两国教育学者的友谊与合作。

注：所有的照片都是在 SEE 项目发展和实施的年代里（1985—1989 年）拍摄的。